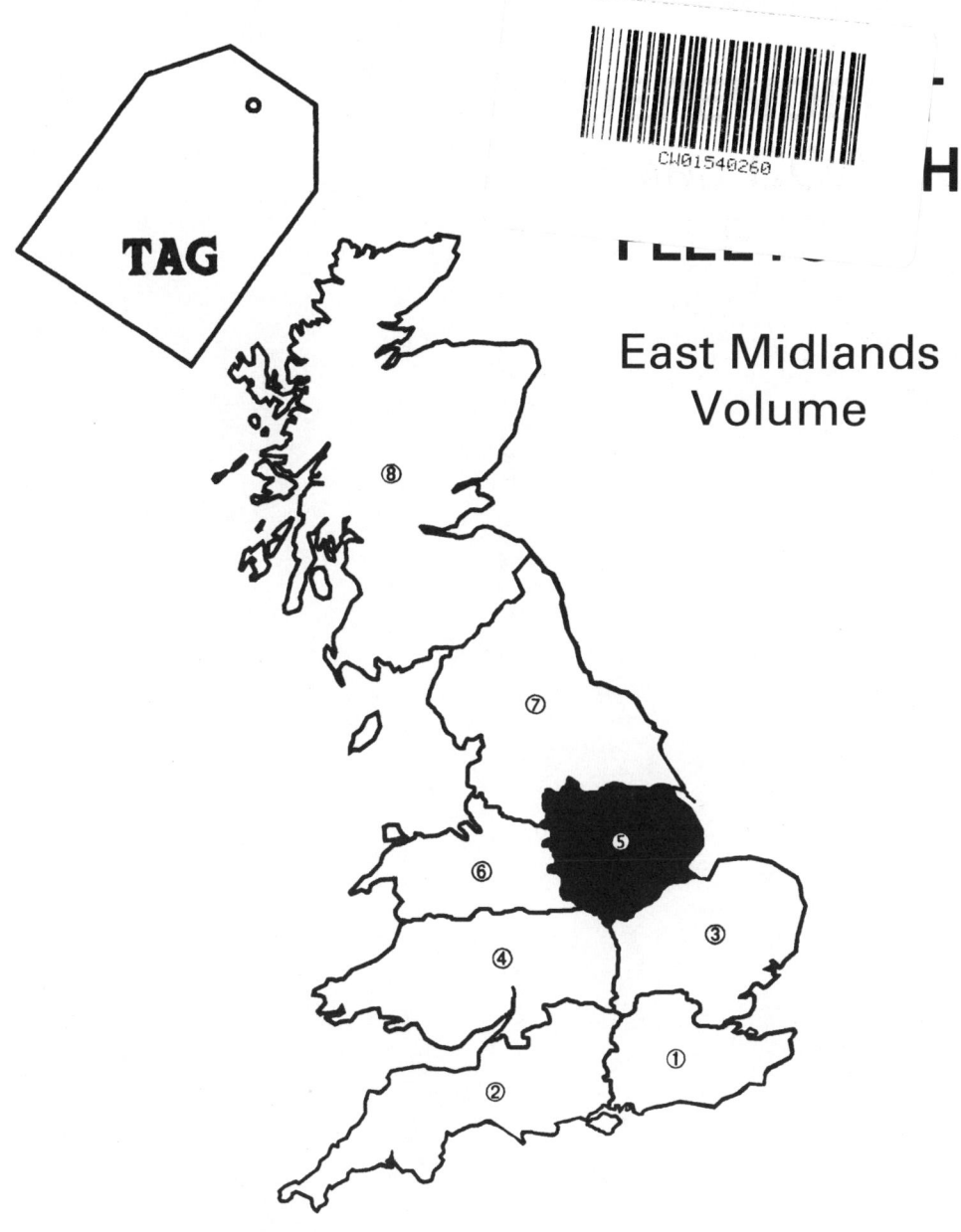

East Midlands Volume

PRINTED IN ENGLAND BY CPI BATH.
FOR TAG PUBLICATIONS   WEST EWELL   SURREY   KT19 9SH
MARCH 2006

All rights reserved.No part of this book may be reproduced or
transmitted in any form or means including an information storage
and retrieval system without prior permission from the publishers.

ISBN 1-871115 66 3   COPYRIGHT TAG PUBLICATIONS 2006

INTRODUCTION

Welcome to the latest TAG, the second in our new series of independent operator's fleets.(67:Ron)

Having done a poll of what our standing order customers wanted, we've decided to concentrate mainly on the PCV side and possibly issue a separate non-PCV & Preserved book, covering the whole country, if time allows. Once again each individual entry has been checked and double-checked with various official sources and some downright unofficial ones at times ! We've been able to massively reconstruct several of the fleets included by taking out expired vehicles which have not seen the road in a very long time and indeed are unlikely to do so again in most cases. This is a process that we feel needs doing as, on the whole, most of you will see the vehicles on the road or at an event and not at their operating centres.

Several of the fleets have "Preserved" vehicles attributed to them and in some cases, these see normal service on a regular basis but are regarded as semi-preserved by their owners.

For those of you that don't know, the major operator groups are now covered in our three Major Operator Series A-E, F-M & N-Z volumes. These can then be updated on as little as a yearly basis if vast changes take place and the need arises and will mean you not having to wait three years for an update in a particular area.

Thanks for cooperation go to the DVLA, ABBCI, Simon Blake, Bill Harris, Roger Storr, the Olmec Heads, my two East Midland and one Yorkshire "unofficials", who know who they are and the many operators who have contributed fleetlists for this volume.

A.N. & Andrew N. Goddard
36 Poole Road,
West Ewell,
Surrey,
KT19 9SH.

March 2006

E-Mail: tagpubs.transport@virgin.net

CONTENTS

```
INTRODUCTION..................................................3
FLEET LISTS...................................................5
OTHER VEHICLES IN DERBYSHIRE................................111
OTHER VEHICLES IN LEICESTERSHIRE............................113
OTHER VEHICLES IN LINCOLNSHIRE..............................114
OTHER VEHICLES IN NOTTINGHAMSHIRE...........................115
OTHER VEHICLES IN SOUTH YORKSHIRE...........................116
OTHER VEHICLES IN WEST YORKSHIRE............................119
LOCATION INDEX..............................................122
REGISTRATION INDEX..........................................124
TRADING NAME INDEX..........................................141
INDEX OF ABBREVIATIONS USED IN THIS PUBLICATION.............143
OTHER BOOKS AVAILABLE FROM THE PUBLISHERS...................143
```

1   **S.P. AKIENS & L.T. FEELEY**

Depot:c/o ACE Commercials,Winchester Avenue,BLABY,Leicestershire.

```
MLZ 9623    Scania K113CRB      Plaxton C51F        Costello,Dundee 03
MLZ 9624    Scania K112CRB      Van Hool C51FT      Townend,Shanklin 04
TIB 8569    Scania K112CRB      Jonckheere C51FT    Scania(Hire Fleet) 03
YJI 7372    Scania K112CRS      Jonckheere C51F     KM,Lundwood 00
YJI 8763    Scania K112CRS      Jonckheere C51FT    Jones,Ponciau 00
103 UTW     Scania K112CRB      Van Hool C49FT      Ausden Clark,Leicester 05
A807 ASE    Bedford YNT         Plaxton C53F        Keeber,Leicester 04
```
~~~~~~
```
MLZ 9623*G886 VNA(6/04) & RAM 59Y(7/02) & G886 VNA(7/01),
MLZ 9624*E133 REW(6/04) & 489 AOU(9/01) & LIL 2592(10/98) &
         E133 REW(3/95), TIB 8569*D324 VVV(8/93),
YJI 7372*KEG 393Y(3/01) & 893 KM(3/01) & KEG 393Y(9/96) & 201 CCH(9/96) &
         CAZ 3696(2/95) & DLX 42Y(3/94),
YJI 8763*A531 XLG(9/00) & A7 EJS(3/00) & A638 LLN(8/97) & TSV 805(4/97) &
         A599 XRP(2/89),
103 UTW*E94 AKU(11/97) & 660 CUH(4/97) & E793 NHP(10/93) & 3 KOV(3/90) &
A807 ASE*YVF 158(1/04) & A807 ASE(10/89)
```
~~~~~~

2   **AMVALE LTD.t/a EXPRESS TRANSPORT**

Depots:Foster Street,Stoneferry,KINGSTON-UPON-HULL,Humberside &
       Brighowgate Bus Station & Estate Rd 7,South Humberside IE,GRIMSBY,
       c/o Cousins,Gainsthorpe Road,KIRTON-IN-LINDSEY,
           Applebys Garage,Keeling Street,NORTH SOMERCOTES &
                  298 Queensway,SCUNTHORPE,Lincolnshire.

```
BJV 787     Scania K124IB4          Irizar C49FT        Appleby,Connisholme 01
NEE 496     Volvo B10M-61           Plaxton C53F        Appleby,Connisholme 01
NIW 4406    Leyland TRCTL11/3RZ     Plaxton C55F        Chalkwell,Sittingbourne 01
RVL 445     Volvo B10M-61           Plaxton C53F        Appleby,Connisholme 01
TJI 4927    Leyland TRCTL11/3ARZ    Plaxton C70F        Holmeswood Coaches 02
VIB 9375    Leyland TRCTL11/3R      Plaxton C57F        Chalkwell,Sittingbourne 00
WSV 317     Volvo B10M-61           Plaxton C53F        Appleby,Connisholme 01
YJV 178     Volvo B10M-61           Plaxton C53F        Appleby,Connisholme 01
9190 NK     Volvo B10M-61           Plaxton C53F        Appleby,Connisholme 01
841 TPU     Volvo B10M-61           Plaxton C53F        Appleby,Connisholme 01
B 23 XKX    Bedford YNT             Plaxton C53F        Coach Services,Thetford 02
J655 JMD    Renault PP160           WS B31FL            Lambeth Serviceteam 01
J604 KCU    Dennis Dart             Wright B40F         Smith & Lewis,Prenton 03
M 63 WEB    Volvo B10M-62           Plaxton C53F        PMP,Luton 04
P 22 HMC    Volvo B10M-62           Plaxton C53F        Hallmark,Coleshill 04
Q723 GHG    Leyland RETL11          ECW B51F            Appleby,Connisholme 01
R761 XWG    Volvo B10M-62           Plaxton C44FT       F Cymru 05
R762 XWG    Volvo B10M-62           Plaxton C44FT       Yorkshire Traction 62 05
S261 JRH    LDV Convoy              LDV B16F            New 99
T513 EUB    Volvo B10M-62           Plaxton C49FT       Minsterley,Stiperstones 04
T514 EUB    Volvo B10M-62           Plaxton C49FT       Minsterley,Stiperstones 04
T292 HBK    Iveco 49-10             Pocklington B4FL    New 99
T101 JBC    Volvo B10M-62           Plaxton C53F        Brookfield,Stockport 04
T356 JRH    LDV Convoy              LDV B8FL            New 99
X671 OKH    LDV Convoy              LDV B16F            New 00
X 82 WRH    LDV Convoy              LDV B16F            New 01
X 83 WRH    LDV Convoy              LDV B16F            New 01
Y193 WRH    LDV Convoy              LDV B16F            New 01
Y239 WRH    LDV Convoy              LDV B8FL            New 01
YX51 DWY    LDV Convoy              LDV B8FL            New 01
YY52 LXH    LDV Convoy              ? B8FL              New 02
YX03 OUY    LDV Convoy              Excel B8FL          New 03
YX03 OVA    LDV Convoy              Excel B8FL          New 03
YX03 OVB    LDV Convoy              Excel B8FL          New 03
YX03 OVC    LDV Convoy              Excel B8FL          New 03
YX03 OVD    LDV Convoy              Excel B8FL          New 03
YX03 OVE    LDV Convoy              Excel B8FL          New 03
YX03 OVF    LDV Convoy              Excel B8FL          New 03
```

```
YX03 OVG    LDV Convoy              Excel B8FL          New 03
YN54 DDZ    Volvo B7R               Plaxton C70F        New 04
~~~~~~~~~~~~~~~~~~~~~~~~~~~~~~~~~~~~~~~~~~~~~~~~~~~~~~~~~~~~~~~~~~~~~~~~~~
BJV 787*R417 LFW(5/04), NEE 496*B273 ETL(9/87), NIW 4406*D104 ERU(1/93),
RVL 445*D914 TBM(6/87),
TJI 4927*LIB 804(4/02) & F773 GNA(12/00) & MEY 892(8/00) &
      F773 GNA(11/96),
VIB 9375*C795 UEW(11/94) & HSV 195(11/94) & C328 PEW(4/93),
YJV 178*D240 WTL(2/89), 9190 NK*A646 WFE(5/88),
R761 XWG*6087 HE(1/05) & R761 XWG(6/02) &
R762 XWG*OHE 50(1/05) & R762 XWG(9/02)
~~~~~~~~~~~~~~~~~~~~~~~~~~~~~~~~~~~~~~~~~~~~~~~~~~~~~~~~~~~~~~~~~~~~~~~~~~
```

3   ANDERSON COACHES LTD

Depot:4 Seabrook Road,SHEFFIELD,South Yorkshire.

```
CJZ 1432    Auwaerter N213H         C34FT               Beavis & Baxter,Bussage 01
WAZ 4434    Dennis Javelin          Duple C35F          Grey,Witchford 98
YIL 4448    Dennis Javelin          Berkhof C33F        Duckworth,Gisburn 05
T243 EWR    LDV Convoy              Concept C16F        Cropper,Kirkstall 02
~~~~~~~~~~~~~~~~~~~~~~~~~~~~~~~~~~~~~~~~~~~~~~~~~~~~~~~~~~~~~~~~~~~~~~~~~~
CJZ 1432*F630 CWJ(3/02) & A2 ALP(10/01) & F630 CWJ(10/91),
WAZ 4434*G530 GSC(5/99) & ESU 369(1/99) & G530 GSC(9/93) &
YIL 4448*L676 DPL(1/05)
~~~~~~~~~~~~~~~~~~~~~~~~~~~~~~~~~~~~~~~~~~~~~~~~~~~~~~~~~~~~~~~~~~~~~~~~~~
```

4   ANDREWS OF TIDESWELL LTD

Depot:Anchor Garage,TIDESWELL,Derbyshire.

```
EUA  366    Volvo B10M-60           Van Hool C48FT      Wallace Arnold 98
GIL 7549    Kassbohrer S228DT       CH54/20CT           Airey,Arkholme 98
NIB 6064    Volvo B10M-62           Van Hool C49FT      Shearings 685 02
PAZ 3878    Mercedes-Benz 308D      Crystals B8F        Non-PSV(Oxford) 03
PAZ 3882    Mercedes-Benz 308D      Crystals B8F        Non-PSV(Oxford) 03
PIL 6648    Volvo B10M-60           Van Hool C48FT      Hayton,Burnage 01
PIL 8578    Volvo B10M-62           Van Hool C49FT      Shearings 671 02
PJI 3746    Volvo B10M-61           Van Hool C53F       Shearings 338 93
PJI 5528    Volvo B10M-61           Van Hool C53F       Shearings 337 93
PUA  917    Volvo B10M-62           Van Hool C53F       Shearings 703 03
TIW 2654    Mercedes-Benz 412D      Crest C16F          New 97
VIL 2983    Leyland LDTL11/1R       EL CH43/37F         Nottingham 383 04
VIL 3382    Leyland LDTL11/1R       EL CH43/37F         Nottingham 382 04
VIL 4685    Leyland LDTL11/1R       EL CH43/37F         Nottingham 385 04
VIL 4686    Leyland LDTL11/1R       EL CH43/37F         Nottingham 386 04
VIL 4784    Leyland LDTL11/1R       EL CH43/37F         Nottingham 384 04
VIL 6771    Auwaerter N122/3        CH57/22CT           Buzzlines,Hythe 03
VIL 7119    Mercedes-Benz 412D      Crest C16F          Yoosoof,Batley 03
VIL 7179    Kassbohrer S210H        C24FT               Wings,Hayes 03
345  BLA    Volvo B10M-62           Van Hool C49FT      Shearings 682 02
476  BTO    Volvo B10M-62           Van Hool C49FT      Shearings 668 02
~~~~~~~~~~~~~~~~~~~~~~~~~~~~~~~~~~~~~~~~~~~~~~~~~~~~~~~~~~~~~~~~~~~~~~~~~~
               OTHER VEHICLE OWNED BY THE COMPANY
                        * * * * * * *
JTY 388X    Leyland ONLXB/1R        ECW PO11/32F        Tree Lopper
~~~~~~~~~~~~~~~~~~~~~~~~~~~~~~~~~~~~~~~~~~~~~~~~~~~~~~~~~~~~~~~~~~~~~~~~~~
EUA  366*K803 HUM(2/98) & 7243 WA(12/97) & K803 HUM(11/95),
GIL 7549*A892 KAJ(6/91) & 1817 TW(11/90) & A412 GPY(7/88),
NIB 6064*M685 KVU(5/02), PIL 8578*M671 KVU(4/02),
PIL 6648*K804 HUM(8/98) & 7820 WA(1/98) & K804 HUM(11/95),
PJI 3746*C440 GVM(3/93) & XTW 359(11/91) & C338 DND(12/90),
PJI 5528*C441 GVM(3/93) & 205 CCH(11/91) & C337 DND(12/90),
PUA  917*N703 UVR(5/03), TIW 2654*R86 BUB(4/03), VIL 2983*F383 GVO(9/02),
VIL 3382*F382 GVO(9/02), VIL 4685*F385 GVO(9/02), VIL 4686*F386 GVO(9/02),
VIL 4784*F384 GVO(9/02), VIL 6771*S101 SET(12/03),
VIL 7119*V102 DBB(8/03),
VIL 7179*M413 MPD(8/03) & WET 725(1/03) & M413 MPD(4/96),
345 BLA*M682 KVU(8/02) & 476 BTO*M668 KVU(4/02)
```

5   T. ANELAY.t/a BLACK & WHITE COACHES

Depot:22b Hebden Road,SCUNTHORPE,Lincolnshire.

```
BLZ 5449    Kassbohrer S215HD       C49FT              New 89
E830 YHL    Mercedes-Benz 609D      Whittaker C24F     New 88
H 24 EFE    Mercedes-Benz 811D      RB C33F            New 90
K535 EHE    Scania K113CRB          Van Hool C51FT     Red Arrow,Huddersfield 04
```
~~~~~~
BLZ 5449*G455 VFW(12/97) & K535 EHE*147 RED(8/03) & K535 EHE(4/96)
~~~~~~

6   ARROW SPECIALISED TRANSPORT LTD

Depot:Brookfield House,Brookfield Road,ARNOLD,Nottinghamshire.

```
P586 TYG    Mercedes-Benz 308D      Excel C12FL        Non-PSV(Van) 99
S260 AHC    Renault Master          Crystals B3FL      Non-PSV(Van) 02
W948 KBE    Renault Master          Excel B5FL         Non-PSV(Van) 02
FY52 KXV    Renault Master          Excel B8FL         New 02
FX53 DXC    Renault Master          Excel B8FL         New 03
YM53 HHA    Volkswagen LT35         Excel B8FL         New 04
```
~~~~~~

ASHLEY TRAVEL LTD.t/a ASHLEY TRAVEL & GRANT & McALLIN COACHES

Depot:Renishaw Service Station,RENISHAW,Derbyshire.

```
CAZ 5866    Volvo B10M-62           Berkhof C49FT      Siesta,Middlesbrough 04
HIL 2366    Volvo B10M-61           Plaxton C51F       Wallace Arnold 91
HIL 2367    Volvo B10M-62           Van Hool C53FT     Dew,Somersham 02
HIL 4211    Volvo B10M-61           Van Hool C53F      London,Northfleet 99
HIL 8063    Volvo B10M-56           Plaxton C53F       Bell,Winterslow 96
HIL 8405    Volvo B10M-60           Plaxton C49FT      Burdett,Mosborough 99
JAZ 3338    Scania K113TRA          BF CH45/17CT       Siesta,Middlesbrough 04
OAZ 9330    Leyland ONTL11/2R       ECW CH45/28F       Holmeswood Coaches 01
GHL 172V    Leyland PSU5C/4R        Plaxton C53F       Burdett,Mosborough 05
GKE 442Y    Leyland ONTL11/2R       ECW CH45/28F       Holmeswood Coaches 01
A678 HNB    Leyland AN68D/1R        NC H43/32F         Fairbrother,Warrington 04
```
~~~~~~
CAZ 5866*R16 SCC(11/04) & R909 ULA(4/00), HIL 2366*C100 DWR(3/91),
HIL 2367*M51 HEW(10/02) & 687 DEW(5/02) & M51 HEW(4/95),
HIL 4211*E899 KYW(7/99), HIL 8063*GFM 659X(5/96),
HIL 8405*BAZ 2562(3/99) & F627 VVC(10/93) & HST 11(5/92) & F805 UDU(3/90),
JAZ 3338*P5 SCC(12/04), OAZ 9330*B578 LPE(11/98) &
GHL 172V*BAZ 2564(6/05) & 84 DWB(10/00) & NEV 806V(6/85)
~~~~~~

8   AUSDEN-CLARK LTD

Depots:Arkwright Hill Farm,COSBY,
       c/o Cossington,Charnwood Edge,Syston Road,COSSINGTON &
       New Henry St & Wanlip St,Dysart Way,LEICESTER,Leicestershire.

```
CAZ 6832    Scania K112CRB          Van Hool C51FT     Horton,Shareshill 03
CNZ 3828    Scania L94IB            Van Hool C49FT     Chambers,Moneymore(NI) 02
CNZ 8300    Scania K113CRB          Berkhof C51FT      Mainwaring,Tonyrefail 05
GAZ 4501    Scania K113CRB          Berkhof C51FT      Reynolds,Maerdy 05
GAZ 4502    Scania K112CRS          Jonckheere C57F    Head,Lutton 99
GAZ 4503    Scania K112CRB          Van Hool C51FT     Hunter,Sauchie 05
GIL 3122    Scania K112CRS          Jonckheere C51F    Tanners Croft,Redditch 00
IIL 8585    Scania K113CRB          Van Hool C51FT     Tanners Croft,Redditch 00
KAZ 4523    Scania K92CRB           Van Hool C55F      Brownrigg,Egremont 04
KAZ 4524    Scania N112DRB          EL H45/31F         Mayne,Warrington 10 04
KBZ 8726    Scania K113CRB          Van Hool C51FT     South Dorset,Swanage 05
LIL 2174    Scania K112CRB          Van Hool C53F      Appleby,Conisholme 01
MIW 4890    Scania K112CRS          Van Hool C49FT     Reay,Fletchertown 97
```

NIB 8179	Scania K113CRB	Van Hool C51FT	Tanners Croft,Redditch 98
NIB 8272	Scania K113CRB	Van Hool C51FT	Tanners Croft,Redditch 98
NIL 8992	Bedford YNV	Plaxton C57F	George,Hare Street 97
NIL 8993	Bedford YNV	Duple C57F	Mitchell,Plean 97
PJI 6075	Scania K93CRB	Van Hool C55F	Horton,Shareshill 04
TIB 8567	Scania K112CLS	Jonckheere C57F	Head,Lutton 00
TIL 8251	Scania K93CRB	Plaxton C57F	Head,Lutton 99
TIL 8252	Scania K113TRB	VH CH55/17CT	Bostocks,Congleton 01
TIL 8747	Scania K93CRB	Plaxton C57F	Thornes,Bubwith 101 01
TIL 8748	Scania K113TRB	VH CH55/17DT	Kings Ferry,Gillingham 04
TIL 9654	Bedford YNT	Duple C53F	Measom,Ibstock 98
WJI 5277	Scania K112CRS	Jonckheere C51F	Marshall,Leighton Buzz. 99
WJI 6896	Scania K93CRB	Plaxton C53F	Radley,Broughton 01
XIL 5932	Scania K92CRB	Van Hool C55F	Emblings,Guyhirn 03
XJI 3831	Scania K113TRA	VH CH57/16CT	Smith,Brenzett 02
YAZ 4111	Scania K93CRB	Van Hool C55F	Luckett,Fareham 5504 02
6791 RU	Scania K93CRB	Plaxton C53F	Harris,Seven Kings 00
C 28 ETG	Scania N112DRB	EL H43/33F	Nuttall,Penwortham 04
G722 RYJ	Scania N113DRB	EL H47/34F	GA Brighton & Hove 722 04
H206 LOM	Scania N113DRB	AR H45/34F	NE West Midlands 3206 03
H211 LOM	Scania N113DRB	AR H45/34F	NE West Midlands 3211 03
H212 LOM	Scania N113DRB	AR H45/34F	NE West Midlands 3212 03
H221 LOM	Scania N113DRB	AR H45/34F	NE West Midlands 3221 03
J819 HMC	Scania N113DRB	AR H47/31F	Metroline S21 03
J820 HMC	Scania N113DRB	AR H47/31F	Metroline S20 03
J219 XKY	Scania K93CRB	Van Hool C55F	Luckett,Fareham 5505 02
K500 GSM	Scania K93CRB	Plaxton C55F	Smith,Rayne 01
K359 HAO	Scania K93CRB	Plaxton C57F	Aston,Worcester 00
K977 XND	Mercedes-Benz 609D	MM C26F	Martin,Lee 4 00
L354 MKU	Mercedes-Benz 814D	Plaxton C33F	Kerslake,Trethomas 98
L266 VUS	Scania K113CRB	Van Hool C51FT	Hunter,Sauchie 05
M652 BBV	Scania K113CRB	Berkhof C51FT	Horton,Shareshill 05
M329 RKG	Scania K113TRA	BF CH57/20DT	Thomas,Porth 01
M246 TAK	Scania K113CRB	Van Hool C51FT	Brown,South Kirkby 04
M 3 WGT	Scania K113TRA	BF CH57/20DT	Owen,Oswestry 04
N 40 PAC	Scania K113CRB	Van Hool C55FT	Emblings,Guyhirn 03
P133 GHE	Scania K113CRB	Van Hool C51FT	Astons,Worcester 03
P975 HNT	Scania K113CRB	Van Hool C51FT	Paragon,Stramshall 06
P 3 WGT	Scania K113TRA	BF CH57/20DT	Thomas,Porth 03
R741 ECT	Mercedes-Benz O814D	ACL C29F	Oates &,St Margarets 05
R200 LCT	Scania K113CRB	Van Hool C51FT	Leons,Stafford 108 03
R300 LCT	Scania K113CRB	Van Hool C51FT	Leons,Stafford 109 03
R308 PTF	Mercedes-Benz O814D	ACL C29F	Allan,Gorebridge 03
R127 WNT	Scania K113CRB	Van Hool C51FT	Paragon,Stramshall 05
S200 LCT	Mercedes-Benz O814D	ACL C29F	Leons,Stafford 112 03
S370 SET	Scania L94IB	Irizar C57F	Romsey Coaches 05
T 10 ACL	Mercedes-Benz O814D	Plaxton C29F	New 99
V100 ACL	Mercedes-Benz O814D	Plaxton C33F	New 99
X424 WVO	Scania L94IB	Irizar C57F	Romsey Coaches 05
YN04 AJY	Scania K94IB	Irizar C70F	New 04
YN04 AKY	Scania K94IB	Irizar C70F	New 04
SN05 MFY	Mercedes-Benz 1223L	Unvi C35F	New 05
YN05 GXY	Scania K94IB	Irizar C70F	New 05
YN05 HFS	Scania K94IB	Irizar C70F	New 05

~~~~~~

CAZ 6832*FIL 2688(4/99) & CAZ 6832(1/99) & E340 MHN(2/94),
CNZ 3828*V88 CCH(11/01), CNZ 8300*N505 ATF(12/04),
GAZ 4501*J331 TTX(5/05),
GAZ 4502*A62 JLW(12/01) & 3085 KX(10/99) & A62 JLW(1/86),
GAZ 4503*E42 CJA(7/05) & OSU 638(4/05) & E42 CJA(2/95) & HGR 150(7/93) &
        E932 WET(7/93),
GIL 3122*XEC 268Y(6/00) & 805 AFC(3/00) & XEC 268Y(3/99) & ESU 926(2/99) &
        DLX 38Y(9/86),
IIL 8585*J838 JNP(11/02) & J2 HCR(11/98),
KAZ 4523*F950 NER(5/04) & ESU 920(6/03) & F950 NER(11/94),
KAZ 4524*C110 UBC(3/04), KBZ 8726*G338 HBO(6/05),
LIL 2174*E562 FFW(4/02) & UTL 798(6/01) & E562 FFW(1/90),
MIW 4890*C408 HVH(2/92), NIB 8179*H674 AWP(4/98) & H3 HCR(11/97),
NIB 8272*H633 AWP(3/98) & H2 HCR(8/97), NIL 8992*C669 TUT(10/97),

```
N359 VRC   Dennis Lance              Optare B46F       Trent 359 05
P384 FEA   Mercedes-Benz 709D        ARB B25F          A Midlands 1284 04
P391 FEA   Mercedes-Benz 709D        ARB B25F          A Midlands 1291 04
P120 HCH   Mercedes-Benz O814D       Alexander B29F    A Midlands 1120 03
P123 HCH   Mercedes-Benz O814D       Alexander B29F    A Midlands 1123 03
P218 LKK   Mercedes-Benz 711D        Plaxton B27F      A Southern 1218 03
V332 EAK   Mercedes-Benz O814D       Plaxton B33F      Ludlows,Halesowen 47 05
V110 LVH   Optare Solo M920          B29F              New 99
V120 LVH   Optare Solo M920          B31F              New 99
X938 NUB   Optare Solo M920          B33F              Richmond,Barley 05
X942 NUB   Optare Solo M920          B34F              New 00
X944 NUB   Optare Solo M920          B34F              New 00
YN51 MHF   Scania K114EB4            Irizar C49FT      Chambers,Moneymore(NI) 04
YJ54 UBH   Optare Solo M920          B31F              New 05
YJ05 WDA   Optare Solo M920          B31F              New 05
YJ05 XMU   Optare Solo M920          B31F              New 05
YN05 HEV   Scania K114EB4            Irizar C48FT      Scania(Demonstrator) 05
```
HUI 4891*E433 YHL(3/00), LIL 3068*E305 BWL(5/99),
B5 WER*46 AEW(8/00) & K3 ACE(12/98) & B7 WER*R121 HEV(2/04)

27   D.T. BROCKBANK.t/a RINGWOOD COACHES

Depot:Speedwell Garage,Crompton Road,STAVELEY,Derbyshire.

```
E288 KLD   Mercedes-Benz 609D        PG B13FL          Non-PSV(Edgware) 93
N268 KAM   Mercedes-Benz 814D        Concept C24F      Worth,Longnor 01
P591 HHF   Mercedes-Benz 611D        Concept C12FL     New 97
EO02 UGN   LDV Convoy                LDV B16F          Non-PSV(Sixt Kenning) 04
YN05 RXW   Mercedes-Benz O814D       KVC C28F          New 05
```

28   BROWNs COACHES (SOUTH KIRKBY) LTD

Depot:Old Forge Garage,Barnsley Road,SOUTH KIRKBY,West Yorkshire.

```
R 33 EBC   Mercedes-Benz 814D        Plaxton C33F      New 97
R 96 HUA   Bova FLC12-280            C49FT             Atlantic,Heywood 01
V691 EWB   Bova FLC12-280            C53F              New 99
Y771 TKK   Iveco 59-12               Olympus C19F      New 01
MF51 OPA   Mercedes-Benz 413CDI      Onyx C16FL        New 02
LV02 LKG   Iveco 391E                Beulas C53F       Pullmanor,Herne Hill 05
LV02 LKM   Iveco 391E                Beulas C53F       Pullmanor,Herne Hill 05
MK02 GBE   Mercedes-Benz O814D       Onyx C24F         New 02
MK52 SWW   Mercedes-Benz 413CDI      Advanced C16F     New 02
YK03 FWN   Mercedes-Benz O814D       Plaxton C33F      New 03
YN03 WXX   Mercedes-Benz O814D       Plaxton C33F      New 03
YS03 ZKZ   Scania K114IB4            Irizar C49FT      New 03
FX53 BTY   Scania K114IB4            Irizar C49FT      New 03
YJ53 KFC   Scania K114IB4            Irizar C49FT      New 03
MX54 KKY   Mercedes-Benz O814D       Crest C24F        New 04
     06    Mercedes-Benz O814D       Unvi C33F         on order 06
```

29   BRYLAINE TRAVEL LTD

Depots:291 London Road,BOSTON, Old Boston Road,CONINGSBY &
                               Hassall Road,SKEGNESS,Lincolnshire.

```
XAZ 1293   Leyland LX2R              B49F              Lothian 187 00
XAZ 1310   Dennis Dart               Marshall B40F     Halton 67 00
XAZ 1311   Leyland ONCL10/1RZ        AR H45/30F        Bullock,Cheadle 04
XAZ 1312   Leyland ONCL10/1RZ        AR H45/30F        Bullock,Cheadle 04
XAZ 1313   Leyland ONCL10/1RZ        AR H45/30F        Bullock,Cheadle 04
XAZ 1314   MCW Metrobus DR115        H63/44F           Overseas(Hong Kong) 01
XAZ 1316   Dennis Dart               Marshall B40F     Halton 70 00
```

```
XAZ 1320   Leyland ONCL10/1RZ    AR H45/30F        A North West 2223 01
XAZ 1321   Dennis Dart           Marshall B40F     Halton 69 00
XAZ 1346   Dennis Dart           Marshall B40F     Halton 68 00
XAZ 1399   Leyland LX2R          B49F              Lothian 188 00
XAZ 1408   MCW Metrobus DR115    H63/44F           Overseas(Hong Kong) 01
XAZ 1409   Scania L113CRL        NC B51F           Fowler,Holbeach Drove 02
XAZ 1410   Leyland ONCL10/1RZ    AR H45/30F        A North West 2226 01
XAZ 1413   Scania L113CRL        NC B51F           Fowler,Holbeach Drove 02
XAZ 1414   Scania L113CRL        NC B51F           Fowler,Holbeach Drove 02
F235 YTJ   Leyland ONCL10/1RZ    AR H45/30F        Bullock,Cheadle 05
P201 RUM   DAF DE02GSSB220       Ikarus B51F       BCP,Crawley 04
P205 RUM   DAF DE02GSSB220       Ikarus B51F       BCP,Crawley 04
P128 RWR   DAF DE02GSSB220       Ikarus B51F       Luton Airport AP8 03
P129 RWR   DAF DE02GSSB220       Ikarus B51F       Arriva (Hire Fleet) 03
R 23 GNW   DAF DE02GSSB220       Ikarus B49F       Hallmark,Coleshill 03
S401 JUA   DAF DE02GSSB220       Ikarus B49F       Arriva (Hire Fleet) 03
W967 JNF   Mercedes-Benz O814D   Plaxton B31F      New 00
FY02 VHF   Optare Solo M850      B29F              New 02
FY02 VHG   Optare Solo M850      B29F              New 02
VU02 TSZ   Optare Solo M920      B33F              New 02
BU05 EEO   BMC 1100FE            B44F              New 05
BU05 EEP   BMC 1100FE            B44F              New 05
BU05 EER   BMC 1100FE            B44F              New 05
YJ05 JXD   Optare Solo M950      B37F              New 05
YJ05 JXE   Optare Solo M950      B37F              New 05
YJ05 JXF   Optare Solo M950      B37F              New 05
YJ05 JXG   Optare Solo M950      B37F              New 05
YJ05 JXH   Optare Solo M950      B37F              New 05
YJ05 JXK   Optare Solo M950      B37F              New 05
YJ05 JXL   Optare Solo M950      B37F              New 05
```

XAZ 1293*H187 OSG(12/00), XAZ 1310*M579 WLV(12/02),
XAZ 1311*F233 YTJ(5/04), XAZ 1312*F236 YTJ(5/04), XAZ 1313*F240 YTJ(5/04),
XAZ 1314*F165 UJN(4/02), XAZ 1316*M582 WLV(12/02),
XAZ 1320*E223 WBG(?/01), XAZ 1321*M581 WLV(12/02),
XAZ 1346*M580 WLV(12/02), XAZ 1399*H188 OSG(12/00),
XAZ 1408*F166 UJN(6/02), XAZ 1409*N693 AHL(3/03),
XAZ 1410*E226 WBG(2/02), XAZ 1413*N691 AHL(1/03) &
XAZ 1414*N692 AHL(12/02)

30   BURDETTs COACHES LTD

Depot:Westwell Garage,Plumbley Hall Road,MOSBOROUGH,South Yorkshire.

```
BAZ 2561   Volvo B10M-56         Plaxton C53F      Bibby,Ingleton 01
BAZ 2562   Volvo B10M-62         Van Hool C48FT    Kenzie,Shepreth 99
BAZ 2564   Leyland PSU3E/4R      Plaxton C53F      Grant,Fareham 81
J  4 KYS   Volvo B10M-62         Jonckheere C53F   New 99
J  8 LOG   Volvo B10M-55         Van Hool C49FT    New 01
J  8 ODY   Volvo B10M-55         Van Hool C49FT    New 01
J  3 YES   Volvo B10M-62         Van Hool C49FT    New 01
YJ04 GXZ   Volvo B12B            Van Hool C51FT    New 04
YJ04 GYY   Volvo B12B            Van Hool C53F     New 04
```

BAZ 2561*BIB 7670(3/01) & ABM 351A(1/92) & A64 BEC(4/85),
BAZ 2562*L57 REW(3/99), BAZ 2564*JEF 61(10/00) & LVS 439V(9/00),
J4 KYS*T115 JBC(5/05) & J6 ENT(7/04) & T115 JBC(5/04),
J8 LOG*Y641 HWY(7/04), J8 ODY*Y651 HWY(2/04) & J3 YES*Y659 HWY(7/04)

31   P. BURKE & N. ALLEN.t/a WROSE TRAVEL

Depot:443 Otley Road,UNDERCLIFFE,West Yorkshire.

```
MUI 5490   Volvo B10M-60         Plaxton C48FT     Singh,Huddersfield 04
OIL 5838   Volvo B10M-60         Plaxton C48FT     Meredith,Branston Booth 04
 222 UPD   Volvo B10M-62         Plaxton C48FT     Birmingham,Tividale 05
K 18 AMB   Volvo B10M-60         Plaxton C53F      Hill,Hersham 05
```

```
K  19 FTG   Volvo B10M-60              Plaxton C49FT    Prince,Witham 04
K504 WNR    Volvo B10M-60              Plaxton C46FT    Whittaker,Penwortham 04
K506 WNR    Volvo B10M-60              Plaxton C46FT    Whittaker,Penwortham 04
P393 MDT    Mercedes-Benz 814D         Plaxton C33F     Hussain,Fairweather Grn 05
```

```
MUI 5490*K200 CAP(3/03),
OIL 5838*J718 EUA(5/98) & 4030 WA(11/95) & J723 CWT(12/93),
222 UPD*M441 BDM(1/03),
K504 WNR*386 BUO(5/04) & K504 WNR(5/03) & NXI 9001(2/03) &
       K504 WNR(4/01),
K506 WNR*VVL 266(5/04) & K506 WNR(7/03) & NXI 9002(2/03) &
       K506 WNR(4/01) & P393 MDT*PBZ 9196(6/04) & P393 MDT(2/02)
```

32   J.E. BURTON

Depot:Alma Street Garage,Alma Street,ALFRETON,Derbyshire.

```
DIB 8484    Dennis Javelin             Duple C35F       Clarkson,Barrow-Furness 02
F372 MUT    Dennis Javelin             Duple C57F       Rayleigh,Ramsden Heath 93
F973 UGM    Dennis Javelin             Plaxton C35F     Blagdon Lioness 99
N668 THO    Volvo B10M-62              Plaxton C53F     Spencer,New Ollerton 01
```

```
             OTHER VEHICLE OWNED BY THE COMPANY
                       * * * * * * *
KNU  446    AEC Regal I                WK DP35F         Preserved(1946)
```

```
DIB 8484*F476 WSC(3/97) & YBL 526(10/95), F973 UGM*89KY 1322(4/96) &
N668 THO*XEL 6S(11/98)
```

33   **R.A. & A.J. BUTLER.t/a BUTLER BROTHERS**

Depot:60 Vernon Road,KIRKBY-IN-ASHFIELD,Nottinghamshire.

```
NUI 2382    Volvo B10M-60              Plaxton C57F     Southern,Barrhead 97
 68 BUT     DAF SB3000DKVF601          Van Hool C49FT   Boon,Boreham 96
 83 BUT     Dennis Javelin             Plaxton C53F     Davies,Ellesmere 02
179 BUT     Dennis Javelin             Plaxton C57F     Coombs,Weston-s-Mare 02
BUT   2B    DAF MB200DKFL600           Van Hool C53FT   New 84
NHL 303X    Leyland ONLXB/1R           ECW H45/32F      S East Midland 14303 05
B  3 MAU    Mercedes-Benz O817L        SCC C29FT        Williams,Sutton-Ashfld 04
J626 JNP    MAN 10.180                 Caetano C35F     Cresswell &,Evesham 99
M  6 BUT    Dennis Javelin             Plaxton C57F     Bullock,Cheadle 98
V 10 BUT    Dennis Javelin             Berkhof C49FT    Hodson,Gisburn 04
```

```
NUI 2382*179 BUT(11/03) & H990 YGG(5/98), 68 BUT*K550 RJX(3/02),
83 BUT*M238 PNT(11/02), 179 BUT*L860 NYC(11/03), J626 JNP*J2 NNC(6/98),
M6 BUT*M784 NBA(3/02) & V10 BUT*V978 FPF(1/05)
```

34   **CAIRNGORM COACH TRAVEL LTD**

Depot:Derwent Way,Wath West Ind. Estate,WATH-UPON-DEARNE,South Yorkshire.

```
YN54 JPU    Auwaerter N316SHDL         C61FT            New 05
YN54 JPV    Auwaerter N316SHDL         C61FT            New 05
YN54 JPX    Auwaerter N316SHDL         C61FT            New 05
YN54 JPY    Auwaerter N316SHDL         C61FT            New 05
```

35 M.W. & J. CANHAM t/a JC COACHES

Depot:Roselyn,Retford Road,BOUGHTON,Nottinghamshire.

TDZ 1804	Toyota HZB50R	Caetano C19F	on loan Dawson	
TDZ 3592	Toyota HZB50R	Caetano C19F	on loan Dawson	
D 35 XNV	Bedford YMP	Plaxton C35F	Griffiths,Brookmans Pk	05
G407 XMK	Leyland TRCL10/3ARZM	Plaxton C55F	Keiths,Blucher 2	05
L210 BPL	Toyota HDB30R	Caetano C21F	Crichton,Low Fell	99

TIL 4047*543 FLW(3/01) & C707 KDS(3/89) &
G407 XMK*JIL 3965(3/05) & G407 XMK(5/94) & G609 XMD(4/90)

36 J.W. CARNELL LTD

Depot:72 Bridge Road,SUTTON BRIDGE,Lincolnshire.

FDZ 4731	Volvo B10M-61	Van Hool C53F	Shearings 290	90
JIL 3964	Bova FHD12-340	C44FT	Flights,Birmingham	00
RDZ 4275	DAF SB2300DHTD585	Plaxton C53F	AMR,Bedfont	95
VJI 1999	Bova FHD12-280	C57F	Boulton,Cardington	02
129 SDV	Leyland TRCTL11/3R	Duple C57F	Hedingham & Dist. L226	98
AWE 113T	Bedford YMT	Duple C53F	Garratt,Syston	84
BYX 175V	MCW Metrobus DR101	H43/28D	Fowler,Holbeach Drove	02
KJW 284W	MCW Metrobus DR102	H43/30F	NE West Midlands 2284	98
ORJ 95W	MCW Metrobus DR102	H43/30F	S GM Buses South 5095	98
LOA 424X	MCW Metrobus DR102	H43/30F	NE West Midlands 2424	00
OHE 270X	Volvo B10M-61	Duple C50F	NTE,Sheffield	87
YPD 121Y	Leyland TRCTL11/2R	Duple C53F	Richardson,Midhurst	95
G138 EOG	Leyland LX112	B49F	NE West Midlands 1138	05
G197 EOG	Leyland LX112	B49F	NE West Midlands 1197	05
G 59 RND	Leyland TR2R	ARB B55F	Green Triangle,Atherton	05
H917 DFG	Toyota HDB30R	Caetano C21F	Rowland &,Hastings	99
H 84 RUX	MAN 10.180	Caetano C35F	Jones,Pwllheli	00
K702 RNR	Toyota HDB30R	Caetano C14F	Avis,Heathrow 6	98
P971 HWF	Dennis Javelin	Auwaerter C48FT	Boulton,Walsden	03
P222 TCC	Dennis Javelin	Plaxton C53F	Hartwool,Bicester	05

FDZ 4731*A178 MNE(5/89), JIL 3964*M60 FTG(5/00), RDZ 4275*A80 WHS(2/96),
VJI 1999*C428 WFD(6/97), 129 SDV*B288 OGV(7/92) &
H917 DFG*UDY 512(3/98) & H170 EJF(7/96)

37 CAVALIER CONTRACTS LTD/A.D. LADBROOK & C.J. BOOR

Depot:198 Seagate Road,LONG SUTTON,Lincolnshire.

1100	G370 REG	Volvo B10M-60	Plaxton C57F	Kirkby (Hire Fleet)	01
1101	CLZ 1842	Volvo B10M-61	Plaxton C57F	Cropley,Fosdyke	01
1102	G549 LWU	Volvo B10M-60	Plaxton C53F	Stainton,Kendal	01
1103	J860 COO	Dennis Javelin	Berkhof C53F	LB Redbridge	03
4200	AE51 VFW	Dennis Trident	Plaxton H47/29F	New	01
4201	H139 GGS	Leyland ON2R	NC H47/30F	B Sovereign 39	03
4202	H140 GGS	Leyland ON2R	NC H47/30F	B Sovereign 40	03
4203	H149 GGS	Leyland ON2R	NC H47/30F	B Sovereign 49	03
4204	H150 GGS	Leyland ON2R	NC H47/30F	B Sovereign 50	03
4205	H151 GGS	Leyland ON2R	NC H47/30F	B Sovereign 51	03
4206	H152 GGS	Leyland ON2R	NC H47/30F	B Sovereign 52	03
4207	H650 VVV	Leyland ON2R	AR H51/34F	B Sovereign 70	03
4208	H651 VVV	Leyland ON2R	AR H51/34F	B Sovereign 71	03
4209	H652 VVV	Leyland ON2R	AR H51/34F	B Sovereign 72	03
4210	H653 VVV	Leyland ON2R	AR H51/34F	B Sovereign 73	03
4211	C479 YWY	Leyland ONLXB/1R	ECW H45/31F	B Sovereign 47	03
4212	C 60 CHM	Leyland ONLXB/1RH	ECW H42/31F	Isle of Man 6	03
4213	C 98 CHM	Leyland ONLXB/1RH	ECW H42/31F	Ensign,Purfleet	03
4214	B898 UAS	Leyland ONLXB/1R	AR H45/32F	B Sovereign 98	03
4215	B261 LPH	Leyland ONTL11/1R	ECW H43/29F	B Sovereign 61	03
4216	B264 LPH	Leyland ONTL11/1R	ECW H43/29F	B Sovereign 64	03

```
4217  B265 LPH    Leyland ONTL11/1R  ECW H43/29F       B Sovereign 65 03
4218  B268 LPH    Leyland ONTL11/1R  ECW H43/29F       B Sovereign 68 03
4219  A156 OFR    Leyland ONLXB/1R   ECW CH42/30F      B Sovereign 56 03
4220  A 96 KWW    Leyland ONLXB/1R   ECW H45/29F       B Sovereign 96 03
4221  A766 WVP    MCW DR102          H43/30F           NE West Midlands 2766 03
4222  A978 OST    Leyland ONLXB/1R   AR H45/32F        B Lancashire 2213 03
4223  A 17 KDT    Leyland ONLXB/1R   ECW H45/32F       B Sovereign 17 03
4224  DWW 929Y   Leyland ONLXB/1R    ECW H45/32F       B Sovereign 79 03
4225  T126 AUA    DAF DE02RSDB250    Optare H49/ ?F    on loan Dawson
4226  T128 AUA    DAF DE02RSDB250    Optare H49/ ?F    on loan Dawson
4227  T129 AUA    DAF DE02RSDB250    Optare H49/ ?F    on loan Dawson
4228  C 38 CHM    Leyland ONLXB/1RH  ECW H42/26D       A The Shires 5838 05
4230  D181 FYM    Leyland ONLXB/1RH  ECW H42/26D       A The Shires 5839 05
4231  D215 FYM    Leyland ONLXB/1RH  ECW H42/26D       A The Shires 5840 05
5300  AE51 VJD    Dennis Dart SLF    Plaxton B41F      New 01
5301  AE51 VFV    Dennis Dart SLF    Plaxton B37F      New 01
5302  AE51 VFU    Dennis Dart SLF    Plaxton B37F      New 01
5303  AE51 VFX    Dennis Dart SLF    Plaxton B29F      New 01
5304  X166 BNH    Dennis Dart SLF    Marshall B37F     on loan Dawson
5305  X168 BNH    Dennis Dart SLF    Marshall B37F     on loan Dawson
5306  R566 UOT    Dennis Dart SLF    UVG B40F          Bannister,Owstn Ferry 03
5307  R120 HNK    Volvo B10BLE       Wright B47F       B Sovereign 120 03
5308  R121 HNK    Volvo B10BLE       Wright B47F       B Sovereign 121 03
5309  R122 HNK    Volvo B10BLE       Wright B47F       B Sovereign 122 03
5310  R123 HNK    Volvo B10BLE       Wright B47F       B Sovereign 123 03
5311  R124 HNK    Volvo B10BLE       Wright B47F       B Sovereign 124 03
5312  R125 HNK    Volvo B10BLE       Wright B47F       B Sovereign 125 03
5313  R126 HNK    Volvo B10BLE       Wright B47F       B Sovereign 126 03
5314  N199 PYJ    Dennis Dart SLF    Alexander B37F    Transbus(Demonstr.) 03
5315  M429 BNV    Volvo B6           Alexander DP40F   B Sovereign 629 03
5316  M430 BNV    Volvo B6           Alexander DP40F   B Sovereign 630 03
5317  M384 VWX    Volvo B6           Alexander B40F    B Sovereign 664 03
5318  M385 VWX    Volvo B6           Alexander B40F    B Sovereign 665 03
5319  L265 EPD    Dennis Dart        Plaxton B40F      Safeguard,Guildford 03
5320  K916 FVC    Dennis Dart        Plaxton B40F      NE Tayside 35 02
5322  K918 FVC    Dennis Dart        Plaxton B40F      NE Tayside 33 02
5323  S719 KNV    Dennis Dart SLF    Marshall B43F     on loan Dawson
5324  R791 NRW    Dennis Dart SLF    Marshall B43F     De Courcey,Coventry 04
5325  R773 LHP    Dennis Dart SLF    Marshall B43F     De Courcey,Coventry 04
5326  T419 MNH    Dennis Dart SLF    Plaxton B39F      on loan Dawson
5328  V675 FPO    Dennis Dart SLF    SCC B40F          Silcox,Pembroke Dock 05
6400  X991 WAU    MB O814D           Frank Guy B31F    New 00
6401  V383 NOA    MB O814D           Frank Guy B31F    New 99
6402  T405 BGB    MB O814D           Marshall B31F     New 99
6406  P389 JOM    Iveco 59-12        UVG B24FL         LB Barking & Dagenham 03
6408  Y153 OTL    Renault Master     Advanced B8FL     New 01
6409  T455 HNV    MB O814D           Marshall B31F     on loan Dawson
6411  FY02 LRO    Renault Master     Whitacre B8FL     op for Lincolnshire CC
6412  BX54 FOA    Renault Master     MinO B8FL         op for Lincolnshire CC
6413  N382 JGS    MB 709D            Plaxton B27F      A The Shires 2152 05
6414  N376 JGS    MB 709D            Plaxton B27F      A The Shires 2146 05
6415  M 46 WUR    MB 709D            Plaxton B27F      A The Shires 2106 05
```
~~~~~~
CLZ 1842*B521 YTC(5/00) & 432 CYA(3/95), A17 KDT*A94 KWW(3/96),
C60 CHM*EMN 206U(5/03) & C60 CHM(1/00),
C98 CHM*MAN 47F(5/03) & C98 CHM(3/00),
D215 FYM*815 DYE(9/04) & D215 FYM(8/91),
G549 LWU*A4 FWS(12/01) & G549 LWU(5/93),
G370 REG*BOR 8V(12/04) & G370 REG(10/01) &
J860 COO*A3 LBR(7/02) & J161 JKM(7/00) & J20 KFC(11/93)
~~~~~~

38

CENTREBUS GROUP

CENTREBUS LTD
LUTONIAN BUSES LTD

LQT LTD
D. SHELLEY

Depots:
D DUNSTABLE(Lorry Park,Dukeminster Estate)
G GRANTHAM(Tollemache Road South,Spitalgate Lane)
L LEICESTER(37 Wenlock Way)
M LUTON(Sedgewick Road,Leagrave)
S ST ALBANS(Sandridge Gate Bus. Centre,Ronsons Way)
  SOULBURY(Unit 3,Hollingdon Depot,Stewkley Road)(joint D)
  THURMASTON(c/o Wells & Root,Humberstone Lane)(joint L)

```
  2 L   Y   2 DRM   Scania L94UB         Wright B43F       Morris,Bromyard 06
 27 L   P  27 MLE   Dennis Dart          Plaxton B37F      Aventa,Crawley 02
 28 L   P  28 MLE   Dennis Dart          Plaxton B37F      Aventa,Crawley 02
 29 L   P  29 MLE   Dennis Dart          Plaxton B37F      Fleetmaster(Hire) 03
 31 L   P  31 MLE   Dennis Dart          Plaxton B37F      Armchair,Brentford 02
 32 L   P  32 MLE   Dennis Dart          Plaxton B37F      Armchair,Brentford 01
 35 L   P  35 MLE   Dennis Dart          Plaxton B37F      Armchair,Brentford 02
 52 M   FM52 GFA    Dennis Dart SLF      Plaxton B29F      New 02
 53 M   FM52 GEY    Dennis Dart SLF      Plaxton B29F      New 02
 55 M   SN55 DVC    Dennis Dart SLF      Plaxton B38F      New 05
 70 M   M  70 TGM   MB 709D              Plaxton B23F      MK Metro 106 05
 73 M   J920 UNA    MB 709D              Plaxton B23F      MK Metro 920 97
102 M   J202 JRP    MB 709D              Plaxton B27F      Stratford Blue 01
103 M   J103 DUV    Dennis Dart          Plaxton B24F      London United DR103 03
106 M   L206 MAV    MB 709D              Marshall B27F     MK Metro 106 00
114 L   A113 WVP    MCW GR133            H43/30F           NE West Midlands 2973 02
125 M   J125 DUV    Dennis Dart          Plaxton B24F      London United DR125 03
125 S   J126 DUV    Dennis Dart          Plaxton B24F      Red Rose,Aylesbury 03
129 S   Y129 TBF    MB O814D             Plaxton B31F      New 01
131 L   Y131 TBF    MB O814D             Plaxton B31F      New 01
132 M   N132 XND    Dennis Dart          Plaxton B40F      MK Metro 422 04
134 M   J134 DUV    Dennis Dart          Plaxton B24F      London United DR134 03
158 L   P158 MLE    Dennis Dart          Plaxton B37F      Armchair,Brentford 02
160 L   P160 MLE    Dennis Dart          Plaxton B37F      Armchair,Brentford 02
191 D   G191 PAO    MB 709D              Alexander B23F    S North West 591 02
203 G   N203 LCK    Optare L1070         B36F              Simmons,Grantham 05
204 L   M204 EGF    Dennis Dart          Plaxton B35F      GA London DPL4 03
210 L   M210 EGF    Dennis Dart          Plaxton B35F      GA London DPL10 03
214 D   M214 EGF    Dennis Dart          Plaxton B35F      GA London DPL14 03
227 L   H227 LOM    Scania N113DRB       AR H45/31F        NE West Midlands 3227 02
231 L   H231 LOM    Scania N113DRB       AR H45/31F        NE West Midlands 3231 02
233 L   H233 LOM    Scania N113DRB       AR H45/31F        NE West Midlands 3233 02
242 L   H242 LOM    Scania N113DRB       AR H45/31F        NE West Midlands 3242 02
254 D   K254 JNV    MB 811D              Wright B26F       MK Metro 71 05
272 G   N272 DWY    MB O405              Optare B49F       Simmons,Grantham 05
370 M   J370 GKH    Dennis Dart          Plaxton B24F      London United DR70 03
374 L   G374 NRC    Scania N113DRB       AR H47/33F        Nottingham 374 01
374 M   J374 GKH    Dennis Dart          Plaxton B24F      London United DR74 03
377 L   G377 NRC    Scania N113DRB       AR H47/33F        Nottingham 377 01
380 S   YK05 CCY    Optare M780SL        B25F              New 05
381 S   YJ05 XNB    Optare M780SL        B25F              New 05
389 D   M389 KVR    Dennis Dart          NC B37F           Countryman,Ibstock 03
411 D   T411 LGP    Dennis Dart SLF      SCC B30D          Connex Bus DCL411 04
419 D   T419 LGP    Dennis Dart SLF      SCC B30D          Connex Bus DCL419 04
430 M   K863 PCN    Dennis Dart          Wright B40F       MK Metro 430 01
434 G   K434 OKH    Dennis Dart          Plaxton B34F      Tims,Sheerness 03
451 L   L951 MBH    MB 811D              Plaxton B31F      B Sovereign 451 04
451 M   Y451 TBF    Dennis Dart SLF      Plaxton B29F      New 01
454 S   L954 MBH    MB 811D              Plaxton B33F      B Sovereign 454 04
458 S   M458 UUR    MB 811D              Plaxton B31F      B Sovereign 458 04
462 L   S462 LGN    Dennis Dart SLF      Plaxton B29F      Richmond,Epsom 462 04
466 L   S466 LGN    Dennis Dart SLF      Plaxton B29F      Richmond,Epsom 466 04
498 L   POG 498Y    MCW DR102            H43/30F           NE West Midlands 2498 02
501 D   P501 VRO    Dennis Dart SLF      Plaxton B39F      B Sovereign 501 04
502 D   S502 APP    Dennis Dart SLF      Plaxton B39F      B Sovereign 502 04
510 M   K510 FYN    MB 811D              Wright B28F       MK Metro 70 05
```

```
522 L   POG 522Y    MCW DR102               H43/30F           NE West Midlands 2522 02
540 G   L540 EHD    DAF SB220LC550          Ikarus B48F       Simmons,Grantham 05
543 G   L543 EHD    DAF SB220LC550          Ikarus B48F       Simmons,Grantham 05
548 L   POG 548Y    MCW DR102               H43/30F           NE West Midlands 2548 02
                            * * * * * * *
```

563-78 Dennis Dart SLF   Plaxton B40F   B Sovereign 563-78etc 04
V563-5 JBH,W566-9/71-8 XRO.

```
563 S      565 S      567 S      569 S       572 S      574 S      576 S       578 S
564 S      566 M      568 S      571 S       573 S      575 S      577 S
                            * * * * * * *
575 L   POG 575Y    MCW DR102               H43/30F           NE West Midlands 2575 05
582 S   KC03 PGK    Dennis Dart SLF         Plaxton B29F      B Sovereign 582 04
583 S   KC03 PGU    Dennis Dart SLF         Plaxton B29F      B Sovereign 583 04
588 G   K588 MGT    Dennis Dart             Plaxton B32F      Simmons,Grantham 05
617 L   W617 YNB    Dennis Dart SLF         Plaxton B28F      Stones,Leigh 04
618 L   W618 YNB    Dennis Dart SLF         Plaxton B28F      Stones,Leigh 04
628 M   K628 YPL    Dennis Dart             Plaxton B40F      Safeguard,Guildford 03
633 S   L663 MYG    MB 811D                 Plaxton DP31F     B Keighley & D. 124 04
644 S   L664 MYG    MB 811D                 Plaxton B31F      B Keighley & D. 125 04
648 D   J648 XHL    Dennis Dart             Plaxton B43F      MK Metro 425 02
679 L   H679 BTP    MB 709D                 Alexander B25F    S South 849 02
683 G   A683 UOE    MCW DR102               H43/30F           NE West Midlands 2683 02
690 M   G690 OHE    MB 811D                 RB B31FA          MK Metro 05
704 S   L104 SDY    Dennis Javelin          Plaxton C47F      B Sovereign 704 04
708 L   A708 UOE    MCW DR102               H43/30F           NE West Midlands 2708 03
710 M   L710 JUD    Dennis Dart             Plaxton B37D      MK Metro 415 04
712 D   L712 JUD    Dennis Dart             Plaxton B37D      Teamdeck,Honley 27 05
713 D   L713 JUD    Dennis Dart             Plaxton B37D      MK Metro 418 05
719 L   A719 UOE    MCW DR102               H43/30F           NE West Midlands 2719 02
770 L   A770 WVP    MCW DR102               H43/30F           NE West Midlands 2770 05
794 L   B794 AOC    MCW DR102               H43/30F           NE West Midlands 2794 02
799 G   B799 AOP    MCW DR102               H43/30F           NE West Midlands 2799 05
821 D   M821 RCP    Dennis Dart             Plaxton B40F      Simmons,Great Gonerby 03
823 M   R823 MJU    MB O810D                Plaxton B31F      Trent 823 05
828 D   K828 NKH    Dennis Dart             Plaxton B34F      Tims,Sheerness 03
829 D   M829 RCP    Dennis Dart             NC B39F           Countryman,Ibstock 03
831 L   B831 AOP    MCW DR102               H43/30F           NE West Midlands 2831 05
834 L   B834 AOP    MCW DR102               H43/30F           NE West Midlands 2834 04
846 L   B846 AOP    MCW DR102               H43/30F           NE West Midlands 2846 05
870 L   B870 DOM    MCW DR102               H43/30F           NE West Midlands 2870 05
896 L   C896 FON    MCW DR102               H43/30F           NE West Midlands 2896 05
898 G   C898 FON    MCW DR102               H43/30F           NE West Midlands 2898 05
922 M   W922 JNF    Dennis Dart SLF         Plaxton B29F      Liskeard & District 02
944 L   D944 NDA    MCW DR102               H43/26F           NE West Midlands 2944 03
955 G   S955 NRA    Optare L1150            B45F              Simmons,Grantham 05
979 D   M979 USC    MB 709D                 Alexander B29F    Ballantyne,Bellshill 02
985 G   W985 WDS    Dennis Dart SLF         SCC B44F          Gibson Direct,Renfrew 03
2219 M  P 26 KOP    Iveco 59-12             Marshall B27F     A The Shires 2219 00
6081 L  XIL 6081    Dennis Dart             Plaxton B34F      GA London DRL60 03
6082 G  XIL 6082    Dennis Dart             Plaxton B34F      GA London DRL54 03
6083 L  XIL 6083    Dennis Dart             Plaxton B34F      GA London DRL65 03
8148 G  KUI 8148    Dennis Dart             RB B28F           Roberts,Hugglescote 05
8418 L  XIL 8418    Dennis Dart             Plaxton B34F      GA London DRL63 03
8419 G  XIL 8419    Dennis Dart             Plaxton B34F      GA London DRL66 03
```
~~~~~~
KUI 8148*H118 THE(12/00), XIL 6081*K860 LGN(11/03),
XIL 6082*K854 LGN(11/03), XIL 6083*K865 LGN(11/03),
XIL 8418*K863 LGN(2/04), XIL 8419*K866 LGN(2/04),
J920 UNA*J3 SLT(2/97) & J62 MHF(8/92), K510 FYN*NDZ 7936(3/94),
K254 JNV*NDZ 7921(10/04), W617 YNB*B1 JYM(1/04) & W618 YNB*BUS 1S(1/04)
~~~~~~

39   J.I. CLARCK.t/a CENTRAL COACH TOURS

Depot:Naylor Street,Parkgate,ROTHERHAM,South Yorkshire.

```
SIW 9154    Volvo B6                Caetano C34F    Spencer,Arbourthorne 05
F270 RJX    DAF MB230LB615          Van Hool C51F   Rossendale 310 98
M643 CTL    Mercedes-Benz 308D      ? C15F          Non-PSV 03
M935 RRC    Mercedes-Benz 711D      Bradshaw C25F   Merry Hill,Brierley H. 05
```

SIW 9154*L62 YJF(5/96) & F270 RJX*A10 TBT(11/98) & F270 RJX(6/95)

40   G.C.H. CLARK.t/a GEE VEE TRAVEL

Depot:Unit 8,Stanley Road,Stairfoot,BARNSLEY,South Yorkshire.

```
GIL 7259    Mercedes-Benz 609D      DC C24F         Russell &,Kirkby 01
MAZ 6507    Bova FHD12-290          C51FT           Steele,Potters Bar 91
E652 DPD    Mercedes-Benz 609D      Crystals C24F   GJ Travel,Ottershaw 93
N  2 GVT    Bova FHD12-340          C51F            Collier,Earith 02
P  1 GVT    Bova FHD12-340          C49F            Silver Fox,Renfrew 03
P  2 GVT    Bova FHD12-340          C51FT           New 97
P  7 JMJ    Bova FHD12-340          C51FT           Jones,Burley Gate 03
R  1 GVT    Bova FHD12-340          C51FT           New 98
T  2 LEC    Bova FHD12-340          C49FT           Slack,Moss 05
X  4 GVT    Bova FHD12-340          C49FT           New 00
YD02 PXG    Bova FHD12-340          C49FT           New 02
YE03 VTG    Bova FHD12-370          C51FT           New 03
YJ03 GXV    Bova FHD12-340          C51FT           New 03
GT04 GVT    Bova FHD13-340          C51FT           New 04
GT05 GVT    Bova FHD13-340          C51FT           New 05
```

MAZ 6507*F693 ONR(6/97), N2 GVT*N581 BDT(10/02) &
P1 GVT*P69 BSB(2/04) & SIL 1102(3/03) & P69 BSB(10/99)

41   S. & C.M. CLARKE.t/a SWIFT VALLEY COACHES

Depot:Hilltop Farm,South Kilworth Road,WALCOTE,Leicestershire.

```
L299 HKM    MAN 11.190              Berkhof C33FT   Robinson,Stewkley 02
L436 VGP    Iveco 49-10             Mellor B16F     Newton,Walcote 03
M655 SBL    Toyota HZB50R           Caetano C21F    Newton,Walcote 00
P 82 RTC    Iveco 59-12             LCB C25F        Park,Wooler 00
T934 YRR    Kassbohrer S315GTHD     C49FT           Skyline,Oldbury 04
W315 SBC    MAN 11.220              Caetano C33FT   Red Arrow,Huddersfield 03
FG52 WRN    Toyota BB50R            Caetano C26F    New 02
```

L299 HKM*L3 KFC(4/97), T934 YRR*SIL 6434(1/04) & T934 YRR(4/00) &
W315 SBC*RED 795(3/03) & W315 SBC(9/01)

42   KEN CLARKSON LTD

Depot:52 Doncaster Road,SOUTH ELMSALL,West Yorkshire.

```
R626 FCT    Mercedes-Benz 412D      ACL C16F        Cropper,Kirkstall 02
V144 UVY    Volvo B7R               Plaxton C53F    New 00
X429 VWR    Mercedes-Benz O814D     Plaxton B27F    New 01
Y157 HWE    Auwaerter N316SHD       C49FT           New 01
Y297 OCT    Mercedes-Benz 1223L     Ferqui C39F     Atlantic,Heywood 02
YN51 XMO    Auwaerter N316SHD       C49FT           New 02
YR02 UOC    Auwaerter N516SHD       C48FT           Hallmark,Coleshill 03
YR02 UOD    Auwaerter N516SHD       C48FT           Hallmark,Coleshill 03
YR02 UOF    Auwaerter N516SHD       C48FT           Hallmark,Coleshill 04
BF52 SZL    Mercedes-Benz 1836RL    C49FT           New 02
YR52 ZKL    Auwaerter N316SHD       C49FT           New 02
FX03 ECN    Mercedes-Benz O814D     ACL C29F        New 03
```

```
YT53 BUJ   Mercedes-Benz O814D   Crest C24F          New 04
FJ54 ZCU   Volvo B7R             Jonckheere C53F     New 04
BX55 FZA   Mercedes-Benz 1836RL  C49FT               New 05
YX55 ACZ   Mercedes-Benz 1223L   Ferqui C39F         New 05
```

43   CONFIDENCE BUS & COACH HIRE LTD

Depots:30 Spalding Street,LEICESTER &
                    Harrison Close,WIGSTON,Leicestershire.

```
15  WLT  655   AEC Routemaster     PR H36/28R      London Buses RM655 85
34  KAU 564V   Leyland PSU3E/4R    Plaxton C53F    Trent 1564 96
36  VRC 611Y   Leyland PSU3G/4R    Plaxton C53F    Trent 1611 96
37  PTV 591X   Leyland PSU3/4R     Plaxton C53F    Cygnet,Darton 19 97
38  A511 VKG   Leyland ONLXB/1R    EL H43/31F      Cardiff 511 98
39  RBO 510Y   Leyland ONLXB/1R    EL H43/29F      Cardiff 510 99
40  BWT 199X   Volvo B10M-61       Van Hool C48FT  La Pilusa,Harrogate 99
41  A118 PBW   LD TRCTL11/3RH      Plaxton C51F    Worth,Enstone 99
42  VJO 205X   Leyland ONLXB/1R    ECW H47/31F     Worth,Enstone 00
43  C248 CKH   LD TRCTL11/3RZ      Plaxton C49FT   Hornsby,Ashby B13 00
44  FUM 490Y   Leyland ONLXB/1R    ECW H45/29F     B Keighley & D. 361 01
45  B124 UUD   LD TRCTL11/3RH      Plaxton C53F    Worth,Enstone 01
46  UWW   8X   Leyland ONLXB/1R    Roe H47/29F     S Cambus 505 01
47  UWW  10X   Leyland ONLXB/1R    Roe H47/29F     Isle of Man 80 01
48  AEF 224Y   Leyland ONLXB/1R    ECW H45/32F     A Cymru DOG224 01
49  XWY 476X   Leyland ONLXB/1R    ECW H45/32F     Isle of Man 82 01
50  A112 MUD   LD TRCTL11/3RH      Plaxton C57F    Worth,Enstone 02
51  EEH 903Y   Leyland ONLXB/1R    ECW H45/32F     A Midlands North 1903 02
52  EEH 904Y   Leyland ONLXB/1R    ECW H45/32F     A Midlands North 1904 02
53  UWW   9X   Leyland ONLXB/1R    Roe H47/29F     Forestdale,Addington 02
54  E157 OMD   LD ONLXB/1RH        Optare H47/29F  Arnold &,Wrotham 5757 02
55  C 71 CHM   LD ONLXB/1RH        ECW H42/30F     Isle of Man 11 02
56  B123 UUD   LD TRCTL11/3RH      Plaxton C57F    Worth,Enstone 02
57  A139 SMA   Leyland ONLXB/1R    ECW H45/32F     A Midlands North 03
58  JFR   5W   LD ONLXCT/1R        ECW H43/32F     Cherry,Bootle 03
59  DCZ 2319   LD TRCTL11/2R       Plaxton C53F    Thamesdown 319 03
60  DCZ 2317   LD TRCTL11/2R       Plaxton C53F    Thamesdown 317 03
61  CUD 221Y   Leyland ONLXB/1R    ECW H47/31F     GA City of Oxford 221 03
62  MJI 7846   LD TRCTL11/3RH      Duple C53F      Non-PSV(Denham) 04
63  A502 EJF   Leyland ONLXB/1R    ECW H45/32F     A Midlands 4502 04
64  K561 GSA   Volvo B10M-60       Plaxton C53F    S East Scotland 52131 05
65  A132 SMA   Leyland ONLXB/1R    ECW H45/32F     A Midlands 4516 05
66  K562 GSA   Volvo B10M-60       Plaxton C53F    Day,Kilnhurst 06
```
DCZ 2317*A127 EPA(3/00), DCZ 2319*A126 EPA(3/00), MJI 7846*C27 ECW(7/90),
BWT 199X*735 JVO(3/99) & STT 611X(9/83),
UWW 9X*CMN 45C(7/01) & UWW 9X(3/96),
UWW 10X*MAN 80N(7/01) & UWW 10X(3/96),
XWY 476X*DMN 82H(7/01) & XWY 476X(3/96),
C71 CHM*EMN 211U(11/02) & C71 CHM(1/00),
C248 CKH*7455 RH(9/00) & C248 CKH(9/85),
K561 GSA*TSV 718(12/04) & K561 GSA(12/99) &
K562 GSA*TSV 719(12/04) & K562 GSA(12/99)

44   D.T. COOKE.t/a ABACUS

Depot:Black Bull,Wooleys Lane,NORTH WITHAM,Lincolnshire.

```
3   L 15 BUS   Dennis Javelin      WS C30FA        MOD 02
4   YIL 1745   Van Hool T815       C49FT           Taw & Torridge,Merton 03
5   K379 HEG   Dennis Javelin      WS C40FA        MOD 04
6   G324 BHN   Dennis Javelin      Plaxton C53F    Skinner,Saltby 04
7   AB54 CUS   LDV Convoy          Concept C16F    New 04
8   ALJ 885A   MB O303/15RHP       C53F            Smith,Corby Glen 05
9   FN02 RXS   Dennis R            Caetano C53F    Lawman,Kettering 24 05
```

YIL 1745*775 HOD(5/04) & G254 VML(10/95), ALJ 885A*PUL 92Y(3/87) &
L15 BUS*L864 WAV(8/02)
~~~~~~

45   J. COOPER & SONS LTD/COOPERs TOURS LTD

Depots:Bolsover Business Park,Woodhouse Lane,BOLSOVER &
        Aldred Close,Norwood Industrial Estate,KILLAMARSH,Derbyshire &
        The Garage,Julian St,GRIMSBY &
                 Hillside,Lincoln Road,HORNCASTLE,Lincolnshire(*).

```
CCZ 6058     Volvo B10M-61      Berkhof C49FL       Hudson &,Chesterfield 02
PIL 2693     Leyland TRCTL11/3RH Plaxton C53F       Hodgson,Newport 99
PJI 2457     Leyland TRCTL11/3R  Plaxton C49FT      Ellis,Kelvedon 95
RIL 1019     Volvo B10M-60       Van Hool C48FT     PC Coaches,Lincoln 01
RIL 3746*    Volvo B10M-60       Plaxton C53F       Brooklyn,Shirland 02
SIL 7764*    Volvo B10M-61       Plaxton C53F       Nottingham 787 97
SIW 2778     Leyland TRCTL11/3RZ Van Hool C51FL     Hillier,Foxham 04
TIB 2057     Volvo B10M-60       Van Hool C48FT     Ralph,Langley 98
TXI 2426     Volvo B10M-61       Van Hool C53F      F Cawlett 7001 01
520  FUM     Scania K113CRB      Berkhof C49FT      Appleby,Hull 02
957  XYB*    Volvo B10M-61       Plaxton C53F       K&J,Huntington 11 04
HVD 733N*    Leyland PSU5/4R     Willowbrook B64F   MASS,Lincoln 04
KMW 176P*    Daimler CRG6LX      ECW O43/31F        Stephenson,Scarborough 02
ARP 610X*    Leyland ONLXB/1R    ECW H45/32F        S East 14010 04
ARP 611X*    Leyland ONLXB/1R    ECW H45/32F        S East 14011 04
RHE 969X     Leyland TRCTL11/3R  Plaxton C53F       Hudson &,Chesterfield 02
DWW 931Y*    Leyland ONLXB/1R    ECW H45/32F        B Sovereign 81 02
A546 HAC*    Leyland ONLXB/1R    ECW H45/32F        S East 14946 04
G746 FTW     Leyland TRCTL11/3RZM Plaxton B70F      MOD 04
G 77 MWJ*    Scania K113CRB      Plaxton C53F       Yorkshire Traction 77 03
P 99 CCH*    Volvo B10M-62       Jonckheere C51F    Clark,Ecclesfield 03
R 70 JCS     Volvo B12M          Plaxton C49FT      Flights,Birmingham 03
R 80 JCS     Volvo B10M-62       Van Hool C53F      Highland,Dalmally 05
R 90 JCS     Volvo B10M-62       Van Hool C53F      Highland,Dalmally 05
T827 JVR     LDV Convoy          LDV B16F           Cowan,Ratho 05
YN53 YCR     BMC 850             C35F               New 03
```
~~~~~~
                    OTHER VEHICLES OWNED BY THE COMPANY
                              * * * * * * *
```
MPR 534H     Bedford VAL70       Plaxton C53F       Preserved(1970)
LYH 148P     AEC Reliance        Plaxton C34C       Preserved(1976)
```
~~~~~~
CCZ 6058*A144 SKL(1/01) & WAL 895(12/99) & A144 SKL(5/92) &
         KIB 545(7/91) & A580 RVW(12/88),
PIL 2693*C317 TDL(5/98) & VDL 263(5/97) & C317 TDL(1/92),
PJI 2457*A522 LPP(9/92), RIL 1019*K819 HUM(3/99),
RIL 3746*F226 BHF(3/00) & NXI 9001(3/94),
SIL 7764*B704 LRA(5/00) & 77 RTO(4/97) & UTV 222S(2/96) & B871 XWR(8/94) &
          4831 WA(11/88) & B161 XWR(11/87) & EBW 40A(1/86),
SIW 2778*D232 HMT(7/97), TIB 2057*K815 EET(3/99),
TXI 2426*LSK 873(5/94) & E643 UNE(4/92),
520 FUM*K671 SFE(2/94), RHE 969X*283 URB(11/90) & ANK 320X(6/89),
G77 MWJ*2408 HE(1/03) & G77 MWJ(4/92),
R70 JCS*Y928 UOL(4/05) & A4 FTG(12/02), R80 JCS*789 WSB(4/05) &
R90 JCS*R781 WSB(4/05)
~~~~~~

46   J.M. COPLEY.t/a JM COACHES

Depot:7 Main Street,SOUTH HIENDLEY,West Yorkshire.

```
FDZ 4730     Volvo B10M-61       Van Hool C53F      Mullany,Watford 04
SKY  31Y     Volvo B10M-61       Van Hool C53F      Hilton,Newton-l-Willows 05
A 63 FNU     Bova FHD12-280      C40FL              Ross,Featherstone 03
K818 WVH     Iveco 59-12         Mellor B ?FL       Non-PSV(Barnsley) 05
```
~~~~~~
FDZ 4730*A179 MNE(5/89), A63 FNU*HIL 7644(3/03) & A63 FNU(4/98) &
SKY 31Y*D551 MVR(2/03) & CSU 921(3/01) & D551 MVR(10/94)

47 COUNTRYMAN COACHES MOTOR OMNIBUS CO LTD.t/a COUNTRY HOPPER

Depot:213 Melbourne Road,IBSTOCK,Leicestershire.

```
KUI 8147      Dennis Dart            RB B28F         Metroline DR17 00
BCS 867T      Leyland FE30AGR        NC H44/31F      Lloyd,Bagillt 00
XSJ 647T      Leyland FE30AGR        NC H46/31F      MacPherson,Donisthorpe 98
XSJ 658T      Leyland FE30AGR        NC H44/31F      Cheltenham & Glou. 1658 99
JFR  12W      Leyland ONLXB/1R       ECW H45/32F     B Lancashire 2112 02
OFV  20X      Leyland ONLXB/1R       ECW H45/32F     B Lancashire 2120 02
```
~~~~~~
                    OTHER VEHICLES OWNED BY THE COMPANY
                              * * * * * * *
```
HTC 661       Bedford OB             SMT C29F        Preserved(1947)
PBC  98G      Leyland PDR1A/1        ECW H43/31F     Preserved(1968)
```
~~~~~~
KUI 8147*H117 THE(12/00)
~~~~~~

48   CRESSWELLs COACHES (GRESLEY) LTD

Depot:3 Shortheath Road,MOIRA,Leicestershire.

```
LIL 2289      Volvo B10M-60          Plaxton C53F    Elcock,Madeley 02
LJI 3521      Volvo B10M-60          Plaxton C57F    Fowler,Holbeach Drove 04
TIL 2405      Volvo B10M-62          Van Hool C44FT  Park,Hamilton 02
TIL 3230      Volvo B10M-60          Plaxton C53F    Brooklyn,Shirland 02
TJI 4703      Volvo B10M-61          Plaxton C53F    Colefordian,Coalway 02
UJI 8661      Volvo B10M-60          Plaxton C49FT   Johnson,Hodthorpe 02
UMO  58       Volvo B10M-61          Plaxton C53F    Machin,Ashby-de-1-Zouch 98
A 15 CCG      Iveco 397E             Beulas C49FT    New 03
A 16 CCG      Iveco 397E             Beulas C49FT    New 03
A 17 CCG      Volvo B10M-60          Jonckheere C53F Clarke,Lower Sydenham 95
B 11 LCR      Iveco 397E             Beulas C49FT    New 03
H225 EDX      Optare MR01            B31F            Ipswich 225 01
J 10 CCG      Mercedes-Benz 411CDI   Koch B16F       New 03
J 20 CCG      Mercedes-Benz 411CDI   Koch B16F       New 03
J 30 CCG      Mercedes-Benz 411CDI   Koch B16F       New 03
K636 GVX      Mercedes-Benz 709D     Plaxton B23F    F Essex Buses 2636 02
N671 HSC      Volvo B10M-62          Jonckheere C49F Jeffs,Helmdon 02
P260 RUM      Mercedes-Benz O814D    Plaxton B27F    NE West Midlands 260 05
S311 DLG      Mercedes-Benz O814D    Plaxton B33F    Mistral(Hire Fleet) 04
X 50 MAY      Iveco 397E             Beulas C49FT    New 03
```
~~~~~~
LIL 2289*F325 GNT(9/02) & EIL 829(6/02) & F755 MAA(12/93) &
         XEL 24(10/93) & XEL 31(10/92) & F461 WFX(10/92),
LJI 3521*F472 WFX(3/90), TIL 2405*R421 EOS(1/03) & LSK 874(10/00),
TIL 3230*F38 EVG(9/02) & 3990 ME(6/96) & F440 DUG(4/94),
TJI 4703*D362 DWP(7/02) & HIL 5389(4/02) & RHV 462(10/98) &
         D362 DWP(9/95) & RDU 4(10/94) & D111 HML(5/92),
UJI 8661*L84 YBB(11/02) & JBT 3S(8/02) & L84 YBB(2/00),
UMO 58*D549 KMG(9/95), A17 CCG*K913 RGE(1/01) &
N671 HSC*LSK 478(2/99) & N680 GSC(4/98)
~~~~~~

49   CROPLEY BROS. TOURS (FOSDYKE) LTD

Depot:c/o Ulyatt & Sons,Main Road,FOSDYKE,Lincolnshire.

```
BHZ 1880      Volvo B10M-62          Jonckheere C57F Shearings 729 04
CLZ 1860      Volvo B7R              SUN C53F        New 05
EAZ 4709      Volvo B10M-62          Plaxton C53F    Yorkshire Traction 59 04
EAZ 5347      Volvo B10M-62          Plaxton C57F    Bus Eireann VP36 03
OCZ 1119      Volvo B10M-62          Plaxton C49FT   Todd,Flintham 05
PIW 2633      Volvo B10M-62          Plaxton C53F    Yorkshire Traction 58 04
VSK  207      Volvo B10M-62          Plaxton C53F    Bus Eireann VP58 02
WUY  713      Volvo B10M-62          Plaxton C53F    Yorkshire Traction 60 04
XSV  839      Kassbohrer S315GTHD    C53F            New 01
```

```
8302    NF   Kassbohrer S315GTHD    C49FT              New 04
4506    UB   Volvo B10M-62          Plaxton C53F       Bus Eireann VP57 02
610     LYB  Volvo B10M-62          Plaxton C53F       Callinan,Claregalway(I) 03
```
~~~~~~
```
BHZ  1880*N729 UVR(4/04),  CLZ 1860*FJ05 AOZ(6/05),
EAZ  4709*P59 KWG(10/04)  & 5562 HE(7/04) & P59 KWG(3/01),
EAZ  5347*P388 JJU(2/03)  & 97D 7810(1/03),
OCZ  1119*P835 KOX(10/05) & RJT 671(7/05) & P835 KOX(6/03),
PIW  2633*P58 KWG(10/04)  & 6341 HE(7/04) & P58 KWG(1/01),
VSK  207*P51 JJU(8/02)    & 97D 28797(11/01),
WUY  713*P160 MDT(10/04)  & 3030 HE(6/04) & P160 MDT(6/01),
4506 UB*P642 JBC(7/03)    & 97D 28791(7/02) &
610  LYB*P386 JJU(2/03)   & 97D 28784(1/03)
```
~~~~~~

50   W. CROPPER LTD/TORDOFF TRANSPORT LTD.t/a FOURWAY COACHES

Depot:Fourways Garage,Mill Lane,Ghyll Road,GUISELEY,West Yorkshire.

```
C 14   WAY   DAF DE23RSSB2750       Smit C30FT         New 98
P206   RWR   DAF DE33WSSB3000       Plaxton C53F       Arriva(Hire Fleet) 02
P207   RWR   DAF DE33WSSB3000       Plaxton C53F       on loan Arriva
S 14   WAY   DAF DE33WSSB3000       OVI C43FT          New 00
T161   AUA   DAF DE33WSSB3000       Plaxton C53F       New 99
T162   AUA   DAF DE33WSSB3000       Plaxton C53F       New 99
W197   CDN   DAF DE33WSSB3000       Ikarus C55F        Tudor Hotel,Bournemouth 02
W203   CDN   DAF DE23RSSB2750       Smit C45F          New 00
YJ51   ELU   DAF DE33WSSB3000       Ikarus C55F        New 01
YJ51   ENO   DAF DE33WSSB3000       Ikarus C55F        New 01
YJ51   ENU   DAF DE33WSSB3000       Ikarus C55F        New 01
BF52   KHW   Mercedes-Benz 614D     Crest C24F         New 03
BF52   KHX   Mercedes-Benz 614D     Crest C24F         New 03
BF52   KHY   Mercedes-Benz 413CDI   Crest C16F         New 02
MF52   CFX   Mercedes-Benz 413CDI   Concept C16F       New 02
YM03   EOK   Dennis R               Plaxton C45FT      New 03
YN03   NHH   Mercedes-Benz O814D    Plaxton C33F       New 03
BU53   MVY   LDV Convoy             Concept C16F       New 03
MX53   UZG   LDV Convoy             Concept C16F       New 03
BX04   LZA   LDV Convoy             Concept C16F       New 04
MX04   UCD   LDV Convoy             Concept C16F       New 04
YN54   WCR   Volvo B7R              Plaxton C49FT      New 04
YN54   WCT   Mercedes-Benz O814D    Plaxton C33F       New 04
YX54   AFU   Mercedes-Benz O814D    Plaxton C33F       New 04
YX54   ATY   Mercedes-Benz O814D    Plaxton C33F       New 04
MX05   NPG   LDV Convoy             Concept C16F       New 05
YN05   UUP   Mercedes-Benz O814D    Plaxton C33F       New 05
YN05   XZB   Volvo B7R              Plaxton C53FT      New 05
BX55   UCT   LDV Convoy             Concept C16F       New 05
LD55   RFC   Volvo B12B             Plaxton C40FT      New 05
PO55   GFJ   LDV Convoy             Concept C16F       New 05
PO55   GGY   LDV Convoy             Concept C16F       New 05
YN55   KMA   Mercedes-Benz O814D    Plaxton C33F       New 05
YN55   KMF   Mercedes-Benz O814D    Plaxton C33F       New 05
```
~~~~~~
C14 WAY*S163 JUA(11/02) & S14 WAY*X801 NWX(1/03)
~~~~~~

51   A. CROSSLAND & D. EPPS.t/a TD TRAVEL

Depots:c/o Helm,Carnaby Industrial Estate,BRIDLINGTON,East Yorkshire &
West End Approach,MORLEY,West Yorkshire.

```
HIL  2156   Leyland PSU3E/4R        Plaxton C53F       Canham,Boughton 03
LIL  2175   Volvo B10M-62           Van Hool C53F      Shearings 826 05
LIL  9476   Mercedes-Benz 811D      Plaxton DP33F      F Cymru 410 03
TDZ  6674   Volvo B10M-60           Plaxton C53F       Martin,Sheffield 05
TIL  2510   Volvo B10M-60           Plaxton C53F       Tappin,Didcot 510 05
3796 HL     Scania K112CRB          Plaxton C51F       Cooper,Killamarsh 04
GTG  779W   Leyland PSU3F/5R        Plaxton C53F       Henleys,Abertillery 03
```

```
XEF   11Y    Leyland TRCTL11/2R      Plaxton C53F        Fowler,Holbeach Drove 02
N250  WDO    Mercedes-Benz 814D      ACL C33F            Newby,Backbarrow 03
S562  CUA    Renault Master          Crystals C4FL       New 98
S490  EWY    Renault Master          Crystals C4FL       New 99
S128  SJV    Mercedes-Benz O814D     ACL C33F            Lambeth,Reddish 05
X574  AAK    Mercedes-Benz 614D      Excel C24F          New 00
X591  AAK    Mercedes-Benz 411CDI    Excel C16F          New 00
YK51  AAX    LDV Convoy              Crest C8FL          New 01
YN51  YTM    Renault Master          Excel C7FL          New 01
YN51  YTS    Renault Master          Excel C4FL          New 01
YT51  DUY    Volkswagen LT46         Excel C4FL          Excel(Demonstrator) 02
FY52  SJU    Renault Master          Excel C4FL          New 03
YG52  BSY    Renault Master          ? C4FL              New 02
MX53  CAA    Renault Master          ? C16F              New 03
MX53  CAE    Renault Master          ? C4FL              New 03
MX53  CAU    Renault Master          ? C4FL              New 03
MX04  NLU    Renault Master          Onyx C4FL           New 04
MX04  WCE    Renault Master          Onyx C4FL           New 04
YN04  CWR    Mercedes-Benz 413CDI    Onyx C16F           New 04
PO54  MJV    LDV Convoy              ? C16F              New 04
YX55  ACV    Mercedes-Benz O814D     ACL C33F            New 05
~~~~~~~~~~~~~~~~~~~~~~~~~~~~~~~~~~~~~~~~~~~~~~~~~~~~~~~~~~~~~~~~~~~~~~~~~
HIL 2156*PRO 441W(5/91) & GBM 121T(8/80), LIL 2175*P826 GBA(8/05),
LIL 9476*K410 BAX(11/03), TDZ 6674*WAL 895(4/05) & J61 NTM(11/99),
TIL 2510*G510 LWU(10/00) &
3796 HL*E69 WWF(6/04) & YHE 91(1/03) & E69 WWF(11/90)
~~~~~~~~~~~~~~~~~~~~~~~~~~~~~~~~~~~~~~~~~~~~~~~~~~~~~~~~~~~~~~~~~~~~~~~~~
```

52   DELAINE BUSES LTD

Depot:8 Spalding Road,BOURNE,Lincolnshire.

```
100   E100 AFW     LD TRCTL11/2RZ      Duple B59F          New 87
103   F603 VEW     LD TRBTL11/2RP      Duple B59F          New 88
116   M 1  OCT     Volvo Olympian      EL H51/35F          New 95
117   M 2  OCT     Volvo Olympian      EL H51/35F          New 95
118   N 3  OCT     Volvo Olympian      EL H51/35F          New 95
121   P 1  OTL     Volvo B10M-55       East Lancs B53F     New 96
122   P 2  OTL     Volvo B10M-55       East Lancs B53F     New 96
127   R 4  OCT     Volvo Olympian      EL H51/35F          New 97
128   S 5  OCT     Volvo Olympian      EL H47/33F          New 98
129   T 6  OCT     Volvo Olympian      EL H47/33F          New 99
130   X 7  OCT     Volvo B7TL          EL H45/31F          New 00
131   ANA  7Y      LD ONTL11/1R        NC H43/30F          S Cheltenham & G. 147 01
132   ANA  8Y      LD ONTL11/1R        NC H43/30F          S Cheltenham & G. 148 01
133   ANA  9Y      LD ONTL11/1R        NC H43/30F          S Cheltenham & G. 149 01
135   Y 8  OCT     Volvo B7TL          EL H45/31F          New 01
136   AD03 OCT     Volvo B7TL          EL H45/31F          New 03
137   P 87 SAF     Volvo B10B-58       Wright B51F         Hopley,Mount Hawke 03
138   P112 RGS     Volvo B10B-58       Wright B51F         B Sovereign 112 03
139   AD04 OCT     Volvo B7TL          EL H45/31F          New 04
140   AD05 OCT     Volvo B7TL          EL H45/31F          New 05
141   AD06 OCT     Volvo B9TL          EL H ?/ ?F          New 06
~~~~~~~~~~~~~~~~~~~~~~~~~~~~~~~~~~~~~~~~~~~~~~~~~~~~~~~~~~~~~~~~~~~~~~~~~
              OTHER VEHICLES OWNED BY THE COMPANY
                          * * * * * *
 45   KTL  780     Leyland PD2/20      WK H35/28RD         Preserved(1956)
 50   RCT    3     Leyland PD3/1       Yeates H39/34RD     Preserved(1960)
 72   ACT  540L    Leyland AN68/2R     NC H47/35F          Preserved(1973)
~~~~~~~~~~~~~~~~~~~~~~~~~~~~~~~~~~~~~~~~~~~~~~~~~~~~~~~~~~~~~~~~~~~~~~~~~
ACT 540L*YCT 3(8/96) & ACT 540L(2/93)
~~~~~~~~~~~~~~~~~~~~~~~~~~~~~~~~~~~~~~~~~~~~~~~~~~~~~~~~~~~~~~~~~~~~~~~~~
```

53 R.H. DENT & L.C. HORSTWOOD.t/a J.R. DENT COACHES

Depots:Old Air Ministry Site,Caistor Road,HOLTON-LE-MOOR &
              c/o Boss,Pasture Lane,MARKET RASEN,Lincolnshire.

```
NSU 180     Scania K112CRS          Plaxton C53F     Emmerson,Immingham 03
C  35 FEC   Bedford YNT             Plaxton C53F     Everett,Atterby 98
C  83 NNV   DAF SB2300DHS585        Caetano C53F     Hunt,Jacksdale 03
D673 DVV    Bedford YNV             Duple C57F       Kelly,Hereford 03
G572 GSC    Volvo B10M-60           Plaxton C57F     Holmeswood Coaches 04
G547 LWU    Volvo B10M-60           Plaxton C53F     Holmeswood Coaches 04
G546 NKJ    Volvo B10M-60           Caetano C53F     A Southern 2842 03
H564 AMT    Leyland TR2R            Plaxton DP54F    Fowler,Holbeach Drove 05
H565 AMT    Leyland TRBL10/2RZA     Plaxton DP54F    Fowler,Holbeach Drove 05
```
~~~~~~
NSU 180*B546 CHJ(2/90), C35 FEC*BIB 7670(1/92) & C211 DEC(2/88),
D673 DVV*SXK 397(11/03) & D673 DVV(10/00) & 489 SYB(1/00) &
        D673 DVV(7/90) & G572 GSC*BAZ 4773(2/97) & G561 VHY(12/95)
~~~~~~

54 DERBY COMMUNITY TRANSPORT

Depot:c/o Trent,Meadow Garage,Meadow Road,DERBY,Derbyshire.

```
L879 MWB    Mercedes-Benz 609D      Cunliffe DP15FL   Derbyshire County Coun. 02
L883 MWB    Mercedes-Benz 609D      Cunliffe DP15FL   Derbyshire County Coun. 01
L884 MWB    Mercedes-Benz 609D      Cunliffe DP15FL   Derbyshire County Coun. 01
L886 MWB    Mercedes-Benz 609D      Cunliffe DP15FL   Derbyshire County Coun. 01
L887 MWB    Mercedes-Benz 609D      Cunliffe DP15FL   Derbyshire County Coun. 01
V418 DPY    LDV Convoy              Cunliffe B15FL    Non-PSV(TLS) 03
V420 DPY    LDV Convoy              UVG DP15FL        Non-PSV(TLS) 03
V425 DPY    LDV Convoy              UVG DP15FL        Non-PSV(TLS) 03
V904 ECB    LDV Convoy              Cunliffe B15FL    Non-PSV(TLS) 03
V637 LDA    Renault Master          MinO B5FL         New 99
V560 MOE    LDV Convoy              Cunliffe B15FL    Non-PSV(TLS) 03
V575 MOE    LDV Convoy              UVG DP15FL        Non-PSV(TLS) 03
V581 MOE    LDV Convoy              UVG DP15FL        Non-PSV(TLS) 03
Y953 LRC    Fiat Ducato(3)          Rohill B16F       New 01
Y954 LRC    Fiat Ducato(3)          Rohill B16F       New 01
Y961 LRC    Fiat Ducato(3)          Rohill B16F       New 01
Y962 LRC    Fiat Ducato(3)          Rohill B16F       New 01
Y963 LRC    Fiat Ducato(3)          Rohill B16F       New 01
Y965 LRC    Fiat Ducato(3)          Rohill B16F       New 01
Y967 LRC    Fiat Ducato(3)          Rohill B16F       New 01
Y968 LRC    Fiat Ducato(3)          Rohill B16F       New 01
Y984 LRC    Fiat Ducato(3)          Rohill B16F       New 01
BX51 VLR    LDV Convoy              LDV B16FL         LDV(Demonstrator) 03
HF53 BWC    Fiat Ducato(3)          Rohill B16F       New 04
BU04 WFL    Fiat Ducato(3)          Swain B16F        New 04
BX55 LLJ    Volkswagen LT46         Stanford B15FL    New 05
BX55 LLM    Volkswagen LT46         Stanford B15FL    New 05
```
~~~~~~
~~~~~~

55 DEWHIRST COAL & TRANSPORT LTD

Depot:Thorncliffe Road,BRADFORD,West Yorkshire.

```
F682 FWX    Volvo B10M-50           AR CH47/35F       New 89
N 85 FWU    EOS E180Z               C51FT             Landtourers,Farnham 97
S258 NDN    Scania N113DRB          EL CH47/31F       New 99
T181 AUA    EOS E180Z               C48FT             Kavanagh,Urlingford(I) 01
W188 CDN    EOS E180Z               C51FT             Arriva(Hire Fleet) 03
YJ04 HSD    DAF DE02PSDB250         EL CH51/29F       New 04
```
~~~~~~
T181 AUA*99KK 3050(11/99) & T181 AUA(4/99)
~~~~~~

56   D. & J.M. DICKINSON

Depot:Maydon Villa,Broadgate,WRANGLE,Lincolnshire.

```
H810 WKH   Scania N113DRB          EL H47/37F         Cleveland Transit 810 99
K101 OCT   Dennis Javelin          Plaxton C53F       New 93
L349 MRR   Scania N113DRB          EL H49/35F         Nottingham 349 05
P100 DJD   Dennis Javelin          Plaxton C53F       New 96
R100 DJD   Dennis Javelin          Berkhof C35F       Green,Woodlands 01
R770 WOB   Dennis Javelin          Plaxton C53F       Flights,Birmingham 01
S100 DJD   Dennis Javelin          Caetano C53F       New 98
W222 DJD   Dennis Javelin          Plaxton C53F       New 00
JD51 DJD   Mercedes-Benz O814D     ACL C27F           New 01
ND51 DJD   Dennis R                Plaxton C49FT      Plaxton(Demonstrator) 02
JD04 DJD   Dennis R                Plaxton C53F       New 04
```

R100 DJD*R95 XHL(4/02) & ND51 DJD*YN51 WGW(11/02)

57   I.J. DIXON/P.C. DIXON.t/a DIXONs TRAVEL

Depots:c/o Siddons,26 Kingsley Street,LEICESTER &
        The Village Hall,Main Street,THEDDINGWORTH,Leicestershire.

```
NIJ 8067   DAF MB200DKFL600        Plaxton C53F       Grindle,Cinderford 05
PIL 7831   Mercedes-Benz 709D      ? C24F             Non-PSV 989
JTY 371X   Leyland ONLXB/1R        ECW H45/32F        Castell,Trethomas 05
A592 NWX   Leyland ONLXB/1R        ECW H45/32F        Stephensons(Hire Fleet) 05
K206 OHS   Mercedes-Benz 709D      Dormobile B29F     S Red & White 02
X601 ATE   LDV Convoy              Concept C16F       ? 04
```

NIJ 8067*KDY 888Y(6/90) & PIL 7831*H113 VVH(1/99)

58   Q. & B.S. DODD

Depot:Westgate,Sandtoft Road,BELTON,Lincolnshire.

```
HSV  126   Volvo B10M-61           Plaxton C50F       Wray,Harrogate 95
844  FKX   DAF MB200DKTL600        Jonckheere C57F    Swift,Blaxton 11 03
OJD 138R   Leyland FE30AGR         PR H45/32F         London Tpt DMS2138 83
F810 YLV   MCW Metrobus DR132      H46/31F            A North West 3810 03
```

OTHER VEHICLES OWNED BY THE COMPANY
* * * * * * *
```
MWB  310   Bedford OB              Duple C29F         Preserved(1950)
AUA 435J   AEC Reliance            Plaxton C53F       Preserved(1971)
```

HSV 126*C119 DWR(9/92) & 844 FKX*WRK 21X(9/92)

59   DONCASTER COMMUNITY TRANSPORT.t/a LEGER BUS

Depot:Leger House,Brooke Street,DONCASTER,South Yorkshire.

```
68   P 83 RFB   Iveco 59-12        LCB B8FL           Non-PSV(TLS) 02
70   P311 BVN   Iveco 49-10        Crystals B9FL      Non-PSV(TLS) 99
73   N714 PFU   Ford Transit       Bedwas DP14FL      LB Bromley 136C 03
75   N496 AWB   MB 609D            TBP B ?FL          New 96
78   L873 SLV   Iveco 49-10        Whitacre B11FL     New 94
80   M850 UHL   Iveco 45-10        ? B4FL             New 94
82   M271 FVC   Renault Master     ? B ?FL            Non-PSV(Birmingham) 99
83   P321 BVN   Iveco 49-10        Crystals B16FL     Non-PSV(TLS) 99
85   P779 BJU   MB 609D            LCB B ?FL          New 96
86   P781 BJU   MB 609D            LCB B ?FL          New 97
87   YP52 BSU   Optare Alero       B12F               New 02
88   YP52 BSV   Optare Alero       B12F               New 02
89   J 1  DCT   Iveco 59-12        Whitacre B28FL     New 97
```

```
90  R947 RHL    MB 410D              UVG B ?FL            New 98
91  S755 RKU    MB 410D              UVG B ?FL            New 99
92  KX03 HYZ    MB O814D             Plaxton B32FL        New 03
93  KX03 HZA    MB O814D             Plaxton B32FL        New 03
94  KX03 HZB    MB O814D             Plaxton B32FL        New 03
    T439 JLD    Iveco 59-12          Mellor B16FL         Welwyn Hatfield Coun. 04
    X721 ARJ    Iveco 50C11          ? B ?FL              Non-PSV(TLS) 05
    KE53 HGZ    MB O814D             Plaxton B28FL        New 04
    MX04 VME    Optare Solo M850     B29F                 New 04
    MX04 VMF    Optare Solo M850     B29F                 New 04
    KX54 NKC    MB O814D             Plaxton B ?FL        New 05
    KX54 NKD    MB O814D             Plaxton B ?FL        New 05
```

60   K. & H. DOYLE LTD.t/a K. & H. DOYLE COACHES

Depot:Lydford Road,ALFRETON,Derbyshire.

```
RIB 4311    Auwaerter N116           C51FT                TRS,Leicester 04
G199 PAO    Mercedes-Benz 709D       Alexander DP25F      S South 839 01
H197 JVT    Mercedes-Benz 814D       Wright B31F          A Midlands North 497 01
H198 JVT    Mercedes-Benz 814D       Wright B31F          A Midlands North 498 01
L323 AUT    Mercedes-Benz 709D       LCB B25F             A Fox County 1323 03
L525 BDH    Iveco 49-10              Mellor B20FL         Coventry City Council 04
L526 BDH    Iveco 49-10              Mellor B20FL         Coventry City Council 04
L430 CPJ    Mercedes-Benz 811D       Plaxton B31F         A Midlands North 475 03
L 27 LSG    Mercedes-Benz 709D       ARB B25F             Aztecbird,Guiseley 02
L953 MBH    Mercedes-Benz 811D       Plaxton B31F         B Sovereign 453 02
M455 EDH    Mercedes-Benz 811D       Marshall B31F        A Midlands North 455 04
M460 EDH    Mercedes-Benz 811D       Marshall B31F        A Midlands North 460 04
M801 PRA    MAN 11.190               Optare B40F          Bowers,Chapel-e-l-Frith 04
M457 UUR    Mercedes-Benz 811D       Plaxton B31F         B Lancashire 57 03
N996 KUS    Mercedes-Benz 709D       UVG DP29F            A North West 139 03
P 17 FUG    Dennis Dart SLF          UVG B39F             Davies,Bettws Gwerfil G 04
P568 PRE    LDV Convoy               Cunliffe B8FL        Staffordshire CC 5335 04
R183 OCW    Mercedes-Benz O814D      Plaxton B27F         Hutchinson,Easingwold 05
S279 LGA    Mercedes-Benz O810D      Plaxton B27F         Coakley,Motherwell 05
S750 RNE    Mercedes-Benz O814D      Plaxton B27F         EST Bus,Llandow 02
S287 UAL    Mercedes-Benz O814D      Plaxton B31F         Trent 287 05
T344 FWR    Optare Solo M850         B29F                 Butters,Childs Ercall 04
KU52 YJS    Dennis Dart SLF          Plaxton B29F         New 02
KU52 YJT    Dennis Dart SLF          Plaxton B29F         New 02
```

RIB 4311*HXI 845(7/02) & B669 DVL(3/90), TAZ 8112*G801 FJX(4/99) &
P17 FUG*MSU 445(5/02) & P17 FUG(9/01)

61   T.M. DRAPER.t/a TIM DRAPERs GOLDEN HOLIDAYS

Depot:Saw Pit Industrial Estate,TIBSHELF,Derbyshire.

```
TJI 6329    Van Hool T815H           C49F                 Nicholson,Tibshelf 02
 20 VWC     Iveco 391E               Beulas C48FT         Beal,Calverton 04
RNU 435X    Leyland AN68C/1R         NC H47/31D           Nottingham 435 99
B284 WUL    MCW Metrobus DR101       H43/28D              Metroline M1284 02
J462 SOH    Mercedes-Benz 814D       Cunliffe DP20FL      Harrison,Somercotes 03
M571 RCP    DAF DE33WSSB3000         Van Hool C55F        Pullman,Crofty 03
S601 VAY    MAN 18.310               Noge C49FT           Zieba & Fifield,Barry 02
DN03 YZS    Volvo B12B               Plaxton C49FT        Elcock,Madeley 04
FJ55 HWG    Mercedes-Benz 313CDI     ? C15F               New 05
```

TJI 6329*E256 MMM(7/95), 20 VWC*P626 SNO(6/05) & 114 RVX(3/99),
LBO 6X*2375 NU(5/98) & LBO 6X(2/87) & DN03 YZS*CJE 32(5/04)

62   **EAGRE COACHES LTD**

Depots:Crooked Billet Street & Trentside,MORTON,Lincolnshire.

```
T100 ANN   Iveco 391E      Beulas C49FT      New 99
W 50 ANN   Iveco 391E      Beulas C49FT      New 00
Y 60 ANN   MAN 18.310      Noge C49FT        New 01
RE02 ANN   Iveco 391E      Beulas C49FT      New 02
RE03 ANN   Iveco 397E      Beulas C49FT      New 03
RE04 ANN   Iveco 397E      Beulas C49FT      New 04
RE05 ANN   Iveco 397E      Beulas C49FT      New 05
RE06 ANN   Iveco 397E      Beulas C49FT      New 06
```

63   **E. & K. EASTLAND.t/a KEE TRAVEL**

Depot:Unit 2,Bottom Yard,Granville Street,NORMANTON,West Yorkshire.

```
J 8  OVA   Bova FHD12-290       C51FT            Brown,South Kirkby 02
K433 XRF   Mercedes-Benz 709D   Plaxton DP24F    F Western National 6667 03
T200 OWT   Bova FHD12-340       C49FT            Weaver,Newbury 04
W808 AAY   Iveco 391E           Beulas C49FT     Jeatt,Winkfield 05
```

64   **ECLIPSE TOURING LTD.t/a FASTWAY**

Depot:Unit 2,Fireclay Business Park,Thornton Road,THORNTON,West Yorkshire.

```
SJI 8129   Scania K113CRB   Jonckheere C16FT    Romsey Coaches 05
WDT  433   Volvo B10M-60    Jonckheere C16FT    Thompson,Wilsden 05
X 5  WDT   Volvo B12T       Berkhof CH7/8CT     Silver Gray,Rye 05
Y 5  WDT   Volvo B12T       Berkhof CH10/6CT    Silver Gray,Rye 05
```
SJI 8129*J529 JNH(1/95), WDT 433*SJI 8125(1/05) & H49 VNH(1/95),
X5 WDT*X226 HTF(5/05) & Y5 WDT*Y879 KDP(5/05)

65   **EMMERSONs COACHES LTD**

Depot:91 Bluestone Lane,IMMINGHAM,Lincolnshire.

```
MIL 3088   Scania K113CRB      Plaxton C49FT       Expert,Grimsby 05
VJI 8686   Volvo B10M-61       Plaxton C57F        Red Arrow,Huddersfield 03
XFK  173   Volvo B10M-61       Ikarus C49FT        New 88
173  LYB   DAF MB200DKTL550    Plaxton C53F        McLernon,Grimsby 84
F701 PAY   MB O303/15R         C53F                Dawson &,Chesterfield 97
F703 PAY   MB O303/15R         C53F                Pullmanor,Camberwell 15 97
K453 VKP   Scania K113CRB      Berkhof C49FT       Expert,Grimsby 05
R201 EMV   Auwaerter N212H     C32FT               Head & Johns,Lutton 05
W904 JBA   MAN 18.350          Auwaerter C49FT     Timeline,Bolton 904 01
X119 VBK   MAN 18.350          Auwaerter C49FT     Coliseum,West End 05
YN03 AVR   MAN 18.310          Noge C53F           New 03
```
MIB 648*800 GTR(3/89) & 710 VCV(9/88) & MCR 333Y(2/86),
MIL 3088*H830 RWJ(12/96), VJI 8686*D884 FYL(10/97),
173 LYB*JDU 902V(2/89), K453 VKP*K7 KFC(2/99),
R201 EMV*6447 PO(12/05) & R201 EMV(3/04) & X119 VBK*WCR 833(11/04)

66   ENNIS COACHES LTD

Depot:Station Yard,Coldwell Street,WIRKSWORTH,Derbyshire.

```
CLZ 8308    Bova FHD12-290           C53F           Arleen,Peasedown St J. 02
ECZ 9120    Bova FHD12-340           C51FT          Marchwood,Totton 04
ECZ 9121    Mercedes-Benz 814D       ACL C33F       Jetsie,Roydon 01
ECZ 9122    Bova FLD12-270           C53F           Marchwood,Totton 00
KSU  478    Bova FHD12-290           C53F           Cuthbert,Annan 02
MIL 2397    Mercedes-Benz 709D       RB DP25F       Bowers,Chapel-e-l-Frith 04
A126 GSA    Leyland TRBLXB/2RH       Alexander B52F Lloyd,Bagillt 03
A953 TJN    Bova FLD12-250           C53F           Seaview,Rochford 05
R412 FHS    LDV Convoy               ? C16F         Spayne,Jarrow 05
R991 FNW    DAF DE33WSSB3000         Van Hool C49FT Galloway,Mendlesham 145 05
~~~~~~~~~~~~~~~~~~~~~~~~~~~~~~~~~~~~~~~~~~~~~~~~~~~~~~~~~~~~~~~~~~~~~~~~~~~~~~
CLZ 8308*G885 WHY(12/98),
ECZ 9120*L381 RYC(4/04) & 8015 MM(5/03) & L381 RYC(11/02),
ECZ 9121*M635 UCT(8/05), ECZ 9122*L383 RYC(8/00),
KSU  478*G899 BPV(2/03) & CCZ 6490(11/01) & G899 BPV(5/00) &
         1754 PP(8/96) & G494 WDX(10/92),
MIL 2397*F411 KOD(11/05) & HUI 9144(12/04) & F411 KOD(3/00),
A953 TJN*MIL 2397(11/05) & VHY 437(2/96) & 2942 FH(7/90) &
         A953 TJN(5/84) & R991 FNW*3367 PP(4/05) & R991 FNW(1/00)
~~~~~~~~~~~~~~~~~~~~~~~~~~~~~~~~~~~~~~~~~~~~~~~~~~~~~~~~~~~~~~~~~~~~~~~~~~~~~~
```

67   FAIR RIDER BUS COMPANY LTD.t/a PAULs TRAVEL

Depot:31 St Johns Road,Birkby,HUDDERSFIELD,West Yorkshire.

```
HDZ 8349    Bova FHD12-290           C49FT          Ambermile,Honley 99
LIL 5296    Mercedes-Benz 609D       Whittaker C24F Watson,Meltham 97
PBZ 9126    Mercedes-Benz 609D       Advanced C24F  Town &,Darlington 101 00
PBZ 9135    Mercedes-Benz 609D       Whittaker C24F Springham,Dartford 98
PBZ 9195    Mercedes-Benz 709D       North West C24F Roberts,Bootle 97
PBZ 9196    Mercedes-Benz 609D       Robin Hood B15FL Williams,Brecon 03
PBZ 9202    Mercedes-Benz 609D       Stewart C10FL  Crainey,Kilsyth 95
PBZ 9203    Mercedes-Benz 609D       Coachcraft C21FL Houston &,Wood Green 96
PBZ 9252    Mercedes-Benz 609D       RB C24F        Irvine,Law 97
PBZ 9986    Mercedes-Benz 814D       Plaxton C33F   Cropper,Kirkstall 00
PIL 9724    DAF MB230LTRH615         Van Hool C49F  Teamdeck,Honley 01
SIL 7485    Bova FHD12-340           C49FT          Cowdrey,Gosport 02
SXI 4579    Mercedes-Benz 711D       Onyx C24F      Stothart,Holmfirth 1 99
8181  WF    Mercedes-Benz 609D       Robin Hood B14FL North Somerset DC 00
G 65 SNN    Mercedes-Benz 709D       Carlyle B29F   A Fox County 1335 02
J610 NLH    Mercedes-Benz 609D       Mellor B15FL   City of Westminster 98
J611 NLH    Mercedes-Benz 609D       Mellor B15FL   City of Westminster 99
J615 NLH    Mercedes-Benz 609D       Mellor B15FL   City of Westminster 99
J617 NLH    Mercedes-Benz 609D       Mellor B15FL   City of Westminster 99
K409 MSL    Dennis Dart              Plaxton B32F   NE Tayside 109 03
K823 NKH    Dennis Dart              Plaxton B34F   Metroline DRL23 03
K825 NKH    Dennis Dart              Plaxton B34F   Metroline DRL25 03
K827 NKH    Dennis Dart              Plaxton B34F   Metroline DRL27 03
K432 OKH    Dennis Dart              Plaxton B34F   Metroline DRL32 03
K790 PLM    Mercedes-Benz 609D       Mellor B15FL   City of Westminster 99
K295 YPY    Mercedes-Benz 609D       Cunliffe B21FL York City Council 02
L326 AUT    Mercedes-Benz 709D       LCB B25F       A Kent E2086 02
L328 AUT    Mercedes-Benz 709D       LCB B25F       A Kent E2088 02
L923 JFU    Mercedes-Benz 814D       ACL C33F       Loonat,Batley 05
L754 VNL    Dennis Dart              Plaxton B40F   S East 32754 04
M527 TWX    Renault B120             LCB B12FL      Kirklees Council 99
N551 AWB    Mercedes-Benz 312D       Concept C8F    Non-PSV(Withington) 05
P720 RYL    Dennis Dart SLF          Plaxton B36F   GA London LDP20 04
R912 CMB    Mercedes-Benz 412D       Onyx C12F      Stothart,Holmfirth 3 99
R201 VJF    Iveco 391E               Beulas C49FT   McNulty,Kenton 03
S751 SKM    Iveco 49-10              Euromotive B16FL Non-PSV(TLS) 02
X791 NWX    Optare Solo M850         B30F           Teamdeck,Honley 14 05
Y506 UOP    LDV Convoy               LDV B16F       Non-PSV 02
YJ54 LOH    LDV Convoy               EES C16F       New 04
BU05 EHB    BMC 1100FE               B40F           New 05
```

```
BU05 EKO   BMC 1100FE              B40F              BMC(Demonstrator) 05
BX55 NZS   BMC 1100FE              B40F              New 05
BX55 NZT   BMC 1100FE              B40F              New 05
```
HDZ 8349*F919 BVP(5/90), LIL 5296*E957 VKY(6/95), PBZ 9126*E918 AFM(1/01),
PBZ 9135*D81 BMV(12/01) & CSU 906(9/97) & D303 PWB(5/92),
PBZ 9195*F960 YKD(12/01), PBZ 9196*E54 KWS(5/03), PBZ 9202*E761 HSL(7/97),
PBZ 9203*D881 ALN(7/97), PBZ 9252*E987 NMK(7/97), PIL 9724*K538 RJX(5/99),
PBZ 9986*P397 MDT(2/02), SIL 7485*N709 CYC(11/05),
SXI 4579*N538 AWB(1/02) & 8181 WF*E548 LHY(9/01)

68   FELIX BUS SERVICES LTD

Depot:157 Station Road,STANLEY,Derbyshire.

```
E260 TUB   Leyland LX112           B51F              A Yorkshire 260 99
E261 TUB   Leyland LX112           B51F              A Yorkshire 261 99
E263 TUB   Leyland LX112           B51F              A Yorkshire 263 99
J564 URW   Leyland LX2R            B49F              VL Bus(Demonstrator) 92
M301 KRY   Volvo B10B-58           Alexander B51F    New 95
V707 ENN   Mercedes-Benz O814D     Plaxton B31F      New 99
V708 GRY   Volvo B10BLE            Alexander B43F    New 00
W709 PTO   Volvo B10M-62           Plaxton C53F      New 00
X711 GJU   Dennis Dart SLF         Plaxton B39F      New 00
FE02 LWD   Optare Solo M920        B33F              New 02
FG52 WUC   Optare Solo M920        B33F              New 02
YN03 WRA   Scania L94UB            Wright B43F       New 03
YN04 AGY   Scania L94UB            Wright B43F       New 04
YN05 GZB   Scania L94UB            Wright B43F       New 05
YN55 YSE   Iveco 397E              Plaxton C53F      New 06
YN55 YSF   Iveco 397E              Plaxton C53F      New 06
```

69   FIRST 4 CARE LTD

Depot:Church Close,Church Hill,BILSTHORPE,Nottinghamshire.

```
P567 CUJ   LDV Convoy              LDV B8FL          Parker,Nottingham 04
P 34 UFE   LDV Convoy              LDV B8FL          Amvale,Grimsby 04
P 35 UFE   LDV Convoy              LDV B8FL          Amvale,Grimsby 05
P457 VVL   LDV Convoy              LDV B8FL          Amvale,Grimsby 05
P458 VVL   LDV Convoy              LDV B8FL          Amvale,Grimsby 05
P459 VVL   LDV Convoy              LDV B8FL          Amvale,Grimsby 05
R767 EJV   LDV Convoy              LDV B8FL          Amvale,Grimsby 05
R768 EJV   LDV Convoy              LDV B8FL          Amvale,Grimsby 05
R145 HGC   LDV Convoy              Concept C8FL      Parker,Nottingham 04
R611 YJV   LDV Convoy              LDV B8FL          Amvale,Grimsby 05
R626 YJV   LDV Convoy              LDV B8FL          Amvale,Grimsby 05
R192 YNE   Iveco 49-12             Frank Guy B8FL    Parker,Nottingham 04
S778 ATO   Iveco 35-10             Greenpark B8FL    Parker,Nottingham 04
S165 UBU   Iveco 49-10             Mellor B8FL       Parker,Nottingham 04
S941 VAT   LDV Convoy              LDV B8FL          Amvale,Grimsby 05
T354 JRH   LDV Convoy              LDV B8FL          Amvale,Grimsby 05
T357 JRH   LDV Convoy              LDV B4FL          Amvale,Grimsby 05
T829 OKH   LDV Convoy              LDV B4FL          Non-PSV(London) 05
T830 OKH   LDV Convoy              LDV B4FL          Non-PSV(London) 05
T831 OKH   LDV Convoy              LDV B4FL          Non-PSV(London) 05
T835 OKH   LDV Convoy              LDV B4FL          Non-PSV(London) 05
V116 FRH   LDV Convoy              LDV B4FL          Non-PSV(London) 05
V909 GAG   LDV Convoy              LDV B4FL          Non-PSV(London) 05
W611 JAT   LDV Convoy              LDV B4FL          Non-PSV 05
Y696 YBC   LDV Convoy              LDV B16F          Parker,Nottingham 04
EO02 UHA   LDV Convoy              LDV B8FL          Non-PSV(Sixt Kenning) 04
LG02 ZTF   LDV Convoy              LDV B8FL          Non-PSV(Sixt Kenning) 04
NU02 ORX   LDV Convoy              LDV B8FL          Non-PSV 06
RY02 XMW   LDV Convoy              LDV B8FL          Non-PSV(Sixt Kenning) 04
```

70   W.H. FOWLER & SONS (COACHES) LTD

Depot:155 Dog Drove South,HOLBEACH DROVE,Lincolnshire.

```
ODO  798   Volvo B12T          Plaxton C53F       Nottingham 788 04
VDO  929   Volvo B10M-62       Plaxton C49FT      Clayton,Burnopfield 05
XDO  515   Volvo B7R           Jonckheere C57F    Volvo(Demonstrator) 03
XNO  784   Volvo B7R           Jonckheere C53F    New 03
YDO  823   Volvo B7R           Plaxton C57F       Irving,Carlisle 06
333  SXU   Volvo B7R           Plaxton C53F       New 99
JDO  241W  Bedford YMT         Plaxton C53F       New 81
BAR  103X  Leyland PSU3E/4R    Plaxton B55F       Hedingham & Dist. L103 05
PEF    6X  Bedford VAS5        Duple DP31F        Weardale,Stanhope 00
FAH  275Y  Volvo B10M-61       Plaxton C57F       Joplin,Tittleshall 05
FEW  224Y  DAF MB200DKFL600    Plaxton C57F       Whippet,Fenstanton 05
YAU  126Y  Volvo B10M-50       Marshall H45/33F   A Midlands 4376 04
YAU  127Y  Volvo B10M-50       Marshall H45/33F   A Midlands 4377 04
YAU  128Y  Volvo B10M-50       Marshall H45/33F   A Midlands 4378 04
A133 DTO   Volvo B10M-50       EL H45/31F         A Midlands 4383 05
A800 SMB   Bedford YNT         Duple B53F         Owen,Four Crosses 05
B134 GAU   Volvo B10M-50       Marshall H44/33F   A Midlands 4387 04
F132 PHM   Volvo B10M-50       AR H46/29D         A London VA132 03
F138 PHM   Volvo B10M-50       AR H46/29D         A London VA138 04
Y152 EAY   Volvo B10M-62       Plaxton C49FT      Tudor,Great Casterton 06
```

OTHER VEHICLES OWNED BY THE COMPANY
                   * * * * * * *

```
HBL   68   Bristol KSW6B       ECW L27/28R        Preserved(1953)
VBT  191   AEC Reliance        Yeates C41F        Preserved(1958)
618  KRA   Bedford SB1         Yeates C41F        Preserved(1959)
966  RVO   Bedford VAL14       Yeates C50D        Preserved(1963)
CJN  441C  Leyland PD3/6       Massey H38/32R     Preserved(1965)
FCD  286D  Leyland PD3/4       NC FH39/30F        Preserved(1966)
FRA  521L  AEC Reliance        Plaxton C51F       Preserved(1973)
```

ODO 798*V788 EAU(1/05) & 83 RTO(10/04) & V788 EAU(4/02),
VDO 929*Y20 BGS(1/06), XDO 515*FE02 FBX(9/03), XNO 784*AE03 DDA(3/05),
YDO 823*PY52 PHN(2/06) & JH52 BUS(11/05), 333 SXU*T110 JBC(6/03) &
FRA 521L*20 VWC(4/85) & VWA 290L(1/80)

71   FREEWAY COACHES LTD

Depot:4 Dunsil Road,Brookhill Industrial Estate,PINXTON,Derbyshire.

```
RIL  3707  Volvo B10M-60       Plaxton C49FT      Knowles,Paignton 02
YIL  4066  Volvo B12T          VH CH57/14CT       Silver,East Kilbride 04
YIL  4067  Volvo B10M-60       Plaxton C53F       Hodson,Gisburn 03
YIL  5542  Leyland TNLXB/2RR   Leyland H44/26D    GA London T1075 00
YIL  5543  MCW Metrobus DR101  H43/28D            A London M1307 01
BYX  170V  MCW Metrobus DR101  H43/28D            Connex Bus M170 02
B 11 PSV   Volvo B10M-61       Plaxton C53F       Apple,Slough 02
F811 YLV   MCW Metrobus DR132  H46/31F            Watts,Old Tupton 03
F818 YLV   MCW Metrobus DR132  H46/31F            A North West 3818 03
K530 EHE   Scania K93CRB       Plaxton C51FT      Ashall,Clayton 02
P944 EBB   Volvo B10M-62       Plaxton C51FT      Classic,Annfield Plain 05
P  5 KTC   Toyota BB50R        Caetano C21F       Shipley,Groby 05
```

RIL 3707*K121 CUR(8/99),
YIL 4066*N755 CYA(6/04) & SIL 9995(3/04) & N755 CYA(11/01),
YIL 4067*J438 HDS(6/04) & MKH 40A(7/03) & J438 HDS(7/99),
YIL 5542*A75 THX(11/04), YIL 5543*C307 BUV(11/04),
B11 PSV*F881 RFP(3/03) & PEG 632(9/02) & F881 RFP(3/01),
P944 EBB*P9 CLA(11/03) & P5 KTC*P780 BJF(9/00)

72   G. & A.I. FURNESS.t/a L. FURNESS & SON

Depot:48 Thompson Hill,High Green,SHEFFIELD,South Yorkshire.

```
XHE  211    Leyland TRCTL11/3R      Plaxton C57F     Mosley,Barugh Green 85
XJI  2601   DAF SB2300DHTD585       Plaxton C53F     Smith,Alcester 87
XJI  2602   Leyland TRCTL11/3RZ     Plaxton C53F     Mosley,Barugh Green 95
XJI  2604   DAF SB2305DHTD585       Plaxton C57F     Hughes-DAF(Hire Fleet) 90
XJI  2605   DAF MB230LB615          Plaxton C53F     Oates,Lelant 94
MWE  53W    Ford R1114              Plaxton C53F     New 81
J 47 UFL    DAF SB3000DKV601        Van Hool C53F    Pullman,Crofty 02
N 43 FWU    DAF DE33WSSB3000        Plaxton C53F     Arriva(Hire Fleet) 05
W 24 LFS    Mercedes-Benz O814D     Plaxton C24F     New 00
~~~~~~~~~~~~~~~~~~~~~~~~~~~~~~~~~~~~~~~~~~~~~~~~~~~~~~~~~~~~~~~~~~~~~~~~~
XHE 211*SHE 532Y(11/85), XJI 2601*C784 MVH(10/98),
XJI 2602*D512 NWG(9/98), XJI 2604*F227 RJX(9/98) &
XJI 2605*F261 RJX(10/98)
~~~~~~~~~~~~~~~~~~~~~~~~~~~~~~~~~~~~~~~~~~~~~~~~~~~~~~~~~~~~~~~~~~~~~~~~~
```

73   STANLEY GATH (COACHES) LTD.t/a GLENWAY TOURS

Depot:Old Lees Hall Road,Thornhill Lees,DEWSBURY,West Yorkshire.

```
GHZ 8751    Volvo B10M-60           Plaxton C51FT    Marshall,Leighton Buzz. 05
GHZ 8752    Volvo B10M-62           Plaxton C53F     Park,Hamilton 03
GHZ 8753    DAF DE33WSSB3000        Plaxton C53F     New 00
GHZ 8754    Dennis Javelin          Plaxton C70F     New 98
MAZ 7093    Volvo B10M-62           Jonckheere C51FT Park,Hamilton 96
RIB 1795    Volvo B10M-62           Plaxton C48FT    Wallace Arnold 99
RIB 2901    Volvo B10M-62           Van Hool C51FT   Shearings 657 03
WRC  751    Volvo B10M-46           Plaxton C35F     Rollins,Birmingham 98
XIB 1494    Volvo B10M-60           Van Hool C52FT   Nuttall,Penwortham 96
XIB 3916    Leyland TRCTL11/3RZ     Plaxton C53F     Mosley,Barugh Green 95
807  HEA    Volvo B10M-61           Plaxton C53F     Shearings 577 92
G 4  THS    Volvo B10M-62           Plaxton C53F     New 95
MF51 BDU    LDV Convoy              Concept C16F     New 01
~~~~~~~~~~~~~~~~~~~~~~~~~~~~~~~~~~~~~~~~~~~~~~~~~~~~~~~~~~~~~~~~~~~~~~~~~
GHZ 8751*L110 RWB(8/05) & 1404 FM(3/05) & L110 RWB(7/01),
GHZ 8752*V94 LYS(8/05) & KSK 977(10/02),
GHZ 8753*W199 CDN(8/05), GHZ 8754*R984 EWU(8/05),
MAZ 7093*M986 HHS(1/97) & KSK 984(11/95), RIB 1795*N215 HWX(3/99),
RIB 2901*M657 KVU(5/03), WRC 751*E278 YPS(10/98),
XIB 1494*J401 OHG(5/96) & 6 RED(5/95) & J870 JNS(12/93),
XIB 3916*C769 KHL(12/95), 807 HEA*D577 MVR(5/92) & G4 THS*M1 AGB(4/03)
~~~~~~~~~~~~~~~~~~~~~~~~~~~~~~~~~~~~~~~~~~~~~~~~~~~~~~~~~~~~~~~~~~~~~~~~~
```

74   COLIN GEE TRANSPORT LTD.t/a M & K TRAVEL

Depots:Yews House,Yews Green,Clayton &
              Necropolis Road,Lidget Green,BRADFORD,West Yorkshire.

```
RIL 6572    Mercedes-Benz 310D      ? B ?FL          Non-PSV 03
RIL 6574    Mercedes-Benz 310D      ? B4FL           Non-PSV 03
R954 KCD    Mercedes-Benz 412D      Whitacre C14F    Hotelink,Crawley 04
X856 BNE    LDV Convoy              Concept C16FL    New 00
MX51 TDV    LDV Convoy              Concept C16F     Butler,Fagley 02
CN05 KWO    Renault Master          ? C16F           New 05
~~~~~~~~~~~~~~~~~~~~~~~~~~~~~~~~~~~~~~~~~~~~~~~~~~~~~~~~~~~~~~~~~~~~~~~~~
RIL 6572*R537 AKW(8/03) & RIL 6574*S897 FLG(8/03)
~~~~~~~~~~~~~~~~~~~~~~~~~~~~~~~~~~~~~~~~~~~~~~~~~~~~~~~~~~~~~~~~~~~~~~~~~
```

75 GELDARDs COACHES LTD

Depot:Unit 16d,Ashfield Way,Whitehall Rd IE,Moorside,LEEDS,West Yorkshire.

```
201   YK05 BAV   BMC 1100FE          B55F            New 05
202   YK05 BBE   BMC 1100FE          B55F            op by Godson
203   YK05 BAO   BMC 1100FE          B55F            New 05
204   YK05 BBF   BMC 1100FE          B55F            New 05
205   YK05 BAU   BMC 1100FE          B55F            op by Godson
206   YK05 BAA   BMC 1100FE          B55F            op by Godson
304   KYV 662X   MCW DR101           H43/32F         GA London M662 00
305   OJD 834Y   MCW DR101           H43/32F         GA London M834 00
306   OJD 873Y   MCW DR101           H43/32F         GA London M873 00
308   C764 OCN   MCW DR102           H46/31F         GA North East 3764 00
309   E215 WBG   LD ONCL10/1RZ       NC H41/30F      A North West 215 01
310   F181 YDA   MCW DR132           H43/30F         A Midlands 2081 01
311   E750 SKR   MCW DR132           H46/31F         Jaycrest,Sittingbrne 01
314   J815 HMC   Scania N113DRB      AR H47/31F      Metroline S15 03
315   J811 HMC   Scania N113DRB      AR H47/31F      Metroline S11 03
316   J816 HMC   Scania N113DRB      AR H47/31F      Metroline S16 03
317   J817 HMC   Scania N113DRB      AR H47/31F      Metroline S17 03
318   F123 PHM   Volvo B10M-50       AR H46/33F      A London VA123 03
319   F129 PHM   Volvo B10M-50       AR H46/33F      A London VA129 03
320   F130 PHM   Volvo B10M-50       AR H46/33F      A London VA130 03
321   F131 PHM   Volvo B10M-50       AR H46/33F      A London VA131 03
322   G147 TYT   Volvo B10M-50       AR H46/33F      A London VA147 03
323   YJ04 BKG   DAF DE02PSDB250     EL CH51/29F     New 04
324   G110 FJW   MCW DR102           H43/30F         NE West Midlands 3110 04
325   F809 YLV   MCW DR132           H46/31F         A North West 3809 04
326   F814 YLV   MCW DR132           H46/31F         A North West 3814 04
327   F824 YLV   MCW DR132           H46/31F         Ensign(Hire Fleet) 04
328   F825 YLV   MCW DR132           H46/31F         A North West 3825 04
329   G760 VRT   LD ONCL10/1RZ       AR H47/32F      Mullany,Watford 05
330   G365 YUR   LD ONCL10/1RZ       AR H47/30F      Mullany,Watford 05
331   L  8 YCL   Volvo Olympian      AR CH45/29F     B Harrogate & D. 408 05
332   L  9 YCL   Volvo Olympian      AR CH45/27F     B Harrogate & D. 409 05
333   P476 MBY   Volvo Olympian      AR H43/25D      Metroline AV16 06
334   P478 MBY   Volvo Olympian      AR H43/25D      Metroline AV18 06
403   YFB 973V   LN 11351A/1R        B52F            S Cheltenham & G 1973 00
904   F823 LRS   DAF SB3000DKV601    Van Hool C51FT  Lock,Selsdon 00
907   N264 HBX   DAF DE33WSSB3000    Van Hool C51FT  Dunn-Line,Nottingham 01
908   YG52 CGE   DAF DE33WSSB3000    Van Hool C51FT  New 02
909   K534 RJX   DAF SB3000DKVF601   Van Hool C51FT  Arriva(Hire Fleet) 04
910   YJ04 BKK   DAF DE40XSSB4000    Van Hool C49FT  Arriva(Hire Fleet) 05
911   P867 PWW   DAF DE33WSSB3000    Van Hool C51FT  Richards,Cardigan 05
912   R161 GNW   DAF DE33WSSB3000    Van Hool C51FT  Galloway,Mendlesham 05
914   T 57 AUA   DAF DE33WSSB3000    Van Hool C49FT  Arriva(Hire Fleet) 05
915   R178 GNW   DAF DE33WSSB3000    Van Hool C49FT  Arriva(Hire Fleet) 05
2702  SMK 702F   AEC Routemaster     PR H40/32R      London United RML2702 04
```
~~~~~~
F823 LRS*YSU 922(1/96) & F658 OHD(4/94) &
R161 GNW*1440 PP(11/04) & R161 GNW(1/04)
~~~~~~

76 J.D. GODSON/J.M. GODSON.t/a GODSONs COACHES

Depot:3 Sandbed Lane,Manston,LEEDS,West Yorkshire.

```
EXI 2455   LN 1151/1R            East Lancs B49F    Blackburn 431 02
TJI 4929   DAF MB200DKVL600      Plaxton C53F       Hellyers,Fareham 01
M955 HRY   Volvo B6              Caetano C34F       New 94
N 37 EUG   Bova FLD12-270        C53F               New 95
N973 EUG   Volvo B10M-62         Van Hool C51FT     New 96
N935 EWG   Volvo B10M-62         Plaxton C53F       New 96
N 73 FWU   DAF DE33WSSB3000      Plaxton C53F       New 96
N786 ORY   Volvo B10M-62         Caetano C53F       New 96
W622 FUM   Volvo B10M-62         Plaxton C48FT      Wallace Arnold 02
Y368 UOM   Mercedes-Benz O404    Hispano C49FT      New 01
YD02 RJX   DAF DE33WSSB3000      OVI C51FT          New 02
```

```
BJ03 OUF   Mercedes-Benz 1836RL  C49FT              New 03
FN04 FSV   Volvo B12B            Caetano C55F       New 04
YU04 XJG   Iveco 397E            Plaxton C53F       New 04
YK05 BAA   BMC 1100FE            B55F               op for Geldards
YK05 BAU   BMC 1100FE            B55F               op for Geldards
YK05 BBE   BMC 1100FE            B55F               op for Geldards
YN05 VRY   Iveco 397E            Plaxton C51FT      New 05
```
EXI 2455*BCD 801L(8/93reb) & TJI 4929*C788 MVH(6/95)

77   C.B. GOODRIDGE.t/a LADYLINE

Depot:47 Bernard Street,RAWMARSH,South Yorkshire.

```
CAZ 6835   Kassbohrer S215HD     C49FT              Stainton,Kendal 03
C 5  CBG   EOS E180Z             C49FT              Arvonia,Llanrug 04
F324 MGB   Volvo B10M-61         Van Hool C50FT     Brown,Edinburgh 02
F896 SMU   Volvo B10M-60         Plaxton C53F       Winson,Loughborough 32 00
J972 PJF   MAN 10.180            Caetano C31FT      Smith,Dalton 04
```
CAZ 6835*J74 VTG(3/94), C5 CBG*M2 ARV(3/04),
F324 MGB*KSU 617(8/02) & F324 MGB(5/99) & 7921 AT(12/94) & F147 EYS(4/89),
F896 SMU*FJU 973(2/00) & F896 SMU(9/97) &
J972 PJF*MIL 1163(10/04) & J972 PJF(7/02) & A14 SOL(8/95)

78   E. GOODYEAR.t/a COACH TECH & GOODYEAR TRAVEL

Depot:Edward Street,Wentworth Road,MAPPLEWELL,South Yorkshire.

```
JKZ 5003   Volvo B10M-60         Van Hool C ?FL     Non-PSV(Grantown-Spey) 03
LIW 3636   DAF MB200DKFL600      Plaxton C49FL      Palmer,Sothall 01
LIW 4871   Kassbohrer S215HD     C48FT              Robinson,Stewkley 02
6540 FN    Mercedes-Benz 609D    Devcoplan C25FL    Non-PSV(Van) 99
L581 JSA   Volvo B10M-60         Plaxton C51F       S East Scotland 52171 05
N362 AVN   Iveco 49-10           Mellor B15FL       City of Sunderland 03
```
JKZ 5003*H884 LSD(5/03) & 9446 AT(3/97) & H103 XNS(1/91) & 2154 K(8/90),
LIW 3636*ANA 452Y(12/93), LIW 4871*B82 RLO(4/95) & 6764 MW(1/95),
6540 FN*E960 EJX(7/99) & L581 JSA*UOT 648(12/04) & L581 JSA(3/01)

D.J. & R. GORDON/BILLIES COACHES LTD.t/a W. GORDON & SONS

Depot:Chesterton Road,Eastwood Trading Estate,ROTHERHAM,South Yorkshire.

```
B 10 WGS   Volvo B10M-62         Plaxton C49FT      New 00
B 11 WGS   Volvo B10M-62         Plaxton C57FL      New 00
B 12 WGS   Volvo B12B            Plaxton C49FT      New 03
B 13 WGS   Volvo B12M            Plaxton C55FL      New 04
B 14 WGS   Volvo B12B            Plaxton C34FT      New 05
B 15 WGS   Volvo B12M            Plaxton C55FTL     New 05
B 18 WGS   Volvo B12B            Plaxton C34FT      New 05
M113 XWB   Volvo B10M-62         Plaxton C55FL      New 95
P688 AUG   Bova FHD12-340        C40FLT             Sheffield Community Tpt 04
P408 MDT   Volvo B10M-62         Plaxton C57F       New 97
R 5  HMC   EOS E230Z             C28FT              Hallmark,Coleshill 04
R185 TKU   Volvo B10M-62         Plaxton C53F       New 98
T550 EUB   Volvo B10M-62         Plaxton C48FT      Wallace Arnold 02
T397 OKY   Dennis Javelin        Plaxton C36FT      New 99
```

80 G.T. GOSPEL

Depot:80 Dovecote Road,EASTWOOD,Nottinghamshire.

```
B894 UAS   Leyland ONLXB/1R     AR H45/32F         B Lancashire 2218 04
C 84 CHM   Leyland ONLXB/1RH    ECW H42/30F        Lainton,Clayton 05
F977 DEY   Volvo B10M-61        Plaxton C49FT      Jones,Pwllheli 98
R 66 CCH   Volvo B10M-62        Jonckheere C53F    Ellis,North Acton 04
```

81 S.E. GRAY.t/a GRAYs LUXURY COACHES

Depots:Wath Rd,ELSECAR & 57 Fitzwilliam St,HOYLAND COMMON,South Yorkshire.

```
B322 EWA   Bova EL28/581           Duple C53F       New 85
C103 LWA   DAF SB2300DHTD585       Plaxton C53F     New 86
C239 MVR   DAF SB2300DHTD585       Plaxton C55F     Holt,Reedness 89
E667 KCX   DAF SB2305DHTD585       Plaxton C53F     Andrews,Tideswell 95
G991 KJX   DAF SB2305DHTD585       Plaxton C57F     Godson,Crossgates 95
G406 YAY   Dennis Javelin          Duple C37F       Godson,Crossgates 93
J273 NNC   Scania K93CRB           Plaxton C53F     Galloway,Mendlesham 123 04
S632 XAN   Dennis Javelin          Berkhof C53F     New 98
W248 PBR   Mercedes-Benz 614D      Crest C24F       New 00
```

J273 NNC*4092 PP(4/04) & J273 NNC(6/97)

82 GRAYSCROFT BUS SERVICES LTD

Depot:15a Victoria Road,MABLETHORPE,Lincolnshire.

```
DCZ 1673   Volvo B10M-62        Van Hool C55F      Cooper,Dunston 05
NBZ 1670   Mercedes-Benz 811D   Mellor B31F        Applebys,Conisholme 02
NBZ 1671   Volvo B10M-61        Plaxton C57F       Head,Lutton 00
NLZ 1681   Leyland AN68B/1R     Roe H43/30F        A Surrey AN285 98
RIL 1018   Volvo B10M-60        Van Hool C48FT     PC Coaches,Lincoln 01
RIL 1680   Auwaerter N122/3     CH57/20CT          Smith,Corby Glen 01
RJI 1653   Volvo B10M-62        Caetano C49F       Hallmark,Coleshill 03
RJI 1654   Leyland AN68A/1R     NC H47/33D         Nottingham 914 99
RJI 1655   Volvo B10M-50        NC H49/35D         Nottingham 313 03
TJI 1676   Volvo B10M-62        Jonckheere C53F    Maude,Barnard Castle 06
TJI 1677   Volvo B10M-60        Plaxton C49FT      Premier Travel 382 96
TJI 1678   Volvo B10M-60        Plaxton C53F       Sleaford Taxi Co 01
TJI 1679   Volvo B10M-60        Jonckheere C53F    Plastow,Wheatley 02
WIW 1672   Volvo B10M-62        Jonckheere C51FT   Longmynd,Lea Cross 04
XBZ 1674   Leyland AN68A/2R     AR H49/37F         Busways 363 98
XBZ 1675   Volvo B10M-60        Van Hool C49FT     Eastonways,Ramsgate 99
YIW 1652   Optare MR15          B30F               Nottingham 8204 03
```

OTHER VEHICLE OWNED BY THE COMPANY
* * * * * * *

```
GCC   3    Ford 570E            Burlingham C41F    Preserved(1959)
```

DCZ 1673*P833 CCK(7/05) & 97TS 1(4/03), NBZ 1670*N875 AKY(10/02),
NBZ 1671*A54 WEG(9/00) & A111 OAV(7/00),
NLZ 1681*KPJ 285W(7/05) & WIW 1672(6/04) & KPJ 285W(10/98),
RIL 1018*K809 HUM(3/99), RIL 1680*C720 JTL(2/02),
RJI 1653*M488 HBC(1/04) & FOR 35T(12/02) & M488 HBC(1/01),
RJI 1654*MVO 414W(6/99), RJI 1655*C313 NRC(2/05),
TJI 1676*N281 FEY(2/06) & VLT 288(10/00) & VLT 280(11/99) &
        N806 NHS(4/99), TJI 1677*G382 REG(3/96),
TJI 1678*K887 BRW(4/01) & NTL 939(4/01) & K887 BRW(9/96),
TJI 1679*L942 NWW(10/02), WIW 1672*M273 POS(6/04),
XBZ 1674*AVK 183V(6/00), XBZ 1675*H163 DVM(6/00) &
YIW 1652*L204 ONU(11/03)

83   N.A. & S. HAINES.t/a PHIL HAINES COACHES

Depot:Ralphs Lane,FRAMPTON WEST,Lincolnshire.

ECZ 4087	Dennis Javelin	Plaxton C53F	Benjamin,Llanrhystud 00	
FIL 8156	Dennis Javelin	Plaxton C53F	Gordon,Rotherham 01	
HIL 7896	Bova FLC12-280	C53F	Reading 273 04	
KCX 304	Leyland TRCTL11/3R	Duple C49FT	Byley Stores 97	
M233 TBF	Mercedes-Benz 811D	Bradshaw C25F	Bradshaw,Heywood 00	
N 9 HMC	Dennis Javelin	Auwaerter C50FT	McVay,Edinburgh 03	
P427 JDT	Dennis Javelin	Plaxton C53F	Olympian,Harlow 04	
S404 RJU	LDV Convoy	LDV B16F	Non-PSV 99	
MF52 FUG	LDV Convoy	Concept C16F	Ali,Bradford 05	
AE03 AUU	LDV Convoy	LDV B16F	Non-PSV 05	
DN03 WTW	LDV Convoy	LDV B16F	Non-PSV 05	

ECZ 4087*K753 UJO(4/04), FIL 8156*K390 PJU(10/04),
HIL 7896*N501 MWW(6/04) & KCX 304*B207 AFV(1/93)

84   The HALIFAX BUS COMPANY LTD

Depot:17a South Parade,Brunswick Industrial Estate,HALIFAX,West Yorkshire.

TJ 1	TJI 9143	Ford Transit	Dormobile B16F	Coates,Haxby 92
TJ 2	B 2 TGW	Ford Transit	Steedrive B16F	Stenning,Merriott 99
TJ 3	B 3 TGW	Ford Transit	Mellor B16F	Turner,Chesham 99
TJ 4	B 4 TGW	Ford Transit	Crystals C20F	Brown &,Basildon 02
TJ 5	B 5 TGW	Ford Transit	Dormobile B20F	Oare,Brynford 99
TJ 6	B 6 TGW	Ford Transit	MM C20F	Dodd,Bromborough 01
TJ 7	TJI 9147	Ford Transit	Mellor C16F	Clarkson,Barrow 04
TJ 8	TJI 9148	Ford Transit	Dormobile B20F	Thames W.,W Kingsdown 98
TJ 9	B 9 TJW	Ford Transit	MM C20F	Pope,Reading 02
TJ10	R812 UOK	LDV Convoy	UVG B16F	N. Cotswold,Mickleton 04
TJ11	B 11 TJW	Ford Transit	Dormobile B20F	Thames W.,W Kingsdown 98
TJ12	B 12 TJW	Ford Transit	Carlyle B20F	West Midlands 554 96
TJ14	B 14 TJW	Ford Transit	Mellor B15FL	Trinity,Clitheroe 04
TJ15	B 15 TJW	Ford Transit	Dormobile B18F	Crystal,Leycett 4 01
TJ16	B 16 TGW	Ford Transit	Crystals B20F	MacEwan,Amisfield 02
TJ17	B 17 TJW	Ford Transit	Dormobile B18F	Ladbrook,Long Sutton 01
TJ18	B 18 TJW	Ford Transit	Carlyle B20F	Non-PSV(Hattersley) 97
TJ19	B 19 TJW	MB 711D	Plaxton B25F	Coakley,Motherwell 04
TJ20	B 20 TJW	Ford Transit	Carlyle OB16F	Redbeam,Newport 97
TJ21	N168 WNF	MB 709D	ARB B23F	A Midlands 1268 04
TJ22	N571 OUH	MB 811D	Plaxton B29F	Islwyn 11 04
TJ23	N703 FSM	Ford Transit	Crystals B20F	MacEwan,Amisfield 02
TJ25	N705 FSM	Ford Transit	Crystals B20F	MacEwan,Amisfield 01
TJ27	P628 ROU	Iveco 59-12	LCB B19F	LB Wandsworth 4449 05
TJ42	TJI 9142	Ford Transit	Dormobile B20F	Walley,Altrincham 98
TJ44	TJI 9144	Ford Transit	Dormobile B18F	Crystal,Leycett 5 01
	P673 LHE	MB 711D	Mellor B25FL	LB Camden 943 05

TJI 9142*E624 MEH(7/98), TJI 9143*F817 XUG(11/00),
TJI 9144*H191 EHA(5/01),
TJI 9147*M377 ELA(3/05) & WLT 289(7/00) & WLT 987(4/96) & M910 AMA(8/95),
TJI 9148*H192 EKN(11/01), B2 TGW*F419 EVU(4/00), B3 TGW*D121 PTT(4/99),
B4 TGW*H68 BKM(8/03), B5 TGW*F345 ONO(5/00), B6 TGW*H553 EVM(11/02),
B16 TGW*N704 FSM(2/05),
B9 TJW*H847 AUS(9/04) & OVJ 852(6/02) & H847 AUS(10/95),
B11 TJW*G299 PKN(2/05), B12 TJW*D554 NOE(8/96), B14 TJW*M307 TFR(12/05),
B15 TJW*H188 EHA(11/01), B17 TJW*H181 DHA(7/02), B18 TJW*D527 HNW(6/00),
B19 TJW*L868 LFS(11/04) & B20 TJW*B261 MDL(5/97)

85 J. HAMPSON & D.J. FURNESS.t/a SPEEDWELL TRAVEL SERVICES

Depots:Unit 14,Dinting Vale Works,Dinting Vale,GLOSSOP,Derbyshire &
         c/o Winterbottom,Raglan Street,HYDE,Greater Manchester.

```
0001   M115 XLV   MB 709D            Marshall B27F    Scott,Stanley 4115 02
0002   N645 HSX   MB 811D            LCB B33F         Thompson,Eaglescliffe 05
0003   R944 AMB   MB O814D           Plaxton B31F     on loan Mistral
0004   T 35 JBA   MB O814D           Plaxton B27F     Procter,Leeming Bar 05
0005   T 36 JBA   MB O814D           Plaxton B31F     Procter,Leeming Bar 05
0006   T445 WWT   MB O814D           Plaxton B29F     Stringer,Pontefract 05
0007   T446 WWT   MB O814D           Plaxton B29F     Stringer,Pontefract 05
0008   V983 DNB   MB O814D           Plaxton B27F     on loan Mistral
0009   V994 DNB   MB O814D           Plaxton B27F     on loan Mistral
0010   MX04 VMJ   MB O814D           Plaxton B31F     New 04
0011   MX04 VMK   MB O814D           Plaxton B31F     New 04
1001   MX53 FDG   Optare Solo M920   B33F             New 03
1002   MX53 FDZ   Optare Solo M920   B33F             Mistral(Hire Fleet) 04
1003   MX04 VLY   Optare Solo M920   B33F             New 04
1004   MX04 VLZ   Optare Solo M920   B33F             New 04
1005   MX54 KYH   Optare Solo M780   B24F             New 04
1006   MX54 WMJ   Optare Solo M920   B33F             New 05
1007   MX54 WMK   Optare Solo M920   B33F             New 05
1008   MX05 OTM   Optare Solo M920   B33F             New 05
2001   OHV 806Y   LD TNLXB/2RR       LD H44/26D       TM Travel,Staveley 806 05
2002   OJD 828Y   MCW DR101          H43/28D          TM Travel,Staveley 828 05
2003   A984 SYF   MCW DR101          H43/28D          TM Travel,Staveley 984 05
2004   B192 WUL   MCW DR101          H43/28D          TM Travel,Staveley 192 05
2005   B230 WUL   MCW DR101          H43/28D          TM Travel,Staveley 230 05
2006   C330 BUV   MCW DR101          H43/28D          TM Travel,Staveley 330 05
```

N645 HSX*95D 5034(3/03)

86   HARPURs COACHES LTD

Depot:Unit 12,Wincanton Close,DERBY,Derbyshire.

```
DJZ 8677   Volvo B10M-61        Plaxton C53F     Woods,Wigston 03
MJI 5764   Leyland PSU5C/4R     Plaxton C57F     Clowes,Longnor 03
RIL 5084   Volvo B10M-60        Plaxton C51FT    S North West 163 02
TIB 5901   Volvo B10M-61        Plaxton C50F     A Southern 2844 02
NEH 103V   Volvo B58-61         Plaxton C57F     Hilton,Newton-l-Willows 03
A 14 GTA   Volvo B10M-60        Plaxton C49FT    A Southern 2845 02
B808 AOP   MCW Metrobus DR102   H43/30F          NE West Midlands 2808 04
B809 AOP   MCW Metrobus DR102   H43/30F          NE West Midlands 2809 04
B204 WUL   MCW Metrobus DR101   H43/32F          Metroline M1204 03
C317 BUV   MCW Metrobus DR101   H43/32F          A London M1317 03
C373 BUV   MCW Metrobus DR101   H43/32F          GA London M1373 03
C756 OCN   MCW Metrobus DR102   CH43/29F         GA North East 3756 04
F638 BKD   Dennis DDA1025       EL H45/31F       Stott,Oldham 05
G165 LWN   Volvo B10M-60        Plaxton C51FT    Wing,Sleaford 97 03
G379 REG   Volvo B10M-60        Plaxton C49FT    Wing,Sleaford 98 03
J723 EUA   Volvo B10M-60        Plaxton C48FT    Abbey Travel,Hitchin 04
K570 GSA   Volvo B10M-60        Plaxton C53F     S Bluebird Buses 52140 05
L586 JSA   Volvo B10M-60        Plaxton C53F     S Bluebird Buses 52176 05
N644 AHP   Volvo B10M-62        Plaxton C53F     Solus,Fazeley 22 04
W382 BOF   LDV Convoy           LDV B16F         Spondon Mini Travel 05
```

OTHER VEHICLE OWNED BY THE COMPANY
* * * * * * *

YAF 151A   AEC Regent V   PR H41/32F   Preserved(1962)

DJZ 8677*782 EUL(2/03) & 8399 RU(3/89), MJI 5764*SNC 364X(2/90),
RIL 5084*G544 LWU(7/99) & 9258 VC(4/99) & G544 LWU(4/93),
TIB 5901*E848 WWU(10/93) & HIL 2280(2/92) & E301 UUB(4/91),
YAF 151A*239 AJB(8/88), NEH 103V*PSV 323(8/94) & HTV 17V(2/89),
A14 GTA*G89 RGG(5/94), G165 LWN*VTL 627(5/03) & G165 LWN(9/98),
G379 REG*SCT 330(5/03) & G379 REG(9/98) & UDZ 7331(4/96) & G379 REG(1/96),

```
J723 EUA*3333 WA(11/95) & J722 CWT(9/94),
K570 GSA*VLT 245(9/03) & K570 GSA(12/99),
L586 JSA*XRC 487(12/04) & L586 JSA(3/01) & N644 AHP*95D 41598(6/99)
```

87   A.J. HAVILL.t/a ANDYs HANDI-BUSES

Depot:2 Manning View,ILKESTON,Derbyshire.

```
H982 LVN    DAF 400              Cunliffe B4FL     York City Council 98
M970 TKL    Ford Transit         DC B16FL          Kent County Council 01
M972 TKL    Ford Transit         DC B16FL          Kent County Council 02
M346 UBM    LDV 400              ? B8FL            Non-PSV 97
N775 OGA    Mercedes-Benz 410D   Concept C16FL     Baildon,Guiseley 99
```

88   D.J. HAWKES.t/a HAWKES COACHES & HAWKES TOURS

Depot:c/o Arriva,Ascot Drive,DERBY,Derbyshire.

```
NBZ 4127    Volvo B10M-60        Plaxton C49FT     Swiftsure,Burton-Trent 98
PIJ 5751    Volvo B10M-61        Plaxton C53F      Bowman,Craignure 96
KYV 647X    MCW Metrobus DR101   H43/28D           A Scotland West 964 01
KYV 749X    MCW Metrobus DR101   H43/30F           A Scotland West 958 01
POG 562Y    MCW Metrobus DR102   H43/30F           NE West Midlands 2562 01
B863 DOM    MCW Metrobus DR102   H43/30F           NE West Midlands 2863 05
D924 NDA    MCW Metrobus DR102   CH43/26F          NE West Midlands 2924 05
F270 ASJ    Volvo B10M-60        Plaxton C49FT     Superior,Greenock 00
K355 VRU    Volvo B10M-60        Plaxton C49FT     Bournemouth 355 98
L 92 GAX    Volvo B10M-62        Jonckheere C51FT  Ferris,Nantgarw 01
W214 UGX    Kassbohrer S315GTHD  C49FT             Pullmanor,Herne Hill 03
BL02 XJU    Kassbohrer S315GTHD  C49FT             Zaks,Birmingham 04
```
```
NBZ 4127*G119 XRE(3/96), PIJ 5751*F105 CCL(4/94),
F270 ASJ*UJI 4521(7/98) & F255 BHF(4/96) & NXI 9007(3/94) &
BL02 XJU*BU51 MAG(3/04) & BL02 XJU(12/03)
```

M.K. HEARSON.t/a HEARSONs GARAGE LTD & HEARSONs MAXI TAXIS

Depot:6a Nottingham Road,NUTHALL,Nottinghamshire.

```
CLZ 8319    Dennis Javelin       Auwaerter C50FT   Clayton,Edenthorpe 02
A 15 DAF    DAF SB2305DHTD585    Plaxton C57F      Hunter,Hucknall 01
E122 LEW    DAF MB230DKFL615     Caetano C53F      Hunter,Hucknall 01
N582 AWJ    Dennis Javelin       Auwaerter C49F    Golding,Wickham St Paul 05
P452 JRA    LDV Convoy           LDV B10FL         MOD 99
P584 WWO    LDV Convoy           LDV B16F          Non-PSV(Kenning) 00
S346 KNR    LDV Convoy           LDV B16F          New 98
```
```
CLZ 8319*N7 HMC(7/99) & A15 DAF*E463 CRJ(4/02) & 511 PVX(2/96)
```

90   S.R. HEATH

Depot:r/o Unit 2,Newton Road,HINCKLEY,Leicestershire.

```
M 41 KAX    Volvo B10M-62        Plaxton C46FT     Webber &,Wheddon Cross 04
P992 HWF    Dennis Javelin       Auwaerter C49FT   Guthrie &,Motherwell 05
W511 FON    Toyota BB50R         Caetano C21F      Woods,Tillicoultry 02
Y837 NAY    Iveco 391E           Beulas C49FT      Woodside,Sheffield 04
```
```
P992 HWF*M2 WMT(8/03) & P992 HWF(5/03)
```

91   HEATONs OF SHEFFIELD LTD

Depot:31 Sussex Street,SHEFFIELD,South Yorkshire.

```
HSU  323   Kassbohrer S215HD      C49FT        Ebdon,Sidcup 00
HSU  332   Kassbohrer S215HD      C49FT        York,Cogenhoe 81 00
LSK  435   Kassbohrer S215HD      C49FT        Ashall,Manchester 97
LSK  436   Kassbohrer S215H       C53F         Risby &,Shepperton 96
```
~~~~~~

HSU 323*F966 XLS(10/00) & PSU 617(6/98),
HSU 332*OOW 233(10/00) & MRP 81Y(4/87),
LSK 435*D620 WPJ(12/97) & HEU 350(6/96) & D620 WPJ(2/93) &
LSK 436*WPC 389X(9/96) & FSK 866(6/96) & GVV 128X(9/92) & KPR 698(9/89) &
      ENH 89X(12/84)

~~~~~~

92   D.J. HEMSTOCK.t/a DEREK HEMSTOCK TAXI SERVICES

Depot:Coopers Mill Business Park,Clay Lane West,DONCASTER,South Yorkshire.

```
R705 VAO   Mercedes-Benz 614D     Crystals C19F    New 98
S  7 BUS   Mercedes-Benz 614D     Excel C20F       New 02
T618 FPY   Iveco 49-10            Mellor B16F      Non-PSV(TLS) 02
T726 FPY   Iveco 49-10            Mellor B16F      Non-PSV(TLS) 02
```
~~~~~~
~~~~~~

93   D. & P. HENSHAW.t/a DON HENSHAW COACHES

Depot:57 Pyehill Road,JACKSDALE,Nottinghamshire.

```
MJI  5762  Van Hool T815          C53FT            Crusader,Clacton 89
MSU  499   Leyland TRCTL11/3RZ    Duple C48FT      Garnett,Tindale Crescnt 05
TJI  3131  Van Hool T815          C49FT            Boorman,Henlow 02
W603 GUG   Bova FHD12-370         C49FT            Ellison,St Helens 03
CV02 KFU   Mercedes-Benz O817L    Cymric C33F      New 02
LX03 KPG   Mercedes-Benz 1836RL   C49FT            Evobus(Hire Fleet) 05
```
~~~~~~

MJI 5762*A101 TVW(11/90), MSU 499*D319 SGB(7/90),
TJI 3131*G431 VML(3/95) & W603 GUG*NLE 145(10/03) & W603 GUG(10/02)

~~~~~~

94   G. & G.G. HOBSON.t/a GEORGE HOBSON & SON

Depot:Nutwood TE,Limestone Cottage La,Birley Edge,SHEFFIELD,Sth Yorkshire.

```
OIW 5198   Scania K112CRS         Plaxton C53F           White,Bramley 03
TXI 1656   Scania K112CRS         Jonckheere C51FT       Thornscale,Kentish Town 90
TXI 6342   Scania K112CRS         Plaxton C49F           Keighley & District 200 94
J214 XKY   Scania K113CRB         Plaxton C51FT          Q Drive,Battersea 98
```
~~~~~~
OIW 5198*B970 HTY(11/93), TXI 1656*B503 GBD(2/91) &
TXI 6342*C180 ONL(6/92)
~~~~~~

95   HODSONs COACHES LTD

Depot:Chapel Lane,NAVENBY,Lincolnshire.

```
CIB 9152   Kassbohrer S215HD      C49FT            Chisholm,Swanley 95
R762 NFW   Kassbohrer S250        C48FT            New 98
W  4 HOD   Mercedes-Benz 411CDI   ACL C16F         New 00
Y  2 HOD   Kassbohrer S315GTHD    C53F             New 01
SC51 HOD   Mercedes-Benz 413CDI   ACL C16F         New 01
JC02 HOD   Mercedes-Benz O814D    ACL C27F         New 02
AC03 HOD   Kassbohrer S315GTHD    C49FT            New 03
JN04 HOD   Optare Solo M850       B27F             New 04
OX05 HOD   Mercedes-Benz 413CDI   KVC C16F         New 05
```

```
WH05 HOD   Kassbohrer S315GTHD    C49FT         New 05
CC06 HOD   Mercedes-Benz 1523L    Unvi C34F     New 06
```
CIB 9152*4777 EL(11/90)

96   HOLLOWAY COACHES LTD

Depots:Cottage Beck Road & Kettering Road,SCUNTHORPE,Lincolnshire.

```
OTW   833    Volvo B10M-62       Plaxton C53F   Shearings 934 05
PAH    39    Dennis Javelin      Plaxton C57F   Happy Days,Woodseaves 03
PAH   524    Dennis Javelin      Plaxton C53F   Swindells,Chadderton 02
PAH   984    Dennis Javelin      Plaxton C53F   Holdsworth,Gt Harwood 02
PSV   436    Dennis Javelin      Plaxton C57F   Porteous,Anlaby 99
YYR   832    Volvo B10M-62       Plaxton C51F   F Devon & Cornwall 05
      100 FH Dennis Javelin      Plaxton C53F   Ashford Luxury,Bedfont 04
OFV    18X   Leyland ONLXB/1R    ECW H45/32F    B Lancashire 2118 02
VRN   827Y   Leyland ONLXB/1R    ECW H45/32F    B Lancashire 2127 02
A142  MRN    Leyland ONLXB/1R    ECW H45/32F    B Lancashire 2142 04
A143  MRN    Leyland ONLXB/1R    ECW H45/32F    B Lancashire 2143 04
A145  OFR    Leyland ONLXB/1R    ECW H45/32F    B Lancashire 2145 03
A159  OFR    Leyland ONLXB/1R    ECW H45/32F    B Lancashire 2159 02
A979  OST    Leyland ONLXB/1R    AR  H45/32F    B Lancashire 2214 03
B897  UAS    Leyland ONLXB/1R    AR  H45/32F    B Lancashire 2221 01
L106  HHV    Dennis Dart         NC  B34F       Metroline DNL106 03
L114  HHV    Dennis Dart         NC  B34F       Metroline DNL114 03
R928  YBA    Volvo B10M-62       Plaxton C53F   Shearings 928 05
X635  AVR    LDV Convoy          Concept C16F   Cropper,Kirkstall 04
```
OTW 833*R934 YBA(10/05), PAH 39*N898 KFA(12/03), PAH 524*R452 BND(3/04),
PAH 984*N942 EWG(7/04), PSV 436*M162 KAT(10/03), YYR 832*R409 FWT(4/05) &
100 FH*M887 WAK(9/04)

97   G. & J. HOLMES (COACHES) LTD

Depot:124a Market Street,CLAY CROSS,Derbyshire.

```
N901 ABL    Volvo B10M-62            Berkhof C53F    Truemans,Fleet N1 03
P440 JDT    Dennis Javelin           Plaxton C57F    Grangeburn,Motherwell 98
W231 JND    Mercedes-Benz 411CDI     Concept C16F    New 00
SK52 SRZ    Mercedes-Benz O814D      Plaxton B33F    New 02
YN53 EJK    Mercedes-Benz O814D      Plaxton C33F    New 03
YN53 VBP    Mercedes-Benz O814D      Plaxton C33F    New 04
YN54 XXP    Mercedes-Benz O814D      Plaxton B33F    New 04
YJ55 YGX    Optare Solo M850SL       B27F            New 05
YJ55 YGY    Optare Solo M850SL       B27F            New 05
YJ55 YGZ    Optare Solo M920SL       B31F            New 05
```

98   HORNSBY TRAVEL SERVICES LTD

Depot:51 High Street,Ashby,SCUNTHORPE,Lincolnshire.

```
B 16  WUK 155    Renault PR100/2    NC B47F         NC(Demonstrator) 91
B 17  RJI 8608   Dennis Javelin     Plaxton C62F    Baker,Weston-S-Mare 94
B 35  1642 RH    Dennis Javelin     Plaxton C57F    New 96
B 40  H220 TCP   DAF SB220LC550     Ikarus B50F     Wall,Sharston 97
B 41  R839 WOH   MB 814D            Plaxton B31F    New 98
B 42  R841 WOH   MB 814D            Plaxton B31F    New 98
B 43  R189 NFE   Dennis Dart SLF    Plaxton B43F    New 98
B 44  8955 RH    Dennis Javelin     Plaxton C49FT   New 98
B 48  T208 KJV   Dennis Javelin     Plaxton C43F    New 99
B 53  W109 MTL   Volvo B7R          Plaxton C57F    New 00
B 54  X 94 HTL   Dennis Dart SLF    Plaxton B29F    New 00
B 57  N617 UEW   Dennis Dart        Marshall B40F   Reg,Hertford 01
B 58  Y 39 WVL   Dennis Dart SLF    Plaxton B37F    New 01
```

```
B 59    A723 UOE    MCW DR102           H43/30F       NE West Midlands 2723 01
B 60    A702 UOE    MCW DR102           H43/30F       NE West Midlands 2702 01
B 62    W209 CDN    DAF DE12CSSB120     Wright B37F   Arriva(Demonstrator) 02
B 63    T196 JBE    MB O814D            ACL C29F      Berkeley,H. Hempstead 02
B 64    YG52 CGZ    DAF DE12BSSB120     Wright B39F   New 03
B 65    YG52 CGY    DAF DE12BSSB120     Wright B39F   New 03
B 66    L962 NFA    Dennis Javelin      Plaxton C57F  Bassett,Tittensor 03
B 67    W898 RFA    Dennis Javelin      Plaxton C57F  Bassett,Tittensor 03
B 68    2732 RH     Dennis Javelin      Plaxton C57F  New 03
        7455 RH     Volvo B12B          Plaxton C49FT New 04
        A504 EJF    Leyland ONLXB/1R    ECW H45/32F   A Midlands 4504 04
        C334 HWJ    Leyland ONLXB/1R    ECW H45/32F   S East Midland 14334 04
        H479 PVW    Leyland ON2R        ARB H47/31F   Isle of Man 18 05
        W966 JNF    MB O814D            Plaxton B31F  Brylaine,Boston 04
        X674 OBA    Dennis Dart SLF     Plaxton B36F  Stones,Leigh 05
        Y466 HUA    DAF DE12CSSB120     Wright B39F   Myall,Bassingbourn 03
        SN03 LGA    Dennis Dart SLF     Plaxton B29F  Jack,Edinburgh 05
        FX54 LLE    Dennis Dart SLF     Plaxton B29F  New 05
```
RJI 8608*F908 UPR(3/94), WUK 155*F100 AKB(7/91), 8955 RH*R220 GFU(5/98),
H479 PVW*DMN 18R(8/05) & 90D 1018(3/03) & X674 OBA*H1 JYM(5/05)

99   D.,D. & M. HORSFALL & J. GRALEY.t/a MOUNT TAXIS

Depot:Units 1 & 2,George Street,MILNSBRIDGE,West Yorkshire.

```
R240 EWW    Mercedes-Benz 310D      ? C16F    Non-PSV 01
T289 RGA    Mercedes-Benz 310D      ? C16F    Non-PSV 02
X611 DJA    Mercedes-Benz 311CDI    ? C16F    Non-PSV 04
Y 63 RDO    Mercedes-Benz 311CDI    ? C16F    Non-PSV 03
BJ51 HLN    Mercedes-Benz 311CDI    ? C16F    Non-PSV 04
BK52 YJZ    Mercedes-Benz 311CDI    ? C16F    Non-PSV 03
```

A1   M.A. & E. HUDSON.t/a SOUTH YORKSHIRE MOTORS

Depot:Unit GC,Onward Business Park,ACKWORTH,West Yorkshire.

```
100    B 87 SJA    Leyland ONLXB/1R    NC H43/30F      S GM Buses Sth 13087 05
101    B 95 SJA    Leyland ONLXB/1R    NC H43/30F      S GM Buses Sth 13095 05
102    B124 TVU    Leyland ONLXB/1R    NC H43/29F      S GM Buses Sth 13124 05
103    B143 WNB    Leyland ONLXB/1R    NC H43/30F      S GM Buses Sth 13143 05
104    B147 XNA    Leyland ONLXB/1R    NC H43/29F      S GM Buses Sth 13147 05
105    B662 CET    Leyland ONLXB/1R    ECW H45/32F     Yorks Traction 662 05
200    NIW 6508    LN 11351/1R         East Lancs B49F Forrest,Aintree 06
201    G310 DPA    Dennis Falcon       East Lancs B48F A Midlands 3080 06
202    G388 EKA    Dennis Falcon       East Lancs B48F A Midlands 3098 06
       TJI 1329    LD TRCTL11/3R       Plaxton C51F    Maye,Astley 05
```
NIW 6508*GUA 821N(6/93reb) & TJI 1329*B264 AMG(3/95)

A2   HENRY HULLEY & SONS LTD.t/a HULLEYs OF BASLOW

Depot:Derwent Garage,BASLOW,Derbyshire.

```
 1    MX06 ACV    Optare M880SL       B27F             New 06
 2    P881 PWW    Dennis Dart         Plaxton B40F     Clarkson,Sth Emsall 02
 3    M222 DDY    Scania K113CRB      Van Hool C51FT   Allan,Gorebridge 03
 4    M437 PUY    Dennis Javelin      Plaxton C49FT    Whittle,Kidderminster 02
 5    P273 NRH    Optare L1150        B45F             East Yorkshire 273 02
 6    R140 XWF    Dennis Javelin      Plaxton C53F     New 98
 7    R281 RAU    MB O814D            Plaxton B31F     Trent 281 04
 8    H179 EJF    Dennis Javelin      Caetano C53F     Meadway,Birmingham 97
 9    R280 RAU    MB O814D            Plaxton B31F     Trent 280 04
10    G945 JPW    Volvo B10M-60       Plaxton C46FT    Roadlease(Hire Fleet) 95
11    N360 VRC    Dennis Lance        Optare B46F      Trent 360 04
```

45

```
      12  N362 VRC   Dennis Lance          Optare B46F         Trent 362 04
      14  M803 PRA   MAN 11.190            Optare B40F         Trent 803 03
      15  N361 VRC   Dennis Lance          Optare B46F         Trent 361 04
      16  AE05 EUY   MAN 14.220            MCV B40F            New 05
      17  M802 PRA   MAN 11.190            Optare B40F         Trent 802 03
      18  P659 BUB   Dennis Lance          Plaxton B49F        Longstaff,Mirfield 04
      19  P120 GSR   Dennis Dart           Plaxton B40F        NE Tayside 120 03
      20  AE55 EHL   MAN 14.220            MCV B40F            New 05
~~~~~~~~~~~~~~~~~~~~~~~~~~~~~~~~~~~~~~~~~~~~~~~~~~~~~~~~~~~~~~~~~~~~~~~~~~~~~~~
M222 DDY*B20 DWA(6/03) & M222 DDY(8/01) & JIL 7651(8/01) &
        M222 DDY(6/01), M437 PUY*URH 341(2/01) & M437 PUY(1/00) &
P659 BUB*P2 JJL(11/03)
~~~~~~~~~~~~~~~~~~~~~~~~~~~~~~~~~~~~~~~~~~~~~~~~~~~~~~~~~~~~~~~~~~~~~~~~~~~~~~~

A3                    R. HULSTON.t/a ECH

Depot:Building 55,RAF Newton Industrial Estate,NEWTON,Nottinghamshire.

FIL 7285      Volvo B10M-61         Berkhof C53F        Fields,Tickhill 05
HIL 6811      Leyland TRCTL11/3R    Plaxton C48FT       Rennie,Dunfermline 03
886  KTU      Volvo B58-61          Plaxton C51F        Day,Kilnhurst 26 04
FDE 371T      Volvo B58-61          Plaxton C53F        Thomas,Neath 04
LOA 337X      MCW Metrobus DR102    H43/30F             Abridge,Hadleigh 04
E293 OMG      Mercedes-Benz 609D    RB C19F             Thomas & Gibson,Neath 04
S 55 ECH      Iveco 391E            Beulas C49FT        Patterson,Seahouses 05
T875 MKL      LDV Convoy            LDV B16F            PMP,Luton 04
~~~~~~~~~~~~~~~~~~~~~~~~~~~~~~~~~~~~~~~~~~~~~~~~~~~~~~~~~~~~~~~~~~~~~~~~~~~~~~~
FIL 7285*BDV 868Y(5/89), HIL 6811*YPJ 204Y(1/92), 886 KTU*LUA 248V(4/85),
    FDE 371T*EOI 4364(8/04) & NFS 374T(6/86) & 9712 WX(4/86) &
         HGA 831T(5/85) &
S55 ECH*S884 SVK(7/05) & TTC 86(5/05) & S2 TSH(10/04)
~~~~~~~~~~~~~~~~~~~~~~~~~~~~~~~~~~~~~~~~~~~~~~~~~~~~~~~~~~~~~~~~~~~~~~~~~~~~~~~

A4                  F. HUNT (COACH HIRE) LTD

Depot:33 Station Road,ALFORD,Lincolnshire.

 C  1  5611 FH     Volvo B10M-62         Van Hool C51FT      Kenzie,Shepreth 01
 C  2  6815 FH     Volvo B10M-62         Van Hool C53F       Kenzie,Shepreth 01
 C  3  3275 FH     Volvo B10M-62         Van Hool C53F       Kenzie,Shepreth 99
 C  4  3272 FH     Volvo B10M-61         Van Hool C53F       Clarke,Lower Sydenham 97
 C  5  4066 FH     Volvo B10M-61         Van Hool C53F       Richmond,Epsom 96
 C  6  D230 HMT    LD TRCTL11/3RZ        Van Hool C53F       Travellers,Hounslow 89
 C  7  3613 FH     Volvo B10M-62         Van Hool C48FT      Kenzie,Shepreth 06
 C  8  9882 FH     Volvo B10M-62         Van Hool C53F       Highland,Dalmally 05
 C  9  7683 FH     Volvo B10M-62         Van Hool C48FT      Kenzie,Shepreth 03
 C 10  YK04 FWH    Volvo B12M            Van Hool C53F       New 04
 D  2  LUI 8482    Dennis Dart           Wright B40F         GA North East 8055 02
 D  3  LUI 2598    Dennis Dart           Wright B40F         GA North East 8073 03
 D  4  LUI 3986    Volvo B6              Alexander B40F      S North West 30333 04
 M  1  NDZ 7920    MB 811D               Wright B29F         Metroline MW20 00
 M  2  NDZ 7934    MB 811D               Wright B29F         Metroline MW34 00
 M  3  N874 PFW    MB 814D               WS B25F             MOD(RAF) 04
 DD    G104 PES    Volvo B10M-50         AR H47/37F          Redline,Penwortham 05
 AON   LUI 8481    Scania N113CRB        Alexander B51F      S North East 28925 04
       V198 DRC    Optare L1150          B43F                Trent 198 05
~~~~~~~~~~~~~~~~~~~~~~~~~~~~~~~~~~~~~~~~~~~~~~~~~~~~~~~~~~~~~~~~~~~~~~~~~~~~~~~
LUI 2598*K373 RTY(6/03), LUI 3986*M733 BSJ(4/04), LUI 8481*G925 TCU(3/05),
LUI 8482*J955 MFT(2/02), 3272 FH*E217 JJF(11/97), 3275 FH*M64 WEB(11/99),
3613 FH*Y93 YFP(2/06), 4066 FH*C529 DND(9/96), 5611 FH*P79 OEW(11/01),
6815 FH*N74 WEW(1/01), 7683 FH*R82 NAV(1/04), 9882 FH*R782 WSB(4/05) &
D230 HMT*3613 FH(2/06) & D230 HMT(3/90)
~~~~~~~~~~~~~~~~~~~~~~~~~~~~~~~~~~~~~~~~~~~~~~~~~~~~~~~~~~~~~~~~~~~~~~~~~~~~~~~
```

A5   HUNTERS COACHES LTD/A. HUNTER

Depot:Woodbottom Mills,Low Hall Road,HORSFORTH,West Yorkshire.

```
BUI   471      Volvo B10M-60            Plaxton C49F         J&B Travel,Horsforth 04
A204 OKJ       MCW Metrobus DR102       H46/31F              J&B Travel,Horsforth 04
A207 OKJ       MCW Metrobus DR102       H46/31F              J&B Travel,Horsforth 04
A210 OKJ       MCW Metrobus DR102       H46/31F              J&B Travel,Horsforth 04
B152 ALG       Leyland TRCTL11/2RH      Duple C49F           Whitefield,Birstall 04
K  37 OUY      Volvo B10M-60            Plaxton C53F         J&B Travel,Horsforth 04
M303 VET       Scania K113CRB           Irizar C49FT         on loan Dawson
P692 WUB       LDV Convoy               LDV B16F             New 97
T408 OWA       Scania L94IB             Irizar C49FT         Linburg,Catley 71 05
V980 OOE       Mercedes-Benz O404       Hispano C49FT        Clarkson,South Elmsall 04
WJ02 KDU       Mercedes-Benz O815D      Sitcar C29F          J&B Travel,Horsforth 04
SJ03 APZ       Mercedes-Benz O814D      Essbee C24F          Essbee,Coatbridge 17 05
```

J & B TRAVEL LTD (Associated Company)

```
DWW 928Y       Leyland ONLXB/1R         ECW CH45/32F         G&D Coaches,Horsforth 03
A202 OKJ       MCW Metrobus DR102       H46/31F              Arriva Surrey 5202 00
A203 OKJ       MCW Metrobus DR102       H46/31F              Hunter,Moortown 02
M908 XWA       Bova FHD12-340           C49FT                Hunter,Moortown 02
Y995 TOJ       Mercedes-Benz O404       Hispano C48FT        Clarkson,South Elmsall 04
WJ02 KDV       Mercedes-Benz O815D      Sitcar C29F          New 02
MX03 PPY       Mercedes-Benz 413CDI     ? C16F               Voy,Edinburgh 05
YN54 XSE       BMC 850                  C35F                 New 04
```

BUI 471*G492 XEE(1/06) & NHG 550(4/99) & G492 XEE(12/94) &
T408 OWA*BUI 471(1/06) & T408 OWA(2/04) & 99D 58113(3/03)

A6   F. HUSSAIN.t/a EXPRESS TRAVEL

Depot:5 Middlebrook Drive,Fairweather Green,BRADFORD,West Yorkshire.

```
XIL 7877       DAF SB3000DKV585         Van Hool C53F        T Lyles,Batley 04
F259 RJX       DAF SB3000DKV601         Van Hool C53F        Procter,Fenton 05
J764 ONK       Mercedes-Benz 811D       RB C33F              Poynter,Northampton 03
R755 EEH       Mercedes-Benz O814D      Plaxton C33F         Scragg,Bucknall 05
V602 HET       Mercedes-Benz 312D       Crest C16F           Non-PSV 03
X698 NUG       LDV Convoy               Crest C16F           New 00
YN05 VVU       Mercedes-Benz 413CDI     KVC C16F             New 05
```

XIL 7877*F850 YJX(1/04) & GSU 340(1/04) & BIL 736(5/00) & F850 YJX(5/98),
F259 RJX*NIL 3943(12/04) & F259 RJX(4/97) &
R755 EEH*1580 VT(4/05) & R755 EEH(3/03) & R321 HFS(10/99)

A7   ITG LTD.t/a MASS TRANSIT

Depots:Unit 6,Houghton Rd,ANSTON & Bawtry Road,FINNINGLEY,South Yorkshire.

```
1144 P144 RWR  Dennis Dart              Plaxton B40F         Leon,Finningley 144 04
1152 N152 BOF  Optare MR15              B31F                 NE West Midlands 170 02
1154 S154 UAL  Optare L1150             B45F                 Trent 154 04
1330 HKZ 1330  DAF SB3000WS601          Van Hool C55F        Leon,Finningley 162 04
1598 N598 DWY  Dennis Dart              Plaxton B40F         Leon,Finningley 143 04
1791 S791 XUG  Optare MR35              B27F                 Leon,Finningley 151 04
1877 P877 PWW  Dennis Dart SLF          Plaxton B37F         Leon,Finningley 150 04
1927 M927 TYG  Optare MR15              B31F                 Leon,Finningley 137 04
5065 A 65 THX  LD TNLXB/2RR             LD H44/34F           S London T1065 00
5136 A636 THV  LD TNLXB/2RR             LD H44/34F           S London T1036 00
5140 CUL 140V  LD TNLXB/2RR             PR H44/32F           S London T140 00
5163 CUL 163V  LD TNLXB/2RR             PR H44/32F           S London T163 00
5175 CUL 175V  LD TNLXB/2RR             PR H44/29F           S London T175 00
5186 CUL 186V  LD TNLXB/2RR             PR H44/32F           Guide Friday,Stratfrd 01
5193 CUL 193V  LD TNLXB/2RR             PR H44/34F           S London T193 00
```

```
5264   GYE 264W    LD TNLXB/2RR    LD H44/34F    S London T264 00
5268   GYE 268W    LD TNLXB/2RR    LD H44/34F    S London T268 00
5272   GYE 272W    LD TNLXB/2RR    LD H44/33F    S London T272 00
5310   KYN 310X    LD TNLXB/2RR    LD H44/34F    Guide Friday,Stratfrd 01
5318   KYV 318X    LD TNLXB/2RR    LD H44/34F    S London T318 00
5327   KYV 327X    LD TNLXB/2RR    LD H44/34F    Guide Friday,Stratfrd 01
5378   KYV 378X    LD TNLXB/2RR    LD H44/33F    S London T378 00
5428   KYV 428X    LD TNLXB/2RR    LD H44/34F    S London T428 00
5514   KYV 514X    LD TNLXB/2RR    LD H44/34F    S London T514 00
5535   KYV 535X    LD TNLXB/2RR    LD H44/34F    S London T535 00
5539   KYV 539X    LD TNLXB/2RR    LD H44/34F    S London T539 01
5541   KYV 541X    LD TNLXB/2RR    LD H44/34F    S London T541 01
5543   KYV 543X    LD TNLXB/2RR    LD H44/34F    S London T543 01
5598   W598 GCW    Dennis Trident  EL H51/31F    Leon,Finningley 157 04
5599   W599 GCW    Dennis Trident  EL H51/31F    Leon,Finningley 158 04
5608   NUW 608Y    LD TNLXB/2RR    LD H44/32F    S London T608 00
5740   OHV 740Y    LD TNLXB/2RR    LD H44/34F    S London T740 01
5822   RYK 822Y    LD TNLXB/2RR    LD H44/34F    S London T822 01
5847   A847 SUL    LD TNLXB/2RR    LD H44/32F    S London T847 00
5893   A893 SYE    LD TNLXB/2RR    LD H44/34F    Porteous,Anlaby 02
5903   A903 SYE    LD TNLXB/2RR    LD H44/32F    A North West 3956 04
5904   A904 SYE    LD TNLXB/2RR    LD H44/26D    A North West 3957 04
5925   A925 SYE    LD TNLXB/2RR    LD H44/33F    S London T925 00
5951   A951 SYE    LD TNLXB/2RR    LD H44/34F    S London T951 00
5960   A960 SYE    LD TNLXB/2RR    LD H44/34F    S London T960 01
5965   A965 SYE    LD TNLXB/2RR    LD H44/34F    S London T965 01
5985   A985 SYE    LD TNLXB/2RR    LD H44/29F    Porteous,Anlaby 02
6435   C435 MAK    LD ONLXCT/3R    AR H74/47D    Overseas(Hong Kong) 04
6439   C439 MAK    LD ONLXCT/3R    AR H74/47D    Overseas(Hong Kong) 04
6440   C440 MAK    Dennis Dragon   DMC H75/ ?D   Overseas(Hong Kong) 04
6445   C445 MAK    Dennis Dragon   DMC H75/ ?D   Overseas(Hong Kong) 04
6570   TIL 6570    LD ONLXCT/3R    AR H74/47D    Overseas(Hong Kong) 04
6571   TIL 6571    LD ONLXCT/3R    AR H74/47D    Overseas(Hong Kong) 04
6572   TIL 6572    LD ONLXCT/3R    AR H74/47D    Overseas(Hong Kong) 04
6573   TIL 6573    LD ONLXCT/3R    AR H74/47D    Overseas(Hong Kong) 04
6574   MIL 5574    LD ONLXCT/3R    AR H74/47D    Overseas(Hong Kong) 04
6718   KRO  718    LD ONLXCT/3R    AR H74/47D    Overseas(Hong Kong) 04
6884   C884 RFE    LD ONLXCT/3R    AR H74/47D    Overseas(Hong Kong) 04
6886   C886 RFE    LD ONLXCT/3R    AR H74/47D    Overseas(Hong Kong) 04
6887   C887 RFE    LD ONLXCT/3R    AR H74/47D    Overseas(Hong Kong) 04
6942   B942 GWJ    LD ONLXCT/3R    AR H74/47D    Overseas(Hong Kong) 04
6953   B953 GWJ    Dennis Dragon   DMC H75/ ?F   Overseas(Hong Kong) 04
6957   B957 GWJ    Dennis Dragon   DMC H75/ ?D   Overseas(Hong Kong) 04
```

HKZ 1330*M575 RCP(2/02), KYN 310X*TYJ 3S(12/99) & KYN 310X(11/98),
A893 SYE*TIL 6570(2/04) & A893 SYE(2/01) &
A985 SYE*TIL 6573(2/04) & A985 SYE(12/00)

A8   S. IVES.t/a ABBEYWAYS

Depots:Spout House Lane,BRIGHOUSE & Sedbergh Road,HALIFAX,West Yorkshire.

```
PIB 6556    Mercedes-Benz O303    Plaxton C50F      McLeans,Witney 97
A 44 UVV    Volvo B10M-61         Duple C53F        McGowan,Neilston 04
B784 JAU    Leyland TRCTL11/3R    Duple C53F        Stephenson,Workington 4 03
N713 FLN    Iveco 59-12           Cacciamali C20F   BNFL,Sellafield 04
```

PIB 6556*G562 MWX(6/97) & B784 JAU*SIL 2954(4/03) & B784 JAU(1/02)

A9   N.E. JACKSON.t/a NJ TRAVEL SERVICES

Depot:c/o Wells & Root,Humberstone Lane,THURMASTON,Leicestershire.

```
DDZ  236    Leyland TRCTL11/3RH    Plaxton C51F   East Yorkshore 86 06
IIL 7074    Leyland TRCTL11/3ARZ   Duple C53F     Skill,Nottingham 94 05
GOG 263W    MCW Metrobus DR102     H43/33F        Renown,Bexhill-on-Sea 03
VVV 958W    Bristol VRT/SL3/6LXB   ECW H43/31F    Rodger,Weldon 03
```

```
C   7  NJT   Scania K113CRB          Plaxton C53F        F Edinburgh 2102 02
C221  WAJ    Dennis DDA1009          NC H43/31F          Hannell,Speke 04
~~~~~~~~~~~~~~~~~~~~~~~~~~~~~~~~~~~~~~~~~~~~~~~~~~~~~~~~~~~~~~~~~~~~~~~~~~~~~~
DDZ 236*C101 PCN(9/00), IIL 7074*F786 GNA(6/93) &
C7 NJT*G102 RSH(7/03) & LAT 662(5/03) & G102 RSH(11/94)
~~~~~~~~~~~~~~~~~~~~~~~~~~~~~~~~~~~~~~~~~~~~~~~~~~~~~~~~~~~~~~~~~~~~~~~~~~~~~~
```

C1   JACKSONs OF SILSDEN (1988) LTD

Depot:Unit 8,Reyfield Way,SILSDEN,West Yorkshire.

```
DIW 1386      LDV Convoy               Onyx C16F         Malthouse,Wooler 99
KWU  942      LDV Convoy               Onyx C16F         New 97
SIL 9556      LDV Convoy               LDV B16F          Non-PSV 05
SJI 6306      Mercedes-Benz 413CDI     Onyx C16F         New 00
R  3  AUK     Mercedes-Benz 512D       Onyx C14F         Natureguide,Dunfermline 04
MF52 PNE      Mercedes-Benz 413CDI     Concept C16F      New 02
YX54 BJY      Mercedes-Benz 413CDI     Ferqui C16F       New 04
YX05 FCD      LDV Convoy               Excel C16F        New 05
~~~~~~~~~~~~~~~~~~~~~~~~~~~~~~~~~~~~~~~~~~~~~~~~~~~~~~~~~~~~~~~~~~~~~~~~~~~~~~
DIW 1386*R611 KFT(11/04), KWU 942*P138 JHE(4/01),
SIL 9556*X454 CUY(6/05) & SJI 6306*X506 NDN(6/04)
~~~~~~~~~~~~~~~~~~~~~~~~~~~~~~~~~~~~~~~~~~~~~~~~~~~~~~~~~~~~~~~~~~~~~~~~~~~~~~
```

C2   JAK TRAVEL SERVICES LTD

Depot:386 Bradford Road,Sandbeds,KEIGHLEY,West Yorkshire.

```
N333 GLO      Volvo B10M-62            Plaxton C49FT     Clarkes,Tredegar 02
P186 NAK      Volvo B10M-62            Plaxton C49FT     Memories,Stansted 03
W748 DDN      Volvo B10M-62            Plaxton C53F      Dodsworth,Boroughbridge 04
YN05 VTE      Volvo B12B               Plaxton C49FT     New 05
~~~~~~~~~~~~~~~~~~~~~~~~~~~~~~~~~~~~~~~~~~~~~~~~~~~~~~~~~~~~~~~~~~~~~~~~~~~~~~
~~~~~~~~~~~~~~~~~~~~~~~~~~~~~~~~~~~~~~~~~~~~~~~~~~~~~~~~~~~~~~~~~~~~~~~~~~~~~~
```

C3   PAUL JAMES COACHES LTD

Depots:The Scotlands,London Road,COALVILLE &
       Saxby Station,Stapleford Estate,MELTON MOWBRAY,Leicestershire.

```
 1   W  1  PJC   KA S315GTHD           C49FT             New 00
 2   W  2  PJC   Volvo B10M-62         Plaxton C53F      New 00
 3   PJ02 AAA    Volvo B12M            Plaxton C53F      New 02
 4   Y  8  PJC   Volvo B10M-62         Plaxton C53F      New 01
 5   J  8  PJC   Volvo B10M-60         Plaxton C53F      Dodsworth,Boroughbdge 05
 7   PJI 7754    Dennis Javelin        Plaxton C53F      Kingston Coaches 91
 8   AYA  199    Volvo B10M-61         Plaxton C51FT     Smith,Market Harboro. 04
10   3476  PJ    Volvo B10M-60         Plaxton C53F      Just,Copmanthorpe 83 04
11   W 10  PJC   Optare Solo M920      B34F              New 00
12   W 20  PJC   Optare Solo M920      B34F              New 00
14   W 30  PJC   Optare Solo M920      B34F              New 01
15   W 40  PJC   Optare Solo M920      B34F              New 01
16   W 50  PJC   Optare Solo M920      B34F              New 01
17   W 60  PJC   Optare Solo M920      B34F              New 01
18   YG52 DHA    Optare Solo M920      B33F              Optare(Demonstrator) 02
19   YN03 ZXA    Optare Solo M920      B33F              New 03
20   YN03 ZXB    Optare Solo M920      B33F              New 03
21   YN03 ZXC    Optare Solo M920      B33F              New 03
22   YN03 ZXD    Optare Solo M920      B33F              New 03
23   S 20  PJC   MB 0814D              ACL C29F          New 99
24   V 20  PJC   MB 0814D              Plaxton B31F      Gregg,Boston 00
25   M  8  PJC   MB 709D               ACL B25F          Winson,Loughborough 00
26   M800 PJC    MB 709D               Alexander B27F    Nottingham 67 02
27   M900 PJC    MB 709D               ARB B27F          A North West 120 01
28   B290 YSL    LD TRCTL11/3R         Plaxton C53F      Rutherford,Glenfarg 97
29   E695 UNE    LD TRCTL11/3RZ        Plaxton C53F      Mid Wales,Penrhyncoch 03
30   FDZ 5348    Volvo B10M-61         Van Hool C53F     Mullany,Watford 03
31   MSU 591Y    Volvo B10M-61         Van Hool C53F     Brown,Crawley 05
32   M424 GUS    MB 709D               WS B24F           Nottingham 6 02
```

```
34  E478 AFJ   LD TRCTL11/3RZ      Plaxton C53F     Cottrell,Mitcheldean 03
35  F682 MCA   Volvo B10M-61       Plaxton C57F     Meredith,Malpas 03
36  YU04 XHX   MB O814D            Plaxton B29F     New 04
37  YU04 XHY   MB O814D            Plaxton B29F     New 04
```

AYA 199*E972 NMK(2/05) & KIB 3214(3/04) & E972 NMK(2/97),
FDZ 5348*A180 MNE(5/89), PJI 7754*E639 NEL(2/97),
3476 PJ*F150 JKH(2/05) & VIL 9195(10/04) & F83 PSN(7/03) & 904 YPU(1/99) &
   F83 PSN(3/95) & 7119 WD(6/94) & F974 HGE(3/91),
MSU 591Y*RYY 544(4/05) & MSU 591Y(3/85),
B290 YSL*7722 SR(12/96) & B564 UUB(2/91),
E695 UNE*CNZ 1532(1/03) & E695 UNE(12/01),
F682 MCA*HJI 843(8/03) & F325 MCA(2/01) & KSV 408(3/00) & F102 HSO(3/92),
J8 PJC*K725 GWR(12/05), M8 PJC*M300 ARJ(10/00), M800 PJC*M667 JFP(6/02),
M900 PJC*M120 YCM(5/02) & V20 PJC*V992 DNB(4/00)

C4   T.N. JANNEY.t/a TJs COACHES

Depot:Bridge Street,Island Carr Industrial Estate,BRIGG,Lincolnshire.

```
HBZ 4675   Dennis Javelin           Duple C57F       Wilbys,Hibaldstow 05
LIL 2512   DAF SB2300DHS585         Plaxton C53F     Barnard,Kirton-Lindsey 04
TAJ 557R   Bova FHD12-280           C49FT            Wilbys,Hibaldstow 05
P644 MSC   Mercedes-Benz 711D       Mellor C25F      Spittlehouse,Greasboro. 02
S587 KRV   Renault Master           ? C16F           Non-PSV 01
Y112 RDO   Mercedes-Benz 308CDI     ? C14F           Non-PSV 04
```

HBZ 4675*F236 OFP(3/92), LIL 2512*B232 RRU(6/95) & TAJ 557R*B641 JVO(8/99)

C5   JB TOURS (WATNALL) LTD

Depots:The Aerodrome,Watnall Road,HUCKNALL &
              Eel Hole Farm,Long Lane,WATNALL,Nottinghamshire.

```
JIW 3696   Bova FHD12-290           C47FT             Fowkes,Ellistown 02
LBZ 2305   DAF SB2305DHS585         Van Hool C51FT    Clevedon Motorways 00
LIL 8543   Duple 425                C53FT             Skill,Nottingham 81 96
WYV  53T   Leyland TNLXB/2RR        PR H44/30F        Trent 771 05
L649 AYS   Volvo B10M-60            Van Hool C53F     Pointon,Nuneaton 02
R398 NRR   Dennis Javelin           Plaxton C53FT     Williams,Sutton-Ashfld 03
V289 JTO   Volvo B10M-62            Jonckheere C49FT  Henshaw,Jacksdale 05
```

JIW 3696*E908 UOH(3/89), LBZ 2305*E312 EVH(9/94), LIL 8543*J81 CRR(4/96),
L649 AYS*HSK 660(11/95) & V289 JTO*99D 74497(9/04)

C6   C.A. & S. JOHNSON &.t/a JOHNSONs TOURS

Depots:Green Acres,Green Lane,HODTHORPE,Derbyshire &
              Lindley Street,MANSFIELD,Nottinghamshire.

```
MIW 2422   Bristol VRT/SL3/501       ECW H43/31F      Clarkson,South Elmsall 94
NGM 168G   Bristol VRT/SL6G          ECW H43/31F      Southern Vectis 619 86
OSF 305G   Bristol VRT/SL6G          ECW H43/31F      Southern Vectis 620 86
PKE 810M   Bristol VRT/SL2/6LX       ECW H43/34F      Maidstone & Dist. 5810 87
HTU 155N   Bristol VRT/SL2/6G        ECW H43/31F      Crosville DVG266 88
HTU 159N   Bristol VRT/SL2/6G        ECW H43/31F      Starr,South Anston 92
HWE 826N   Bristol VRT/SL2/6G        ECW H43/34F      Yorkshire Traction 826 93
KKY 835P   Bristol VRT/SL3/501       ECW H43/34F      Lincolnshire 1735 94
ODL 661R   Bristol VRT/SL3/6LXB      ECW H43/31F      Solent Blue Line 101 97
ODL 662R   Bristol VRT/SL3/6LXB      ECW H43/31F      Solent Blue Line 102 97
ODL 663R   Bristol VRT/SL3/6LXB      ECW H43/31F      Solent Blue Line 103 97
ODL 664R   Bristol VRT/SL3/6LXB      ECW H43/31F      Solent Blue Line 104 97
OWE 854R   Bristol VRT/SL3/501       ECW H43/31F      Yorkshire Traction 854 93
OWE 857R   Bristol VRT/SL3/501       ECW H43/31F      Yorkshire Traction 857 93
OWE 858R   Bristol VRT/SL3/501       ECW H43/31F      Yorkshire Traction 858 93
PTT  98R   Bristol VRT/SL3/6LXB      ECW H43/31F      Solent Blue Line 98 97
```

RWT 544R	Bristol VRT/SL3/6LXB	ECW H43/31F	Moffat & Williamson 94		
JBT 16S	Volvo B10M-61	Van Hool C57F	Sworder,Walkern 92		
TDT 864S	Bristol VRT/SL3/501	ECW H43/31F	Yorkshire Traction 864 93		
UDL 668S	Bristol VRT/SL3/6LXB	ECW H43/31F	Solent Blue Line 108 97		
YDL 676T	Bristol VRT/SL3/6LXB	ECW H43/31F	Solent Blue Line 166 01		
FDL 677V	Bristol VRT/SL3/6LXB	ECW H43/31F	Solent Blue Line 169 01		
FDL 679V	Bristol VRT/SL3/6LXB	ECW H43/31F	Solent Blue Line 170 01		
FDL 680V	Bristol VRT/SL3/6LXB	ECW H43/31F	Solent Blue Line 168 01		
LVL 804V	Bristol VRT/SL3/6LXB	ECW H43/31F	Lincolnshire 1949 97		
LVL 807V	Bristol VRT/SL3/6LXB	ECW H43/31F	Lincolnshire 1952 00		
PFE 541V	Bristol VRT/SL3/6LXB	ECW H43/31F	Lincolnshire 1957 00		
HWJ 925W	Bristol VRT/SL3/501	ECW CH39/31F	Lincolnshire 1975 00		
SVL 177W	Bristol VRT/SL3/6LXB	ECW H43/31F	Lincolnshire 1967 96		
SVL 178W	Bristol VRT/SL3/6LXB	ECW H43/31F	Lincolnshire 1968 96		
SVL 179W	Bristol VRT/SL3/6LXB	ECW H43/31F	Lincolnshire 1969 96		
SVL 180W	Bristol VRT/SL3/6LXB	ECW H43/31F	Lincolnshire 1970 96		
MWG 940X	Bristol VRT/SL3/6LXB	ECW H43/31F	Lincolnshire 1990 00		
OWG 607X	Leyland ONLXB/1R	ECW H45/32F	Lincolnshire 607 05		
RTV 438X	Leyland AN68C/1R	NC H47/33D	Redfern,Mansfield 99		
WDL 694Y	Leyland ONLXB/1R	ECW H45/30F	Solent Blue Line 694 03		
A697 DDL	Leyland ONLXB/1R	ECW H45/30F	Solent Blue Line 697 03		
A295 FDL	Leyland ONLXB/1R	ECW H45/30F	Solent Blue Line 695 02		
A133 SMA	Leyland ONLXB/1R	ECW H45/32F	Daybird,Killamarsh 04		
B735 GCN	Leyland ONCL10/1RV	ECW H45/32F	GA North East 3735 04		
B736 GCN	Leyland ONCL10/1RV	ECW H45/32F	GA North East 3736 04		
B738 GCN	Leyland ONCL10/1RV	ECW H45/32F	GA North East 3738 04		
B741 GCN	Leyland ONCL10/1RV	ECW H45/32F	GA North East 3741 04		
B742 GCN	Leyland ONCL10/1RV	ECW H45/32F	GA North East 3742 04		
B744 GCN	Leyland ONCL10/1RV	ECW H45/26F	GA North East 3744 04		
C332 HWJ	Leyland ONLXB/1R	ECW H45/32F	S East Midland 14332 04		
C656 LJR	Leyland ONCL10/1RZ	ECW H45/32F	GA North East 3656 04		
H 5 JBT	Volvo B10M-60	Van Hool C53F	Shearings 184 97		
L 3 JBT	Volvo B10M-62	Jonckheere C53F	Clarke,Lower Sydenham 01		
M 2 JBT	Volvo B10M-62	Jonckheere C53F	Clarke,Lower Sydenham 01		
N 1 JBT	Volvo B10M-62	Van Hool C44FTL	Red Arrow,Huddersfield 05		
P 1 JBT	Volvo B10M-62	Van Hool C49FT	Wallace Arnold 00		
P274 NRH	Optare Excel L1150	B45F	East Yorkshire 274 02		
R 2 JBT	Volvo B10M-48	Plaxton C36F	Ralphs,Langley 99		
R542 TAV	LDV Convoy	Concept C16F	Non-PSV(Van) 99		
T 3 JBT	Auwaerter N116	C49FT	New 99		
T 4 JBT	Volvo B10M-62	Plaxton C49FT	New 99		
Y 2 JBT	Iveco 391E	Beulas C51FT	New 01		
Y 3 JBT	Iveco 391E	Beulas C51FT	New 01		
FN02 VCL	Iveco 391E	Beulas C51FT	New 02		
FN02 VCM	Iveco 391E	Beulas C51FT	New 02		
YR02 UNZ	Auwaerter N316SHD	C53F	New 02		
YS02 XED	Scania K114EB4	Irizar C49FT	Mills,Gornal Wood 05		
YP52 KRV	Volvo B12M	Plaxton C57F	New 03		
YR52 MEV	Volvo B10M-62	Plaxton C53F	New 03		
FJ03 AAK	Volvo B12M	Jonckheere C49F	New 03		
YN03 AVE	Auwaerter N316SHD	C49FT	New 03		
YN03 NJU	Mercedes-Benz O814D	Plaxton C24F	New 03		
YN03 NJV	Mercedes-Benz O814D	Plaxton C27F	New 03		
YN03 NJX	Mercedes-Benz O814D	Plaxton C33F	New 03		
YN53 EJO	Mercedes-Benz O814D	Plaxton C29F	New 03		
FJ04 ETT	Volvo B12M	Berkhof C51FT	New 04		
YN04 AUX	Auwaerter N316SHD	C49FT	New 04		
YN04 AXA	Auwaerter N516SHD	C53FT	New 04		
YN04 HJC	Volvo B7R	Plaxton C70F	New 04		
YN04 HJJ	Volvo B7R	Plaxton C70F	New 04		
YJ05 XXC	Bova FHD13-340	C53FT	New 05		
YN05 HBB	Scania K114EB4	Irizar C49FT	New 05		
YN05 UUJ	Iveco 397E	Plaxton C49F	New 05		

~~~~~~
<div align="center">OTHER VEHICLES OWNED BY THE COMPANY
* * * * * * *</div>

GAL 967	Bedford OWB	Duple C29F	Preserved(1944)	
KAL 578	Daimler CVD6	Massey H33/28RD	Preserved(1948)	
8488 NU	Bedford VAL14	Plaxton C52F	Preserved(1964)	

```
5188   RU   Bedford VAL14        Plaxton C52F    Preserved(1963)
NEC 237K     Bedford VAL70        Plaxton C53F    Preserved(1972)
LHE 601W     Volvo B58-56         Plaxton C53F    Preserved(1981)
```
~~~~~~
```
MIW 2422*VHB 679S(8/93), JBT 16S*F238 MVS(5/97),
A295 FDL*WDL 142(6/92) & A702 DDL(3/87), H5 JBT*H184 DVM(6/97),
L3 JBT*M327 KRY(8/02), M2 JBT*M324 KRY(12/01),
N1 JBT*P854 YWV(5/05) & RED 448(2/05) & P854 YWV(5/03),
P1 JBT*P311 VWR(5/02) & R2 JBT*R960 RCH(4/03)
```
~~~~~~

C7   **N.L. JOHNSON**

Depot:Ashlea,Thornton Road,GOXHILL,Lincolnshire.

```
DSU 110      Leyland TRCTL11/3R   Plaxton C57F    Baker,Enstone 02
FNM 864Y     Leyland TRCTL11/3R   Plaxton C53F    Southgate,Friern Barnet 02
B623 JRC     DAF MB200DKFL600     Plaxton C53F    Heyfordian,Bicester 04
E171 OMU     Volvo B10M-61        Duple C53F      Heyfordian,Bicester 03
G116 TNL     Mercedes-Benz 814D   RB C33F         Kerr,Wallsend 02
G865 VAY     Mercedes-Benz 609D   RB C23F         Wright,Newark 01
N 96 WVC     Volvo B10M-62        Plaxton C49FT   Lewis,Greenwich 03
```
~~~~~~
```
DSU 110*A775 WHB(12/86), FNM 864Y*JSV 454(4/02) & FNM 864Y(11/86),
B623 JRC*7845 LJ(9/04) & B623 JRC(1/98) &
E171 OMU*FIL 7664(4/03) & E171 OMU(6/93)
```
~~~~~~

S.W. KEATS/P. KEATS.t/a PK MINI TRAVEL & STEVE KEATS OF SHEFFIELD

Depot:Unit 11,Old Boiler Works,Meadow Banks Rd,ROTHERHAM,South Yorkshire.

```
BKZ 8592     Mercedes-Benz 811D   Optare C25F         Kinsley,Stocksbridge 04
CLZ 8309     MB O303/15R          Jonckheere C51FT    Bowers,Chapel-e-l-Frith 02
IAZ 6387     Leyland PSU5C/4R     Duple C53F          Amber,Rayleigh 02
YXI 3054     Volvo B10M-61        Plaxton C51FT       Kinsley,Stocksbridge 03
```
~~~~~~
```
BKZ 8592*F544 TLU(11/02) & 6096 VW(4/02) & A11 MPA(9/99) &
         F544 TLU(1/96) & 658 COP(10/92) & F935 AWW(11/88),
CLZ 8309*A128 SNH(8/99),
IAZ 6387*ATH 110T(7/96) & 278 TNY(3/94) & ATH 58T(7/91) & 999 BCY(6/91) &
         AEP 253T(11/89reb) & MKH 487A(3/88) & AFH 192T(5/85) &
YXI 3054*PCW 946(4/00) & A788 MEH(3/95) & HIJ 3652(8/94) &
         A703 OWY(7/88)
```
~~~~~~

C9   **J.W. KEEBER.t/a G.H. WATTs COACHES**

Depot:The Coach Station,Foxholes Road,Braunstone,LEICESTER,Leicestershire.

```
KUI 1044     Mercedes-Benz O303   C49FT               Parkway,Harlington 05
MIW 4849     Drogmoller E330      C49FT               Smith,Dartford 06
NIL 2983     Scania K113CRB       Plaxton C49FT       City Centre,Cardiff 99
PIL 5258     EOS E180Z            C51FT               Archer,Poulton-le-Fylde 00
RIW 9473     Bedford YMP          Plaxton C35F        Cooper,Rothwell 05
TJI 1687     Auwaerter N722/3     PN CH53/18DT        Rennie,Dunfermline 01
XOI  105     Volvo B12T           JE CH57/15CT        Turner,Bristol 03
DSX  87L     Leyland AN68/1R      AR O45/33F          Ensign(Guide Friday) 04
GOG 535N     Daimler CRL6         PR H43/33F          BSC,Leicester 96
LOA 400X     MCW Metrobus DR102   H43/30F             NE West Midlands 2400 03
NOA 466X     MCW Metrobus DR102   H43/30F             NE West Midlands 2466 03
ROX 636Y     MCW Metrobus DR102   H43/30F             NE West Midlands 2636 04
N  2  GHW    Bova FHD12-340       C49FT               Clapton,Haydon 00
N  3  GHW    Auwaerter N116/3     C49FT               Hallmark,Coleshill 02
N247 NNR     Toyota HZB50R        Caetano C18F        Shaw,Blackpool 05
P  2  GHW    Dennis Javelin       Marcopolo C51FL     Alexcars,Cirencester 04
P215 VTY     LDV Convoy           Onyx C16F           Pygall,Easington Coll. 98
R  2  GHW    Iveco 391E           Beulas C49FT        Trueman,Camberley 03
R113 PMO     Volvo B12T           BF CH57/16CT        Calais & Back,Eachwick 05
```

OTHER VEHICLES OWNED BY THE COMPANY
* * * * * * *

```
XJF 130J   Seddon Pennine IV     Plaxton C53F    Preserved(1971)
JWR 170Y   Dennis Dorchester     Plaxton C49F    Preserved(1983)
```

```
KUI 1044*F696 DMS(2/01) & GSK 673(4/00) & F866 RFP(4/92),
MIW 4849*B484 MLN(3/92),
NIL 2983*K134 XEL(8/97) & A9 XCL(11/96) & K106 VJT(10/93),
PIL 5258*L546 EHD(11/98), RIW 9473*B873 MLN(7/96),
TJI 1687*C687 RRR(2/95) & A3 BOB(12/94) & C179 KHG(1/94),
XOI 105*M459 MRU(8/05) & M40 CJT(3/03) & M459 MRU(5/98) & XEL 14(3/98),
DSX 87L*BFS 44L(5/99), JWR 170Y*NIL 1595(11/05) & BUT 24Y(8/99),
N2 GHW*N606 NWS(6/01) & KSK 660(5/00), N3 GHW*N3 HMC(2/02),
P2 GHW*P505 VUS(5/05), P215 VTY*P2 GHW(5/05) & P215 VTY(6/01) &
R2 GHW*R571 YNN(12/04) & 2003 RU(3/03)
```

D1   KELLYs EXECUTIVE LTD

Depot:Unit 6,Limewood Approach,Ring Road,Seacroft,LEEDS,West Yorkshire.

```
KLY  399   Mercedes-Benz 614D    Excel C24F       New 00
BD02 PFV   Toyota BB50R          Caetano C22F     New 02
BU02 WVL   Mercedes-Benz 614D    Crest C24F       New 02
MV05 EJE   Mercedes-Benz 413CDI  ? C16F           New 05
YX05 DXJ   Mercedes-Benz 0814D   ACL C33F         New 05
```

```
KLY 399*X966 JVP(7/05)
```

D2   KETTLEWELL (RETFORD) LTD/PEGASUS COACHWAYS LTD

Depot:Grove Street,RETFORD,Nottinghamshire.

```
HIL 4619    Auwaerter N122/3         CH57/20DT       Bestall,Loxley 94
JIL 7899    Volvo B10M-61            JE CH49/9FT     Trathen,Roborough 86
KET    6    Auwaerter N516SHD        C49FT           New 05
G704 HPW    Leyland TRCL10/3ARZM     Plaxton C53F    Rosemary,Terrington 93
P106 GHE    Scania K113CRB           Van Hool C51FT  New 97
P 6  KET    Scania K113CRB           Van Hool C49FT  New 96
P 66 KET    Scania K113TRB           Irizar C51FT    New 97
R 3  KET    Scania L94IB             Irizar C49FT    New 98
R 66 KET    Scania K113CRB           Irizar C49FT    New 97
S 8  KET    Scania L94IB             Irizar C55F     New 99
V301 EAK    Scania K124IB4           Irizar C49FT    Tarhum,Nailsea 05
V334 EAK    Scania N113DRB           EL H47/31F      New 00
W 5  KET    Scania K124IB4           Irizar C49FT    New 00
W 66 KET    Scania K124IB4           Irizar C55F     New 00
MF52 UKD    Mercedes-Benz 413CDI     Concept C16F    New 03
SN53 RXF    Scania K114IB4           Irizar C49FT    Allan,Gorebridge 05
```

```
HIL 4619*D327 NWG(7/92), JIL 7899*A147 JTA(4/95), KET 6*P66 KET(2/04) &
SN53 RXF*B18 DWA(2/05) & SN53 RXF(9/03)
```

D3   R. KIME & CO LTD.t/a KIMEs COACHES

Depot:3 Sleaford Road,FOLKINGHAM,Lincolnshire.

```
19   PAZ 9319   DAF SB220LC550   Optare B49F    Fowler,Holbeach Drove 03
42   YAZ 4142   DAF SB220LT550   NC B49F        London,Northfleet 01
43   YAZ 4143   DAF SB220LT550   NC B49F        Teamdeck,Honley 01
46   PAZ 9346   DAF SB220LT550   NC B49F        GA North East 02
61   TAZ 4061   LD ONCL10/1RZ    AR H45/29F     GA North East 3679 04
62   TAZ 4062   Leyland ON2R     ARB H47/31F    Dublin Bus RH39 04
63   TAZ 4063   Leyland ON2R     ARB H47/31F    Dublin Bus RH43 04
64   TAZ 4064   Leyland ON2R     ARB H47/33F    Dublin Bus RH56 02
73   YAZ 8773   Leyland ON2R     ARB H47/33F    Dublin Bus RH47 03
```

```
74   YAZ 8774   Leyland ON2R        ARB H47/33F      Dublin Bus RH53 02
76   WAZ 8276   Optare L1150        B42F             Little,Ilkeston 05
77   WAZ 8277   Scania N113DRB      AR H47/33F       Fowler,Holbeach Drove 04
78   WAZ 8278   LD ONCL10/1RZ       AR H45/29F       GA North East 3675 04
84   PAZ 3184   Leyland ON2R        ARB H47/33F      Dublin Bus RH37 03
85   PAZ 3185   DAF SB220LC550      Ikarus B48F      MacEwan,Amisfield 05
300  DAZ 4300   Optare L1150        B43F             Trent 151 05
312  F312 PEV   Scania N113DRB      AR H47/33F       Fowler,Holbeach Drove 04
R 1  YN51 MJE   Scania L94UB        Wright B43F      Fowler,Holbeach Drove 03
R 3  YAZ 8744   MB 711D             Plaxton B27F     A Southern 1230 03
R 4  FX04 TJY   DAF DE02CSSB200     Wright B44F      New 04
R 5  YJ04 BMV   DAF DE02CSSB200     Wright B44F      New 04
R 6  YJ55 KZZ   DAF DE02CSSB200     Wright B44F      New 05
~~~~~~~~~~~~~~~~~~~~~~~~~~~~~~~~~~~~~~~~~~~~~~~~~~~~~~~~~~~~~~~~~~~~~~~~~~~~~~~
DAZ 4300*P151 CTV(11/05), PAZ 3184*H690 PTW(9/03) & 90D 1037(8/03),
PAZ 3185*J411 NCP(6/05), PAZ 9319*G216 HCP(4/03), PAZ 9346*M848 RCP(1/02),
TAZ 4061*G679 TCN(10/04), TAZ 4062*H960 PTW(2/04) & 90D 1039(10/03),
TAZ 4063*H961 PTW(2/04) & 90D 1043(10/03),
TAZ 4064*H664 PTW(9/03) & 90D 1056(10/02), WAZ 8276*P201 BNR(10/05),
WAZ 8277*F314 RHK(6/04), WAZ 8278*G675 TCN(10/04),
YAZ 4142*P904 PWW(8/01), YAZ 4143*M850 RCP(3/01), YAZ 8744*P230 LKK(1/05),
YAZ 8773*H950 PTW(7/03) & 90D 1047(6/03),
YAZ 8774*H808 PTW(8/03) & 90D 1053(10/02) &
F312 PEV*WAZ 8278(10/04) & F312 PEV(8/04)
~~~~~~~~~~~~~~~~~~~~~~~~~~~~~~~~~~~~~~~~~~~~~~~~~~~~~~~~~~~~~~~~~~~~~~~~~~~~~~~
```

D4   E.M. KING.t/a KINGs

Depot:Kings Garage,Main Road,STICKNEY,Lincolnshire.

```
S566 ACT   Mercedes-Benz O814D    ACL C33F         Smith,Market Harborough 04
S990 KSR   Mercedes-Benz O814D    Plaxton C33F     Hilton,Newton-l-Willows 05
BN52 BBK   LDV Convoy             Concept C16F     New 02
MW03 FUH   LDV Convoy             Concept C16F     New 03
MX53 UXY   LDV Convoy             Concept C16F     New 03
AE04 NXP   Iveco 45C13            ? C16F           New 04
BU04 MFP   LDV Convoy             Concept C16F     New 04
PO55 GGA   LDV Convoy             Concept C16F     New 05
~~~~~~~~~~~~~~~~~~~~~~~~~~~~~~~~~~~~~~~~~~~~~~~~~~~~~~~~~~~~~~~~~~~~~~~~~~~~~~~
```

D5   J.F. KIRKHAM.t/a KIRKHAMs COACHES

Depot:Unit 5,Carr Grange Works,Hyde Park,DONCASTER,South Yorkshire.

```
BAZ 7917   Volvo B10M-60          Van Hool C53F    Essex,Canning Town 03
HJI 6633   Mercedes-Benz 609D     Roberts C26F     Roberts,Barnby Dun 95
MIB  986   Volvo B10M-61          Berkhof C53FT    Flintham,Metheringham 98
J604 KGB   Mercedes-Benz 814D     Dormobile C33F   Beaton,Blantyre 03
~~~~~~~~~~~~~~~~~~~~~~~~~~~~~~~~~~~~~~~~~~~~~~~~~~~~~~~~~~~~~~~~~~~~~~~~~~~~~~~
BAZ 7917*G865 RNC(2/94), HJI 6633*D87 PAK(11/90) & MIB 986*A586 RVW(3/89)
~~~~~~~~~~~~~~~~~~~~~~~~~~~~~~~~~~~~~~~~~~~~~~~~~~~~~~~~~~~~~~~~~~~~~~~~~~~~~~~
```

D6   KJB (LINCOLN) LTD

Depot:Westminster Road,Westminster Ind. Esate,NORTH HYKEHAM,Lincolnshire.

```
SJI 9334   Leyland TRCTL11/3RH    Plaxton C53F     Barker,Roydon 05
NNN 478W   Leyland AN68C/1R       Roe H46/34F      Camm,Nottingham 215 05
RTV 437X   Leyland AN68C/1R       NC H47/33D       Marshall,Sutton-o-Trent 04
RBO 507Y   Leyland ONLXB/1R       EL H43/31F       Fairbrother,Appleton 27 05
A513 VKG   Leyland ONLXB/1R       EL H43/31F       Fairbrother,Appleton 25 05
N100 KJB   Iveco A49-10           Cunliffe B16FL   Translinc,Lincoln 04
~~~~~~~~~~~~~~~~~~~~~~~~~~~~~~~~~~~~~~~~~~~~~~~~~~~~~~~~~~~~~~~~~~~~~~~~~~~~~~~
SJI 9334*B47 DWE(10/00) & NIB 5232(12/99) & B47 DWE(4/90) &
N100 KJB*N463 KTL(9/04)
~~~~~~~~~~~~~~~~~~~~~~~~~~~~~~~~~~~~~~~~~~~~~~~~~~~~~~~~~~~~~~~~~~~~~~~~~~~~~~~
```

D7   KM MOTORS LTD

Depot:Wilson Grove,LUNDWOOD,South Yorkshire.

```
HBZ 4680   Dennis Javelin        Plaxton C35F        Harrison,Morecambe 00
JIL 3581   Bova FHD12-370        C49FT               Moxon,Oldcotes 05
 893 KM    Bova FHD12-340        C49FT               Ellison,St Helens 04
1516 KM    Scania K113CRB        Van Hool C49FT      New 96
4465 KM    Scania K113CRB        Van Hool C49FT      Bostock,Congleton 01
G 32 HKY   Scania K93CRB         Plaxton C53F        Ellis,Kelvedon 00
J 10 KMT   Mercedes-Benz 412D    Constables C14F     Hotelink,Heathrow 05
K  4 KMT   Scania K113CRB        Van Hool C49FT      New 97
YJ03 GXT   Bova FHD12-340        C49FT               New 03
```
HBZ 4680*F766 NSH(10/96) & XSV 270(4/95) & F551 CTX(7/92),
JIL 3581*Y661 HWY(7/05) & M9 XON(5/05) & Y661 HWY(8/03),
893 KM*S383 JUG(2/04), 4465 KM*R578 XBV(11/03) & R7 BOS(3/00),
J10 KMT*T985 WPN(7/05) & K4 KMT*P110 GHE(2/02)

D8   A. KNIGHT.t/a MICKs MINIBUSES

Depot:Unit 4,Queniborough IE,1489 Melton Road,QUENIBOROUGH,Leicestershire.

```
B  6 RMT   Mercedes-Benz 814D    Optare C28F         Mott,Stoke Mandeville 02
F 84 GGC   Mercedes-Benz 811D    Robin Hood C29F     Skylark,Woodfalls 00
H390 SYG   Mercedes-Benz 811D    Optare C29F         Pullen,Worthing 04
L831 MWT   Mercedes-Benz 814D    Optare C33F         Non-PSV(Morden) 01
L668 PWT   Mercedes-Benz 814D    Optare C29F         McDougall,Bayswater 01
M395 CBP   Mercedes-Benz 711D    Cacciamali C21F     Tompkins,Syston 04
```
B6 RMT*K935 GWR(8/97),
H390 SYG*OIL 4284(4/03) & H390 SYG(5/00) & OPT 829(11/99) &
     H390 SYG(10/97) &
M395 CBP*K3 LVS(2/04) & M395 CBP(10/03) & NIA 841(1/03) & M395 CBP(1/98) &
     DAZ 5046(1/97)

D9   R. LAVENDER.t/a LAVENDER LINE TRAVEL

Depot:Canalside,Awsworth Road,ILKESTON,Derbyshire.

```
RIL 8132   DAF SB2305DHS585      Caetano C53F        Tate,Markyate 03
A 10 LLT   DAF SB2300DHS585      Plaxton C53F        Bibby,Ingleton 99
C337 VRY   Bova FLD12-250        C57F                Marchwood,Totton 05
F249 RJX   DAF MB230LT615        Plaxton C53F        Lyles,Batley 01
P872 PWW   DAF DE33WSSB3000      Ikarus C49FT        Harris,West Thurrock 05
P  4 VTC   DAF DE33WSSB3000      Ikarus C49FT        Venture,Roath 04
```
RIL 8132*G918 WAY(7/99), A10 LLT*B885 TPS(3/99),
C337 VRY*225 ASV(6/03) & C337 VRY(5/98) &
F249 RJX*571 XKN(2/02) & F249 RJX(3/99)

E1   J.L. LAW.t/a LL TRAVEL

Depots:Cliff Street IE & 20 Melton Street,MEXBOROUGH,South Yorkshire.

```
R199 FJV   LDV Convoy            Onyx C16FL          New 98
V760 HHE   Mercedes-Benz O814D   Plaxton C29F        New 00
Y676 HKU   MAN 13.220            Berkhof C41F        New 01
YN51 PJO   LDV Convoy            Onyx C16F           New 01
YP52 KAE   Volvo B12M            Berkhof C53F        New 02
SN53 MWW   Mercedes-Benz O814D   ? C ?F              New 04
SN05 FEG   Mercedes-Benz O814D   KVC C28F            New 05
YN05 BWW   MAN 13.220            Noge C35F           New 05
YJ55 EYW   Mercedes-Benz O815D   Sitcar C29F         New 05
```

E2   G.P. & M.E. LAWTON.t/a LAWTONs EXECUTIVE COACHES

Depot:Last Mooring,East Fen Lane,STICKNEY,Lincolnshire.

```
F129 AEL   Volvo B10M-60          Plaxton C53F      Fowler,Holbeach Drove 05
M  4 GPL   Scania K113CRB         Irizar C49FT      Barnard,Kirton-Lindsey 05
P 82 KOH   Scania K113TRB         Van Hool C49FT    Milligan,Mauchline 05
FX53 JWE   Mercedes-Benz 413CDI   Ferqui C16F       New 03
```
~~~~~~
F129 AEL*706 STT(8/05) & F129 AEL(6/03) & A17 EXC(1/95) & F457 WFX(3/92),
M4 GPL*N222 SJS(3/05) & JIL 7639(2/05) & N222 SJS(3/02) & N821 DKU(6/96) &
P82 KOH*MIL 8028(1/05) & P82 KOH(1/03) & HST 11(10/01) & P82 KOH(6/01)
~~~~~~

E3   LINBURG TOURING LTD

Depot:Unit 7,35 Catley Road,Catley,SHEFFIELD,South Yorkshire.

```
   42   J942 MFT   Dennis Dart          Wright B40F       Cooper,Dukinfield DW4 05
   73   TIB 4873   LN 10351B/1R         East Lancs B41F   Non-PSV(Manchester) 04
   74   OUI 6274   Leyland ONLXB/1R     ECW H45/32F       East Yorkshire 657 05
   75   OUI 6275   Leyland ONLXB/1R     ECW H45/32F       East Yorkshire 654 05
   76   OUI 6276   Leyland ONLXB/1R     ECW H41/29F       East Yorkshire 529 05
        OUI 6433   Leyland ONLXB/1R     ECW H45/32F       A North West 3007 03
        SXI 3630   Auwaerter N122/3     CH57/18CT         Yates,Willenhall 05
        USU  638   Van Hool T815        C49FT             Harris,Prenton 05
```
~~~~~~
OUI 6274*JTY 401X(11/05), OUI 6275*JTY 372X(11/05),
OUI 6276*GRH 3Y(11/05) & A529 MAT(2/90),
OUI 6433*HTU 833X(9/05) & USU 638(8/05) & HTU 833X(11/03) &
       GFM 107X(9/03), SXI 3630*E479 YWJ(12/96),
TIB 4873*MCA 671T(12/93reb) &
USU 638*C434 RJR(8/05) & TIL 3453(7/04) & C434 RJR(8/01) & 100 XZK(3/00)
~~~~~~

E4   I.H.G. LITTLE/LITTLE TRANSPORT LTD.t/a LITTLEBUS

Depot:Snow Walk Properties,Hallam Fields Road,ILKESTON,Derbyshire.

```
OUI 6375   Scania N113DRB       EL H47/33F        GA Brighton & Hove 719 05
OUI 6376   Scania N113DRB       EL H47/33F        GA Brighton & Hove 721 05
OUI 6377   Scania N113DRB       EL H47/33F        GA Brighton & Hove 724 05
OUI 6378   Scania N113DRB       EL H47/33F        GA Brighton & Hove 730 05
SIL 1324   Leyland ONLXB/1R     NC H43/30F        S GM Buses South 13086 04
SIL 5864   DAF DE33WSSB3000     Ikarus C53F       London,Northfleet 05
SIL 8663   DAF MB230DKFL615     Plaxton C53F      Trent 1642 97
VIL 9334   DAF SB3000DKVF601    Van Hool C51FT    Alfa,Euxton 03
VIL 9335   DAF SB3000DKVF601    Van Hool C53F     Alfa,Euxton 03
VIL 9336   DAF SB3000DKVF601    Van Hool C53F     Alfa,Euxton 03
TAE 638S   LN 11351A/1R         B52F              Trent 553 02
VKE 565S   LN 11351A/1R         B49F              Trent 544 02
CUL  81V   Leyland TNLXB/2RR    PR H44/31F        Trent 99
MNU 694W   Leyland AN68C/1R     NC H47/31D        Trent 774 04
YSO  33Y   Leyland ONLXB/1R     AR H45/32F        Carterton,Witney 04
E318 BVO   Volvo B10M-50        EL H47/38D        Nottingham 318 03
R232 SCH   Optare MR15          B31F              Nottingham 232 04
T 25 ERS   Bova FHD12-370       C49FT             Jay,Greengairs 05
YF02 XVV   Bova FHD12-340       C49FT             Ellison,St Helens 04
FN04 CZZ   Bova FHD12-340       C55F              New 04
```
~~~~~~
OUI 6375*F719 LFG(10/05), OUI 6376*G721 RYJ(10/05),
OUI 6377*G724 RYJ(10/05), OUI 6378*G730 RYJ(10/05),
SIL 1324*B86 SJA(2/05), SIL 5864*P162 RWR(5/05), SIL 8663*D642 WNU(9/00),
VIL 9334*K513 RJX(9/03), VIL 9335*SIL 1324(9/03) & K514 RJX(3/03),
VIL 9336*K512 RJX(3/04) & T25 ERS*W635 YSB(10/05) & W2 JAY(4/05)
~~~~~~

E5   B. & P. LOCKWOOD.t/a BL TRAVEL

Depots:10 Grange View,HEMSWORTH &
         The Garage,Hoyle Mill Road,KINSLEY,West Yorkshire.

```
F438 GAT    Mercedes-Benz 709D      RB DP25F        East Yorkshire 438 02
F439 GAT    Mercedes-Benz 709D      RB B25F         East Yorkshire 439 00
H887 CCU    Optare MR03             B26F            Travelspeed,Burnley 87 04
H139 UUA    Optare MR03             B26F            Travelspeed,Burnley 39 04
S453 ETV    Volvo B10M-62           Plaxton C49FT   Bus Eireann VP80 04
S264 JUG    Mercedes-Benz 614D      UVG B14FL       Leeds City Council 05
V196 DRC    Optare Excel L1150      B45F            Trent 196 06
V197 DRC    Optare Excel L1150      B45F            Trent 197 06
V453 NGA    Volvo B6BLE             Wright B37F     Whitelaw,Stonehouse 05
V493 NOH    Volvo B6BLE             Wright B37F     Whitelaw,Stonehouse 05
W673 WGG    Volvo B6BLE             Wright B37F     Whitelaw,Stonehouse 05
Y248 AKV    Mercedes-Benz 311CDI    Crest C16F      Non-PSV(Van) 02
```
~~~~~~
S453 ETV*98D 54633(1/03)
~~~~~~

E6   J.J. LONGSTAFF & SONS LTD

Depot:Eastfield Garage,Stoney Lane,MIRFIELD,West Yorkshire.

```
JJL  945    Volvo B12B              Van Hool C49FT  New 05
M 70 JJL    Volvo B10M-62           Van Hool C53F   New 95
M123 SKY    Volvo B10M-62           Van Hool C49F   New 94
P  2 JJL    Volvo B7RLE             Wright B44F     New 03
V  3 JJL    Volvo B7RLE             Wright B44F     New 03
W  4 JJL    Volvo B10M-62           Van Hool C49FT  New 00
YL03 JJL    Volvo B12B              Van Hool C49FT  New 03
```
~~~~~~
M123 SKY*JJL 945(10/05) & M123 SKY(3/03)
~~~~~~

E7   R.T. LONGTHORNE.t/a LOVEDEN TRAVEL

Depot:Leadenham Industrial Estate,Lincoln Road,LEADENHAM,Lincolnshire.

```
HIL 8984    Leyland ONLXB/1RH       Optare H47/29F  Travelspeed,Burnley 151 05
856  GKH    Bova FHD12-340          C49FT           Winn,Brompton 03
NNN 477W    Leyland AN68A/1R        Roe H46/34F     Marshall,Sutton-o-Trent 03
A  8 AAX    MB O303/15R             C49FT           Cymru,Swansea 05
F209 PNR    DAF MB230LB615          Caetano C49FT   Gittins,Dolanog 04
```
~~~~~~
HIL 8984*E151 OMD(12/05),
856 GKH*L865 DNP(9/04) & 904 YPU(7/03) & L865 DNP(11/98) & WIJ 297(5/98) &
        L865 DNP(4/98) & 8111 PJ(3/97) &
A8 AAX*NJI 1250(5/03) & 10 RU(11/01)
~~~~~~

E8   S.M. LOONAT.t/a LOONAT COACHES

Depot:33 Talbot Street,BATLEY,West Yorkshire.

```
L922 JFU    Mercedes-Benz 609D      ACL C24F            New 94
M993 CYS    Mercedes-Benz 410D      Deansgate C16F      New 94
P984 JBC    Volvo B10M-62           Plaxton C49FT       Hawkins,Dewsbury 05
S993 HUB    LDV Convoy              Concept C16F        New 98
S994 HUB    LDV Convoy              Concept C16F        New 98
T449 KPP    LDV Convoy              LDV B16F            Non-PSV 04
W361 JBV    Scania L94IB            Irizar C49FT        Hawkins,Dewsbury 05
MK02 FKN    Renault Master          Coachsmith C ?FL    New 02
YG02 NUO    Renault Master          Crest C16F          New 02
YS02 YYF    Volvo B12M              Plaxton C53F        New 02
SN03 TLV    Mercedes-Benz O814D     KVC C24F            New 03
YN03 WYG    Volvo B12B              Plaxton C49FT       New 03
```

```
YN53 VBG    Volvo B12M              Plaxton C49FT      New 03
```
~~~
```
P984 JBC*97D 7816(3/02) & W361 JBV*6 RED(5/02)
```
~~~

E9   A.D. LOWE.t/a LOWEs COACHES

Depot:c/o K & M Haulage,The Aerodrome,Watnall Rd,HUCKNALL,Nottinghamshire.

```
ECZ 9136    Volvo B10M-60           Van Hool C49F      Solus,Fazeley 04
RIL 8182    Volvo B10M-60           Van Hool C53F      Hemmings,Torrington 04
SIB 8349    DAF SB2300DHS585        Van Hool C51FT     Lawman &,Pytchley 24 03
F404 PUR    Leyland LX112           B51F               A The Shires 3074 05
F606 UVN    Leyland LX112           B49F               S North East 29606 05
J366 YWX    Leyland LX2R            B49F               A Yorkshire 366 05
Y826 GDV    Volvo B10M-62           Caetano C49FT      Bus Eireann VC205 05
```
~~~
```
ECZ 9136*YSU 953(7/03) & G21 YVT(9/96),
RIL 8182*K16 CCL(2/02) & K485 VVR(4/99), SIB 8349*E332 EVH(5/93) &
Y826 GDV*01D 62446(5/05)
```
~~~

F1   LUTTERWORTH COACHES LTD

Depot:Leicester Road,LUTTERWORTH,Leicestershire.

```
E696 FNU    Van Hool T815           C55F               J Kavanagh,Urlingford 00
L534 EHD    EOS E180Z               C49FT              Bottomley,Wibsey 02
M818 WEO    DAF SB3000WS601         Van Hool C51FT     Moxon,Oldcotes 04
R107 KGA    Toyota BB50R            Caetano C26F       Ferguson,East Whitburn 01
```
~~~
```
E696 FNU*88C 3700(6/00) &
M818 WEO*JIL 7889(11/03) & M818 WEO(4/99) & K3 JFS(4/97)
```
~~~

F2   R. & N.C. LYLES.t/a RON LYLES & SON

Depot:The Coach Garage,Challenge Way,BATLEY,West Yorkshire.

```
CIB 8566    Ward C11-640            Plaxton C53F       Non-PSV(Brighouse) 95
RIL 9739    Auwaerter N122/3        CH55/20DT          Edwards,Soham 00
TSU  610    Kassbohrer S215HD       C49FT              Poynter,Northampton 28 02
WIB 7189    Kassbohrer S215HR       C49FT              Ayrways,Ayr 04
WSU  368    Kassbohrer S228DT       CH54/20DT          Reid,Bedford 03
XAZ 1403    Leyland LX112           B49F               Brylaine,Boston 04
7586  VM    EOS E180Z               C49FT              Williams,Deiniolen 04
B154 WRN    Leyland TRCTL11/2RH     Duple C49F         S North West 1154 02
```
~~~
```
CIB 8566*JVH 974W(12/88), RIL 9739*B671 DVL(10/00),
WIB 7189*MIB 9145(10/02) & E30 SBO(12/01) & YSU 946(10/01) &
          E30 SBO(3/93), WSU 368*A263 TYC(12/90), XAZ 1403*F282 AWW(4/02) &
7586 VM*L531 EHD(5/04) & HC 6422(4/99) & L531 EHD(9/98)
```
~~~

F3   T. & H. LYLES.t/a A. LYLES & SONS

Depot:Commonside Garage,63 Commonside,BATLEY,West Yorkshire.

```
    27  LUI 9981    DAF SB220LC550      Optare DP51F       Bennett &,Gloucester 02
    28  WIL 3619    EOS E180Z           C49FT              Kane,Longford(EI) 03
    29  P598 ACG    Toyota BB50R        Caetano C18F       Excelsior,Bournemouth 03
    30  GSU  340    EOS E180Z           C51FT              Cronin,Cork(Ire) 04
        LBZ 2940    Duple 425           C70F               Reg,Hertford 04
        YJ55 CKX    Van Hool T915       C49FT              New 05
```
~~~
```
GSU 340*R993 FNW(4/04) & 98C 23115(1/04) & R993 FNW(3/99),
LBZ 2940*E612 AEY(6/94), LUI 9981*F318 EWF(8/02),
WIL 3619*94C 4995(3/03) & P598 ACG*A20 XEL(8/03)
```
~~~

F4   K. & K. LYNAM.t/a BOBs PRIVATE HIRE

Depot:23 Bridge Street Industrial Estate,CLAY CROSS,Derbyshire.

D513 CJU	Mercedes-Benz 507D	Steedrive B4FL	Non-PSV 02
G861 RNX	Ford Transit	Mellor B8FL	Wolverhampton BC 6276 99
G694 THX	Ford Transit	Dormobile B4FL	Non-PSV(Leeds) 98
H539 ENX	Ford Transit	Dormobile B4FL	Coventry City Council 02
N261 HBX	Renault Master	Cymric B8FL	Rees,Clay Cross 05

F5   C. & J. McDONALD.t/a BEAVERBUS

Depot:Block 13a,Cambridge Road Industrial Estate,WHETSTONE,Leicestershire.

BBZ 6818	Leyland-DAB	ADP67D	Bath Bus Co BB113 03
LUI 5603	Leyland ONTL11/2R	ECW CH45/28F	Finch,Higher Ince 03
SGF 599Y	Van Hool TD824	CH55/18CT	Keeber,Leicester 04
A106 WVP	MCW Metrobus GR133	H43/30F	NE West Midlands 2966 04
J321 BVO	DAF SB220LC550	Optare B49F	Trent 321 01
S582 VOB	Volvo B10BLE	Wright B40F	Dunn-Line,Nottingham 03

BBZ 6818*C113 HDT(9/00), LUI 5603*C449 BKM(10/01) &
SGF 599Y*FPR 426(1/04) & JUB 287Y(9/88) & VOI 5836(3/88) & ONS 355Y(6/86)

F6   J. McEWEN.t/a McEWEN TRAVEL

Depot:Crow Hill Lane Garage,Blake St,MANSFIELD WOODHOUSE,Nottinghamshire.

3553 FH	Volvo B10M-62	Van Hool C53FT	Pavilion,Brighton 04
7842 KR	DAF SB3000KSFB601	Van Hool C51FT	Eavesway,Ashton-Makrfld 02
A751 NNA	Leyland AN68D/1R	NC H43/32F	Daybird,Killamarsh 51 04
B157 FWJ	Bedford VAS5	Plaxton C27F	Barsby,Mansfield Woodh. 00
B266 LPH	Leyland ONTL11/1R	ECW H43/29F	Travelspeed,Burnley 166 05
B 82 PJA	Leyland ONLXB/1R	NC H43/30F	S GM Buses South 13082 05
G 8 MCT	MAN 11.190	Berkhof C32F	Neild,Thrapston 01
G 13 MCT	Scania K113CRB	Berkhof C49FT	Appleby,Hull 02
G 8 TRU	Mercedes-Benz 614D	Excel C24F	New 01
J 9 VOL	Volvo B10M-62	Plaxton C49FT	Simonds,Botesdale 03
L 50 MCT	Mercedes-Benz 811D	Dormobile B33F	York,Clacton-on-Sea 03
M 50 MCT	Mercedes-Benz O814D	Plaxton C33F	Richards,Guist 05
N602 CVP	Dennis Javelin	WS C47F	Red Lion,Blantyre 05
R933 YBA	Volvo B10M-62	Plaxton C50F	Shearings 933 05
W521 EOL	Mercedes-Benz 614D	Crest C24F	GL Coaches,Linthorpe 05
FE52 HFP	Iveco CC80E	Indcar C29F	New 02
LD04 MCT	Volvo B12B	Plaxton C53F	New 04
YN04 WSU	Volvo B7R	Plaxton C70F	New 04

OTHER VEHICLE OWNED BY THE COMPANY
* * * * * * *

HPN 487D	Bedford J2SZ10	Plaxton C20F	Preserved(1966)

3553 FH*N368 PYJ(7/04) & WSV 500(6/04) & N198 DYB(8/00),
7842 KR*L556 EHD(5/03), A751 NNA*VIL 4029(8/03) & A751 NNA(11/02),
G8 MCT*N10 BSL(8/02),
G13 MCT*J884 MFE(8/02) & WEE 584(7/01) & J884 MFE(2/94)
G8 TRU*Y474 HWE(9/04), J9 VOL*X812 XEX(6/04), L50 MCT*L256 VSU(11/03),
M50 MCT*S214 UPW(8/05) & S555 BUS(6/05) &
W521 EOL*T8 GLC(7/05) & W521 EOL(8/03)

F7　　　　　　　　　　MacPHERSONs COACHES LTD

Depot:The Garage,Hill Street,DONISTHORPE,Leicestershire.

```
IIL 2636   MB O303/15RHP          C53F             Williams,Brecon 04
A534 WAV   Leyland TRCTL11/3R     Plaxton C57F     Landylines,Greenham 05
B 29 ABH   Volvo B10M-61          Plaxton C57F     Landylines,Greenham 05
J213 DYL   MB OH1628L             Jonckheere C53F  Pullmanor,Camberwell 97
J 33 MCL   MB O303/15R            Plaxton C53F     New 92
K401 STL   Kassbohrer S210HD      C35F             Pullmanor,Camberwell 98
N202 PUL   Kassbohrer S250        C53F             Hellyers,Fareham 01
N204 PUL   Kassbohrer S250        C53F             Pullmanor,Camberwell 00
N206 PUL   Kassbohrer S250        C53F             Kirkby,Rayleigh 01
R 42 GNW   Mercedes-Benz O810D    Plaxton B27F     Arriva(Hire Fleet) 03
R 43 GNW   Mercedes-Benz O810D    Plaxton B27F     Arriva(Hire Fleet) 03
T156 AUA   Mercedes-Benz O814D    Alexander B27F   Arriva(Hire Fleet) 03
X954 JVP   Mercedes-Benz 413CDI   Excel C16F       New 01
Y592 TOV   Kassbohrer S315GTHD    C48FT            New 01
Y593 TOV   Kassbohrer S315GTHD    C48FT            New 01
BU51 MCL   Kassbohrer S415HD      C48FT            New 03
   06      Kassbohrer S415HD      C48FT            on order 06
```
~~~~~~
　　　　　　　　　OTHER VEHICLES OWNED BY THE COMPANY
　　　　　　　　　　　　　　　* * * * * * *
```
GVA  635   Albion FT39N           SA C31F          Preserved(1951)
LAX  333   AEC Regal IV           Burlingham C37C  Preserved(1951)
```
~~~~~~
IIL 2636*226 DMW(2/01) & ALJ 664A(4/90) & PUL 94Y(3/87),
LAX 333*OAE 949(1/53),
A534 WAV*VIB 9378(5/05) & A541 WAV(11/94) & HSV 196(11/94) &
　　　A832 PPP(12/93) &
B29 ABH*BAZ 7326(10/05) & B29 ABH(4/01) & 729 KTO(9/00) & B29 ABH(3/86)
~~~~~~

F8　　　　　　　　　T. MAKINS.t/a T LINE TRAVEL

Depot:53 King Street,MELTON MOWBRAY,Leicestershire.

```
T 53 RJL   Mercedes-Benz 814D     ACL C33F         New 99
YJ03 XGN   Mercedes-Benz O814D    Crest C33F       New 03
MV53 CXO   Mercedes-Benz 614D     Crest C24F       New 04
YX05 AVU   Mercedes-Benz O814D    ACL C33F         New 05
```
~~~~~~
T53 RJL*TLT 48(5/05) & T53 RJL(2/04)
~~~~~~

F9　　　　　　　　G. MALLINSON.t/a TATEs TRAVEL GROUP

Depots:c/o B & B Trucks,Higham Lane,DODWORTH &
　　　　　c/o Dimmock,Hope Street,STOCKSBRIDGE,South Yorkshire.

```
HBZ 4674   Dennis Javelin         Duple C70F       Day,Kilnhurst 51 04
HIL 6975   Volvo B10M-61          Van Hool C49FT   Sunbury,Shepperton 04
KBZ 3628   Dennis Javelin         Duple C35F       Russell,New Cumnock 05
LIL 9974   Dennis Javelin         Duple C70F       Shearer,Huntly 06
SJI 8101   Volvo B10M-61          Jonckheere C53F  Opperman,Chesham 05
K856 PCN   Dennis Dart            Wright B40F      D & G,Adderley Green 17 06
L 81 YBB   Volvo B10M-60          Plaxton C46FT    S East Scotland 52193 05
M737 RCJ   Dennis Javelin         Plaxton C51FT    Reynolds,Warwick 06
N986 WGR   Volvo B10M-62          Jonckheere C49FT Shaw,Whitley 06
P679 APC   Toyota BB50R           Caetano C18F     Daglish,Rowrah 05
P454 LWE   Volvo B6LE             Wright B36F      F Mainline 40491 06
P455 LWE   Volvo B6LE             Wright B36F      F Mainline 40492 06
T780 MBV   LDV Convoy             Jaycas C16FL     Walker,Nether Heyford 02
YK51 ADX   LDV Convoy             Jaycas C16F      Non-PSV 04
```
~~~~~~
HBZ 4674*F698 PAY(3/92), HIL 6975*C29 VJF(11/91), KBZ 3628*E900 MSX(3/94),
LIL 9974*F631 SAY(3/96), SJI 8101*B39 KAL(12/94),

L81 YBB*BSK 756(12/04) & L81 YBB(12/99), N986 WGR*N2 DCC(10/01) &
P679 APC*P20 RAD(8/05) & P679 APC(3/03) & NIL 1508(11/02) & P679 APC(8/99)
~~~~~~

H1   D.W. & S. MARRIOTT.t/a MARRIOTTs TRAVEL

Depot:Unit 17,Aurillac Way,Hallcroft Ind. Estate,RETFORD,Nottinghamshire.

```
L850 WDS     Mercedes-Benz 709D     WS B28FL        McDade,Uddingston 02
M 83 UHD     LDV 400                Mellor B8F      Bradford MBC 2260 00
P475 FJF     Mercedes-Benz 709D     Plaxton B27F    TRS,Leicester 03
P213 JKL     Mercedes-Benz 709D     Plaxton B27F    A Southern 1213 02
YX02 DVJ     LDV Convoy             Concept C16F    East Hull Community Tpt 04
```
~~~~~~
~~~~~~

H2   F. & J. MARRIOTT.t/a UNITY COACHES

Depot:Beck Garage,CLAYWORTH,Nottinghamshire.

```
CAZ 6836     Kassbohrer S215H       C53F              Martin,Sheffield 94
RIJ 8861     Scania K113CRB         Irizar C49FT      Appleby 98
UXI 8633     Scania K112CRS         Jonckheere C51FT  Lockley,Stafford 93
L 99 ABC     Mercedes-Benz 709D     Marshall B23F     Garnett,Ainsdale 98
L999 ABC     Mercedes-Benz 709D     Marshall B23F     Garnett,Ainsdale 98
M900 ABC     Mercedes-Benz 711D     Marshall B27F     Walsh,Middleton 99
N985 CKM     Scania K113CRB         Van Hool C49FT    Clarkson,South Elmsall 00
R470 YDT     Scania K94IB           Irizar C53F       Cattermole,Bristol 02
T303 GRC     Mercedes-Benz 312D     Advanced C14F     Non-PSV 00
SF51 PVV     Mercedes-Benz O814D    Plaxton C33F      McGowan,Neilston 04
LX52 LHR     Mercedes-Benz 313CDI   Advanced C14F     New 02
```
~~~~~~
CAZ 6836*JFM 541(2/94) & 806 ECV(9/93) & GGK 724X(3/85),
RIJ 8861*L502 YFE(2/98), UXI 8633*A58 JLW(4/93) &
M900 ABC*LIB 283(2/00) & M635 FJF(11/98)
~~~~~~

H3   R.C. & G.A. MARSH.t/a HAIL & RIDE

Depot:2 Royal Oak Terrace,WINTHORPE,Lincolnshire.

```
LUI 1748     Mercedes-Benz 811D     Carlyle B33F    Hornsby,Ashby 01
TIL 1017     Dennis Dart            Carlyle B35F    Llink,Crossgates 05
TIL 2269     Mercedes-Benz 811D     RB B31F         A The Shires 2058 00
G114 TND     Mercedes-Benz 811D     Carlyle B33F    A Midlands North 414 01
G116 TND     Mercedes-Benz 811D     Carlyle B33F    A Midlands North 416 02
J611 WHJ     Mercedes-Benz 811D     Plaxton B28F    Bath Bus Co 02
L329 LSC     Mercedes-Benz 709D     Dormobile B29F  Hambly,Pelynt 01
M989 CYS     Mercedes-Benz 811D     WS B33F         Gillen,Port Glasgow 05
```
~~~~~~
LUI 1748*G365 FOP(7/01), TIL 1017*H841 NOC(3/05) & TIL 2269*H408 FGS(7/00)
~~~~~~

H4   J. MARSHALL.t/a MARSHALLs OF SUTTON-ON-TRENT

Depot:11 Main Street,SUTTON-ON-TRENT,Nottinghamshire.

```
B  30  RAU 624R   Bedford YLQ        Plaxton C45F    Gash,Newark B30 88
DD57   E925 CDS   LD LDTL11/1R       AR CH49/37F     Nottingham 397 01
DD58   A  3  YRR  LD LDTL11/1R       AR CH49/37F     Nottingham 398 01
DD63   P353 ROO   Volvo Olympian     EL H51/35F      London Buses 353 03
DD64   R358 XVX   Volvo Olympian     EL H51/35F      London Buses 358 03
DD68   F127 PHM   Volvo B10M-50      AR H46/33F      Locallink,Stansted 04
DD69   H114 ABV   Volvo B10M-50      AR CH47/35F     Blue Bus,Bolton 04
DS50   S  3  YRR  Dennis Javelin     Plaxton C53F    New 98
DS51   S  4  YRR  Dennis Dart SLF    Plaxton B39F    New 98
DS62   FJ03 VNG   Dennis R           Caetano C53F    New 03
IC71   YN05 UGO   Iveco CC80E        Indcar C29F     New 05
```

```
MB56   X 56 LRY    MB O814D              Plaxton C33F      New 01
MB61   P535 PLB    MB O814D              ACL C29F          Collison,Stonehouse 02
MN54   W 3 YRR     MAN 11.220            Berkhof C35F      New 00
OP60   YG02 FWL    Optare Solo M920      B33F              New 02
VL42   H 3 YRR     Volvo B10M-60         Plaxton C53F      Westerham Coaches 94
VL59   R 3 YRR     Volvo B10M-62         Plaxton C49FT     Causton,B. Stortford 02
VL66   YN04 HJV    Volvo B7R             Plaxton C53F      New 04
VL67   JKV 441     Volvo B10M-60         Van Hool C46FT    Johnson,Hodthorpe 04
VL70   PM05 JAM    Volvo B12B            Plaxton C49FT     New 05
```

OTHER VEHICLES OWNED BY THE COMPANY
* * * * * * *

```
       FW 5696     Leyland TS7           Burlingham B35F   Preserved(1935)
DD 6   KNN 959     Daimler CVD6          Roberts H30/26RD  Preserved(1949)
DD 7   LNN 353     Daimler CVD6          Duple L27/26RD    Preserved(1950)
```

JKV 441*J1 JBT(2/04) & K463 VVR(5/02),
A3 YRR*E938 CDS(9/02) & WLT 364(6/94) & E163 YGB(12/92),
E925 CDS*FSU 661(6/94) & E161 YGB(12/92), H3 YRR*H836 AHS(12/94) &
R3 YRR*R919 HTW(8/02)

H5   A. MARSLAND.t/a ALANs MINI COACHES

Depot:1 School Street,Parkgate,ROTHERHAM,South Yorkshire.

```
PJI 7727    Volvo B10M-61         Van Hool C49FT    Scott,Firbeck 03
B266 FMB    DAF MB200DKFL600      Van Hool C50F     Meakin,Crewe 00
G548 GBD    Mercedes-Benz 410D    ? B15F            Tompkins,Quedgeley 97
K221 CBD    MAN 16.290            Jonckheere C51FT  Barfordian,Bedford 02
P473 AYJ    Iveco 391E            Beulas C49FT      Eurorider,Offerton 05
T 54 RJL    Mercedes-Benz 410D    ACL C16F          Browne,Yiewsley 03
X373 HCT    Mercedes-Benz 412D    ACL C16F          Browne,Yiewsley 03
```

PJI 7727*LAW 829W(3/93) & A198 MNE(3/92),
B266 FMB*TAZ 9612(8/00) & B113 FCS(7/98) & 123 TRL(8/96) &
         B337 OSB(4/94) & DSV 692(10/93),
K221 CBD*YAY 81(8/02) & K221 CBD(9/99) &
P473 AYJ*M88 EUR(5/04) & P473 AYJ(4/02) & 801 WHT(5/00) & P158 FBC(1/98)

H6   S.A. & B. MASON

Depot:Woodland View,ROSTON COMMON,Derbyshire.

```
L894 MWG    DAF 400           Whitacre B8FL    Derbyshire County Coun. 03
M 13 PSV    LDV Convoy        LDV B16F         Reeve,Scarning 05
N701 AOJ    LDV 400           LDV B16F         LDV(Demonstrator) 97
N 13 PSV    LDV 400           LDV B16F         New 95
P852 VYJ    LDV Convoy        LDV B16F         Non-PSV(Gatwick) 01
S157 MRB    LDV Convoy        LDV B16F         New 98
V661 DFA    LDV Convoy        LDV B16F         Non-PSV 00
V424 DJF    LDV Convoy        LDV B16F         Non-PSV(Sixt Kenning) 02
V 85 ENN    LDV Convoy        LDV B16F         Non-PSV 00
W 57 EON    LDV Convoy        LDV B16F         Non-PSV(Oldbury) 03
Y373 DRB    LDV Convoy        LDV B16F         New 01
Y425 KBU    LDV Convoy        LDV B16F         Non-PSV(Sixt Kenning) 04
Y246 NHJ    LDV Convoy        LDV B16F         Non-PSV(Sixt Kenning) 04
Y 13 PSV    LDV Convoy        LDV B16F         New 02
```

GLOVERs COACHES LTD(Associated Company)

Depot:Moor Farm Road East,Airfield Ind. Estate,ASHBOURNE,Derbyshire.

```
AIG 1450    Volvo B10M-62         Plaxton C49FT     Last Passive,Dublin(I) 05
AIG 1452    Leyland TRCTL11/3R    Plaxton C53F      Stainthorpe,Skelton 6 05
AIG 8358    Volvo B10M-62         Plaxton C53F      New 96
MIB 3957    Leyland LBM6T/2RS     RB C33F           Boydon,Winkhill 05
```

```
YIL 2179   Leyland TRCTL11/2R    Plaxton C49F        Boydon,Winkhill 05
YNN 396Y   Leyland TRCTL11/3R    Duple C53F          New 83
A506 FSS   Dennis Lancet         Alexander B53F      Northern Scottish D6 91
B252 KTO   Volvo B10M-61         Plaxton C53F        New 85
C808 FMC   Leyland TRCTL11/3RZ   Plaxton C53F        Marshall,Sutton-o-Trent 04
D776 WVO   Bedford YNT           Plaxton C53F        New 87
E271 WUB   Leyland LX112         B49F                Powells Bus,Hellaby 44 05
F730 LRG   Leyland LX112         B51F                Hulley,Baslow 14 03
J506 GCD   Dennis Dart           Alexander B41F      S Merseyside 32669 05
N763 AHP   Volvo B10M-62         Plaxton C53F        Freeman,Peniel 02
N382 EAK   Volvo B10M-62         Plaxton C53F        New 96
S761 BTO   LDV Convoy            LDV B16F            Non-PSV 98
~~~~~~~~~~~~~~~~~~~~~~~~~~~~~~~~~~~~~~~~~~~~~~~~~~~~~~~~~~~~~~~~~~~~~~~~~~~~
AIG 1450*V323 JTO(2/05) & 99D 74498(1/05),
AIG 1452*A44 BHL(4/05) & PDZ 6270(12/04) & A44 BHL(9/94) & FHE 428(2/93) &
         A309 MWR(6/89), AIG 8358*N381 EAK(12/05),
MIB 3957*F221 DDY(2/05) & A15 GPS(10/97) & F997 UME(7/97),
YIL 2179*A748 JAY(10/04) & WDF 946(2/03) & A748 JAY(4/95),
C808 FMC*JKV 441(12/03) & C808 FMC(3/97), M13 PSV*W729 XCE(6/05) &
N763 AHP*96D 25751(3/00)
~~~~~~~~~~~~~~~~~~~~~~~~~~~~~~~~~~~~~~~~~~~~~~~~~~~~~~~~~~~~~~~~~~~~~~~~~~~~
```

H7   J.A. MAXFIELD & SON LTD

Depot:172 Aughton Road,AUGHTON,South Yorkshire.

```
GIL 4276   Volvo B10M-61         Berkhof C57F        Head,Lutton 00
MXI  221   Scania K113CRB        Plaxton C49FT       Go-Goodwins,Eccles 02
MXI 1503   Volvo B10M-62         Plaxton C49FT       Go-Goodwins,Eccles 02
MXI 2269   Scania K113CRB        Van Hool C49F       Trueman,Deepcut 97
MXI 2709   Bova FHD12-280        C53F                Irvine,Law 96
MXI 3319   Scania K112CRS        Van Hool C53F       Lock,Fulham 99
MXI 5431   Scania L94IB          Van Hool C53F       Emblings,Guyhirn 04
MXI 7168   Scania K112CRS        Van Hool C49FT      O'Reilly & King,Bookham 94
MXI 7708   Scania K113CRB        Plaxton C53F        Newton,Guildford 02
MXI 8433   EOS E180Z             C49FT               Ludlows,Halesowen 05
TXI 3750   EOS E180Z             C49FT               Tanners Croft,Redditch 05
BYC 766B   Volvo B58-61          Plaxton C53F        Cloke,Killamarsh 96
B530 BML   Volvo B10M-61         Plaxton C53F        Lloyd,Bagillt 00
~~~~~~~~~~~~~~~~~~~~~~~~~~~~~~~~~~~~~~~~~~~~~~~~~~~~~~~~~~~~~~~~~~~~~~~~~~~~
GIL 4276*A60 SEV(11/90),
MXI  221*G33 HKY(5/02) & PIL 8578(3/02) & RBA 480(1/99) & G33 HKY(8/95),
MXI 1503*R433 MEH(10/02) & R77 WES(9/02) & R433 MEH(4/02) & A4 FTG(11/00),
MXI 2269*G786 XPM(2/98) & 1116 RU(7/96) & G25 HKY(12/89),
MXI 2709*D231 POF(8/96),
MXI 3319*C242 THC(4/99) & TSV 760(12/98) & C242 THC(12/86),
MXI 5431*ECL 730(4/04) & Y54 HHE(1/04) & XDO 515(9/03) & Y54 HHE(6/03),
MXI 7168*D874 GHP(6/96) & 3 KOV(5/88), MXI 7708*J213 XKY(1/03),
MXI 8433*N49 FWU(6/05) & N1 EOS(1/05) & N49 FWU(6/03) & 1223 PL(4/02) &
         N49 FWU(6/01), TXI 3750*K33 MET(7/05) & M2 HCR(3/05),
BYC 766B*TXI 3750(2/05) & BYC 766B(6/91) & MDF 237V(3/87) &
         312 XYB(5/85) & NNS 938V(4/84) &
B530 BML*MXI 8433(6/05) & B530 BML(11/00) & POI 6312(10/00) &
         B530 BML(2/93)
~~~~~~~~~~~~~~~~~~~~~~~~~~~~~~~~~~~~~~~~~~~~~~~~~~~~~~~~~~~~~~~~~~~~~~~~~~~~
```

H8   D. MAYES.t/a M TRAVEL

Depot:Vanguard Yard,Carwood Ind. Estate,GLASSHOUGHTON,West Yorkshire.

```
  1   POG 496Y   MCW Metrobus DR102    H43/30F    NE West Midlands 2496 02
  2   POG 497Y   MCW Metrobus DR102    H43/30F    NE West Midlands 2497 02
  4   A105 WVP   MCW Metrobus GR133    H43/30F    NE West Midlands 2965 04
  5   A692 UOE   MCW Metrobus DR102    H43/30F    NE West Midlands 2692 04
  6   ROX 639Y   MCW Metrobus DR102    H43/30F    NE West Midlands 2639 04
  9   A109 WVP   MCW Metrobus GR133    H43/30F    NE West Midlands 2969 05
 10   B877 DOM   MCW Metrobus DR102    H43/30F    NE West Midlands 2877 05
      POG 607Y   MCW Metrobus DR102    H43/30F    NE West Midlands 2607 05
      ROX 629Y   MCW Metrobus DR102    H43/30F    NE West Midlands 2629 05
```

```
A682 UOE   MCW Metrobus DR102    H43/30F        NE West Midlands 2682 03
F701 ECC   DAF SB220LC550        Optare DP48F   A North East 4106 04
F702 ECC   DAF SB220LC550        Optare DP48F   A North East 4107 04
```

H9   MIKEs MINIBUSES LTD

Depots:73 Dalecroft Rise &
         Lower Copy House,Allerton,BRADFORD,West Yorkshire.

```
L930 PWX   Mercedes-Benz 711D    ACL C24F       Toller,Bradford 03
N730 KHS   Mercedes-Benz 412D    Crest C14FL    Non-PSV(Van) 00
N875 NUA   Mercedes-Benz 312D    Crest C16F     Non-PSV(Van) 00
P220 RUM   Mercedes-Benz 814D    ACL C29F       Baildon,Guiseley 04
R122 BUB   Mercedes-Benz 612D    Whitacre B12FL Westminster Accord 03
R126 BUB   Mercedes-Benz 612D    Whitacre B12FL Westminster Accord 03
R127 BUB   Mercedes-Benz 612D    Whitacre B12FL Westminster Accord 03
R295 HFS   Mercedes-Benz 312D    ? B16FL        Hawkes,Allerton 04
S209 KUB   Volkswagen LT46       Advanced C16F  Non-PSV 02
T503 KWA   Mercedes-Benz 310D    ? C16F         Non-PSV 01
```
N875 NUA*162 UKJ(4/97) & N603 AYG(4/96)

J1   M.,D. & A.J. MILLMAN.t/a MILLMANs COACHES

Depot:Unit 17,Wilton Road Industrial Estate,HUMBERSTON,Lincolnshire.

```
MIL 5383   Mercedes-Benz 709D      ? C33F             Non-PSV(Van) 99
MIL 6974   Volvo B6                Jonckheere C35F    Bell,Eastergate 04
MIL 9409   Leyland TRCTL11/3ARZ    Duple C57F         Anslow,Pontypool 47 97
SIW 6251   Dennis Javelin          Duple C37F         Mayne,Clayton 51 02
SJI 2582   Leyland TRCTL11/3RH     Plaxton C49F       Yorkshire Voyager,Leeds 91
SJI 2584   Leyland TRCL10/3ARZM    Plaxton C53F       Brough,Bournemouth 00
146  FLD   Leyland TRCL10/3ARZM    Plaxton C53F       Seaview,Parkstone 02
L 2  LCT   Volvo B10M-60           Jonckheere C51FT   Hills,Wolverhampton 03
```
MIL 6974*M726 KJU(3/03),
MIL 9409*F58 YBO(6/98) & NIL 8652(12/97) & F58 YBO(10/97),
SIW 6251*H51 DVR(8/96), SJI 2582*B110 NPY(6/94) &
SJI 2584*F727 ENE(7/00) & RAZ 5278(11/98) & F727 ENE(9/97) &
146 FLD*F723 ENE(3/03)

J2   MOSELEY GROUP (PSV) LTD.t/a NOTTINGHAM CITY COACHES

Depot:Building 3,Ashby Road Central,SHEPSHED,Leicestershire.

```
LUI 7863   Dennis Javelin        Marcopolo C50FT   Price,Halesowen 02
228  ASV   Bova EL26/581         C52F              Schofield,Loughborough 99
P551 BAY   Dennis Javelin        Marcopolo C50FT   Maye,Astley 03
R336 RRA   Volvo B10M-50         EL CH47/35F       Nottingham 336 05
R337 RRA   Volvo B10M-50         EL CH47/35F       Nottingham 337 05
Y789 DRA   Volvo B12T            Plaxton C53F      Nottingham 789 04
Y791 DRA   Volvo B12T            Plaxton C53F      Nottingham 791 04
FP02 YDJ   Volvo B12M            Plaxton C53F      Nottingham 792 04
FP02 YDK   Volvo B12M            Plaxton C53F      Nottingham 793 04
FP02 YDM   Volvo B12M            Plaxton C53F      Nottingham 794 04
FP02 YDN   Volvo B12M            Plaxton C53F      Nottingham 795 04
YE03 VSK   Bova FHD12-340        C49FT             New 03
YN55 KWV   Iveco 397E            Beulas C49FT      New 06
YN55 KWW   Iveco 397E            Beulas C49FT      New 06
YN55 KWX   Iveco 397E            Beulas C49FT      New 06
```
LUI 7863*P552 BAY(1/03) & 228 ASV*SMY 628X(9/86)

J3 MOTORVATION LOGISTICS LTD.t/a MOTORVATION MIDI COACHES

Depot:The Coach Station,Daleside Road,NOTTINGHAM,Nottinghamshire.

```
HXI  733    MAN 10.180            Caetano C35F      Osborne,Wimborne 04
JLZ 3124    Mercedes-Benz 709D    RB C25F           Nottingham 175 01
JLZ 3125    DAF MB230LT615        Plaxton C53F      The Fox,Colsterworth 04
PUJ  925    Dennis Javelin        WS C40FA          MOD 03
UJI 6312    Volvo B10M-60         Plaxton C49FT     Reliance,Gravesend 02
E447 MMM    Van Hool T815         C53FT             Marshall,Sutton-o-Trent 05
L563 FND    Scania K113CRB        Van Hool C46FT    Timeline,Melling 963 05
L816 SAE    Mercedes-Benz 709D    Plaxton B22F      F Midland Red 1816 04
N129 GAG    Mercedes-Benz 711D    Jubilee B18F      NE Lincolnshire Council 03
N131 GAG    Mercedes-Benz 711D    Jubilee B18FL     NE Lincolnshire Council 04
N306 NTG    Iveco 49-10           ? C19F            Non-PSV 03
N298 XUJ    Mercedes-Benz 711D    WS C25F           Shropshire CC N4218 04
```

HXI 733*H135 FRP(9/04) & KUI 5365(5/01) & H8 BCH(7/00),
JLZ 3124*J175 CNU(3/03), JLZ 3125*E130 YUD(12/04),
PUJ 925*M631 VRB(10/05), UJI 6312*H814 AHS(6/96) &
E447 MMM*YRR 3(4/05) & E447 MMM(1/94)

J4   C.W. MOXON LTD

Depot:Maltby Road Garage,16 Maltby Road,OLDCOTES,Nottinghamshire.

```
FIL 7997    Bova FHD12-340        C ?FT             New 04
HIL 3476    Leyland TRCTL11/3RZ   Duple C57F        Proctor,Fenton 00
HIL 6457    Bristol VRT/SL3/6LXB  ECW H43/31F       East Yorkshire 790 02
JIL 7889    Scania K124IB4        Van Hool C49FT    Allan,Gorebridge 03
NJI 1253    Leyland PDR1A/1R      NC H43/31F        East Yorkshire 920 03
OJI 9451    Leyland TRCTL11/3RH   Plaxton C53F      Coastal &,Whitby 00
7715  KV    Leyland TRCTL11/3RZ   Plaxton C53F      Seaview,Parkstone 02
A630 WDT    Leyland ONLXB/1R      ECW H45/32F       Yorkshire Traction 630 04
A631 WDT    Leyland ONLXB/1R      ECW H45/32F       Yorkshire Traction 631 04
A641 WDT    Leyland ONLXB/1R      ECW H45/32F       Yorkshire Traction 641 05
B661 CET    Leyland ONLXB/1R      ECW H45/32F       Yorkshire Traction 661 05
C671 GET    Leyland ONLXB/1R      ECW H45/31F       Yorkshire Traction 671 05
M  9 XON    Bova FHD12-370        C49FT             New 02
M 90 XON    Scania K124IB4        Van Hool C49FT    Allan,Gorebridge 03
YJ05 FXM    Mercedes-Benz O815D   Sitcar C20F       New 05
YJ05 FXO    Bova FHD13-340        C49FT             New 05
```

OTHER VEHICLES OWNED BY THE COMPANY
* * * * * * *

```
URR 198G    Bedford VAS5          Plaxton C29F      Preserved(1969)
FRR 194J    Leyland PSU3B/4R      Plaxton C53F      Preserved(1971)
```

HIL 3476*C261 FWX(6/00) & HIL 2378(4/00) & C962 YBF(3/91),
HIL 6457*RUA 450W(7/05), JIL 7889*Y602 JSH(11/03) & B15 DWA(8/03),
NJI 1253*SDC 144H(8/90), OJI 9451*B368 VBA(6/92),
7715 KV*HIL 6457(5/05) & B498 UNB(5/92), M9 XON*YD02 PXM(5/05) &
M90 XON*Y605 JSH(11/03) & B19 DWA(9/03)

J5   P.S. MURFET.t/a PAUL STEWART COACH TRAVEL

Depot:c/o Skills,Belgrave Road,Bulwell,NOTTINGHAM,Nottinghamshire.

```
OIW 7023    Volvo B10M-60         Plaxton C57F      Probus,West Bromwich 23 04
H687 XBV    Volvo B10M-60         Plaxton C57F      Winson,Loughborough 71 04
M277 YKF    Mercedes-Benz 611D    Onyx C24F         McEwen,Mansfield 05
R268 YMB    Mercedes-Benz 512D    Concept C20F      Parker,Nottingham 03
```

OIW 7023*G744 RDS(10/00), H687 XBV*2968 PW(2/04) & H687 XBV(3/01) &
M277 YKF*M50 MCT(8/05) & M277 YKF(8/04)

J6 NESBIT BROS LTD

Depot:Burrough Road Garage,SOMERBY,Leicestershire.

```
H830 AHS    Volvo B10M-60      Plaxton C53F       Aventa,Crawley 02
H352 MLJ    Volvo B10M-60      Plaxton C57F       Powell,Ledbury 02
L706 PHE    Volvo B10M-62      Van Hool C57F      Holmeswood Coaches 03
L710 PHE    Volvo B10M-62      Van Hool C57F      Holmeswood Coaches 03
N858 AHP    Volvo B10M-62      Plaxton C53F       Reliance,Gravesend 03
N291 OYE    Volvo B10M-62      Plaxton C53F       Pullmanor,Camberwell 99
N293 OYE    Volvo B10M-62      Plaxton C53F       Pullmanor,Camberwell 99
N712 UVR    Volvo B10M-62      Van Hool C53F      Shearings 712 04
N713 UVR    Volvo B10M-62      Van Hool C53F      Shearings 713 04
P801 GBA    Volvo B10M-62      Van Hool C53F      Shearings 801 04
R901 YBA    Volvo B10M-62      Van Hool C53F      2 Travel,Pentrechwyth 05
S684 RWG    Volvo B10M-62      Plaxton C53F       New 99
```
~~~~~~

OTHER VEHICLE OWNED BY THE COMPANY
* * * * * * *

```
7128  NK    Ford 570E          Duple C41F         Preserved(1961)
```
~~~~~~
H830 AHS*RIL 1017(5/01) & H830 AHS(3/99),
L706 PHE*SIL 2732(3/03) & L706 PHE(1/03),
L710 PHE*MUI 4842(3/03) & L710 PHE(1/03) & N858 AHP*96D 25746(5/99)
~~~~~~

J7 G. NEWTON.t/a CAVALIER TRAVEL

Depot:Hill Top Farm,South Kilworth Road,WALCOTE,Leicestershire.

```
R 66 APS    Volkswagen LT46    Frank Guy C16F     McLaren,Dunston 03
T792 JNT    Toyota BB50R       Caetano C24F       Collingtree Minibus 05
V 73 DBB    Mercedes-Benz 614D Onyx C24F          O'Leary,Crewe 02
W648 GBX    Renault Master     Cymric C16F        Holmeswood Coaches 02
YN51 WHA    Mercedes-Benz O814D Plaxton C33F      Garnett,Tindale Crescnt 04
```
~~~~~~

J8 D. NICHOLS.t/a OAKLEAF COACHES

Depot:Shawfield Road,Carlton Industrial Estate,CARLTON,South Yorkshire.

```
BLZ 2294    Mercedes-Benz 709D  Goodyear C27FL    Goodyear,Mapplewell 02
KUI 2760    Volvo B10M-60       Jonckheere C53F   Barratt,Nantwich 00
TIL 4230    Volvo B10M-62       Plaxton C53F      Little,Ilkeston 04
E 46 HBV    Mercedes-Benz 709D  RB C19F           Barden,Blacker Hill 04
K708 RNR    Volvo B10M-60       Caetano C49FT     Parkinson,Allerton Byw. 02
L 32 CAY    Volvo B10M-62       Caetano C53F      Reliant,Heather 03
M146 EAH    Volvo B10M-62       Van Hool C53F     Richards,Guist 03
M101 FGC    Mercedes-Benz 609D  Whitacre C15FL    LB Lewisham 1080 05
M786 NBA    Volvo B10M-62       Berkhof C51FT     Bullock,Cheadle 05
M647 XKF    Iveco 49-10         Mellor B16FL      City of Liverpool 04
P669 KRD    Volvo B10M-62       Berkhof C51FT     Ferris,Nantgarw 02
R916 ULA    Volvo B10M-62       Berkhof C49FT     Arctic Brook,Sth Mimms 05
S114 KJF    Iveco 59-12         Mellor C25F       Maney,Park Street 02
S596 KJF    Volvo B10M-62       Jonckheere C51FT  Dunn-Line,Nottingham 03
V369 EAY    Dennis Javelin      Caetano C51FT     Hunter,Felling 04
```
~~~~~~
BLZ 2294*H498 UUM(9/98), KUI 2760*K6 BCL(3/00) & K910 RGE(2/96),
TIL 4230*L736 RUM(2/02), E46 HBV*TIL 5084(5/04) & E46 HBV(1/01) &
M146 EAH*GDZ 623(12/02) & M436 ECS(6/97) & KSK 952(10/96)
~~~~~~

NORTH LINCOLNSHIRE COUNCIL COMMUNITY & COMMERCIAL SERVICES

Depot:53-55 Midland Road,SCUNTHORPE,Lincolnshire.

```
J967 HKH   Mercedes-Benz 609D     LCB B ?FL          Humberside County Coun. 96
K950 OAT   OCC Omni               B18F               Humberside County Coun. 96
K336 SKH   OCC Omni               B18F               Humberside County Coun. 96
L843 YRH   OCC Omni               B18F               Humberside County Coun. 96
N126 GAG   Mercedes-Benz 711D     Jubilee B18FL      Humberside County Coun. 96
N128 GAG   Mercedes-Benz 711D     Jubilee B18FL      Humberside County Coun. 96
N130 GAG   Mercedes-Benz 711D     Jubilee B18FL      Humberside County Coun. 96
R804 SRH   LDV Convoy             LDV B16FL          New 98
R805 SRH   LDV Convoy             LDV B16FL          New 98
R807 SRH   LDV Convoy             LDV B16FL          New 98
R808 SRH   LDV Convoy             LDV B16FL          New 98
R809 SRH   LDV Convoy             LDV B16FL          New 98
R810 SRH   LDV Convoy             LDV B16FL          New 98
R812 SRH   LDV Convoy             LDV B16FL          New 98
R813 SRH   LDV Convoy             LDV B16FL          New 98
R814 SRH   LDV Convoy             LDV B16FL          New 98
R817 SRH   LDV Convoy             LDV B16FL          New 98
R819 SRH   LDV Convoy             LDV B16FL          New 98
S858 RJV   LDV Convoy             LDV B16F           New 98
X331 HEE   LDV Convoy             LDV B16F           New 00
X332 HEE   LDV Convoy             LDV B16F           New 00
YN03 ZVZ   Optare Solo M850       B25F               New 03
FD54 EKX   Iveco 150E             Vehixel B58F       New 04
FD54 EKY   Iveco 150E             Vehixel B58F       New 04
YN54 LLE   Optare Alero           B12F               New 04
YN54 LLF   Optare Alero           B12F               New 04
```

~~~~~~
~~~~~~

K1   **NOTTINGHAM CITY TRANSPORT LTD**

Garages:
G GOTHAM*(56-60 Leake Road)*   P NOTTINGHAM*(Lower Parliament Street)*
N NEWARK*(Jessop Way,Brunel Drive)*   T TRENT BRIDGE*(Turney Street)*

120-40   Optare Solo M920   B33F   New 00-2
         W599,601-9 PTO,FP51 AOH/J,YJ51 XSR/T/U,ZVV-Z,FP02 XMA.
```
120(599) T      125(605) T      129(609) T      133(XST) T      137(ZVX) T
121(601) T      126(606) T      130(AOH) T      134(XSU) T      138(ZVY) T
122(602) T      127(607) T      131(AOJ) T      135(ZVV) T      139(ZVZ) T
123(603) T      128(608) T      132(XSR) T      136(ZVW) T      140(XMA) T
124(604) T
```
                              * * * * * * *
201-7   Scania N94UB   East Lancs B33F   New 04
      YN04 AMK/U/V/NF/P/R/MX.
```
201(AMK) N      203(AMV) N      205(ANP) N      206(ANR) N      207(AMX) N
202(AMU) N      204(ANF) N
```
                              * * * * * * *
208-22   Scania CN94UB   East Lancs B42F   New 04
      YN54 AHA/C-G/J/K/P/L/O/V/U,NXL/K.
```
208(AHA) G      211(AHE) G      214(AHJ) G      217(AHL) G      220(AHU) G
209(AHC) G      212(AHF) G      215(AHK) G      218(AHO) G      221(NXL) G
210(AHD) G      213(AHG) G      216(AHP) G      219(AHV) G      222(NXK) G
```
                              * * * * * * *

234-99 Optare Solo M920   B33F   New 98-02
```
         FP02 XMB/C,Y236-8 LRR,X239,947,241 HBC,W242-4,958,246-9,959 PAU,
         W251 PAU,V252-6 JRR,V257-61 DRB,V262-81 DRC,S282-91 NRB,T292-9 BNN.
234 T        243 T       252 -       260 T       268 T       276 T       284 T       292 T
235 T        244 T       253 T       261 -       269 T       277 T       285 T       293 T
236 T        245 T       254 T       262 T       270 T       278 T       286 T       294 T
237 T        246 T       255 N       263 -       271 T       279 T       287 T       295 T
238 N        247 T       256 T       264 T       272 T       280 T       288 T       296 T
239 N        248 -       257 T       265 T       273 T       281 T       289 T       297 T
240 N        249 N       258 T       266 T       274 T       282 T       290 T       298 T
241 N        250 T       259 T       267 T       275 T       283 T       291 T       299 T
242 T        251 T
                                    * * * * * * *
341 P        R341 RRA    Volvo B10M-50       EL H49/35F           New 97
342 P        R342 RRA    Volvo B10M-50       EL H49/35F           New 97
343 P        R343 RRA    Volvo B10M-50       EL H49/35F           New 97
344 P        R344 RRA    Volvo B10M-50       EL H49/35F           New 97
345 P        R345 RRA    Volvo B10M-50       EL H49/35F           New 97
                                    * * * * * * *
```
405-36 *Dennis Trident   East Lancs H53/34F or H53/33F(406-13)   New 99/00
```
              *405 is H51/35F & 414-9/23/8/30/1 are H49/34F
         T405-16 BNN,T417-22 XVO,V423-6 DRC,V427-36 DRA.
405 P        409 P       413 P       417 P       421 G       425 P       429 P       433 P
406 P        410 P       414 P       418 P       422 G       426 P       430 P       434 P
407 P        411 P       415 P       419 P       423 P       427 P       431 P       435 P
408 P        412 P       416 P       420 P       424 P       428 P       432 P       436 P
                                    * * * * * * *
```
450-93 Volvo Olympian   East Lancs H49/35F   New 96-9
```
         S450-65 ATV,R466-8/72/3/5/6/8-80 RRA,P490/1 CVO,P492/3 FRR.
450 P        454 P       458 P       462 P       466 P       473 G       479 P       491 G
451 P        455 P       459 P       463 P       467 P       475 P       480 P       492 G
452 P        456 P       460 P       464 P       468 P       476 P       490 G       493 G
453 P        457 P       461 P       465 P       472 G       478 P
                                    * * * * * * *
499 P        YN05 GWX    Scania CN94UB       B42F                New 05
500 P        YN05 GWY    Scania CN94UB       B42F                New 05
523 P        N523 XRR    Scania L113CRL      Wright B47F         New 95
524 P        N524 XRR    Scania L113CRL      Wright B47F         New 96
525 P        N525 XRR    Scania L113CRL      Wright B47F         New 96
526 P        N630 XBU    Scania L113CRL      Wright B41F         Bullock,Cheadle 01
527 P        N633 XBU    Scania L113CRL      Wright B42F         Bullock,Cheadle 01
528 G        X 94 USC    Scania L94UB        Wright B40F         Scania(Demonstrator) 01
                                    * * * * * * *
```
529-37 Scania CN94UB   East Lancs B42F   New 03
```
         YS03 ZLN/U/V/X/Y/HL-N/P.
529(ZLN) P        531(ZLV) P        533(ZLY) P        535(ZHM) P        537(ZHP) P
530(ZLU) P        532(ZLX) P        534(ZHL) P        536(ZHN) P
                                    * * * * * * *
540 P        P540 CTO    Optare L1150        B45F                New 96
541 P        P541 CTO    Optare L1150        B44F                New 97
542 P        P542 GAU    Optare L1150        B44F                New 97
543 P        P543 GAU    Optare L1150        B44F                New 97
544 P        P544 GAU    Optare L1150        B44F                New 97
                                    * * * * * * *
```
545-62 Optare Excel L1180   B41F or B43F(545-8)   New 01/2
```
         Y957 DRR,Y546 DTO,Y547/8 LRB,FD51 EYR-Y,FD02 SFE/F/J/K/N/EO.
545(957)  P      549(EYR) P        553(EYV) P        557(SFE) P        560(SFK) P
546(546)  P      550(EYS) P        554(EYW) P        558(SFF) P        561(SFN) P
547(547)  P      551(EYT) P        555(EYX) P        559(SFJ) P        562(SEO) P
548(548)  P      552(EYU) P        556(EYY) P
                                    * * * * * * *
603 G        M603 TTV    Volvo B10B-58       Alexander B51F  New 95
604 G        M604 TTV    Volvo B10B-58       Alexander B51F  New 95
609 G        M609 UTV    Volvo B10B-58       Plaxton B51F    New 95
611 G        N611 XVO    Volvo B10B-58       Alexander B51F  New 95
640 G        P640 ENN    Scania L113CRL      EL B53F         New 96
641 G        P641 ENN    Scania L113CRL      EL B53F         New 96
642 G        P642 ENN    Scania L113CRL      EL B53F         New 96
```

```
647-68   Dennis Trident  East Lancs H53/34F or H57/37F(666-8)   New 00/1
         W647-9 SNN,W941 SNR,W651-4 SNN,W942 SNR,W656-9 SNN,W943 SNR,
         X661-5 WCH,Y966 DRC,Y667/8 DRA.
  647 P        650 P       653 P       656 P       659 P       662 P       665 P       667 P
  648 P        651 P       654 P       657 P       660 P       663 P       666 P       668 P
  649 P        652 P       655 P       658 P       661 P       664 P
                                       * * * * * * * *
673-98   Scania N94UD   East Lancs H51/39F   New 05
         YN05 WGD/FB/C/E-G/GC/FV/W/P/X/O/U/R/S/T/K,YN55 NGE/Z/F/G/J/U/V/X/Y.
  673(WGD) P    679(WGC) P      684(WFO) P     689(WFK) P     694(NGJ) P
  674(WFB) P    680(WFV) P      685(WFU) P     690(NGE) P     695(NGU) P
  675(WFC) P    681(WFW) P      686(WFR) P     691(NGZ) P     696(NGV) P
  676(WFE) P    682(WFP) P      687(WFS) P     692(NGF) P     697(NGX) P
  677(WFF) P    683(WFX) P      688(WFT) P     693(NGG) P     698(NGY) P
  678(WFG) P
                                       * * * * * * * *
701-5    Scania L94UA   Wright AB59D   New 01/2
         Y701 LRB,FP51 EXN/O,FE02 AKV,YP02 AAN.
  701(701) G    702(EXN) G      703(EXO) G     704(AKV) G     705(AAN) G
                                       * * * * * * * *
708-47   Scania N94UD   East Lancs H51/39F   New 03-5
         YN05 WFD/GG,YN53 CFX/V/P/U/A/Y/G/Z/F/D/HF/FJ/E/O/K/EO/K/A/L/U/F/J/V
         YN04 UJU-W/S/Z/T/L/Y/R/P/F-H/J/K.
  708(WFD) G    716(CFG) G      724(CFK) P     732(CEV) P     740(UJY) P
  709(WGG) G    717(CFZ) P      725(CEO) P     733(UJU) P     741(UJR) P
  710(CFX) G    718(CFF) P      726(CEK) P     734(UJV) P     742(UJP) P
  711(CFV) G    719(CFD) P      727(CEA) P     735(UJW) P     743(UJF) P
  712(CFP) G    720(CHF) P      728(CEL) P     736(UJS) P     744(UJG) P
  713(CFU) G    721(CFJ) P      729(CEU) P     737(UJZ) P     745(UJH) P
  714(CFA) G    722(CFE) P      730(CEF) P     738(UJT) P     746(UJJ) P
  715(CFY) G    723(CFO) P      731(CEJ) P     739(UJL) P     747(UJK) P
                                       * * * * * * * *
  767 G   N767 WRC    Volvo B10M-55     Alexander B48F New 95
  768 G   N768 WRC    Volvo B10M-55     Alexander B48F New 95
  769 G   N769 WRC    Volvo B10M-55     Alexander B48F New 95
  770 G   N770 WRC    Volvo B10M-55     Alexander B48F New 95
  771 G   N771 WRC    Volvo B10M-55     Alexander B48F New 95
                                       * * * * * * * *
775-9    Scania CN94UB   B32F   New 04
         YN04 GMU/V/X-Z.
  775(GMU) G    776(GMV) G      777(GMX) G     778(GMY) G     779(GMZ) G
                                       * * * * * * * *
  907 T   YN04 XZV    Optare Alero      B13F          op for Nottingham CC
  908 T   YN54 LLC    Optare Alero      B13F          op for Nottingham CC
  909 T   YN54 LLD    Optare Alero      B13F          op for Nottingham CC
~~~~~~~~~~~~~~~~~~~~~~~~~~~~~~~~~~~~~~~~~~~~~~~~~~~~~~~~~~~~~~~~~~~~~~~~~~~~~~~
                   OTHER VEHICLES OWNED BY THE COMPANY
                                       * * * * * * *
  763 T   M763 SVO    Scania L113CRL    NC B51F       Trainer
  765 T   N480 DKH    Volvo B10B-58     Plaxton B51F  Trainer
  854 T   P514 CVO    Dennis Dart SLF   EL B44F       Trainer
  860 T   G879 TVS    Scania N113DRB    AR H47/33F    Trainer
~~~~~~~~~~~~~~~~~~~~~~~~~~~~~~~~~~~~~~~~~~~~~~~~~~~~~~~~~~~~~~~~~~~~~~~~~~~~~~~
FP51 AOH*FP51 ADH(9/02) & FP51 AOJ*FP51 ADJ(9/02)
~~~~~~~~~~~~~~~~~~~~~~~~~~~~~~~~~~~~~~~~~~~~~~~~~~~~~~~~~~~~~~~~~~~~~~~~~~~~~~~

K2       NOTTINGHAM COMMUNITY TRANSPORT LTD.t/a MYBUS

Depot:Sherwood Bus Garage,Mansfield Road,NOTTINGHAM,Nottinghamshire.

 K658 NLV   Iveco 49-10             Mellor B16FL     Non-PSV(Copford) 00
 M669 FJF   Mercedes-Benz 308D      DC B2FL          New 94
 M967 TKL   Ford Transit            DC B16FL         Kent County Council 00
 M884 WEB   Ford Transit            SEM B16FL        New 95
 V969 FAU   LDV Convoy              LDV B16F         New 99
 YR51 DXU   Ford Transit            Mellor B6FL      New 01
 LT52 OTB   Ford Transit            CD B16FL         New 03
 YM52 RYB   Ford Transit            Mellor B5FL      New 03
```

```
YM52 RYC   Ford Transit          Mellor B5FL        New 03
YM52 RYD   Ford Transit          Mellor B5FL        New 03
YM52 RYF   Ford Transit          Mellor B5FL        New 03
YM52 RYG   Ford Transit          Mellor B5FL        New 03
```

K3   S.V. OAKLAND.t/a SHERWOOD TRAVEL

Depot:19 Queens Road,IMMINGHAM,Lincolnshire.

```
HIL 9490   Dennis Javelin        Plaxton C51FT      Whittle,Kidderminster 00
NBZ 1680   Scania K112CRB        Van Hool C51F      Leon,Stafford 80 99
WSV  491   Scania K113CRB        Plaxton C49FT      Pavilion,Brighton 04
K632 GVX   Mercedes-Benz 709D    Plaxton DP25F      F Essex Buses 2632 02
K188 HTV   Mercedes-Benz 811D    Dormobile C33F     Compass,Worthing 02
N 76 KVS   Mercedes-Benz 811D    Plaxton DP33F      Hazell,Northlew 04
P980 PLN   Mercedes-Benz 412D    Olympus C16F       MCH,Uxbridge 99
R468 YDT   Scania K113CRB        Van Hool C49F      Leons,Stafford 149 05
V485 XJV   Mercedes-Benz O814D   ACL C33F           Holmes,Clay Cross 04
MX51 NHY   Mercedes-Benz 413CDI  Olympus C16F       MCH,Uxbridge 05
```
HIL 9490*H19 GOW(4/03),
NBZ 1680*E855 AAW(4/99) & 2335 PL(11/98) & E516 YWF(6/93),
WSV 491*K790 JWJ(6/02) & 893 KM(9/96),
P980 PLN*MCH 452(9/99) & P839 BPB(9/98) &
MX51 NHY*MCH 51(11/05) & MX51 NHY(7/03)

K4   DAVID PALMER COACHES LTD

Depot:The Travel Office,Wakefield Road,NORMANTON,West Yorkshire.

```
JAZ 6795   LDV 400               Jubilee C16F       Non-PSV(Van) 97
M111 DPC   EOS E180Z             C48FT              Arriva(Hire Fleet) 00
M222 DPC   EOS E180Z             C49FT              New 97
M333 DPC   EOS E180Z             C49FT              Hughes-DAF(Hire Fleet)  95
M444 DPC   Toyota HZB50R         Caetano C21F       New 94
S129 SJV   Mercedes-Benz 614D    ACL C19F           Todd,Reddish 03
MX03 OYU   LDV Convoy            Concept C16F       Martin,Normanton 05
YJ05 PYG   DAF DE40XSSB4000      Van Hool C51FT     New 05
```
JAZ 6795*M75 RJW(7/05), M111 DPC*T107 AUA(5/05), M222 DPC*P875 PWW(7/04),
M333 DPC*M635 RCP(7/04) & M444 DPC*M490 HBC(7/04)

K5   PC COACHES OF LINCOLN LTD

Depots:17 Crofton Road & Dowling Road,Allenby IE,LINCOLN,Lincolnshire.

```
HSK  845   Scania K93CRB         Plaxton DP57F      Hancock,Southey Green 04
NUI 6102   Scania K112CRB        Jonckheere C51FT   Taw & Torridge,Merton 04
SIL 7044   DAF SB2305DHTD585     Plaxton C55F       Burton,Haverhill 98
VIL 8246   Scania K113CRB        Irizar C49FT       Luckett,Fareham 4909 03
C 12 PCC   Scania L94IB          Irizar C49FT       Ludlow,Halesowen 05
D 29 CAC   Scania K112CRS        Plaxton C53F       Davian,Enfield 02
D643 WNU   DAF MB230DKFL615      Plaxton C55F       Mayne,Clayton 74 04
E701 EFG   Scania N112DRB        EL H47/33F         Mayne,Clayton 20 03
E702 EFG   Scania N112DRB        EL H47/33F         Mayne,Clayton 04
E707 EFG   Scania N112DRB        EL H47/33F         Mayne,Clayton 7 03
E708 EFG   Scania N112DRB        EL H47/33F         Mayne,Clayton 04
E710 EFG   Scania N112DRB        EL H47/33F         Mayne,Clayton 04
E219 FLD   Scania N112DRB        Van Hool C49F      Speedlink 97
E107 JYV   Scania K92CRB         EL H45/31F         A Fox County 4150 02
E112 KYN   Scania N112DRB        EL H46/29F         A Midlands North 1812 02
E116 XWF   Scania K112CRB        Plaxton C53F       Carsville,Urmston 05
F713 LFG   Scania N113DRB        EL H47/33F         Mayne,Clayton 04
F714 LFG   Scania N113DRB        EL H47/33F         GA Brighton & Hove 714 04
F715 LFG   Scania N113DRB        EL H47/33F         Mayne,Clayton 03
```

```
F717 LFG   Scania N113DRB          EL H47/33F         Mayne,Clayton 03
F718 LFG   Scania N113DRB          EL H47/33F         GA Brighton & Hove 718 04
F720 LFG   Scania N113DRB          EL H47/33F         GA Brighton & Hove 720 04
H831 RWJ   Scania K93CRB           Plaxton C53F       Slack,Matlock 00
K801 FWE   Scania K93CRB           Plaxton C53F       Yorkshire Traction 1 01
K803 FWE   Scania K93CRB           Plaxton C53F       Yorkshire Traction 3 01
M694 BLT   LDV 400                 A Line C16F        Degnen,Spurstow 98
M  7 PCC   Ford Transit            Mellor C14F        New 94
M 99 PCC   Scania K93CRB           Van Hool C57F      Cox & Witty,Lake 00
N 10 PCC   Scania K93CRB           Berkhof C55F       Dunn-Line,Nottingham 01
N 11 PCC   Scania K113CRB          Irizar C49FT       New 96
N 12 PCC   Scania K113CRB          Irizar C49FT       New 96
P 14 PCC   Scania K113CRB          Irizar C49FT       New 97
P 15 PCC   Scania K113CRB          Irizar C49FT       New 97
R 16 PCC   Scania L94IB            Irizar C49FT       New 98
R869 SDT   Scania L94IB            Irizar C57F        Steel,Skipton 60 03
S 17 PCC   Scania L94IB            Irizar C49FT       New 98
T  7 PCC   Mercedes-Benz O814D     Plaxton B33F       New 99
V  7 PCC   Mercedes-Benz O814D     ACL C29F           New 99
W  6 PCC   Scania L94IB            Irizar C49FT       New 00
W  7 PCC   Scania L94IB            Van Hool C51FT     New 00
X  2 PCC   Mercedes-Benz O814D     Plaxton DP29F      New 00
Y  2 PCC   Scania L94IB            Irizar C49FT       New 01
LC02 PCC   Scania K114EB4          Irizar C49FT       New 02
PC02 PCC   Scania K114EB4          Irizar C49FT       New 02
TC02 PCC   Scania K114EB4          Irizar C49FT       New 02
YN03 NCZ   Ford Transit            Ferqui C16F        Optare(Demonstrator) 03
YN03 NDV   Optare Solo M850        B29F               Optare(Demonstrator) 03
GB54 PCC   Scania L94IB            Irizar C57F        New 05
SC54 PCC   Scania K114IB4          Irizar C70F        New 05
AC05 PCC   Scania K114EB4          Berkhof C55F       New 05
PC05 PCC   Optare Solo M920        B33F               New 05
PC06 PCC   Optare Solo M920        B33F               New 06
```

HSK 845*G41 HKY(3/03), SIL 7044*D282 XCX(4/01),
NUI 6102*E699 NNH(7/04) & 7646 RU(5/04) & E699 NNH(3/93),
VIL 8246*M320 VET(2/04) & A19 HLC(4/02) & M320 VET(2/07),
C12 PCC*V303 EAK(4/05), D643 WNU*NIL 9774(4/04) & D643 WNU(12/97),
E116 XWF*8098 NK(12/03) & E116 XWF(2/03),
K801 FWE*6078 HE(5/01) & K801 FWE(2/94), M99 PCC*M247 TAK(2/01),
K803 FWE*3030 HE(5/01) & K803 FWE(3/95) & N10 PCC*N686 AHL(2/01)

K6   M. PEARSON

Depot:Unit 2,Occupation Lane,Hepthorne Lane,NORTH WINGFIELD,Derbyshire.

```
ALZ 3260   Leyland TRCTL11/3R      Plaxton C53F       TM Travel,Staveley 04
RCW 649X   Leyland PSU3F/5R        Plaxton C53F       Spencer,Clayton-le-Moor 04
G 53 RGG   Volvo B10M-60           Plaxton C53F       Watts,Old Tupton 02
H195 BTC   Volvo B10M-60           Plaxton C53F       Watts,Old Tupton 03
```
ALZ 3260*NBD 102Y(4/97)

K7   PEGASUS.COM LTD

Depot:Unit 9,Springhead Mills,GUISELEY,West Yorkshire.

```
J213 AET   Mercedes-Benz 811D      Alexander B31F     Beattie,Renfrew 05
P 39 CUX   LDV Convoy              LDV B16F           Bingley,Guiseley 04
V270 BNV   Dennis Dart SLF         Plaxton B29F       Thames,Wallingford 05
W 82 NDW   Optare Solo M850        B29F               Bebb,Llantwit Fardre 04
VU52 UEF   Optare Solo M850        B29F               Rogers,Horden 05
YN03 NDX   Optare Solo M850        B29F               Aztecbird,Guiseley 04
YN53 ZWE   Optare Solo M850        B29F               Aztecbird,Guiseley 04
YJ54 BVA   Optare Solo M1020       B29F               New 04
YJ54 BVB   Optare Solo M1020       B29F               New 04
YJ54 BVC   Optare Solo M1020       B29F               New 04
```

K8 R. PHILLIPS.t/a ROY PHILLIPS COACHES

Depot:69 Station Road,RUSKINGTON,Lincolnshire.

```
LDO  170     Volvo B10M-61           Van Hool C48FT   Holmeswood Coaches 01
NVL  195     Volvo B10M-61           Van Hool C53F    Empress,Bethnal Green 00
UCT  105     Volvo B10M-61           Van Hool C53F    Wheeler,North Baddesley 04
WCT  502     Volvo B10M-61           Plaxton C55F     Harrison,Morecambe 95
H264 GRY     Leyland TRCL10/3ARZM    Plaxton C57F     Hicks & Shaw,Heathfield 05
J 35 MKB     Volvo B10M-60           Plaxton C49FT    Malcolm,Dysart 05
```
~~~~~~
```
LDO  170*A246 YOX(12/01) & LIB 804(7/01) & 8797 PL(3/94) & A192 MNE(5/89),
NVL  195*PJI 1830(5/00) & D788 SGB(6/94),
UCT  105*YXI 9256(4/05) & F750 ENE(1/94),
WCT  502*D452 CFV(10/96) & 1359 UP(8/95) & D810 SGB(9/88) &
J35  MKB*MLZ 2370(9/04) & J35 MKB(7/04)
```
~~~~~~

K9 T.W. PICKIN.t/a VALE TRAVEL

Depot:Units 2/3,Abbey Farm,New Lane,ASLOCKTON,Nottinghamshire.

```
FNZ 4065     Volvo B10M-61           Plaxton C53F     Milligan,Mauchline 05
KIW 3766     DAF MB200DKFL600        LAG C49FT        Wilkins,Cymmer 05
TOU  962     Volvo B10M-61           Van Hool C53F    Dunn-Line,Nottingham 03
P881 MTR     Toyota HZB50R           Caetano C21F     Luckett,Fareham 2107 04
```
~~~~~~
```
FNZ 4065*A193 LLS(9/05) & 702 LPK(12/99) & A703 XMH(10/86),
KIW 3766*B73 BCY(12/95), TOU 962*MSU 573Y(1/84) &
P881 MTR*A18 HLC(10/04) & P881 MTR(5/00)
```
~~~~~~

L1 D.E. PILLING.t/a DENROY COACHES & TWIN VALLEY

Depot:Industrial Road Garage,SOWERBY BRIDGE,West Yorkshire.

```
G133 FRF     Dennis Javelin          Plaxton C57F     Baker,Biddulph 22 94
L727 MWW     Mercedes-Benz 814D      Optare C29F      Bodman & Heath,Worton 99
L941 XLK     Mercedes-Benz 814D      Optare C29F      Singh & Vincent,Bristol 00
S931 MBT     LDV Convoy              Crest C16F       New 99
FJ53 VDK     MAN 14.380              Caetano C39FL    New 04
```
~~~~~~
```
G133 FRF*5946 RU(10/93) & L941 XLK*WLT 746(8/97) & L835 MWT(3/94)
```
~~~~~~

L2 F. POPPLETON.t/a POPPLETONs

Depot:Colonels Walk,Tanshelf Industrial Estate,PONTEFRACT,West Yorkshire.

```
522  CTF     Volvo B10M-61           Plaxton C53FL    Wickson,Walsall Wood 99
A945 SYE     Leyland TNLXB/2RR       Leyland H44/29F  Stephenson,Tholthorpe 05
F792 GNA     Leyland TRCTL11/3ARZ    Duple C70F       Barfordian,Bedford 03
F 29 NLE     Volvo B10M-46           Plaxton C39F     Young,Bearsted 04
J 25 GCX     DAF SB220LC550          Ikarus B50F      TM Travel,Staveley 04
L512 KJX     DAF SB220LC550          Ikarus DP42F     Hornsby,Ashby B51 05
L513 KJX     DAF SB220LC550          Ikarus DP42F     Hornsby,Ashby B52 05
L663 MFL     Volvo B6                Marshall B32F    S Cambus 163 02
```
~~~~~~
```
522 CTF*E801 WOK(5/99) & WT 8355(1/99) & E852 HFW(6/97) & YNA 887(8/93) &
        E638 EFW(1/90), F792 GNA*224 ASV(3/03) & F792 GNA(7/97) &
F29 NLE*MIL 9312(4/04) & F29 NLE(1/98)
```
~~~~~~

J.S.,P. & J. POWELL/POWELLs BUS CO LTD.t/a JOHN POWELL TRAVEL

Depot:Unit 2,6 Hellaby Lane,HELLABY,South Yorkshire.

```
21    LUI 3787   Dennis Dart           Wright B40F      GA North East 8012 01
22    K429 OKH   Dennis Dart           Plaxton B34F     Metroline DRL29 02
23    K826 NKH   Dennis Dart           Plaxton B34F     Metroline DRL26 02
24    LIL 7769   MB 811D               RB B31F          Zamir,Burton-on-Trent 02
26    TIL 6046   MB 709D               RB B25F          Brijan,Bishops Walthm 02
27    K367 RTY   Dennis Dart           Wright B40F      GA North East 8067 02
28    JDZ 2363   Dennis Dart           Wright B28F      S Devon 783 02
30    LUI 3788   Dennis Dart           Wright B40F      GA North East 8025 01
31    JDZ 2364   Dennis Dart           Wright B28F      S Devon 784 02
32    R560 UOT   Dennis Dart SLF       UVG B44F         Marchwood,Totton 560 04
33    R565 UOT   Dennis Dart SLF       UVG B44F         Marchwood,Totton 565 04
41    T983 OWA   Dennis Dart SLF       Plaxton B29F     New 99
42    T984 OWA   Dennis Dart SLF       Plaxton B29F     New 99
60    JDZ 2361   Dennis Dart           Wright B28F      S Devon 781 02
200   BYX 200V   MCW DR101             H43/28F          A Scotland West 961 00
359   C359 BUV   MCW DR101             H43/28F          A Scotland West 972 00
538   GYE 538W   MCW DR101             H43/28F          A Scotland West 937 01
605   GYE 605W   MCW DR101             H43/28F          A Scotland West 943 00
680   OFS 680Y   Leyland ONTL11/2R ECW H50/31D          Lothian 680 00
682   OFS 682Y   Leyland ONTL11/2R ECW H50/31D          Lothian 682 00
683   OFS 683Y   Leyland ONTL11/2R ECW H50/31D          Lothian 683 00
792   KYV 792X   MCW DR101             H43/28D          A Scotland West 933 00
835   OJD 835Y   MCW DR101             H43/28F          London United M835 03
      TIL 1397   Kassbohrer S210HD     C35FT            Day &,Chatteris 04
      240 HYU    Dennis Javelin        Duple C70F       Martin,Hayes 00
      G438 GJC   Volvo B10M-60         Plaxton C46FT    Clarkes,Tredegar 00
      H194 BTC   Volvo B10M-60         Plaxton C53F     Wessex 152 98
      L299 KKW   Volvo B10M-60         Plaxton C53F     Wray,Harrogate 01
      L976 UBR   Volvo B10M-60         Plaxton C51FT    Longstaff,Amble 03
      R424 FWT   Volvo B10M-62         Plaxton C49FT    F Devon & Cornwall 04
      BX55 NYC   BMC 850               C35F             New 05
```

LIL 7769*F426 GAT(5/02), LUI 3787*J612 KCU(3/02), LUI 3788*J625 KCU(3/02), TIL 1397*B34 AAG(6/00) & RIW 8799(5/00) & RIA 1445(3/97) & 74 DRH(4/88) & B34 AAG(8/85), TIL 6046*J221 KTT(11/00), 240 HYU*E757 HJF(3/03) & L976 UBR*ALZ 9219(2/03) & L10 CAE(7/00)

L4   R.F. POWELL & L.D. WATSON.t/a THURMASTON BUS

Depot:10a Pinfold Road,THURMASTON,Leicestershire.

```
BUI 4646   DAF SB3000DKV601      Jonckheere C51FT   Ebley,Nailsworth 03
CHZ 9056   Leyland TRCTL11/3R    Jonckheere C51FT   Ebley,Nailsworth 03
IIL 1252   Scania K112CRS        Jonckheere C49FT   R Garratt,Thurmaston 04
NKZ 4023   Scania K112CRB        Plaxton C53F       Makins,West Raynham 05
PAZ 7315   DAF SB2300DHTD585     Plaxton C53F       Coachmaster,Leicester 05
RIL 1258   Leyland LBM6T/2RA     WS DP33FL          Patterson,Birmingham 02
RIL 1599   DAF 8.13R             WS B26FL           Patterson,Birmingham 02
SIB 7517   DAF MB200DKFL600      Berkhof C53F       Cutting &,Brockley 04
BOK  53V   MCW Metrobus DR102    H43/30F            Carr,Maghull 2053 03
GYE 532W   MCW Metrobus DR101    H43/32F            Petes,West Bromwich 03
GYE 565W   MCW Metrobus DR101    H43/28D            Jackson,Leicester 04
LRR 689W   Leyland AN68A/1R      NC H47/31D         Court,Fillongley 01
LRR 691W   Leyland AN68A/1R      NC H47/31D         Centrebus,Groby 00
KYV 795X   MCW Metrobus DR101    H43/28D            A Scotland West 946 03
LOA 342X   MCW Metrobus DR102    H43/30F            Carr,Maghull 03
LOA 346X   MCW Metrobus DR102    H43/30F            Beckwith,Monks Risboro. 03
POG 533Y   MCW Metrobus DR102    H43/30F            West Midlands 2533 04
J861 KFP   Toyota HDB30R         Caetano C21F       B Garratt,Leicester 04
```

COACHMASTER (LEICS) LTD (Associated Company)

Additional Depot:c/o RMC,Humberstone Lane,THURMASTON,Leicestershire.

```
AJZ 9202    Leyland ST2R            RB C33F         Tedd,Old Sarum 04
WIL 3615    Leyland TRCTL11/3RH     Duple C46FT     Parker,Whitwick 02
WIL 3620    Duple 425               C52FT           Ridler,Dulverton 02
WIL 3625    DAF MB230DKFL615        Duple C53F      Cropper,Kirkstall 03
WIL 3630    Duple 425               C51FT           Williams,Bala 02
WIL 3640    Duple 425               C55F            Harris,Wombwell 02
R300 JAV    Dennis Javelin          Berkhof C53F    Interchoice,Wolverhmptn 03
```
```
AJZ 9202*G112 VPG(3/01), BUI 4646*F951 RNV(10/94),
CHZ 9056*BSS 76(9/02) & A678 DSF(6/88),
IIL 1252*A709 NJK(12/93) & UF 4523(2/92) & A133 XNH(3/89),
NKZ 4023*E745 JJU(2/05),
PAZ 7315*D713 LEL(7/97) & 2159 CD(10/96) & D631 YCX(8/87),
RIL 1258*F137 UMD(3/99), RIL 1599*H556 JEV(3/99),
SIB 7517*B593 XNO(2/93), WIL 3615*C77 KLG(5/03),
WIL 3620*E611 AEY(3/03) & WFD 46(2/02) & E611 AEY(11/98),
WIL 3625*D291 XCX(4/04), WIL 3630*H237 RUX(3/03) & WIL 3640*F110 CCL(3/03)
```

L5   N.W. & S.A. POWNER.t/a MARKET HARBOROUGH TRAVEL

Depot:Pebble Hall Farm,THEDDINGWORTH,Leicestershire.

```
XCZ 7781    Iveco 391E          Beulas C51FT    IOW Tours,Lake 04
A 7  HLC    Scania K113CRB      Irizar C49FT    Meadows,Crewe 05
L118 OWF    Toyota HZB50R       Caetano C18F    Armchair,Brentford 04
L100 SCS    Scania K113CRB      Irizar C49FT    Gwynne,Bournemouth 05
N400 TCC    Kassbohrer S250     C53F            Skill,Nottingham 38 04
FN02 VBZ    Iveco 391E          Plaxton C49F    New 02
FD03 YNZ    Iveco 391E          Plaxton C49FT   New 03
```
```
XCZ 7781*W121 OWT(12/04), A7 HLC*P130 GHE(12/00) &
N400 TCC*SIL 6438(10/03) & N400 TCC(4/04)
```

L6   PREMIERE TRAVEL LTD

Depot:Trent Wharf,Meadow Lane,NOTTINGHAM,Nottinghamshire.

```
LUI 6233    LN 11351A/1R        B41F            Lothian 133 03
LUI 7627    Mercedes-Benz 609D  PSV C ?F        Non-PSV(Van) 04
LUI 7664    LN NL116TL11H/1R    B50F            Nottingham 717 02
LUI 7665    LN NL116TL11H/1R    B50F            Nottingham 718 03
LUI 7668    Volvo B10M-62       Plaxton C49FT   Fazakerley,Birmingham 03
LUI 8478    Volvo B10M-62       Caetano C53FT   Markham,Birmingham 03
NIL 9017    Dennis Dart         Marshall B40F   Wellington,Kingsbridge 05
VIW 7423    DAF MB230LB615      Plaxton C53F    JAK,Keighley 05
GTO 708V    LN NL116L11/1R      B50F            Ellie Rose,Hull 04
KBH 845V    Leyland PSU3E/4R    Plaxton C53F    Peacock,Eston 03
KSX 104X    LN NL116AL11/2R     B42D            Lothian 104 04
B 10 PTL    Volvo B10M-62       Plaxton C49FT   Excelsior,Bournemouth 05
B 12 PTL    Volvo B10M-62       Plaxton C49FT   Excelsior,Bournemouth 05
E728 BVO    Leyland LX112       B49F            Hulley,Baslow 15 04
F289 AWW    Leyland LX112       B49F            Hulley,Baslow 12 04
G193 EOG    Leyland LX2R        B49F            Hulley,Baslow 11 04
G 73 UYV    Leyland LX2R        B49F            Poynters,Wye 05
G 77 UYV    Leyland LX2R        B49F            Poynters,Wye 05
N 30 TTS    Dennis R            Caetano C36FT   New 04
P322 ARU    Volvo B10M-62       Berkhof C49FT   Simpson,Rosehearty 05
P744 YUG    Bova FHD12-340      C49F            Reliant,Heather 05
Y756 MRR    Volvo B12T          Plaxton C49FT   Gilchrist,Quarrington H 05
FN04 FSG    Dennis R            Caetano C49F    New 04
YN05 VRR    Dennis R            Plaxton C53F    New 05
```
```
LUI 6233*WBN 482T(12/03), LUI 7627*L65 MWJ(10/04),
```

```
LUI 7664*B717 LAL(12/02), LUI 7665*B718 LAL(12/02),
LUI 7668*KBZ 1410(4/03) & M665 WCK(7/02), LUI 8478*N620 XBU(8/03),
NIL 9017*M583 WLV(12/05), VIW 7423*E326 EVH(9/98),
B10 PTL*W897 RRU(12/05) & A3 XEL(10/05),
B12 PTL*W898 RRU(12/05) & A5 XEL(10/05), N30 TTS*FN04 FSP(8/04),
P322 ARU*YJL 693(2/05) & P322 ARU(8/02),
P744 YUG*720 HKH(4/04) & P744 YUG(4/02) & P77 NEV(5/01) & P744 YUG(5/98) &
Y756 MRR*01G 3066(2/04)
```

L7   I.P. PRITCHARD.t/a MC TRAVEL OF LONG EATON

Depot:Unit 3,Fields Farm Road,LONG EATON,Derbyshire.

```
L  9   MCT    Mercedes-Benz 410D     DC B12FL         Leicester City Council 04
N  6   MCT    Mercedes-Benz 412D     ? B ?F           Non-PSV 03
P460   WKH    Iveco 49-10            Translinc B16FL  Clowne Community Tpt 05
T 45   JKU    Volkswagen LT35        Advanced B14F    Non-PSV 03
V954   DCH    LDV Convoy             LDV B16F         Non-PSV 03
LX04   GVD    Volkswagen LT46        ? B16F           Non-PSV 05
```
```
L9 MCT*L446 BBC(2/04) & N6 MCT*N338 CWF(10/03)
```

L8   J. & A.J. PULFREY.t/a C.W. PULFREY & SON

Depot:Thacksons Wells Farm,Sewstern Lane,LONG BENNINGTON,Lincolnshire.

```
A207   DTO    Leyland ONLXB/1R       EL H45/29F       Warrington 67 04
B919   TVR    Dennis DDA1003         NC H43/32F       S GM Buses South 15019 04
V273   YFW    Dennis Javelin         Plaxton C53F     New 00
NK53   KGG    Mercedes-Benz O814D    Plaxton B33F     Target,Cramlington 05
```

L9   QUANTUM TRAVEL LTD.t/a VIKING TOURS & TRAVEL

Depot:Unit 2,Ryder Close,SWADLINCOTE,Derbyshire.

```
  3    N 52 MDW    Volvo B10M-62      Plaxton C49FT      2 Travel,Pentrechwyth 05
  4    VLT  166    Scania L94IB       Irizar C49FT       Bus Eireann SI37 03
  7    FSU  661    Scania L94IB       Irizar C49FT       Bus Eireann SI35 03
  8    A310 XHE    Volvo B10M-61      JE C49FT           Bagnall,Swadlincote 05
  9    XAF  759    Scania L94IB       Irizar C49FT       Bus Eireann SI28 03
 11    OGL  518    Volvo B10M-60      Plaxton C53F       Midland Red North 11 98
 12    UDW 427Y    Volvo B10M-61      Van Hool C49FT     Bagnall,Swadlincote 05
 14    H812 AHS    Volvo B10M-60      Plaxton C49FT      Holmeswood Coaches 02
 18    BXI  805    Volvo B10M-61      Van Hool C46FT     Sharp,Church Gresley 04
 20    784  RBF    Volvo B10M-60      Jonckheere C53F    Midland Red North 20 98
 21    RIL 1021    Volvo B10M-60      JE C51FT           Vale of Llangollen 99
 22    L911 NWW    Volvo B10M-60      Van Hool C48FT     Silverdale,Nottingham 03
 23    PCW  946    Volvo B10M-61      Van Hool C53F      A Brown,Edinburgh 99
 25     82  HBC    Volvo B10M-60      Van Hool C49FT     Warrington C2 99
 26    PSV  323    Volvo B10M-60      Plaxton C49FT      Tudor,Great Casterton 02
 27    J161 HMY    Volvo B10M-60      Plaxton C49FT      Holmeswood Coaches 02
 28    J212 NNC    Volvo B10M-60      Van Hool C49FT     McLaughlin,Penwortham 02
 29    UJI 5789    Volvo B10M-61      Van Hool C53F      Premiere,Newton Abbot 02
 30    R791 GDX    Volvo B10M-62      Plaxton C49FT      Reliant,Heather 04
```
```
BXI 805*NDS 506Y(11/90), FSU 661*S357 SET(1/04) & 99D 8471(8/02),
OGL 518*B912 SPR(8/88), PCW 946*YXI 3054(4/00) & F733 ENE(2/94),
PSV 323*L256 UCV(8/02), RIL 1021*6468 VT(1/99) & G981 LRP(4/98),
UJI 5789*E318 OPR(5/96), VLT 166*S346 SET(1/04) & 99D 4086(8/02),
XAF 759*S347 SET(11/05) & 99D 4093(8/02), 82 HBC*J414 AWF(8/99),
784 RBF*D319 VVV(11/93),
UDW 427Y*IIL 8743(3/04) & 5182 PO(4/94) & UDW 427Y(8/89) & 3 MDH(5/89) &
         VEC 55Y(10/88),
A310 XHE*BAG 547S(2/04) & HIL 4370(1/98) & A310 XHE(4/93),
```

```
J161 HMY*686 CXV(8/02) & J832 WFF(7/00) & 6697 RU(4/00) &
           J117 NJT(10/96) & A17 XEL(1/96),
J212 NNC*PJI 3078(5/02) & J212 NNC(8/99),
L911 NWW*IIB 847(4/03) & L911 NWW(3/01) & R791 GDX*R80 BCL(2/04)
```

M1   RED ARROW COACHES LTD

Depot:St Andrews Road,Birkby,HUDDERSFIELD,West Yorkshire.

```
RED  210    Bova FHD12-340      C51FT           Collison,Stonehouse 99
RED  448    Volvo B10M-50       EL CH47/35F     Nottingham 346 05
RED  830    Van Hool T815       C53FLT          Holmeswood,Rufford 94
YCZ 4814    Scania N113DRB      EL H48/33F      Courtesy,Chadderton 05
  3  RED    MAN 24.360          Noge C51FT      New 03
B 12  RFC   Volvo B12M          Plaxton C49FT   Go-Goodwins,Eccles 04
G645 BPH    Volvo B10M-50       NC H45/35F      Green Triangle,Atherton 05
K185 HTV    Mercedes-Benz 811D  Dormobile B31F  McCracken,Ash Vale 04
N170 WNF    Mercedes-Benz 709D  ARB B23F        A Midlands 1270 04
YA53 ZFF    MAN 18.360          Noge C51FT      New 03
YA53 ZFG    MAN 18.310          Noge C57F       New 03
```
```
RED 210*R1 BUS(3/99), RED 448*FE02 AKX(9/05),
RED 830*K215 FEC(6/95) & K4 HWD(8/94), YCZ 4814*L350 MRR(11/05),
B12 RFC*Y688 UOL(11/05) & C11 ECB(12/04) & Y688 UOL(2/03) & A3 FTG(8/02),
YA53 ZFF*51 RED(11/05) & YA53 ZFG*RED 57(11/05)
```

M2   P. REGAN.t/a EXPRESSWAY OF ROTHERHAM

Depot:Unit 2,Wath West IE,Derwent Way,WATH-UPON-DEARNE,South Yorkshire.

```
M987 WET    Mercedes-Benz 609D    Onyx C24FL       New 95
V799 EHE    Mercedes-Benz 412D    Onyx C16F        New 99
W424 FWL    Volkswagen LT35       Concept C3FL     Grieve,Abingdon 03
X966 RCC    Mercedes-Benz 413CDI  Onyx C16F        New 00
Y749 HWT    Volvo B10M-62         Plaxton C48FT    Wallace Arnold 03
YR02 PXP    Mercedes-Benz 614D    Onyx C24FL       New 02
YR02 UMX    Auwaerter N316SHD     C49FT            New 02
YR52 MDE    Mercedes-Benz O814D   Plaxton C33F     New 02
YR52 OEC    Mercedes-Benz 413CDI  Onyx C16FL       New 02
YN03 LPL    Mercedes-Benz 413CDI  Onyx C16FL       New 03
YN53 CMV    Mercedes-Benz 413CDI  Onyx C12FL       New 04
YN04 WLK    Mercedes-Benz O814D   Plaxton C33F     New 04
MX05 CWM    Mercedes-Benz O814D   Onyx C23FL       New 05
YN05 BVZ    MAN 13.220            Noge C35F        New 05
```

M3   RELIANT COACHES LTD

Depot:Mill Lane,HEATHER,Leicestershire.

```
REL  283    Volvo B10M-60         Caetano C53F      Silverdale,Ruddington 00
REL  520    Kassbohrer S215HR     C53FL             Tellings-GM,Twickenham 02
REL  527    Volvo B10M-62         Plaxton C49FT     Ambassador,Gt Yarmouth 99
TJI 5401    Volvo B10M-60         Plaxton C53F      Ambassador,Gt Yarmouth 01
L 41  CNY   Volvo B10M-60         Plaxton C47FT     Swallow,Rainham 00
L 56  DNY   Volvo B10M-60         Plaxton C53F      Swallow,Rainham 01
M366 LFX    Scania K113CRB        Van Hool C44FT    Cass,Moreton 03
M  6  REL   Toyota HZB50R         Caetano C18F      Tarhum,Nailsea 98
M737 VNN    MAN 18.370            Berkhof C51FT     Kavanagh,Urlingford(I) 01
N657 HWC    MAN 18.370            Caetano C53F      Swallow,Rainham 02
P394 MDT    Volvo B10M-62         Plaxton C53F      Silverdale,Nottingham 04
R255 EMV    MAN 18.310            Noge C48FT        Goodwill,Chaddesden 04
S224 BDE    Dennis Javelin        Marcopolo C53F    Silcox,Pembroke Dock 06
T 73  JUX   Volvo B10M-62         Plaxton C53F      Guideissue,Biddulph 04
T907 THJ    Scania K124IB4        Irizar C49FT      Tellings-GM,Twickenham 04
W772 AAY    MAN 18.310            Noge C49FT        Silverdale,North Acton 05
```

```
Y104 XJU    Volvo B10M-62           Caetano C49FT       Tiger,Nottingham 05
NJ51 KKL    Volvo B10M-62           Caetano C49FT       Tiger,Nottingham 05
FG03 KLL    Dennis R                Caetano C49FT       New 03
FJ53 VDD    Dennis R                Caetano C49FT       New 03
FJ53 VDN    Dennis R                Caetano C49FT       New 04
```
~~~~~~
REL 283*K101 UFP(5/01), REL 520*H799 AGN(5/02) & 5579 MW(1/02),
REL 527*M742 KJU(4/03), TJI 5401*J431 HDS(7/96),
M6 REL*M581 MRP(2/01) & REL 905(7/00) & M581 MRP(10/98) & M18 LUE(10/97),
M737 VNN*95W 1(6/01),
N657 HWC*N6 WEB(9/02) & N291 HWC(5/02) & N6 WEB(11/01),
R255 EMV*3085 KX(2/03) & R255 EMV(12/01), T73 JUX*3566 RU(3/04),
Y104 XJU*T100 GER(11/05) & 01D 66555(7/05) & NJ51 KKL*ML51 LEE(4/05)
~~~~~~

M4   J. RIGBY

Depot:Springwell Mills,231 Bradford Road,BATLEY,West Yorkshire.

```
JIW 3694    DAF MB230LT615          Van Hool C51FT      Arriva(Hire Fleet) 02
4239  KR    Volvo B10M-60           Plaxton C49FT       Dewhirst,Bradford 03
L539 EHD    DAF SB3000DKVF601       Van Hool C51FT      Dewhirst,Bradford 04
N625 EWD    MAN 11.190              Caetano C35F        Brown,Builth Wells 04
N743 NAY    Dennis Javelin          Marcopolo C70F      Holcroft,Middleton 05
P775 BJF    Volvo B10M-62           Caetano C49FT       Reliant,Heather 03
W529 EOL    Mercedes-Benz 614D      Crest C24F          New 00
```
~~~~~~
JIW 3694*L521 EHD(12/02), 4239 KR*K573 JUB(11/03),
N625 EWD*WT 8590(2/01) & 96D 37352(6/98) &
N743 NAY*L8 TVL(6/04) & N743 NAY(5/03)
~~~~~~

M5   C.A. RIGGOTT.t/a FOUR SQUARE BUS & COACH

Depot:4 Hoyle Mill Road,KINSLEY,West Yorkshire.

```
P382 JJU    Volvo B10M-62           Plaxton C49FT       Bus Eireann VP51 02
P432 JJU    Volvo B10M-62           Plaxton C49FT       Bus Eireann VP53 02
CE02 YRX    Volvo B12M              SUN C53FT           McNulty,North Wembley 05
CE02 YRZ    Volvo B12M              SUN C53FT           McNulty,North Wembley 05
SK02 OZL    Scania K114EB4          Irizar C49FT        Brown,Edinburgh 05
SK02 OZM    Scania K114EB4          Irizar C49FT        Brown,Edinburgh 05
FD55 RZJ    Volvo B12M              SUN C49FT           New 05
```
~~~~~~
                OTHER VEHICLE OWNED BY THE COMPANY
                          * * * * * * *
JAR 621G   AEC Reliance   Plaxton C50F   Preserved(1969)
~~~~~~
P382 JJU*97D 28776(11/02) & P432 JJU*97D 29954(11/02)
~~~~~~

M6   RIVELIN TRAVEL LTD

Depot:Unit 1,Dutton Road,Owlerton,SHEFFIELD,South Yorkshire.

```
N795 GVS    Mercedes-Benz 811D      Onyx C26F           Stubbings,Malinbridge 04
P150 HBG    Mercedes-Benz 711D      Onyx C24F           Byran,Sheffield 04
P157 JKK    Iveco 40-10             Crystals C16F       New 96
Y745 UOP    Iveco 40C13             Crest C16F          New 01
ML02 PLX    LDV Convoy              Concept C16F        New 02
```
~~~~~~
~~~~~~

M7 ROBERTS TOURS LTD

Depot: The Limes, Midland Road, HUGGLESCOTE, Leicestershire.

RBZ 565	Volvo B10M-62	Van Hool C46FT	Shearings 805 04
RBZ 913	Volvo B10M-62	Van Hool C53F	Ali,Worcester 04
RBZ 3430	Volvo B10M-62	Van Hool C46FT	Shearings 632 02
RBZ 5544	Volvo B10M-61	Van Hool C48F	Aston,Worcester 98
RBZ 9595	Volvo B10M-62	Van Hool C46FT	Shearings 636 02
662 NKR	Volvo B10M-60	Plaxton C49FT	A Midlands 3211 04
ATK 161W	Leyland AN68B/1R	EL O43/28D	Plymouth 161 05
MTV 310W	Leyland FE30AGR	NC H43/30F	A Midlands 4310 03
KYV 716X	MCW Metrobus DR101	H43/28D	A London M716 03
POG 484Y	MCW Metrobus DR102	H43/30F	NE West Midlands 2484 05
A687 UOE	MCW Metrobus DR102	H43/30F	NE West Midlands 2687 04
A733 UOE	MCW Metrobus DR102	H43/30F	NE West Midlands 2733 04
A112 WVP	MCW Metrobus GR133	H43/30F	NE West Midlands 2972 04
A739 WVP	MCW Metrobus DR102	H43/30F	NE West Midlands 2739 04
B791 AOC	MCW Metrobus DR102	H43/30F	NE West Midlands 2791 04
T744 JHE	Scania L94IB	Van Hool C49FT	Fowler,Holbeach Drove 03
X501 AHE	Scania N113DRB	EL H47/31F	Weaver,Newbury 03
X399 WVO	Scania N113DRB	EL H47/31F	Hardings,Huyton 02
Y229 WRH	LDV Convoy	Crest C16F	Weston,Welham Green 03
PU51 BUS	Mercedes-Benz O814D	Plaxton C33F	New 01
SG03 ZCH	Volvo B12M	Jonckheere C53F	Park,Hamilton 06
SG03 ZCR	Volvo B12M	Jonckheere C53F	Park,Hamilton 06

RBZ 565*P805 GBA(5/04), RBZ 913*R403 EOS(7/05) & LSK 513(10/00),
RBZ 3430*M632 KVU(9/02),
RBZ 5544*E275 HRY(1/03) & A1 FRP(9/02) & E275 HRY(11/95),
RBZ 9595*M636 KVU(3/03), 662 NKR*N211 TBC(11/00),
T744 JHE*VDO 929(9/03) & T744 JHE(6/03),
X501 AHE*W19 CKY(8/03) & X501 AHE(9/00), PU51 BUS*FE51 WUY(9/02),
SG03 ZCH*HSK 652(9/05) & SG03 ZCR*HSK 651(9/05)

M8 M. ROBINSON & PARTNERS

Depot: Jodora Yard, Huncote Road, STONEY STANTON, Leicestershire.

M472 ACA	Dennis Javelin	Plaxton C53F	Meredith,Malpas 01
P169 ANR	Dennis Javelin	Caetano C53F	Diamond,Ryde 02
R187 LBC	Toyota BB50R	Caetano C21F	Smiths,Marple 03
S605 KUT	Dennis Javelin	Caetano C53F	Clarke &,Worcester 04
Y202 XFV	MAN 18.310	Caetano C53FT	Jackson,Blackpool 05
FG03 JDJ	Iveco CC80E	Indcar C29F	New 03
YN54 AEG	Iveco CC80E	Indcar C29F	New 05

M472 ACA*HJI 843(2/01) & M472 ACA(11/95)

M9 M. ROGERS.t/a AOT TRAVEL

Depot: c/o Skills, Belgrave Road, Bulwell, NOTTINGHAM, Nottinghamshire.

LIL 7814	DAF MB200DKFL600	Plaxton C53F	Murfet,Arnold 04
B214 OAJ	Dennis DDA906	NC H43/28F	Camm,Nottingham 219 05
C113 CAT	Dennis DDA1007	EL CH43/28F	Camm,Nottingham 221 05
M 12 AOT	LDV Convoy	Central C16F	Aston,Worcester 04
R 61 WAW	Mercedes-Benz 711D	Adamson C24F	Ludlow,Wellington 05

LIL 7814*FAD 573Y(3/97) & 3672 AD(2/97) & NKH 819(6/88),
M12 AOT*R657 KUA(10/04) &
R61 WAW*R2 JON(1/05) & R10 ALC(12/02) & R249 DGA(10/99)

N1   ROLLINSON SAFEWAY LTD.t/a AIRLINE CONNECTIONS & RSL

Depot:Pennine Industrial Estate,Modder Place,LEEDS,West Yorkshire.

P910 PUA	Mercedes-Benz 814D	Concept C24F	New 96
P911 PUA	Mercedes-Benz 814D	Concept C24F	New 96
P159 TWX	Mercedes-Benz 412D	Crest C16F	New 96
P160 TWX	Mercedes-Benz 412D	Crest C15F	New 96
P161 TWX	Mercedes-Benz 412D	Crest C16F	New 96
P162 TWX	Mercedes-Benz 412D	Crest C13FL	New 96
P163 TWX	Mercedes-Benz 412D	Crest C16F	New 96
P164 TWX	Mercedes-Benz 412D	Crest C16FL	New 96
P165 TWX	Mercedes-Benz 412D	Crest C13FL	New 96
P816 XWR	Mercedes-Benz 711D	Crest C25F	New 97
R 59 BUB	Mercedes-Benz 412D	Crest C16F	New 97
R434 MHC	Renault Master	Crest C16F	New 98
R435 MHC	Renault Master	Crest C16F	New 98
W248 VUG	Renault Master	O & H B16F	New 00
W169 YUB	Renault Master	O & H B16F	New 00
W183 YUB	Renault Master	O & H B16F	New 00
W202 YUB	Renault Master	O & H B16F	New 00
W204 YUB	Renault Master	O & H B16F	New 00
X233 AAG	Renault Master	O & H B16F	New 00
X251 AAG	Renault Master	O & H B16F	New 00
X252 AAG	Renault Master	O & H B16F	New 00
X271 AAG	Renault Master	O & H B16F	New 00
X276 AAG	Renault Master	O & H B16F	New 00
X277 AAG	Renault Master	O & H B16F	New 00
X278 AAG	Renault Master	O & H B16F	New 00
X271 OKH	Mercedes-Benz 413CDI	O & H C13F	New 00
X272 OKH	Mercedes-Benz 413CDI	O & H C13F	New 00
YJ51 OGO	Mercedes-Benz 614D	Onyx C24F	New 02
MK02 AXG	Mercedes-Benz O814D	Onyx C24F	New 02
MK52 OLA	Mercedes-Benz 413CDI	Onyx C16F	New 02
YR52 OCO	Mercedes-Benz 413CDI	Onyx C16F	New 02
MX03 CCY	Renault Master	Advanced B13F	New 03
MX03 CCZ	Renault Master	Advanced B13F	New 03
MX53 CDY	Renault Master	Advanced B6FL	New 03
MX53 CDZ	Renault Master	Advanced B6FL	New 03
MX53 CFD	Renault Master	Advanced B6FL	New 03
MX53 CKU	Renault Master	Advanced B6FL	New 03
MX53 CKV	Renault Master	Advanced B6FL	New 03
MX53 CKY	Renault Master	Advanced B6FL	New 03
MX53 CSY	Renault Master	Advanced B6FL	New 03
FN04 DHC	Volkswagen LT46	? B ?FL	New 04
YK04 RZC	Renault Master	O & H B ?F	New 04
YK04 RZD	Renault Master	O & H B ?F	New 04
YK04 RZG	Renault Master	O & H B ?F	New 04
YK04 RZN	Renault Master	O & H B ?F	New 04
LX54 AXH	Mercedes-Benz 413CDI	? C16F	New 04
LX54 AXJ	Mercedes-Benz 413CDI	? C16F	New 04
LX54 AXK	Mercedes-Benz 413CDI	? C16F	New 04
LX05 BFJ	Mercedes-Benz 413CDI	? C16F	New 05
LX05 BFK	Mercedes-Benz 413CDI	? C16F	New 05
LX05 BFL	Mercedes-Benz 413CDI	? C16F	New 05
LX05 BFM	Mercedes-Benz 413CDI	? C16F	New 05
LX05 BFN	Mercedes-Benz 413CDI	? C16F	New 05
LX05 BFO	Mercedes-Benz 413CDI	? C16F	New 05
LX05 BFP	Mercedes-Benz 413CDI	? C16F	New 05

N2   ROMDRIVE LTD.t/a RUTLAND TRAVEL & WEST END TRAVEL

Depot:Lakeside Bus & Coach,Leicester Road,MELTON MOWBRAY,Leicestershire.

```
PIL 7972     Leyland TRCL10/3ARZA    Plaxton C53F      Duff,Sutton-on-Forest 01
NEL  1F      Mercedes-Benz 709D      ARB DP27F         Penniston,Melton Mowbray 99
SNR  1H      Mercedes-Benz 709D      Alexander B25F    Penniston,Melton Mowbray 99
WET  1K      Volvo B10M-60           Plaxton C53F      Young,Ross-on-Wye 04
XLC  1S      Kassbohrer S315GTHD     C52F              Skill,Nottingham 24 04
VUT  1X      Volvo B7R               Plaxton C53F      Thurlby,Aldershot 04
C366 LFF     Scania K112CRS          Plaxton DP49F     Tucker,Melton Mowbray 99
H 1  WET     Mercedes-Benz 413CDI    KVC C16F          Maguire,Dublin(Ire) 02
J609 KGB     Mercedes-Benz 709D      Dormobile B29F    McNairn,Coatbridge 01
J 7  WET     Dennis Javelin          WS C33F           MOD(RAF) 04
M465 LPG     Mercedes-Benz 709D      ARB B29F          Arriva Fox County 1365 03
M 1  WET     Kassbohrer S250         C52F              Skill,Nottingham 31 04
N503 BNU     MB OH1628L              Jonckheere C53F   Tucker,Melton Mowbray 99
AV51 AVA     Mercedes-Benz O814D     Plaxton B29F      Repton,New Haw 04
CE02 YRV     Volvo B7R               Jonckheere C55F   Bebb,Llantwit Fardre 04
AO52 HMY     Mercedes-Benz 413CDI    Crest C16F        Norwich City,Acle 05
FE52 KNS     Dennis Dart SLF         Plaxton B29F      New 02
BU53 AXB     Mercedes-Benz 411CDI    Koch B16F         New 03
HP54 WET     Mercedes-Benz O814D     Plaxton B29F      New 04
LP54 WET     Mercedes-Benz O814D     Plaxton B33F      New 04
JP55 WET     Kassbohrer S315GTHD     C53F              New 06
06           Enterprise              Plaxton B28F      on order 06
```

OTHER VEHICLE OWNED BY THE COMPANY
* * * * * * *

```
VUB 396H     Leyland PSU3A/4R        Plaxton C53F      Preserved(1970)
```

PIL 7972*F702 ENE(1/01), NEL 1F*XLC 1S(2/01) & M673 RAJ(3/99),
SNR 1H*N846 ASF(7/99),
VUB 396H*VRY 562H(9/04) & TIB 8792(1/98) & VRY 562H(10/93) &
           OO 1908(6/92) & VUB 396H(12/87),
WET 1K*J706 CWT(3/05) & A10 GYC(12/04) & J706 CWT(4/02),
XLC 1S*T80 SMC(8/04) & SIL 7024(1/04) & T80 SMC(10/00),
VUT 1X*X464 KUT(3/04), C366 LFF*GSU 489(4/99) & C938 VLB(7/98),
H1 WET*99D 18919(9/02), J7 WET*N376 UVP(8/04),
M1 WET*R615 AAU(6/04) & SIL 3431(1/04) & R615 AAU(10/00),
N503 BNU*SIW 7177(6/99) & 92LK 1458(3/96) & AV51 AVA*AJ51 REP(4/04)

ROSA COACHES LTD/BARNSLEY BUS COMPANY LTD.t/a GLOBE COACHES

Depot:Rosa Garage,Wakefield Road,BARNSLEY,South Yorkshire.

```
HIL 8516     Volvo B10M-61           Van Hool C49FT    Portrest,Southam 03
LAZ 6728     Toyota HDB30R           Caetano C21F      Edinburgh Castle 03
SIL 2954     Volvo B10M-61           Caetano C53F      Stephenson,Workington 05
TJI 4688     Volvo B10M-61           Caetano C53F      New 89
TJI 4689     Volvo B10M-61           Caetano C53F      New 88
TJI 4695     Volvo B10M-60           Caetano C57F      New 90
2522 VU      Kassbohrer S215HD       C49FT             Robinson,Leighton Buzz. 02
H 5  TCC     Toyota HDB30R           Caetano C18F      People Going,Crawley 02
H227 TCP     DAF SB2305DHS585        Duple C57F        Comhairle,Stornoway 04
K101 PVK     Mercedes-Benz 709D      Olympus C25F      Non-PSV(Van) 97
N277 DWY     Bova FLC12-280          C53F              New 96
N868 XMO     Dennis Javelin          Berkhof C53F      Q Drive,Battersea 98
P570 BAY     Dennis Javelin          Marcopolo C53F    New 97
W324 UEL     Volvo B10M-62           Berkhof C49FT     Bournemouth 324 03
```

HIL 8516*YDP 694X(6/92) & XCD 108(3/90) & STT 607X(3/87),
LAZ 6728*H394 CFT(11/96),
SIL 2954*E764 HJF(11/03) & SIL 2954(10/01) & E764 HJF(3/01) &
           CEC 62(1/01) & E764 HJF(5/94), TJI 4688*F888 URP(5/95),
TJI 4689*F889 URP(5/95), TJI 4695*G901 WAY(5/95) & 2522 VU*J91 WWC(3/00)

N4　　　　　　　　　　ROSS TRAVEL LTD

Depot:The Garage,Allison Street,Station Road,FEATHERSTONE,West Yorkshire.

```
 1  S277 LGA   MB O814D            Plaxton B31F     New 98
 2  YK04 ENN   MB O814D            Plaxton B31F     New 04
 3  Y753 HVY   MB O814D            Plaxton B31F     New 01
 4  YJ05 WCR   Optare Solo M950    B33F             New 05
 5  V967 RCX   MB O814D            Plaxton B31F     New 99
 7  L197 DDW   Optare MR15         B31F             Cardiff 197 01
 8  Y751 HVY   MB O814D            Plaxton B31F     New 01
 9  YJ05 WCP   Optare Solo M950    B33F             New 05
10  YJ54 XGE   MB O814D            Plaxton B31F     New 04
11  L289 ETG   Scania N113CRB      Alexander B50F   Cardiff 289 04
    HIL 7644   Volvo B10M-61       Van Hool C53F    Longstaff,Mirfield 03
    BPJ  77H   Van Hool T815       C54FT            Wood,Billericay 93
    N 53 FWU   DAF DE33WSSB3000    Van Hool C49FT   Flights,Birmingham 97
    P810 LVT   MB 711D             Frank Guy C24F   Martindale,Ferryhill 99
    S262 JUG   MB 614D             UVG B14FL        Leeds City Council 05
    T868 FWW   Bova FHD12-340      C49FTL           New 99
    Y739 WSM   Scania K124IB4      Van Hool C49FT   Reay,Wigton 04
    NV51 YFT   Volvo B12M          JE C51FT         Allan,Castleford 05
    BU04 EZJ   KA S315GTHD         C49FT            New 04
```

HIL 7644*E447 LCX(3/03) & JJL 945(3/03) & E447 LCX(3/99),
BPJ 77H*A103 TVW(3/90) & NV51 YFT*OIJ 721(12/05) & NV51 YFT(2/04)

N5　　　　　　G. RYDER.t/a GLENN RYDER TOURS

Depot:Lamb Pens Farm,EDWINSTOWE,Nottinghamshire.

```
E 66 JJU   Bedford YNT        Duple C53F         Burton,Alfreton 01
F 25 TMP   Volvo B10M-61      Plaxton C53F       Spencer,New Ollerton 01
H621 UWR   Volvo B10M-60      Plaxton C53F       Pearson,Aldbrough 05
M100 GRC   Volvo B10M-62      Jonckheere C53F    Shearings 612 03
```

H621 UWR*KSU 456(4/02) & H621 UWR(2/01) & M100 GRC*M612 ORJ(2/06)

N6　　　　　　　　　SAFEWAY COACHES LTD

Depots:75 Purcell Hall Road, 82 Talbot Street &
　　　　Warwick Road Mills,Warwick Road,BATLEY,West Yorkshire.

```
YXI 3396   DAF SB2300DHS585      Duple C57FT        Collis,Bristol 98
E814 UKW   Mercedes-Benz L307D   Whittaker C12F     New 87
F488 GGG   Mercedes-Benz 609D    North West C24F    Hodgkinson,Langley Mill 96
H526 SWE   Mercedes-Benz 408D    Whittaker C15F     New 90
L 37 LRC   Mercedes-Benz 814D    ? C26FL            Hawkins,Mirfield 00
P411 ACT   Mercedes-Benz 711D    ACL C24F           Yoosoof,Batley 98
P825 ADO   Mercedes-Benz 412D    ACL C16F           Heffernan,West Harrow 03
S586 ACT   Mercedes-Benz O814D   ACL C33F           New 98
FA04 LHX   Volvo B12B            Plaxton C49FT      New 04
YN04 AXB   MAN 18.360            Noge C57F          New 04
SF54 WAY   Kassbohrer S415HD     C50FT              New 04
```

YXI 3396*D278 XCX(6/04) & ROI 8235(3/98) & D278 XCX(5/88)

N7   N.A. SARANG.t/a ABU & SONs

Depots:Unit 8,Slater Street &
        Units 14/5,Vulcan Road,Charnwood IE,LEICESTER,Leicestershire.

```
329   FBH    Mercedes-Benz 709D    Coachcraft C24F    New 87
A 14  ABU    Mercedes-Benz 609D    ? C24F             McFall &,Clydebank 94
A 17  ABU    Mercedes-Benz O814D   Plaxton C33F       Holmes,Clay Cross 99
M 18  ABU    Mercedes-Benz 614D    Crest C24F         Coatham,Guisborough 04
P 15  ABU    Mercedes-Benz 814D    LCB C33F           New 96
SL52  BBX    Mercedes-Benz O814D   LVD C24F           New 02
YJ05  BYX    LDV Convoy            Enterprise C16F    New 05
```
329 FBH*D329 WVL(9/88), A14 ABU*F820 XEG(8/95), A17 ABU*R125 XWF(1/00) &
M18 ABU*S730 LEF(2/04)

N8   SAXON TRAVEL LTD

Depot:Unit 1,East Lane,STAINFORTH,South Yorkshire.

```
JAZ 4886    Leyland TRCTL11/3RZ   Van Hool C53F      Hillier,Foxham 03
SIL 5977    Mercedes-Benz 609D    Coachcraft C21F    Hopwood,Askham Bryan 99
A 18 OVA    Bova FHD12-290        C49FT              Slack,Moss 05
H 18 OVA    Bova FHD12-290        C49FT              Slack,Moss 05
P993 RNW    Mercedes-Benz 711D    Olympus C24F       Riggott,Ackworth 02
```
JAZ 4886*C340 DND(3/97), SIL 5977*G690 ORM(8/00), A18 OVA*K808 EET(5/04) &
H18 OVA*H423 EUT(6/99)

N9   SERCO LTD.t/a WYTS

Depots:Buckden Hall,BUCKDEN & Ingleborough Hall,CLAPHAM,North Yorkshire &
       Shearbridge Depot,Shearbridge Road,BRADFORD &
           Stockbridge Depot,Royde Ings Avenue,KEIGHLEY,West Yorkshire.

```
2400   X621 VDN    Iveco 49-10    O & H B16FL        Bradford MBC 03
2401   X622 VDN    Iveco 49-10    O & H B16FL        Bradford MBC 03
2402   X623 VDN    Iveco 49-10    O & H B16FL        Bradford MBC 03
2403   X624 VDN    Iveco 49-10    O & H B16FL        Bradford MBC 03
2410   Y137 HBT    Iveco 49-10    Frank Guy B ?FL    Bradford MBC 03
2411   Y172 HBT    Iveco 49-10    Frank Guy B ?FL    Bradford MBC 03
2412   Y168 HBT    Iveco 49-10    Frank Guy B ?FL    Bradford MBC 03
2413   Y138 HBT    Iveco 49-10    Frank Guy B ?FL    Bradford MBC 03
2414   Y185 HBT    Iveco 49-10    Frank Guy B ?FL    Bradford MBC 03
2415   Y184 HBT    Iveco 49-10    Frank Guy B ?FL    Bradford MBC 03
2420   S988 DUB    Iveco 59-12    Mellor B13FL       Bradford MBC 03
2421   S982 DUB    Iveco 59-12    Mellor B13FL       Bradford MBC 03
2422   S983 DUB    Iveco 59-12    Mellor B13FL       Bradford MBC 03
2423   S991 DUB    Iveco 59-12    Mellor B13FL       Bradford MBC 03
2424   S986 DUB    Iveco 59-12    Mellor B13FL       Bradford MBC 03
2425   S985 DUB    Iveco 59-12    Mellor B13FL       Bradford MBC 03
2426   S936 DUB    Iveco 59-12    Mellor B13FL       Bradford MBC 03
2427   S984 DUB    Iveco 59-12    Mellor B13FL       Bradford MBC 03
2428   S938 DUB    Iveco 59-12    Mellor B13FL       Bradford MBC 03
2429   S989 DUB    Iveco 59-12    Mellor B13FL       Bradford MBC 03
2430   S990 DUB    Iveco 59-12    Mellor B13FL       Bradford MBC 03
2431   S937 DUB    Iveco 59-12    Mellor B13FL       Bradford MBC 03
2432   S987 DUB    Iveco 59-12    Mellor B13FL       Bradford MBC 03
2433   S980 DUB    Iveco 59-12    Mellor B13FL       Bradford MBC 03
2434   S979 DUB    Iveco 59-12    Mellor B13FL       Bradford MBC 03
2435   S981 DUB    Iveco 59-12    Mellor B13FL       Bradford MBC 03
2436   S992 DUB    Iveco 59-12    Mellor B13FL       Bradford MBC 03
2437   S993 DUB    Iveco 59-12    Mellor B13FL       Bradford MBC 03
2473   V240 KWR    Iveco 59-12    Mellor B13FL       Bradford MBC 03
2474   V241 KWR    Iveco 59-12    Mellor B13FL       Bradford MBC 03
2652   YJ53 KWM    LDV Convoy     Frank Guy B ?FL    New 04
2673   Y885 HBT    LDV Convoy     Frank Guy B ?FL    Bradford MBC 03
```

```
2674  Y886 HBT   LDV Convoy          Frank Guy B ?FL   Bradford MBC 03
2675  Y887 HBT   LDV Convoy          Frank Guy B ?FL   Bradford MBC 03
2676  Y889 HBT   LDV Convoy          Frank Guy B ?FL   Bradford MBC 03
2677  Y892 HBT   LDV Convoy          Frank Guy B ?FL   Bradford MBC 03
2678  Y893 HBT   LDV Convoy          Frank Guy B ?FL   Bradford MBC 03
2679  Y891 HBT   LDV Convoy          Frank Guy B ?FL   Bradford MBC 03
2680  Y894 HBT   LDV Convoy          Frank Guy B ?FL   Bradford MBC 03
2681  Y895 HBT   LDV Convoy          Frank Guy B ?FL   Bradford MBC 03
2682  Y896 HBT   LDV Convoy          Frank Guy B ?FL   Bradford MBC 03
2683  Y331 HDN   LDV Convoy          ? B ?FL           Bradford MBC 03
2684  Y332 HDN   LDV Convoy          ? B ?FL           Bradford MBC 03
2685  Y334 HDN   LDV Convoy          ? B ?FL           Bradford MBC 03
2686  Y335 HDN   LDV Convoy          ? B ?FL           Bradford MBC 03
2687  Y336 HDN   LDV Convoy          ? B ?FL           Bradford MBC 03
2688  R469 GWW   LDV Convoy          Mellor B12FL      Bradford MBC 03
2691  R477 GWW   LDV Convoy          Mellor B12FL      Bradford MBC 03
2692  R478 GWW   LDV Convoy          Mellor B12FL      Bradford MBC 03
2701  W504 DNW   LDV Convoy          ? B ?FL           Bradford MBC 03
3803  YG52 SVW   Iveco 50C13         Frank Guy B ?FL   Bradford MBC 03
3805  YE52 LJZ   Iveco 50C13         Frank Guy B ?FL   Bradford MBC 03
3808  YE52 LKD   Iveco 50C13         Frank Guy B ?FL   Bradford MBC 03
3809  YE52 LJY   Iveco 50C13         Frank Guy B ?FL   Bradford MBC 03
3823  NK05 AVT   MB O814D            Frank Guy B ?FL   New 05
3870  SF54 PFU   Volkswagen LT46     Driveline B ?FL   New 05
      X704 VDN   Renault Master      ? B ?FL           Bradford MBC 03
      YE52 LKA   Iveco 50C13         Frank Guy B ?FL   Bradford MBC 03
      YE52 LKC   Iveco 50C13         Frank Guy B ?FL   Bradford MBC 03
      YE52 LKF   Iveco 50C13         Frank Guy B ?FL   Bradford MBC 03
      YG52 LGA   Iveco 50C13         Frank Guy B ?FL   Bradford MBC 03
      YG52 LGE   Iveco 50C13         Frank Guy B ?FL   Bradford MBC 03
      SF54 PFV   Volkswagen LT46     Driveline B ?FL   New 05
```
~~~~~~
~~~~~~

SHARPE & SONS (NOTTINGHAM) LTD.t/a SHARPEs OF NOTTINGHAM

Depot:Canalside Industrial Estate,CROPWELL BISHOP,Nottinghamshire.

```
ACZ  103    Volvo B10M-60       Van Hool C49FT    Brown,Roecliffe 04
BHZ  122    Volvo B10M-55       Van Hool C49FT    Brown,Edinburgh 05
CLZ  208    Volvo B10M-61       Van Hool C53F     Brown,Roecliffe 04
HBZ  651    Volvo B10M-62       Van Hool C53F     Shearings 813 04
HJZ  113    Volvo B10M-62       Van Hool C53FL    Shearings 812 04
KAZ  7305   Volvo B10M-50       AR H46/29D        2 Travel,Pentrechwyth 04
KBZ  801    Volvo B10M-62       Van Hool C53F     Shearings 809 04
LAZ  130    Volvo B10M-61       Van Hool C53F     Brown,Roecliffe 04
MIB  658    Volvo B10M-61       Van Hool C57F     Brown,Roecliffe 04
NBZ  301    Volvo B10M-62       Van Hool C51F     Hutchison,Overtown 05
NLZ  708    Volvo B10M-55       Van Hool C49FT    Brown,Roecliffe 05
OKZ  7928   LN NL116TL11H/1R    B50F              Silverdale,Nottingham 05
RIL  516    Volvo B10M-62       Van Hool C49FT    Brown,Roecliffe 04
TIW  112    Volvo B10M-62       Van Hool C49FT    Brown,Roecliffe 04
UXI  476    Volvo B10M-55       Van Hool C49FT    Whyte,Newmachar 05
VJI  625    Volvo B10M-62       Van Hool C48FT    Tankard,Kidsgrove 05
YIB  827    Volvo B10M-62       Van Hool C53F     Wilfreda,Adwick-le-St 04
G178 EOG    Leyland LX2R        B49F              NE West Midlands 1178 05
G181 EOG    Leyland LX2R        B49F              NE West Midlands 1181 05
```
~~~~~~
```
ACZ 103*A9 EBT(5/05) & G316 OKW(7/98) & B6 WER(3/97) & G792 YND(3/96) &
       XTW 359(3/96) & G879 VNA(2/93), BHZ 122*X576 BYD(8/05),
CLZ 208*NJI 5510(5/05) & D51 LWW(12/91), HBZ 651*P813 GBA(4/05),
HJZ 113*P812 GBA(5/05), KAZ 7305*F121 PHM(5/05), KBZ 801*P809 GBA(6/05),
LAZ 130*WIJ 551(5/05) & D609 MVR(7/94),
MIB 658*LSK 807(4/94) & E628 UNE(4/92), NBZ 301*P504 VUS(5/05),
NLZ 708*T866 FUM(11/05) & T50 EBT(11/05), OKZ 7928*B719 LAL(11/05),
RIL 516*R409 EOS(6/05) & LSK 499(10/00),
TIW 112*R424 EOS(4/05) & LSK 498(10/00), UXI 476*W248 GSE(8/05),
VJI 625*N655 EWJ(6/05) & YIB 827*N470 PYS(6/05) & HSK 645(10/98)
```
~~~~~~

P2   **SHEFFIELD CITY COUNCIL**

Depot:Stainforth Road,SHEFFIELD,South Yorkshire.

```
L 81 MWJ   Mercedes-Benz 609D   Mellor B16FL      New 94
M497 VAK   Ford Transit         Bedwas B12FL      New 95
M 61 VKW   Mercedes-Benz 609D   TBP B12FL         New 95
M731 VKW   Ford Transit         Bedwas B12FL      New 95
M732 VKW   Ford Transit         Bedwas B12FL      New 95
N464 AWB   Mercedes-Benz 609D   TBP B12FL         New 95
N465 AWB   Mercedes-Benz 609D   TBP B12FL         New 95
N466 AWB   Mercedes-Benz 609D   TBP B12FL         New 95
N467 AWB   Mercedes-Benz 609D   TBP B12FL         New 95
N468 AWB   Mercedes-Benz 609D   TBP B12FL         New 95
N469 AWB   Mercedes-Benz 609D   TBP B12FL         New 96
N865 CWG   Ford Transit         Bedwas B12FL      New 96
N866 CWG   Ford Transit         Bedwas B12FL      New 96
N867 CWG   Ford Transit         Bedwas B12FL      New 96
N868 CWG   Ford Transit         Bedwas B12FL      New 96
N371 HBX   Renault Master       Cymric B8F        New 95
N372 HBX   Renault Master       Cymric B8F        New 95
P956 HEG   Ford Transit         UVG B12FL         Non-PSV 97
P862 JKY   Mercedes-Benz 611D   Crystals B15FL    New 96
P863 JKY   Mercedes-Benz 611D   Crystals B15FL    New 96
P864 JKY   Mercedes-Benz 611D   Crystals B15FL    New 96
P865 JKY   Mercedes-Benz 611D   Crystals B15FL    New 96
P866 JKY   Mercedes-Benz 611D   Crystals B15FL    New 96
P867 JKY   Mercedes-Benz 611D   Crystals B15FL    New 96
P868 JKY   Mercedes-Benz 611D   Crystals B15FL    New 96
P869 JKY   Mercedes-Benz 611D   Crystals B15FL    New 96
P870 JKY   Mercedes-Benz 611D   Crystals B15FL    New 96
P871 JKY   Mercedes-Benz 611D   Crystals B15FL    New 96
P872 JKY   Mercedes-Benz 611D   Crystals B15FL    New 96
P873 JKY   Mercedes-Benz 611D   Crystals B15FL    New 96
P874 JKY   Mercedes-Benz 611D   Crystals B15FL    New 96
P875 JKY   Mercedes-Benz 611D   Crystals B15FL    New 96
P876 JKY   Mercedes-Benz 611D   Crystals B15FL    New 96
P877 JKY   Mercedes-Benz 611D   Crystals B15FL    New 96
P836 KAK   Ford Transit         Bedwas B12FL      New 96
P837 KAK   Ford Transit         Bedwas B12FL      New 96
P838 KAK   Ford Transit         Bedwas B12FL      New 96
P839 KAK   Ford Transit         Bedwas B12FL      New 96
P840 KAK   Ford Transit         Bedwas B12FL      New 96
P396 KWB   Ford Transit         Cymric B11FL      New 96
P397 KWB   Ford Transit         Cymric B11FL      New 96
P398 KWB   Ford Transit         Cymric B11FL      New 96
P399 KWB   Ford Transit         Cymric B11FL      New 96
P401 KWB   Ford Transit         Cymric B11FL      New 96
P402 KWB   Ford Transit         Cymric B11FL      New 96
P403 KWB   Ford Transit         Cymric B11FL      New 96
P404 KWB   Ford Transit         Cymric B11FL      New 96
P405 KWB   Ford Transit         Cymric B11FL      New 96
P406 KWB   Ford Transit         Cymric B11FL      New 96
P407 KWB   Ford Transit         Cymric B11FL      New 96
P477 KWB   Ford Transit         Bedwas B12FL      New 96
P478 KWB   Ford Transit         Bedwas B12FL      New 96
P482 KWB   Ford Transit         Bedwas B12FL      New 96
P485 KWB   Ford Transit         Bedwas B12FL      New 96
X943 ERA   Iveco 59-12          Mellor B24FL      New 01
X944 ERA   Iveco 59-12          Mellor B24FL      New 01
X 52 ERR   Iveco 49-10          Frank Guy B12FL   New 01
X 58 ERR   Iveco 49-10          Frank Guy B12FL   New 01
X 59 ERR   Iveco 49-10          Frank Guy B12FL   New 01
Y511 DCH   Iveco 49-10          Frank Guy B12FL   New 01
Y512 DCH   Iveco 49-10          Frank Guy B12FL   New 01
FL02 YLZ   Iveco 50C13          ? B16FL           New 02
FP05 FNC   Ford Transit         CD B16FL          New 05
```

OTHER VEHICLE OWNED BY THE COMPANY
* * * * * * *

MVK 544R   Leyland AN68A/2R   Alexander H-F   Playbus

~~~~~~

P3   **SHEFFIELD COMMUNITY TRANSPORT LTD**

Depots:c/o Barnsley & District,Wakefield Road,BARNSLEY,
*   Rotherham General Hospital,Moorgate Road,ROTHERHAM &*
*   10 Montgomery Terrace Road,SHEFFIELD,South Yorkshire.*

Reg	Vehicle	Body	Notes
M 59 WUG	Renault Master	DC B11FL	New 95
N 32 WOC	Renault Master	? B ?FL	New 96
P778 BJU	Mercedes-Benz 609D	LCB B16FL	New 97
P782 BJU	Mercedes-Benz 609D	LCB B16FL	New 96
P547 JHE	LDV Convoy	Crystals B16FL	Non-PSV(Chesterfield) 99
P122 KOV	Renault Master	? B ?FL	Non-PSV 02
R179 MDY	Renault Master	Crystals B ?FL	New 98
S753 RKU	Mercedes-Benz 410D	UVG B12FL	New 98
S754 RKU	Mercedes-Benz 410D	UVG B12FL	New 98
T 52 JKU	Volkswagen LT46	? B ?FL	New 99
V734 OGU	Renault Master	Frank Guy B4FL	New 00
W242 OGU	Renault Master	Frank Guy B4FL	New 00
W392 UGY	Renault Master	Frank Guy B4FL	New 00
X721 GGX	Renault Master	Frank Guy B4FL	New 01
Y972 KDK	Volkswagen LT46	MinO B11FL	New 01
Y973 KDK	Volkswagen LT46	MinO B11FL	New 01
Y974 KDK	Volkswagen LT46	MinO B11FL	New 01
Y975 KDK	Volkswagen LT46	MinO B11FL	New 01
Y197 KNB	Optare Solo M850	B29F	TM Travel,Staveley 197 05
YJ51 VST	Renault Master	O & H B4FL	Non-PSV 04
YJ51 XSP	Optare Solo M920	B33F	Barnsley Dial-a-Ride 06
YJ51 ZTH	Optare Alero	B16F	Barnsley Dial-a-Ride 06
YN51 LPY	Volkswagen LT35	MinO B ?FL	New 01
YU02 GPZ	Optare Alero	B12F	New 02
YU02 GRF	Optare Alero	B12F	New 02
MF52 YDA	Volkswagen LT35	MinO B6FL	New 03
MX52 PXA	Volkswagen LT46	MinO B ?FL	New 02
MX52 RLY	Volkswagen LT46	MinO B ?FL	New 02
MX52 RLZ	Volkswagen LT46	MinO B ?FL	New 02
YE52 MPZ	Renault Master	O & H B12FL	New 02
YE52 MTF	Renault Master	O & H B12FL	New 02
YR52 WNE	Optare Alero	B12F	New 02
YR52 WNF	Optare Alero	B12F	New 02
YN53 SUA	Optare Alero	B12F	New 03
YN53 YHF	Optare Alero	B12F	New 03
YJ04 GDM	Renault Master	O & H B4FL	New 04
YJ04 GDN	Renault Master	O & H B4FL	New 04
YJ04 GDP	Renault Master	O & H B4FL	New 04
YN04 LXA	Optare Solo M850	B24F	New 04
YN04 LXB	Optare Solo M850	B24F	New 04
YN04 LXC	Optare Solo M850	B24F	New 04
MX54 KXN	Optare Solo M850	B27F	on loan Mistral
YJ54 UXN	Optare Solo M780SL	B21F	New 05
YJ54 UXO	Optare Solo M780SL	B21F	New 05
YJ54 UXP	Optare Solo M780SL	B21F	New 05
MX05 COU	Volkswagen LT46	MinO B16F	New 05
MX05 CPE	Volkswagen LT46	MinO B16FL	New 05
MX05 OTS	Optare Solo M880SL	B24F	New 05
YJ05 JWV	Optare Solo M780SL	B21F	New 05
YJ05 JWW	Optare Solo M780SL	B21F	New 05
YJ05 JXM	Optare Solo M780SL	B21F	New 05
YJ05 JXN	Optare Solo M780SL	B21F	New 05
YJ05 JXO	Optare Solo M780SL	B21F	New 05
YX55 DKA	Volkswagen T30	Bluebird B14F	New 05
YX55 DKV	Volkswagen T30	Bluebird B14F	New 05

P4   **SHEPARDSONs COACHES LTD**

Depot:Maltkiln Road,BARTON-ON-HUMBER,Lincolnshire.

```
IUI  9031   Leyland TRCTL11/2R      Plaxton C53F      Smith,Ashington 01
FHS  758X   Volvo B10M-61           Duple C53F        Wilbys,Hibaldstow 02
FTL  728X   Volvo B10M-61           Duple C49FT       Wilbys,Hibaldstow 02
A497 BHL    Leyland RT              Roe C50F          Lawman &,Pytchley 18 98
A898 OFC    DAF MB200DKTL600        Caetano C53F      Hunter,Moortown 94
A189 TAG    Leyland RT              Roe C50F          East Yorkshire 7 97
G702 VJV    Mercedes-Benz 609D      Coachcraft C21F   Singh,Huddersfield 4 01
~~~~~~~~~~~~~~~~~~~~~~~~~~~~~~~~~~~~~~~~~~~~~~~~~~~~~~~~~~~~~~~~~~~~~~~~~~~
IUI 9031*RMO 201Y(7/98), FTL 728X*KTL 982(4/87) & FHS 760X(11/86),
A497 BHL*195 CJU(4/97) & A936 MRW(1/96) & DJI 1333(10/91) &
         A919 LJC(11/89) & 429 UFM(6/88) &
A189 TAG*3277 KH(3/97) & A107 OKH(4/88)
~~~~~~~~~~~~~~~~~~~~~~~~~~~~~~~~~~~~~~~~~~~~~~~~~~~~~~~~~~~~~~~~~~~~~~~~~~~
```

SILVERDALE TOURS (NOTTINGHAM) LTD/SILVERDALE (LONDON) LTD(*)

Depots:3 Radford Estate,Old Oak Common La,NORTH ACTON,Greater London(*) &
            Little Tennis Street South,NOTTINGHAM,Nottinghamshire.

```
IIB  847    Leyland ONLXC/1RH       ECW H47/31F       A Fox County 4481 03
LKZ  3693   Auwaerter N122/3        CH57/16CT         Flights,Birmingham 00
MCT  612    Volvo B10M-61           VH CH47/11FT      Euroline,Radford 96
C 42 HHJ    Leyland ONLXB/1R        ECW H47/31F       A Fox County 4480 02
C721 MRC    LN NL116TL11H/1R        B50F              Nottingham 721 02
C722 MRC    LN NL116TL11H/1R        B50F              Nottingham 722 02
C723 MRC    LN NL116TL11H/1R        B50F              Nottingham 723 02
C310 NRC    Volvo B10M-50           NC H49/35D        Nottingham 310 03
C311 NRC    Volvo B10M-50           NC H49/35D        Nottingham 311 03
M939 JJU*   Volvo B10M-62           Plaxton C49FT     Kime,Folkingham 96
N127 RJF*   Volvo B10M-62           Plaxton C53F      New 96
R378 AWP    Mercedes-Benz O1120L    Eurocoach C33F    New 98
R830 FWW*   Mercedes-Benz O1120L    Ferqui C33F       New 98
R841 FWW*   Mercedes-Benz O1120L    Ferqui C35F       New 98
R338 RRA    Volvo B10M-50           EL CH47/35F       Nottingham 338 05
R471 RRA    Volvo Olympian          EL H49/35F        Nottingham 471 05
R474 RRA    Volvo Olympian          EL H49/35F        Nottingham 474 05
R497 UFP*   Volvo B10M-62           Caetano C53F      New 98
R498 UFP*   Volvo B10M-62           Caetano C53F      New 98
T361 AJF*   Volvo B10M-62           Caetano C49FT     New 99
T362 AJF*   Volvo B10M-62           Caetano C49FT     New 99
T363 AJF*   Volvo B10M-62           Caetano C49FT     New 99
T364 AJF    Volvo B10M-62           Caetano C53F      New 99
T365 AJF    Dennis Javelin          Caetano C53F      New 99
T366 AJF*   Volvo B10M-62           Caetano C53F      New 99
T180 AUA    DAF DE33WSSB3000        Plaxton C57F      New 99
T885 JBC*   MAN 18.310              Marcopolo C57F    New 99
Y158 EAY    Volvo B10M-62           Jonckheere C51FT  New 01
Y159 EAY    Volvo B10M-62           Jonckheere C51FT  New 01
Y744 NAY    MAN 11.220              Caetano C35F      New 01
FM02 LHR    Ayats A3E/BR1           CH57/18DT         New 02
FN02 VBL    Iveco 391E              Beulas C51FT      New 02
FN02 VBM    Iveco 391E              Beulas C51FT      New 02
FN02 VBP    Iveco 391E              Beulas C51FT      New 02
FN02 VBT    Iveco 391E              Beulas C51FT      New 02
BJ03 OUB    Mercedes-Benz 1836RL    C36FT             New 03
FD03 XGU    Ayats A3E/BR1           CH57/18DT         New 03
FJ04 SNK*   Volvo B12B              Caetano C53F      New 04
FJ04 SNU*   Volvo B12B              Caetano C53F      New 04
FJ04 SNV    Volvo B12B              Caetano C49FT     New 04
FJ04 SNX    Volvo B12B              Caetano C49FT     New 04
FJ04 SNY    Volvo B12B              Caetano C49FT     New 04
FJ04 SNZ    Volvo B12B              Caetano C49FT     New 04
FJ05 HYG    Volvo B12B              Caetano C49FT     New 05
FJ05 HYH    Volvo B12B              Caetano C49FT     New 05
FJ55 DYW    Volvo B12B              Plaxton C49FT     New 05
```

```
FJ55 DZK    Volvo B12B              Plaxton C49FT       New 05
FJ55 DZL    Volvo B12B              Plaxton C49FT       New 05
FJ55 DZM    Volvo B12B              Plaxton C49FT       New 05
FJ55 DZN    Volvo B12B              Plaxton C49FT       New 05
FJ55 DZO    Volvo B12B              Plaxton C49FT       New 05
YJ55 KZO    DAF DE40XSSB4000        Van Hool C36FT      New 05
```
IIB 847*D44 RWC(5/03), LKZ 3693*M693 TOB(5/04) & M2 FTG(7/99) &
MCT 612*A624 UGD(3/97)

P6   K. & G. SINGH/N. SINGH.t/a KS TRAVEL & TANDEM TAXIS

Depot:Unit 4,648 Wakefield Road,Waterloo,HUDDERSFIELD,West Yorkshire.

```
N320 HUM    Mercedes-Benz 609D      DC C24F             Singh,Huddersfield 05
R990 DTU    LDV Convoy              LDV B16F            Non-PSV 02
R487 EEW    LDV Convoy              LDV B16F            Non-PSV 01
S166 UBU    Iveco 49-10             Mellor B16FL        Non-PSV(TLS) 01
```

P7   SKILLs MOTOR COACHES LTD/SKILLs LEISURE LTD

Depot:Belgrave Road,Bulwell,NOTTINGHAM,Nottinghamshire.

```
24  SIL 7024    Kassbohrer S415HD       C49FT       New 04
25  SIL 7025    Kassbohrer S315GTHD     C44FT       New 00
26  SIL 9126    Kassbohrer S315GTHD     C44FT       New 00
27  SIL 7027    Kassbohrer S315GTHD     C44FT       New 00
28  SIL 7028    Kassbohrer S315GTHD     C44FT       New 00
29  SIL 7029    Kassbohrer S315GTHD     C53F        New 04
30  SIL 7030    Kassbohrer S315GTHD     C53F        New 04
31  SIL 3431    Kassbohrer S315GTHD     C53F        New 04
32  SIL 7032    Kassbohrer S315GTHD     C53F        New 04
34  SIL 6434    Kassbohrer S315GTHD     C53F        New 04
35  SIL 6435    Kassbohrer S315GTHD     C53F        New 04
36  SIL 6436    Volvo B12M              JE C53F     Volvo(Demonstrator) 04
37  SIL 6437    Volvo B12B              JE C49FT    New 04
38  SIL 6438    Volvo B12B              JE C53F     New 04
39  FN04 JZP    Volvo B7R               JE C53FT    New 04
40  SIL 9540    Volvo B10M-62           Van Hool C53F   Park,Hamilton 99
41  SIL 9541    Volvo B10M-62           Van Hool C53F   Park,Hamilton 99
43  SIL 9543    Kassbohrer S315GTHD     C49FT       New 00
44  SIL 9744    Kassbohrer S315GTHD     C49FT       New 00
47  SIL 7947    Volvo B10M-62           Van Hool C53F   Park,Hamilton 00
48  SIL 7948    Volvo B10M-62           VH C49FT    Park,Hamilton 00
78  YN03 LRY    Mercedes-Benz 614D      Onyx C24F   New 03
79  N 1  SMC    Mercedes-Benz O814D     Plaxton C29F    Spencer,Boughton 05
84  CAZ 2046    Kassbohrer S210H        C35F        Q Drive,Battersea 98
92  POG 563Y    MCW Metrobus DR102      H43/30F     West Midlands 2563 04
93  A688 UOE    MCW Metrobus DR102      H43/30F     West Midlands 2688 04
```
SIL 3431*BU53 ZXC(2/04), SIL 6434*BU53 ZXD(2/04), SIL 6436*FJ53 LZU(4/04),
SIL 7025*W425 SNN(8/00), SIL 7027*W427 TJF(10/00),
SIL 7028*W728 TNR(8/00), SIL 7029*BU53 ZXA(2/04), SIL 7030*BU53 ZXB(2/04),
SIL 7947*N501 PYS(6/00) & KSK 983(11/98),
SIL 7948*P261 YGG(12/00) & HSK 656(11/99), SIL 9126*W726 TNR(1/01),
SIL 9540*N473 PYS(8/00) & KSK 982(11/98),
SIL 9541*N475 PYS(8/00) & KSK 981(11/98), SIL 9543*W643 RNU(6/00),
SIL 9744*W244 RRB(10/00) &
N1 SMC*W638 MKY(5/05) & 5611 FH(3/02) & W638 MKY(1/01)

P8 K.V. & G.L. SLACK LTD. t/a SLACKs COACHES

Depot: The Travel Centre, Lumsdale, Chesterfield Road, MATLOCK, Derbyshire.

```
PSV  259    DAF SB3000DKV601      Van Hool C51FT       Central Coachways 92
PSV  503    DAF SB3000DKV601      Van Hool C53F        New 93
PSV  592    DAF SB3000DKV601      Van Hool C53F        New 93
JRR  566N   Ford R1114            Plaxton C53F         New 75
XRR  831S   Ford R1114            Plaxton C53F         New 78
M641 RCP    DAF SB3000WS601       Van Hool C53F        New 95
M642 RCP    DAF SB3000WS601       Van Hool C53F        New 95
N 75 FWU    DAF SB3000WS601       Van Hool C51FT       New 96
P 25 NKW    Dennis Javelin        Plaxton C70F         New 97
R410 YWJ    Dennis Javelin        Plaxton C53F         New 98
R411 YWJ    Dennis Javelin        Plaxton C53F         New 98
S602 ACT    Mercedes-Benz 614D    ACL C24F             New 98
T859 JBC    Iveco 391E            Beulas C49FT         New 99
T366 JWA    Scania L94IB          Van Hool C53F        New 99
W635 MKY    Mercedes-Benz O814D   Plaxton C29F         New 00
Y377 BFS    Volvo B10M-62         Jonckheere C53F      Brown,Edinburgh 04
Y785 UOS    Iveco 391E            Beulas C49FT         Park,Hamilton 03
Y803 YBC    Iveco 391E            Beulas C49FT         New 01
YR02 UMJ    Auwaerter N313SHD     C36FT                Pagan,Hounslow 6 05
```

OTHER VEHICLE OWNED BY THE COMPANY
* * * * * * *

```
878  YTE    Commer Avenger IV     Plaxton C41F         Preserved(1962)
```

PSV 259*G979 KJX(6/96), PSV 503*K113 TCP(6/03), PSV 592*K112 TCP(11/99) &
Y785 UOS*LSK 511(1/03)

P9 T. & J. SLATTER & N. WALTON. t/a COMPANY COACHES

Depot: Kirkhaw Lane, FERRYBRIDGE, West Yorkshire.

```
HBZ 1974    MAN 18.350            Auwaerter C49FT      Donoghue,Clarinbdge(I) 00
SIB 3266    DAF SB3000DKV601      Van Hool C51FT       Riggott,Ackworth 01
VBZ 1450    MAN 16.290            Jonckheere C51FT     Marchwood,Totton 99
YIW 1725    DAF DE33WSSB3000      Van Hool C49FT       Burgin,Darnall 03
412  ANK    Mercedes-Benz O404    Hispano C49FT        New 99
513  ERH    Mercedes-Benz 814D    RB C33F              Renton,Kirknewton 98
T 6  TJN    Mercedes-Benz O404    Hispano C49FT        New 01
Y924 BEL    Renault Master        ? C16F               Non-PSV 02
YM52 SMU    Volkswagen LT35       Excel C14F           New 02
YM52 SMV    Volkswagen LT35       Excel C14F           New 02
YN53 ZFM    Volkswagen LT35       Excel C14F           New 03
```

HBZ 1974*T366 SDT(2/02) & 99G 2005(7/00), SIB 3266*F653 OHD(10/92),
VBZ 1450*K234 WNH(10/99), YIW 1725*N603 EEV(5/01), 412 ANK*T553 UOX(5/03),
513 ERH*H650 VSH(3/99) & 826 THU(10/98) & 698 MPH(6/97) & H463 BEU(4/96) &
T6 TJN*Y749 DDA(4/04)

R1 SLEAFORD TAXI COMPANY LTD. t/a SLEAFORDIAN COACHES

Depot: Pride Parkway, Sleaford Ent. Park, East Road, SLEAFORD, Lincolnshire.

```
HCT  990    Volvo B10M-61         Van Hool C46FT       Wing,Sleaford 64 03
KTL  982    Volvo B10M-61         Van Hool C53F        Cousins,Stanway 00
KVL  261    Volvo B10M-60         Van Hool C49FT       West,Raynes Park 02
NTL  939    Volvo B10M-61         Van Hool C53F        Evergreen,Blackheath 01
OFE  486    Volvo B10M-61         Van Hool C53F        Wing,Sleaford 107 03
RJI 4793    Volvo B10M-61         Van Hool C53F        Jordan,Stourport 00
SCT  330    Volvo B10M-62         Plaxton C49FT        Excelsior,Bournemouth 98
UIB 2948    Volvo B10M-61         Van Hool C53F        Andrews,Thurcroft 02
VTL  627    Volvo B10M-60         Van Hool C53F        Wing,Sleaford 108 03
YCT  463    Volvo B10M-62         Plaxton C49FT        Excelsior,Bournemouth 97
```

```
KYV 328X    Leyland TNLXB/2RR     Leyland H44/32F    Kime,Folkingham 04
KYV 381X    Leyland TNLXB/2RR     Leyland H44/26D    Kime,Folkingham 03
OHV 711Y    Leyland TNLXB/2RR     Leyland H44/32F    Kime,Folkingham 04
B250 NVN    Leyland ONLXB/1R      ECW H45/32F        East Yorkshire 541 05
C537 DAT    Leyland ONLXB/1RH     ECW H45/31F        East Yorkshire 537 05
N333 SLE    Mercedes-Benz 811D    Plaxton B30F       Wing,Sleaford 106 03
T774 JWA    Auwaerter N116/3      C48FT              Peter Carol,Bristol 04
T  58 MOA   Volvo B10M-62         Plaxton C49FT      Shaw,Coventry 05
T  59 MOA   Volvo B10M-62         Plaxton C49FT      Shaw,Coventry 04
KX04 HRR    Volvo B12B            Plaxton C49FT      on loan Dawson
YJ05 JWP    Optare Solo M950      B32F               New 05
YJ05 JWU    Optare Solo M950      B32F               New 05
```
~~~~~~
HCT 990*ODO 842Y(5/96) & HCT 990(3/96) & PGC 521Y(11/84),
KTL 982*C27 OFL(4/00),
KVL 261*G216 TGF(9/03) & WIB 7189(10/00) & G758 ELV(8/00),
NTL 939*C332 LOX(3/01) & TCL 509(2/01) & 6837 KR(6/94) & C530 DND(7/92) &
OFE 486*C726 MDS(12/01) & WSU 557(11/01) & C430 GVM(7/92) &
      ESU 117(11/91) & C334 DND(12/90), RJI 4793*FAV 9Y(2/95),
SCT 330*N333 SLE(1/06) & KVL 261(3/02) & N227 THO(2/98) & A12 EXC(11/97),
UIB 2948*E190 CDB(4/95) & WSV 528(4/92) & E618 UNE(12/91),
VTL 627*F554 TMH(5/03) & 9 GUV(5/02) & F554 TMH(3/00),
YCT 463*M514 NCG(3/97) & A10 EXC(11/96),
KYV 328X*TAZ 4061(8/04) & KYV 328X(2/98),
KYV 381X*YAZ 8774(7/03) & KYV 381X(9/99),
OHV 711Y*WAZ 8278(8/04) & OHV 711Y(9/98),
N333 SLE*SCT 330(1/06) & P938 YSB(5/03) & IIL 1618(9/01) &
       P938 YSB(11/98) & T774 JWA*ROI 1913(7/04) & T774 JWA(2/01)
~~~~~~

R2   L.D. SMITH.t/a ALAN SMITH & SON COACHES

Depot:Grenville Gardens,MARKET HARBOROUGH,Leicestershire.

```
KIB 3214    Dennis Javelin        Plaxton C55F       New 99
VIL 9741    DAF SB2305DHTD585     Plaxton C53F       Winson,Loughborough 28 03
YIL 9634    Dennis Javelin        Plaxton C70F       Red Arrow,Huddersfield 05
GFV 156W    Leyland AN68B/2R      EL H50/36F         Preston 156 00
CLV  42X    Dennis DDA156         EL H51/37F         Warrington 42 04
LFV 205X    Leyland AN68C/2R      EL H50/36F         Ribble 1205 01
T292 CGU    Iveco 391E            Beulas C53F        Pullmanor,Herne Hill 02
W867 AAY    Volvo B7R             Plaxton C53F       Durham City,Brandon 04
W476 MKY    Dennis Javelin        Plaxton C57F       New 00
FX53 FRK    Mercedes-Benz O814D   ACL C33F           New 03
YN54 ZHX    Mercedes-Benz O814D   Plaxton C33F       New 05
```
~~~~~~
KIB 3214*S656 KNV(3/04), VIL 9741*H2 PSW(6/03) & H28 GFP(3/92),
YIL 9634*V70 RED(4/05) & W867 AAY*W70 DCC(4/04) & W867 AAY(4/00)
~~~~~~

R3   S. SPENCER.t/a SPENCERs PASSENGER SERVICES

Depot:Unit 5,Pebble Hall Farm,Bosworth Road,THEDDINGWORTH,Leicestershire.

```
IUI 2128    DAF SB2300DHS585      Plaxton C53F       Camelot,Wincanton 05
SIL 4471    Leyland TRCTL11/3R    Plaxton C51F       IPH,Sapcote 04
GBV 110N    Leyland AN68/2R       AR H49/35F         Ribble 1210 01
LHE 254W    Leyland PSU5D/4R      Plaxton C57F       Holmeswood Coaches 02
JDE 972X    Leyland TRCTL11/3R    Plaxton C53F       A Fox County 3022 02
K390 NGG    Mercedes-Benz 811D    Dormobile DP33F    A Midlands 1394 03
```
~~~~~~
IUI 2128*D167 WRC(4/97) & SIL 4471*DNK 571Y(1/00)
~~~~~~

R4　　　　　　　　　SPONDON MINI TRAVEL LTD

Depot:Beechwood Park,Main Road,ELVASTON,Derbyshire.

```
W342 BOF   LDV Convoy          LDV B16F          Non-PSV 04
W343 BOF   LDV Convoy          LDV B16F          Non-PSV 04
W202 PPF   LDV Convoy          LDV B16F          Non-PSV 03
W508 TUJ   LDV Convoy          LDV B16F          Non-PSV 03
W794 XCE   LDV Convoy          LDV B16F          Non-PSV(Sixt Kenning) 03
Y499 JAW   LDV Convoy          LDV B16F          Non-PSV(Burnt Tree) 04
YS02 VKT   LDV Convoy          LDV B16F          Non-PSV 05
RY03 FRZ   LDV Convoy          LDV B16F          Non-PSV(Sixt Kenning) 05
```

R5　　　　　　　　　M. STANLEY.t/a LM TRAVEL

Depot:Wakefield Road,BARNSLEY,South Yorkshire.

```
L666 LMT   Bova FHD12-340      C44FT             Wombwell Coach 03
L777 LMT   Auwaerter N116/2    C49FT             Clarkson,South Elmsall 04
L888 LMT   Volvo B10M-62       Van Hool C46FT    Shearings 806 04
R241 MDM   Iveco 49-10         Frank Guy B15F    Wirral Borough Council 05
```

L666 LMT*M367 VBR(8/05) & GIB 976(12/01) & M50 FTG(4/00),
L777 LMT*T840 JWB(9/05) & L888 LMT*P806 GBA(9/05)

R6　　　　　　　　　STAR COACHES OF BATLEY LTD

Depot:r/o 25 Talbot Street,BATLEY,West Yorkshire.

```
SIL 5976   Volvo B10M-62       Van Hool C53F     Highland,Dalmally 05
983  CBY   Volvo B10M-61       Van Hool C49FT    Slack,Matlock 02
E689 PJS   Mercedes-Benz 609D  DC C23F           Britton,Bristol 96
R381 HWU   Mercedes-Benz 614D  UVG B14FL         Leeds City Council 0253 05
YR52 OCY   Mercedes-Benz O814D Excel C25F        New 02
YN03 WYA   Mercedes-Benz O814D Plaxton C33F      Steel,Skipton 73 05
```

SIL 5976*R785 WSB(8/05) & 983 CBY*PSV 503(2/03) & E300 OPR(3/92)

R7　　　　　　　　　STAR TRAVEL (HOLIDAYS) LTD

Depot:Unit 33,Calder Vale Mills,Healey Road,OSSETT,West Yorkshire.

```
RUA  226   Volvo B10M-61       Van Hool C49FT    East Yorkshire 88 05
FTH 992W   Volvo B58-61        Plaxton C53F      Brown,Crawley 00
G353 LDT   Mercedes-Benz 811D  Whittaker C24F    Nebard,Horbury 03
FE51 RGV   Iveco CC80E         Indcar C29F       New 01
BU02 KUO   MAN 24.400          Noge C48FT        New 02
YN05 BUO   Auwaerter N516SHD   C49FT             New 05
YN05 CRK   Mercedes-Benz 614D  Onyx C24F         New 05
```

RUA 226*D637 MSJ(5/05) & 334 EYL(10/04) & HIL 5697(1/99) &
　　　D637 MSJ(11/91), FTH 992W*LFX 602(1/98) & FTH 992W(3/94) &
V323 EAL*RUA 226(5/05) & V323 EAL(6/02)

R8　　　　　　　　　STATHAMs COACHES LTD

Depot:c/o Anderson,Beveridge Lane,ELLISTOWN,Leicestershire.

```
LSU  949   DAF MB200DKTL600    Plaxton C53F      Neild,Thrapston 91
NSU  717   Mercedes-Benz 609D  MM C19FL          New 91
NSU  994   Mercedes-Benz O1120L Ferqui C35F      Dans,South Woodford 04
OSU  567   Kassbohrer S215HD   C49FT             Clockwork,Crawley 05
```

```
LSU 949*KFX 256V(1/00) & 2316 PP(12/88) & JJU 67V(1/83),
NSU 717*J397 FNS(1/00),
NSU 994*T225 JBE(8/05) & T3 DLT(3/04) & T225 JBE(10/99) &
OSU 567*G514 BGS(8/05) & NIJ 7571(8/02) & G514 BGS(10/99)
```

R9   E. STOTT & SONs LTD

Depot:Colne Vale Garage,Savile Street,MILNSBRIDGE,West Yorkshire.

```
CSV  219    Volvo B10M-62           Plaxton C49FT    Isaac,Morriston 03
NSV  894    Volvo B10M-62           Plaxton C50F     Andrews,Thurcroft 04
A 12 ESS    Volvo B10M-62           Plaxton C49FT    Andrews,Thurcroft 05
A 14 ESS    Volvo B10M-62           Plaxton C50F     Andrews,Thurcroft 04
D102 NDW    Leyland LX112           B49F             A the Shires 3337 03
E258 TUB    Leyland LX112           B49F             Dart Buses,Paisley 03
F290 AWW    Leyland LX112           B49F             Hulley,Baslow 18 04
G293 KWY    Leyland LX112           B49F             DeCourcey,Coventry 03
H920 FGS    Mercedes-Benz 709D      RB B23F          Sovereign 920 99
H926 FGS    Mercedes-Benz 709D      RB B23F          Sovereign 926 99
H930 FGS    Mercedes-Benz 709D      RB B23F          Sovereign 930 99
M 80 TGM    Mercedes-Benz 709D      Plaxton B23F     NE Travel London 8 05
M 90 TGM    Mercedes-Benz 709D      Plaxton B23F     NE Travel London 9 05
P836 KOX    Volvo B10M-62           Plaxton C49FT    Goode,West Bromwich 02
P837 KOX    Volvo B10M-62           Plaxton C49FT    Goode,West Bromwich 02
R480 GLG    Volvo B10M-62           Plaxton C49FT    Selwyns,Runcorn 40 05
R481 GLG    Volvo B10M-62           Plaxton C49FT    Selwyns,Runcorn 41 05
S  7 CTT    Mercedes-Benz O1120L    Ferqui C35F      Cropper,Kirkstall 03
S577 XOM    Mercedes-Benz O814D     Plaxton B29F     Zaks,Birmingham 04
S578 XOM    Mercedes-Benz O814D     Plaxton B29F     Zaks,Birmingham 04
S579 XOM    Mercedes-Benz O814D     Plaxton B29F     Zaks,Birmingham 04
T293 ROF    Mercedes-Benz O814D     Plaxton B31F     Zaks,Birmingham 04
W482 ASB    Volvo B10M-62           Plaxton C53F     Pulham,Bourton-on-Water 03
W483 ASB    Volvo B10M-62           Plaxton C53F     Park,Hamilton 03
```
```
CSV 219*M38 LHP(4/03), NSV 894*M133 UWY(8/04),
A12 ESS*M714 MRU(?/05) & A6 EXC(11/98), A14 ESS*M135 UWY(8/04),
R480 GLG*SEL 392(6/05) & R480 GLG(5/04),
R481 GLG*SEL 702(6/05) & R481 GLG(5/04),
S7 CTT*S793 XUG(3/03), W482 ASB*HSK 651(10/02) & W483 ASB*HSK 652(10/02)
```

T1   S. STRINGER.t/a PONTEFRACT MOTORWAYS

Depot:102 Southgate,PONTEFRACT,West Yorkshire.

```
CAZ 3190    Volvo B10M-60           Van Hool C53F    Shearings 190 98
HIL 5698    Volvo B10M-61           Van Hool C49FT   Allander,Milngavie AT52 03
 63 XMD     Volvo B10M-60           Van Hool C53F    Shearings 193 98
J722 CUM    Optare MR05             B31F             A Northumbria 932 03
K449 YCW    Optare MR01             B31F             Hampson,Fleetwood 03
M582 DSJ    Volvo B10M-48           Van Hool C38F    Logan,Dunloy(NI) 02
R 51 SWR    Optare MR17             B29F             Black Prince,Morley 51 04
VU02 TTE    Optare Solo M920        B33F             Brylaine,Boston 05
VU02 TTK    Optare Solo M920        B33F             Brylaine,Boston 05
YK53 HMY    Mercedes-Benz O814D     Plaxton B33F     New 04
MX04 VMC    Optare Solo M920        B33F             New 04
```
```
CAZ 3190*H590 DVM(2/94), HIL 5698*D638 MSJ(11/91), 63 XMD*H193 DVM(4/98),
K449 YCW*K300 LCT(8/93) &
M582 DSJ*H10 LVO(1/02) & M582 DSJ(10/96) & LSK 473(11/95)
```

T2 **TATE TRAVEL LTD**

Depot:Rothwell Adult TC,Holmesley Lane,WOODLESFORD,West Yorkshire.

```
FY02 PYT   Mercedes-Benz 413CDI  Ferqui C16F    Luce,Eastbourne 05
WU02 YJX   Renault Master        Onyx C16F      New 02
WU02 YJY   Renault Master        Onyx C16F      New 02
YR52 OBO   Mercedes-Benz 413CDI  Onyx C16F      New 02
YN03 LRV   Mercedes-Benz 413CDI  Onyx C16F      New 03
YJ04 HXU   Mercedes-Benz 413CDI  Onyx C16F      New 04
```

T3 **N.A. & C.L. TAYLOR & R.F. BREWIN.t/a C & N TRAVEL**

Depots:Unit 24 & 40,Hayhill Ind. Estate,BARROW-ON-SOAR,Leicestershire.

```
CNZ 1507   Auwaerter N122/3     CH57/20CT       Walker,Speke 04
FNZ 1049   Scania K113CRB       Van Hool C49FT  East Yorkshire 91 05
JUI 7461   DAF DE33WSSB3000     Van Hool C53F   Skills,Nottingham 61 04
JUI 9063   DAF DE33WSSB3000     Van Hool C51F   Skills,Nottingham 63 05
OKZ 9769   Dennis Javelin       Berkhof C49FT   Hunter,Daventry 05
OUI 6299   Scania K113CRB       Van Hool C53F   Bowers,Chapel-e-l-Frith 05
SIL 7765   MAN 18.370           Berkhof C51FT   Young,Ross-on-Wye 04
XIL 5456   Duple 425            C55F            Keeber,Leicester 03
OTO 562M   Leyland AN68/1R      EL H47/30D      Powell &,Thurmaston 03
CHF 351X   Dennis DDA157        AR H45/33F      Bellamy,Nottingham 04
JTY 384X   Leyland ONLXB/1R     ECW H45/32F     East Yorkshire 655 05
EWW 543Y   Leyland ONLXB/1R     ECW H45/32F     Roundabout,Copthorne 06
GSB 146Y   Dennis DDA163        AR H45/31F      Rodger,Weldon 03
YSO  36Y   Leyland ONLXB/1R     AR H45/32F      Cherry,Bootle 04
YSO  37Y   Leyland ONLXB/1R     AR H45/32F      Cherry,Bootle 04
YSO  41Y   Leyland ONLXB/1R     AR H45/32F      Cherry,Bootle 04
YSO  42Y   Leyland ONLXB/1R     AR H45/32F      Carterton,Witney 04
```

```
CNZ 1507*C204 AWK(4/04) & 141 WHT(12/00) & C204 AWK(1/92) & KOV 2(11/89) &
         C228 KOJ(11/86),
FNZ 1049*L567 FND(9/05) & A19 EYC(5/05) & L567 FND(4/03),
JUI 7461*A7 UOD(2/02) & JUI 7461(1/01) & M736 RCP(8/99),
JUI 9063*M738 RCP(8/99),
OKZ 9769*P193 KJM(2/06) & VIL 9888(3/05) & P193 KJM(3/03),
OUI 6299*L749 NEO(11/05) & B8 WER(7/05) & L749 NEO(3/96) & L4 HWD(11/95) &
         L839 KHD(3/95), SIL 7765*L111 RBT(2/00) & XIL 5456*G53 YNB(4/04)
```

T4 **TEAMDECK LTD.t/a K-LINE**

Depot:Station Yard,Station Road,HONLEY,West Yorkshire.

```
 3   Y293 HUA   DAF DE12CSSB120   Wright B39F      New 01
 4   Y294 HUA   DAF DE12CSSB120   Wright B39F      New 01
 5   YJ51 ELO   DAF DE12CSSB120   Wright B39F      Stephenson,Tholthorpe 04
 6   KUI 9266   DAF SB220LT550    NC B49F          Fishwick,Leyland 00
 7   YJ05 PVO   DAF DE12BSSB120   Wright B39F      New 05
 8   KUI 9268   DAF SB220LT550    NC B49F          Fuggles,Benenden 19 01
 9   YJ06 LFO   DAF DE12BSSB120   Wright B39F      New 06
11   R 11 WAL   DAF DE02GSSB220   Ikarus B49F      Wright,Millport 02
12   L731 MWW   Optare MR15       B31F             A Yorkshire 731 02
15   MX04 VMH   Optare Solo M920  B33F             Mistral(Hire Fleet) 06
17   YJ03 PDY   DAF DE02CSSB200   Wright B44F      New 03
19   R559 UOT   Dennis Dart SLF   UVG B44F         Marchwood,Totton 559 03
20   MX53 FDE   Optare Solo M850  B29F             New 03
21   R552 UOT   Dennis Dart SLF   UVG B44F         Marchwood,Totton 552 03
22   MX55 BYK   Optare Solo M850  B28F             New 05
23   MX04 VMG   Optare Solo M920  B33F             Mistral(Hire Fleet) 05
24   YJ04 HUP   DAF DE02CSSB200   Wright B44F      New 04
25   YJ55 WTD   DAF DE02CSSB200   Wright B44F      New 05
26   KUI 6564   Dennis Dart SLF   Plaxton B38F     Mistral(Hire Fleet) 04
28   YX04 KTU   MB 413CDI         Crest C16F       New 04
```

```
    30   BX55 NZU   BMC 1100FE           B40F              New 05
    31   YK55 JCN   BMC 220              B57F              New 06
    32   06         BMC 1100FE           B40F              on order 06
    33   06         BMC 1100FE           B40F              on order 06
   112   B112 GRR   LD TRCTL11/3RH       Plaxton C51F      A North East 1404 00
   113   B113 GRR   LD TRCTL11/3RH       Plaxton C51F      A North East 1405 00
```

KUI 6564*S782 RNE(2/05) & 98D 70563(9/00) & S782 RNE(8/99),
KUI 9266*M844 RCP(6/01) & KUI 9268*N19 FUG(7/01) & N614 DWY(2/98)

T5   TETLEYs MOTOR SERVICES LTD.t/a ANDERSONs & TMS

Depot:76 Goodman Street,HUNSLET,West Yorkshire.

```
IIL 7076    Volvo B10M-60         Van Hool C49FT      Kirkby(Hire Fleet) 01
IIL 7077    Volvo B10M-60         Van Hool C49FT      Kirkby(Hire Fleet) 02
NIL 1595    Volvo B10M-62         Plaxton C57F        Yorkshire Traction 63 05
RIL 1756    Volvo B7R             Plaxton C57F        Lainton,Clayton 03
RIL 3166    Volvo B10M-61         Plaxton C53F        Rhodes,Yeadon 99
RIL 4372    Dennis Dorchester     Plaxton C55F        Ashall,Clayton 00
SBZ 3908    Volvo B7R             Plaxton C49FT       Johnson,Hodthorpe 05
XOK  933    Dennis Javelin        Plaxton C51FT       Ayton,Ballindrait(Ire) 03
YSV  563    Volvo B10M-62         Plaxton C49FT       Bus Eireann VP48 03
687 PTO     Volvo B10M-60         Van Hool C51F       Anderson,Horsforth 98
784 URT     Volvo B10M-61         Plaxton C49FT       Anderson,Horsforth 98
N 50 SLK    Volvo B10M-62         Plaxton C49FT       National Express V50 05
N 60 SLK    Volvo B10M-62         Plaxton C49FT       National Express V60 05
V283 MVH    Renault Master        Excel C16F          McEwen,Mansfield 04
Y478 HUA    EOS E180Z             C49FT               Arriva(Hire Fleet) 05
```

IIL 7076*H167 DVM(5/00), IIL 7077*H168 DVM(5/00),
NIL 1595*R763 XWG(11/05) & 2542 HE(3/05) & R763 XWG(9/02),
RIL 1756*S46 KSM(1/06), RIL 3166*E267 VWR(4/99),
RIL 4372*B973 OSB(9/01) & WLT 364(5/96) & B983 EGG(12/94) &
        705 DYE(12/92) & B405 OSB(8/87),
XOK 933*P507 BUB(11/05) & UIW 2993(5/03) & 97DL 3608(9/02) &
        UIW 2993(10/98), YSV 563*P387 JJU(2/03) & 97D 23190(8/02),
687 PTO*F694 ONR(3/96) & 784 URT*FUA 381Y(1/86)

T6   O. & L.M. THORPE.t/a UTOPIA MINI COACHES

Depot:48 Main Street,ALLERTON BYWATER,West Yorkshire.

```
A  7 UTO    Mercedes-Benz 413CDI     ? C16F           New 05
A  8 UTO    Renault Master           ? C16F           New 04
A 12 UTO    Mercedes-Benz 612D       Crystals C24F    Hoban,Workington 02
P578 HHF    Mercedes-Benz 412D       Olympus C13F     Minibus,Bushey Heath 02
Y  2 UTO    Mercedes-Benz 614D       Excel C16F       New 01
YJ55 YJU    Renault Master           ? C16F           New 05
```

A7 UTO*MX05 UPK(11/05), A8 UTO*NX54 FGE(6/05), A12 UTO*R704 VAO(5/02) &
P578 HHF*A8 UTO(6/05) & P578 HHF(8/02) & MCH 98(11/99) & P578 HHF(1/98)

T7   TLC TRAVEL LTD.t/a ACCESSBUS

Depot:c/o Baker,Florence Street,Laisterdyke,BRADFORD,West Yorkshire.

```
N474 RNR    Mercedes-Benz 711D       LCB B12FL        Bradford Council 5908 00
N478 RNR    Mercedes-Benz 711D       LCB B12FL        Bradford Council 5909 00
S105 KNR    Mercedes-Benz O814D      LCB B12FL        Calderdale Council 00
S106 KNR    Mercedes-Benz O814D      LCB B14FL        Bradford Council 5910 00
V231 LWU    Optare Solo M850         B18F             Bradford Council 5914 00
V232 LWU    Optare Solo M850         B18F             Bradford Council 5911 00
V233 LWU    Optare Solo M850         B18F             Bradford Council 5912 00
V234 LWU    Optare Solo M850         B18F             Bradford Council 5913 00
X176 NWR    Optare Solo M850         B18F             New 00
```

```
X177 NWR   Optare Solo M850          B18F             New 00
X181 NWR   Optare Solo M850          B18F             New 00
X182 NWR   Optare Solo M850          B18F             New 00
KF02 ZWJ   Mercedes-Benz 413CDI UVM B16FL             Sevenoaks Dist. Council 05
MX54 KXV   Optare Solo M850          B ?F             New 04
MX54 KXW   Optare Solo M850          B ?F             New 04
MX54 KYK   Optare Solo M780SL        B ?F             New 05
MX05 OSY   Optare Solo M780SL        B ?F             New 05
MX05 OSZ   Optare Solo M780SL        B ?F             New 05
MX05 OTA   Optare Solo M780SL        B ?F             New 05
```

~~~~~~
~~~~~~

T8   TM TRAVEL LTD/J.M. & T.J. WATTS

Depots:c/o Hopkinson & c/o Pass Commercials,Fan Road,STAVELEY &
       c/o Ennis,Station Yard,Coldwell Street,WIRKSWORTH,Derbyshire.

```
  5   YN05 HVT   Volvo B12M              Plaxton C53F     New 05
  8   L  8 NCP   Dennis Dart             Plaxton B37F     Airlinks 1102 01
 17   RIB 7017   DAF SB220LC550          Optare B47F      Thompson,Parkgate 04
 26   J 26 GCX   DAF SB220LC550          Optare B49F      Worcestershire CC 02
 52   TM52 BUS   Optare Solo M920        B33F             New 02
 53   J 53 GCX   DAF SB220LC550          Ikarus B48F      Jowitt,Royston 29 02
 54   YN54 SYG   DAF DE02PSDB250         EL H45/24F       New 04
 83   R 83 GNW   Dennis Dart SLF         UVG B40F         Arriva(Hire Fleet) 04
102   YS02 UGY   Volvo B10M-62           Plaxton C49FT    New 02
103   YN03 WXS   Volvo B7R               Plaxton C57F     New 03
104   YN04 PNL   Volvo B12B              Plaxton C53F     New 04
107   R107 GNW   MB O814D                Plaxton B27F     Phoenix,Blackpool 817 01
111   A111 TRP   LD TRCTL11/3RH          Plaxton C55F     Thompson,Parkgate 04
129   M129 UWY   Volvo B10M-62           Plaxton C53F     Cherry,Bootle 02
143   D143 FYM   Leyland ONLXB/1RH       ECW H42/26D      A London L143 05
144   W 44 TMT   MB O814D                Plaxton C29F     New 00
147   D147 FYM   Leyland ONLXB/1RH       ECW H42/26D      A London L147 05
152   E152 OMD   Leyland ONLXB/1RH       Optare H47/29F   A Southern 5752 03
153   YJ53 VBM   DAF DE02PSDB250         EL H51/29F       New 03
155   YN55 KMV   Enterprise              Plaxton B28F     New 05
161   Y161 HWJ   MB O814D                Plaxton B27F     New 01
162   Y162 HWJ   MB O814D                Plaxton B27F     New 01
186   D186 FYM   Leyland ONLXB/1RH       ECW H42/26D      A London L186 05
188   D188 FYM   Leyland ONLXB/1RH       ECW H42/26D      A London L188 05
191   D191 FYM   Leyland ONLXB/1RH       ECW H42/26D      A London L191 05
198   Y198 KNB   Optare Solo M850        B29F             Sadler,Gloucester 02
203   YN03 WXT   Volvo B12B              Plaxton C53F     New 03
204   YN04 HHW   Volvo B12B              Plaxton C53F     New 04
211   N211 YJE   Dennis Dart             Alexander B40F   Myall,Bassingbourn 00
253   YN53 SSZ   Optare Solo M920        B33F             New 03
254   YN54 WWU   MB O814D                Plaxton B31F     New 04
255   YN55 YSC   Enterprise              Plaxton B28F     New 05
256   YIL 4058   DAF DE33WSSB3000        Van Hool C51F    Galloway,Mendlesham 03
261   B161 WUL   MCW Metrobus DR101      H43/28D          Metroline M1161 01
267   KUI 9267   DAF SB220LT550          NC B49F          Thompson,Parkgate 04
276   S276 LGA   MB O810D                Mellor B31F      Brockbank,Staveley 03
277   R277 RAU   MB O810D                Plaxton B31F     Konectbus,Dereham 877 05
283   R283 RAU   MB O810D                Plaxton B31F     Konectbus,Dereham 883 05
292   D192 FYM   Leyland ONLXB/1RH       ECW H42/26D      A London L192 05
303   MX03 YCN   Optare Solo M850        B29F             Teamdeck,Honley 25 04
331   C331 BUV   MCW Metrobus DR101      H43/28D          Metroline M1331 01
337   P337 ROO   DAF DB250RS505          NC H43/29F       Courtney,Bracknell 11 05
352   MW52 PZD   Optare Solo M920        B33F             Mistral(Hire Fleet) 04
353   YN53 EJX   MB O814D                Plaxton B31F     New 04
354   YN54 WWV   MB O814D                Plaxton B31F     New 04
361   D161 FYM   Leyland ONLXB/1RH       ECW H42/26D      A London L161 05
370   G370 YUR   Leyland ONCL10/1RZ      AR H47/30F       Thompson,Parkgate 04
403   MX03 YCP   Optare Solo M850        B29F             Timeline,Melling 04
444   W444 TMT   MB O814D                Plaxton B31F     New 00
482   K482 GNN   Leyland ON2R            EL H49/35F       Nottingham 482 05
523   G523 VBB   Leyland ON2R            NC H47/27D       A London L523 06
```

```
524  G524 VBB   Leyland ON2R           NC H47/27D         A London L524 05
531  G531 VBB   Leyland ON2R           NC H47/27D         A London L531 05
532  G532 VBB   Leyland ON2R           NC H47/27D         A London L532 05
535  G535 VBB   Leyland ON2R           NC H47/27D         A London L535 05
551  W551 BHG   MB O814D               Plaxton C33F       Hodson,Gisburn 05
553  MX53 FDD   Optare Solo M920       B33F               Shuttle,Kilwinning 04
554  R554 UOT   Dennis Dart SLF        UVG B44F           Marchwood,Totton 554 04
561  R561 UOT   Dennis Dart SLF        UVG B44F           Marchwood,Totton 561 02
562  R562 UOT   Dennis Dart SLF        UVG B44F           Marchwood,Totton 562 04
582  S582 RGA   MB O814D               Plaxton B31F       Ashall,Clayton 03
632  N632 XBU   Scania L113CRL         Wright B42F        Beestons,Hadleigh 04
664  M664 KHP   Volvo B10B-58          Alexander B51F     Nottingham 600 05
668  R668 LFV   MB O810D               Plaxton B27F       B Lancashire 768 05
669  R669 LFV   MB O810D               Plaxton B27F       B Lancashire 769 05
671  R671 LFV   MB O810D               Plaxton B27F       B Lancashire 771 05
779  S779 RNE   Dennis Dart SLF        Plaxton B41F       Sadler,Gloucester 05
800  KYV 800X   MCW Metrobus DR101     H43/28D            Ensign(Hire Fleet) 01
811  N811 NHS   Volvo B10M-62          JE C53F            Redby,Sunderland 207 03
814  OJD 814Y   MCW Metrobus DR101     H43/28D            GA London M814 00
822  OJD 822Y   MCW Metrobus DR101     H43/28D            GA London M822 00
852  1294 RU    DAF SB2305DHTD585      Van Hool C53F      Holt,Swinefleet 05
915  E915 KYR   Leyland ONLXB/1RH      NC H43/30F         S East Midland 14915 05
918  R  7 TMT   Volvo B10M-62          Plaxton C53F       Kirkby(Hire Fleet) 02
919  M919 MRW   Volvo B10B-58          Alexander B51F     Nottingham 764 05
923  W923 JNF   Dennis Dart SLF        Alexander B38F     Connexions,Salford 05
929  A929 SUL   MCW Metrobus DR101     H43/28D            A London M929 03
933  R933 AMB   MB O810D               Plaxton B31F       Mistral(Hire Fleet) 05
938  R938 AMB   MB O810D               Plaxton B31F       Petes,West Bromwich 01
     L351 MRR   Scania N113DRB         EL H49/35F         Nottingham 351 05
     L352 MRR   Scania N113DRB         EL H49/35F         Nottingham 352 05
     L353 MRR   Scania N113DRB         EL H49/35F         Nottingham 353 05
     N779 DRH   Volvo B10B-58          Plaxton B51F       Nottingham 766 05
     MX03 YDF   Optare Solo M920       B33F               on loan Mistral
     MX04 VLM   Optare Solo M920       B33F               McNee,Ratho Station 05
     YT55 TMT   Dennis Dart SLF        EL B41F            New 05
     YN06 CYP   MB O814D               Plaxton C33F       New 06
```

OTHER VEHICLE OWNED BY THE COMPANY
* * * * * * *

```
     JRA  635   Leyland PS1            Crossley B32R      Preserved(1947)
```

KUI 9267*M8 FUG(7/01), RIB 7017*J369 BNW(9/97), YIL 4058*R256 FBJ(6/04),
1294 RU*J852 KHD(4/05) & JJI 1400(12/04) & J852 KHD(4/97),
J53 GCX*PIL 9729(11/02) & J53 GCX(12/98), R7 TMT*R918 HTW(2/05) &
S779 RNE*98D 70567(9/00) & S779 RNE(7/99)

T9   TOURMASTER COACHES (CROWLAND) LTD

Depot:Alderlands,Peterborough Road,CROWLAND,Lincolnshire.

```
D426 BCJ   Bedford YNV        Duple C57F         Price & Perry,Shobdon 05
D137 XVW   Bedford YMQ        Plaxton B47F       Fowler,Holbeach Drove 02
J203 HWS   Volvo B10M-60      Plaxton C49FT      F Wessex 157 99
J204 HWS   Volvo B10M-60      Plaxton C49FT      F Wessex 158 99
K832 HUM   Volvo B10M-60      Jonckheere C50F    Fowler,Holbeach Drove 02
M271 POS   Volvo B10M-62      Van Hool C53F      Glen,Port Glasgow 03
N714 UVR   Volvo B10M-62      Van Hool C46FT     Shearings 714 03
P302 VWR   Volvo B10M-62      Van Hool C49FT     Wallace Arnold 02
```

K832 HUM*A10 WHF(4/02) & K832 HUM(4/01) &
M271 POS*BAZ 7918(2/03) & M271 POS(12/00)

U1   **TRANSLINC LTD.t/a ARTERIAL(*)**

Depots:Victory Road,DERBY,Derbyshire(*) & A1 Slip Road,BARROWBY,
       Battery Lane,Riverside Industrial Estate,BOSTON,
       Digby Court,St Christophers Lane,BOURNE,
       Unit 17,Corringham Road Industrial Estate,GAINSBOROUGH,
       Doughty Road Depot,GRIMSBY,
       44 College Park & Hemingby Lane,Depot,HORNCASTLE
       The Poplars,Chapman St & Jarvis House,157 Sadler Road,LINCOLN,
       Warwick Road,Fairfield IE,LOUTH, The Limes,1 High Street,MARTON,
       Westview,Old Fen Lane,Scrub Hill,NEW YORK,
       Lincolnshire Commercials,London Road,QUARRINGTON,
       7 Revill Close,SCOTTER, Unit 35,Hassall Road IE,SKEGNESS,
       Chappell Centre,Pinchbeck Road & Pode Hole Depot,SPALDING,
       33 Ryhall Road,STAMFORD, Colliers Yard,Main Road,STICKNEY,
       30 Horncastle Road,WRAGBY & Bays Cottage,YOUNGWOOD,Lincolnshire.

```
056.080   Y151 OTL    Renault Master     ADV B8FL      New 01
056.090   Y152 OTL    Renault Master     ADV B8FL      New 01
056.150   FY52 LNU    LDV Convoy         TRC B12FL     New 02
056.290   YK04 PRG    Renault Master     MinO B8FL     New 04
056.300   YK04 PRJ    Renault Master     MinO B8FL     New 04
056.310   YJ54 XJK    Renault Master     MinO B8FL     New 05
056.320   YJ54 XZY*   Renault Master     MinO B8FL     New 05
057.690   M966 FFE    Iveco 49-10        CU B16FL      New 94
057.720   P513 RFW    Iveco 49-10        FGY B16F      New 97
057.740   P503 RFW    Iveco 49-10        TRC B16F      New 97
057.780   MX05 LKK    Iveco 50C13        MinO B16FL    New 05
057.790   MX05 LKO    Iveco 50C13        MinO B16FL    New 05
057.800   MV05 CVC    Iveco 50C13        MinO B16FL    New 05
057.810   MV05 CVB    Iveco 50C13        MinO B16FL    New 05
058.027   FX53 GRZ    LDV Convoy         TRC B12FL     New 05
058.028   FX05 JKZ    LDV Convoy         TRC B12FL     New 05
058.033   FX55 BFK    LDV Convoy         TRC B12FL     New 05
058.600   R954 ETL    LDV Convoy         TRC B12FL     New 97
058.610   R987 LFE    LDV Convoy         TRC B12FL     New 98
058.640   S537 BTL    LDV Convoy         TRC B12FL     New 98
058.650   S538 BTL    LDV Convoy         TRC B12FL     New 98
058.680   S533 BTL    LDV Convoy         TRC B12FL     New 98
058.690   S535 BTL    LDV Convoy         TRC B12FL     New 98
058.700   S536 BTL    LDV Convoy         TRC B12FL     New 98
058.810   FX51 DFC    Volkswagen LT46    FGY B15F      New 01
058.840   FY52 NCJ    Renault Master     ADV B16F      New 02
058.850   FY52 NCN    Renault Master     ADV B16F      New 02
058.860   FY52 UCF    Renault Master     ADV B16F      New 02
058.900   FX04 EWH    LDV Convoy         TRC B12FL     New 04
065.040   M665 GVL    MB 814D            CU B33F       New 95
065.050   P940 TFE    MB 814D            CU B33F       New 96
065.060   S 32 FFW*   Toyota BB50R       Caetano C26F  New 99
065.070   V741 EJF    Toyota BB50R       Caetano C26FL New 99
065.080   V742 EJF    Toyota BB50R       Caetano C26FL New 99
065.090   V749 EJF*   Toyota BB50R       Caetano C26FL New 99
065.100   V745 EJF*   Toyota BB50R       Caetano C26FL New 00
065.110   X224 AWB    MB O814D           Plaxton C33F  New 01
065.180   J292 KFP*   Toyota HDB30R      Caetano C18F  Harrison,Derby 03
065.210   N999 GSM*   Toyota HZB50R      Caetano C21F  Harrison,Derby 03
065.220   YN53 VCF    MB O814D           Plaxton C33F  New 03
065.230   YN53 VCE    MB O814D           Plaxton B33F  New 04
065.240   YN05 XZM    MB O814D           Plaxton C33F  New 05
065.250   YN05 XZF    MB O814D           Plaxton C33F  New 05
065.260   YN05 XZE    MB O814D           Plaxton C33F  New 05
066.010   K120 OCT    KA S215HD          C48FT         Elsey,Gosberton 99
066.060   Y 77 TLC    Volvo B10M-62      Plaxton C49FT Wallace Arnold 03
066.070   Y 88 TLC    Volvo B10M-62      Plaxton C48FT Wallace Arnold 04
066.080   Y 99 TLC    Volvo B10M-62      Plaxton C48FT Wallace Arnold 04
067.016   FJ51 JYL    Dennis R           Caetano C53F  New 02
067.022   HX03 MHK    Dennis Javelin     Caetano C53F  New 03
067.023   HX53 ODJ    Dennis Javelin     Caetano C53F  New 03
067.024   HX53 ODK    Dennis Javelin     Caetano C53F  New 03
```

067.025	TC03 TLC	Scania K114IB4	VH C53FL	New 03	
067.028	TC53 TLC	Dennis Javelin	Plaxton C53F	New 03	
067.031	LC53 TLC	Dennis Javelin	Plaxton C53F	New 03	
067.032	S 66 TLC	Volvo B10M-62	Plaxton C53F	Swans,Chadderton 04	
067.033	TC04 TLC	Dennis Javelin	Plaxton C53F	New 04	
067.170	K529 EHE	Scania K113CRB	Van Hool C55F	Elsey,Gosberton 99	
067.180	K519 RJX	DAF SB3000DKVF601	VH C51FT	Elsey,Gosberton 99	
067.190	N981 FWT	DAF DE33WSSB3000	Ikarus C55F	Elsey,Gosberton 99	
067.200	W 44 TLC*	Dennis Javelin	CO C49FTL	New 00	
067.980	M 11 TLC*	Dennis Javelin	Caetano C51FT	Manning,Bourne 99	
067.990	W 55 TLC	Dennis Javelin	Caetano C53FL	New 00	
068.050	Y161 OTL*	MB O814D	Plaxton DP33F	New 01	
070.001	V630 XFE	MB 410D	FGY B15FL	New 99	
070.002	W411 KFE	Iveco 49-10	FGY B16FL	New 00	
070.003	W397 KVL	Iveco 49-10	FGY B16FL	New 00	
070.004	W398 KVL	Iveco 49-10	FGY B16FL	New 00	
070.005	W399 KVL	Iveco 49-10	FGY B16F	New 00	
070.007	W396 KVL	Iveco 49-10	O & H B16FL	New 00	
070.018	Y149 OTL	Iveco 49-10	O & H C16F	New 01	
070.021	Y148 OTL	Iveco 49-10	ADV B16FL	New 01	
070.022	FX51 MYZ	Iveco 50C13	Warner B16FL	New 01	
070.023	FX51 MZD	Iveco 50C13	Warner B16FL	New 01	
070.067	DG02 WTR	MB 411CDI	FGY B16FL	New 02	
070.082	YX03 BXU*	Iveco 40C13	Mellor B15FL	New 03	
070.083	YX03 BXV	Iveco 40C13	Mellor B15FL	New 03	
070.084	YX03 BXW*	Iveco 50C13	Mellor B16FL	New 03	
070.085	YX03 BXY*	Iveco 50C13	Mellor B16FL	New 03	
070.086	YX03 BXZ*	Iveco 50C13	Mellor B16FL	New 03	
070.087	YX03 BYA*	Iveco 50C13	Mellor B16FL	New 03	
070.124	MV04 WJV	Iveco 50C13	MinO B16FL	New 04	
070.125	MV04 CTX	Iveco 50C13	MinO B16FL	New 04	
070.126	MV04 CTY	Iveco 50C13	MinO B16FL	New 04	
070.127	MV04 CTZ	Iveco 50C13	MinO B16FL	New 04	
070.128	MV04 CUA	Iveco 50C13	MinO B16FL	New 04	
070.129	MV04 CUC	Iveco 50C13	MinO B16FL	New 04	
070.131	MV04 CUG	Iveco 50C13	MinO B16FL	New 04	
070.132	MV04 CUH	Iveco 50C13	MinO B16FL	New 04	
070.133	MV04 CUJ	Iveco 50C13	MinO B16FL	New 04	
070.134	MV04 CUK	Iveco 50C13	MinO B16FL	New 04	
070.135	MV04 WJU	Iveco 50C13	MinO B16FL	New 04	
070.136	MV04 CTU	Iveco 50C13	MinO B16FL	New 04	
070.137	YX54 DKA	Iveco 50C13	MinO B16FL	New 04	
070.138	YX54 DJO	Iveco 50C13	MinO B16FL	New 04	
070.139	YX54 DJU*	Iveco 50C13	MinO B16FL	New 04	
070.141	YX54 DJV*	Iveco 50C13	MinO B16FL	New 04	
070.142	YX54 DJZ	Iveco 50C13	MinO B16FL	New 04	
070.143	YX54 DJY	Iveco 50C13	MinO B16FL	New 04	
070.149	MX05 LKM	Iveco 50C13	MinO B16FL	New 05	
070.151	MX05 LKN	Iveco 50C13	MinO B16FL	New 05	
070.152	MX05 LKL	Iveco 50C13	MinO B16FL	New 05	
070.153	YN05 SXS	MB 413CDI	Plaxton B16FL	New 05	
070.154	YN05 SXT	MB 413CDI	Plaxton B16FL	New 05	
070.155	YN05 SXR	MB 413CDI	Plaxton B16FL	New 05	
070.156	MV05 CVD	Iveco 50C13	MinO B16FL	New 05	
070.157	MX05 WGA	Iveco 50C13	MinO B16FL	New 05	
070.158	MX05 WGC	Iveco 50C13	MinO B16FL	New 05	
070.159	MX05 WGD	Iveco 50C13	MinO B16FL	New 05	
070.161	MX05 WGJ	Iveco 50C13	MinO B16FL	New 05	
070.162	MX05 WGK	Iveco 50C13	MinO B16FL	New 05	
070.163	MX05 YLF	Iveco 50C13	MinO B16FL	New 05	
070.164	MX05 YLG	Iveco 50C13	MinO B16FL	New 05	
070.169	MV05 CTE	Iveco 50C13	MinO B16FL	New 05	
070.170	YN05 UVC	MB 413CDI	Plaxton B16FL	New 05	
070.171	MX55 WYA	Iveco 50C13	TRC B16FL	New 05	
070.210	R951 ETL	Iveco 49-10	CU B16FL	New 97	
070.230	R963 ETL	Iveco 49-10	CU B16FL	New 98	
070.250	S259 AVL	Iveco 40-10	SND B13FL	New 99	
070.260	S260 AVL	Iveco 40-10	SND B13FL	New 99	
070.270	S261 AVL*	Iveco 35-10	FGY B13FL	New 98	

070.280	S262 AVL	Iveco 40-10	SND B13FL	New 99
070.290	S263 AVL	Iveco 40-10	SND B13FL	New 99
070.300	S264 AVL	Iveco 40-10	SND B13FL	New 99
070.310	S542 BTL	Iveco 49-10	O & H B16F	New 98
070.320	S 34 FFW	Iveco 49-10	O & H B16F	New 99
070.330	S 35 FFW	Iveco 49-10	O & H B16F	New 99
070.340	S 36 FFW	Iveco 49-10	O & H B16F	New 99
070.350	S382 FVL	Iveco 49-10	O & H B16FL	New 99
070.360	T380 RFW	Iveco 49-10	O & H B16FL	New 99
070.370	S 37 FFW	Iveco 49-10	O & H B16F	New 99
070.380	S 38 FFW	Iveco 49-10	O & H B16F	New 99
070.400	S 41 FFW	Iveco 49-10	O & H B16F	New 99
070.410	T381 RFW	Iveco 49-10	O & H B16FL	New 99
070.420	T183 SFW	Iveco 49-10	O & H B16FL	New 99
070.430	T382 RFW	Iveco 49-10	O & H B16FL	New 99
070.440	T383 RFW	Iveco 49-10	O & H B16FL	New 99
070.450	T384 RFW	Iveco 49-10	O & H B16FL	New 99
070.460	T184 SFW	Iveco 49-10	O & H B16FL	New 99
070.470	T185 SFW	Iveco 49-10	O & H B16FL	New 99
070.480	T187 SFW	Iveco 49-10	O & H B16FL	New 99
070.490	V621 XFE	Iveco 49-10	O & H C16F	New 99
070.500	V622 XFE	Iveco 49-10	O & H C16F	New 99
070.510	V623 XFE	Iveco 49-10	O & H C16F	New 99
070.520	V624 XFE	Iveco 49-10	O & H C16F	New 99
070.530	V625 XFE	Iveco 49-10	O & H C16FL	New 99
070.540	V626 XFE	Iveco 49-10	O & H C16FL	New 99
070.550	V153 XTL	Iveco 49-10	O & H C15FL	New 99
070.590	FY02 LSD*	Iveco 50C11	Mellor B16FL	New 02
071.220	N459 KTL	Iveco 49-10	CU B16FL	New 96
071.330	P512 RFW	Iveco 49-10	FGY B16F	New 97
071.340	P514 RFW	Iveco 49-10	FGY B16F	New 96
071.350	P511 RFW	Iveco 49-10	FGY B16F	New 97
071.400	R952 ETL	Iveco 49-10	CU B16FL	New 97
071.420	P929 TFE	Iveco 49-10	AMC B16F	New 97
071.440	P509 RFW*	Iveco 49-10	Mellor B16FL	New 96
071.450	P508 RFW	Iveco 49-10	FGY B16F	New 97
071.610	FY02 OXG	Renault Master	ADV B8FL	New 02
071.620	FY02 OXH	Renault Master	ADV B8FL	New 02
071.630	FY02 OXJ	Renault Master	ADV B8FL	New 02
071.820	YK04 PWB	Renault Master	MinO B8FL	New 04
071.900	BU05 SYX	Renault Master	MinO B16FL	New 05
071.910	BU05 SYY	Renault Master	MinO B16FL	New 05
071.950	BX55 JYU	Renault Master	MinO B16FL	New 05
072.250	M744 CVL	MB 814D	Cunliffe B32F	New 94
072.310	M410 FTL	MB 814D	Cunliffe B20F	New 95
072.380	R962 ETL*	Iveco 49-10	CU B20FL	New 97
072.390	V154 XTL	Iveco 49-10	O & H C15FL	New 99
072.400	V155 XTL	Iveco 49-10	CU B20FL	New 99
072.410	V156 XTL*	Iveco 49-10	CU B20FL	New 99
072.420	W403 KVL	Iveco 49-10	Mellor B20FL	New 00
073.010	P932 TFE	MB 814D	CU B33FL	New 96
073.020	R981 LFE	MB O814D	CU C32FL	New 97
073.030	W414 KFE	MB O814D	CU B30FL	New 00
073.180	MX55 LPE	Iveco 65C15	Mellor B16FL	New 05
073.190	MX55 LPC	Iveco 65C15	Mellor B16FL	New 05
073.200	MX55 LPA	Iveco 65C15	Mellor B16FL	New 05
073.210	MX55 LNW	Iveco 65C15	Mellor B16FL	New 05
073.240	FH52 EXM*	Iveco 40C13	TRC B20FL	Non-PSV 05
073.250	FH52 ETO*	Iveco 40C13	TRC B20FL	Non-PSV 06
104.250	BX54 FOP	Renault Master	MinO B16FL	New 05
104.260	BX54 FOT	Renault Master	MinO B16FL	New 05
500.160	FX04 CYJ	Renault Master	ADV B16FL	New 04
	E333 EVH	DAF MB230LB615	Van Hool C55F	Elsey,Gosberton 99
	H393 CJF	Dennis Javelin	Caetano C53F	Harrington,Silvertwn 96
	H749 UTV	Dennis Javelin	Duple C53F	Monetgrange,Nottnghm 94
	J509 LRY	Dennis Javelin	Caetano C53F	Tate,Markyate 96
	M753 CVL	Iveco 49-10	Cunliffe B16F	New 94
	M961 FFE*	Iveco 49-10	CU B20FL	New 94
	N448 KTL	Iveco 49-10	CU B20FL	New 96

```
N458 KTL    Iveco 49-10    CU B16FL         New 96
N465 KTL    Iveco 49-10    CU B16FL         New 96
N466 KTL*   Iveco 49-10    CU B16FL         New 96
N457 MFE    Iveco 49-10    TRC B16FL        New 96
N458 MFE    Iveco 49-10    TRC B16FL        New 96
N459 MFE*   Iveco 49-10    TRC B16FL        New 96
N461 MFE    Iveco 49-10    TRC B16F         New 96
N466 MFE    Iveco 49-10    TRC B16F         New 96
N467 MFE    Iveco 49-10    FGY B16F         New 96
N469 MFE    Iveco 49-10    TRC B16F         New 96
N470 MFE    Iveco 49-10    TRC B16F         New 96
N471 MFE*   Iveco 49-10    TRC B16F         New 96
N473 MFE*   Iveco 49-10    CU B20FL         New 96
N801 OFW    Iveco 49-10    Cunliffe B20F    New 96
N802 OFW    Iveco 49-10    Cunliffe B20F    New 96
N803 OFW    Iveco 49-10    Cunliffe B20F    New 96
P502 RFW    Iveco 49-10    TRC B16F         New 97
P505 RFW    Iveco 49-10    FGY B16F         New 97
P506 RFW    Iveco 49-10    FGY B16F         New 97
P510 RFW    Iveco 49-10    FGY B16F         New 97
P948 TFE    Iveco 49-10    TRC B16F         New 97
FY02 LSC    Iveco 50C11    Mellor B16FL     New 02
```

N.B.:- The un-numbered vehicles are due for early replacement & 067.022-4 are on loan to LB Barking & Dagenham (TF18-20).

```
J509 LRY*WIJ 297(3/96) & J509 LRY(1/94), M11 TLC*M952 HRY(11/99),
S66 TLC*S893 FVL(3/04) & T50 BGS(10/03), Y77 TLC*Y739 HWT(12/03),
Y88 TLC*Y754 HWT(4/04) & Y99 TLC*Y741 HWT(4/04)
```

U2   TRAVEL WRIGHT LTD

Depot:Brunel Business Park,Jessop Close,NEWARK,Nottinghamshire.

```
LIL 9842   Van Hool T815              C49F              Whyte &,Newmachar 96
TIW 5645   Van Hool T815              C49F              Whyte &,Newmachar 98
7179 TW    Volvo B10M-62              Caetano C49FT     New 99
YTO 861Y   Volvo B10M-61              Plaxton C53F      New 83
E434 YHL   Mercedes-Benz 709D         RB B25F           Smith,Alcester 18 91
F692 PAY   Dennis Javelin             Plaxton C35F      New 89
G378 NRC   Scania N113DRB             AR H47/33F        Holmeswood Coaches 03
G430 YAY   Dennis Javelin             Plaxton C53F      New 90
H160 DJU   Dennis Javelin             Plaxton C57F      New 90
L 29 CAY   Dennis Javelin             Caetano C53F      New 94
M553 SSA   EOS E180Z                  C49FT             Whyte &,Newmachar 97
N240 NNR   MAN 11.190                 Caetano C35F      New 95
N795 PDS   Mercedes-Benz 709D         Marshall B29F     New 96
P179 ANR   Dennis Javelin             Caetano C53F      New 96
P474 FJF   Mercedes-Benz 709D         Plaxton B27F      TRS,Leicester 03
P918 HNA   Dennis Javelin             Auwaerter C53F    Timeline,Bolton 918 02
R726 EGD   Mercedes-Benz O810D        Plaxton B31F      New 97
S577 FFE   Mercedes-Benz O814D        Plaxton C33F      New 98
S166 UAL   Optare Excel L1150         B45F              Trent 166 05
T 32 JBA   Mercedes-Benz O814D        Plaxton B31F      New 99
W222 LAY   Dennis Javelin             Caetano C53F      George,Hare Street 59 03
W889 MDT   Auwaerter N116/2           C49FT             New 00
W648 RCG   Dennis Javelin             Berkhof C53F      Horne,Hatch End 04
W322 SBC   MAN 18.310                 Caetano C49FT     New 00
W221 UGX   MAN 11.220                 Berkhof C35F      Pullmanor,Herne Hill 03
Y166 HWE   MAN 18.350                 Auwaerter C49FT   New 01
KV51 KZM   Mercedes-Benz O814D        Plaxton B33F      New 01
KP02 PUY   Dennis Dart SLF            Plaxton B29F      New 02
FN52 MZT   MAN 18.310                 Caetano C53F      New 02
YR52 ZKC   MAN 18.350                 Noge C49FT        Peter Carol,Bristol 05
```

```
LIL 9842*K546 GSS(3/96), TIW 5645*L958 NRS(2/98), 7179 TW*T707 SUT(8/04) &
YR52 ZKC*ROI 1417(6/05) & YR52 ZKC(3/05)
```

U3   **TRAVEL-WRIGHT (UK) LTD**

Depot:Beacon View Business Park,Farley Way,QUORN,Leicestershire.

```
P100 PAW   Mercedes-Benz 412D     Crystals C16FL      New 96
V100 OJW   Mercedes-Benz 410D     Frank Guy C16FL     New 99
TW52 BUS   Mercedes-Benz 413CDI   Frank Guy C14FL     New 02
TW03 BUS   Mercedes-Benz 411CDI   Frank Guy C14FL     New 03
```
~~~~~~
P100 PAW*P299 HKU(3/97)
~~~~~~

U4   **UK COACHES LTD**

Depot:c/o Smithsons,Huncote Road,STONEY STANTON,Leicestershire.

```
VIL 7441   Leyland TRCL10/3ARZM  Plaxton C53F    Watts,Old Tupton 02
YIL 1197   Van Hool T815         C49FT           W & H Motors,Crawley 05
A 8  UKC   Volvo B10M-62         Jonckheere C51FT Durham City,Brandon 05
A 9  UKC   DAF SB3000WS601       Van Hool C51F   Moxon,Oldcotes 03
K 77 SAS   Scania K113CRB        Van Hool C49FT  Tellings-GM,Twickenham 05
```
~~~~~~
VIL 7441*H706 EOD(12/02), YIL 1197*A20 BCT(9/05) & G516 LPW(9/92),
A8 UKC*T223 AGR(5/05) & T7 DCC(4/05) &
A9 UKC*YIL 1197(5/05) & M761 RCP(3/04) & M9 XON(8/03) & M761 RCP(8/01),
~~~~~~

U5   **S.G. ULPH.t/a BRECKS INTERNATIONAL**

Depot:Lincoln Street,ROTHERHAM,South Yorkshire.

```
NDZ 7923   Mercedes-Benz 811D     Wright B26F    Bond,Market Weighton 05
OIJ  201   Auwaerter N116/3       C48FT          Neals,Isleham 98
SGU  633   Bova FHD12-280         C49FT          New 86
BOK  80V   MCW Metrobus DR102     H43/30F        West Midlands 2080 00
GOG 104W   MCW Metrobus DR102     H43/30F        West Midlands 2104 01
GOG 270W   MCW Metrobus DR102     H43/30F        West Midlands 2270 00
```
~~~~~~
               OTHER VEHICLE OWNED BY THE COMPANY
                     * * * * * * *
```
PHL 454R   Bristol LHS6L          Plaxton C35F   Preserved(1977)
```
~~~~~~
OIJ 201*H166 RHE(12/95)
~~~~~~

U6   **G. & S. VALLANCE.t/a VALLANCEs COACHES**

Depot:13 Glebe Street,ANNESLEY WOODHOUSE,Nottinghamshire.

```
LIL 8540   Duple 425              C53FT           Bailey,Kirkby-Ashfield 04
PIL 4291   Mercedes-Benz 609D     Whittaker C19F  Blackburn,Bedford98
YJI 5231   Duple 425              C50FT           Dales,Hessay 04
EO02 EOX   LDV Convoy             LDV B16F        New Horizon,Alresford 05
```
~~~~~~
LIL 8540*F395 GNS(12/95), PIL 4291*E493 VHL(10/98) &
YJI 5231*E218 WWW(9/99) & 300 CUH(12/96) & E218 CFJ(3/94)
~~~~~~

                   VEOLIA TRANSPORT GROUP

U7   **ALPHA BUS & COACH LTD**

Depot:1 & 2 Wiltshire Rd,Dairycoates IE,KINGSTON-UPON-HULL,East Yorkshire.

```
CIB 2652   Dennis Javelin         Plaxton C68F    Careline,Birmingham 03
FNZ 1048   Volvo B10M-62          Plaxton C49FT   New 97
FNZ 1052   Scania K113CRB         Van Hool C49FT  Park,Hamilton 99
HJZ 4034   Volvo B10M-62          Plaxton C49FT   New 95
```

```
HJZ 4035    Volvo B10M-62          Plaxton C49FT    New 95
LCZ 5692    Bova FHD12-340         C30FT            Moor Dale,North Shields 99
MKZ 1562    Volvo B7R              Plaxton C53F     New 99
MKZ 1849    Volvo B10M-62          Plaxton C46FT    Bebb,Llantwit Fardre 00
NLZ 1692    Volvo B10M-62          Plaxton C53F     New 98
NLZ 1718    Volvo B10M-62          Plaxton C50FT    New 97
NUI 6043    Volvo B10M-62          Plaxton C53FT    New 96
YCZ 2347    Volvo B10M-62          Plaxton C53F     New 98
YCZ 2348    Volvo B10M-62          Plaxton C53F     New 98
YIL 4412    Volvo B10M-62          Plaxton C53F     New 96
GYE 415W    MCW Metrobus DR101     H43/28D          Metroline M415 05
CKS 390X    MCW Metrobus DR102     AR H45/33F       PC Coaches,Lincoln 03
ULS 615X    MCW Metrobus DR102     AR H45/33F       PC Coaches,Lincoln 03
A625 BCN    MCW Metrobus DR102     H46/31F          Imperial,Rainham 05
B250 WUL    MCW Metrobus DR101     H43/28D          Metroline M1250 05
B280 WUL    MCW Metrobus DR101     H44/27F          Dukes,Berry Hill 05
C398 BUV    MCW Metrobus DR101     CH43/28D         A London M1398 05
C757 OCN    MCW Metrobus DR102     H46/31F          Imperial,Rainham 05
D956 NDA    MCW Metrobus DR102     CH43/26F         Philson &,Sellindge 05
E320 BVO    Volvo B10M-50          EL H47/38D       Nottingham 320 04
E321 BVO    Volvo B10M-50          EL H47/38D       Nottingham 321 04
E323 BVO    Volvo B10M-50          EL H47/38D       Nottingham 323 04
S512 XCR    Dennis Dart SLF        SCC B44F         SCC(Demonstrator) 99
W813 UAG    Dennis Dart SLF        Plaxton B39F     New 00
W817 UAG    Dennis Dart SLF        Plaxton B39F     New 00
W204 YAP    Mercedes-Benz O814D    Plaxton C29F     Field,Aylmerton 03
W207 YAP    Mercedes-Benz O814D    Plaxton C29F     Field,Aylmerton 03
Y788 OFE    Mercedes-Benz 413CDI   Ferqui C16F      Burditt,Haywards Heath 03
Y   2 WGT   Ayats A3E/BR1          CH57/18DT        Thomas,Porth 03
YX03 MWG    Dennis Dart SLF        Plaxton B41F     New 03
YX03 MWJ    Dennis Dart SLF        Plaxton B41F     New 03
YX03 MWK    Dennis Dart SLF        Plaxton B41F     New 03
YX53 AEN    Mercedes-Benz 1836RL   C30FT            New 03
BX04 CSF    Mercedes-Benz 1836RL   C49FT            New 04
BX04 MZT    Mercedes-Benz 1836RL   C49FT            Evobus(Hire Fleet) 05
YX04 ANV    Mercedes-Benz 1836RL   C49FT            New 04
YX04 GSZ    Mercedes-Benz 1836RL   C49FT            New 04
YX04 HKK    Mercedes-Benz 1836RL   C49FT            New 04
YX04 JFZ    Mercedes-Benz 1836RL   C49FT            New 04
```

N.B.:- W813/7 UAG are used internally at the BAe sites at Salmesbury & Warton,Lancashire.

CIB 2652*F244 SAB(11/99) & GBB 254(5/99) & F244 SAB(8/97),
FNZ 1048*P48 TRH(10/04), FNZ 1052*N136 YMS(7/04),
HJZ 4034*M634 KAG(10/04), HJZ 4035*M635 KAG(9/04), LCZ 5692*N50 MDC(9/03),
MKZ 1562*S262 WAT(9/04), MKZ 1849*N49 MDW(10/04), NLZ 1692*S246 WAT(6/04),
NLZ 1718*P118 UAT(9/04), NUI 6043*N743 GKH(10/04),
YCZ 2347*S247 WAT(10/04), YCZ 2348*S248 WAT(10/04) &
YIL 4412*N744 GKH(10/04)

U8   BEBB TRAVEL PLC

Depot:The Coach Station,LLANTWIT FARDRE,Rhondda Cynon Taff.

```
CE52 UWP    Mercedes-Benz O814D    ACL C27F    New 02
CE52 UWR    Optare Solo M850       B27F        New 02
CE52 UWS    Optare Solo M850       B27F        New 02
CE52 UWT    Optare Solo M850       B27F        New 02
CE52 UWU    Optare Solo M850       B27F        New 02
CE52 UWV    Optare Solo M920       B31F        New 02
CE52 UWW    Optare Solo M920       B31F        New 02
CE52 UWX    Optare Solo M920       B31F        New 02
CE52 UWY    Optare Solo M920       B31F        New 02
CE52 UWZ    Optare Solo M920       B31F        New 03
CE52 UXA    Optare Solo M920       B31F        New 03
CE52 UXB    Optare Solo M920       B31F        New 03
CE52 UXC    Optare Solo M920       B31F        New 03
CE52 UXD    Optare Solo M920       B31F        New 03
```

```
CE52 UXF    Optare Solo M920      B31F                    New 03
CN53 NWB    Volvo B12M            Plaxton C49FT           New 04
CN04 NFD    Volvo B12M            Plaxton C49FT           New 04
CN04 NFE    Volvo B12M            Plaxton C49FT           New 04
CN04 NFF    Volvo B12M            Plaxton C49FT           New 04
CN04 NFG    Volvo B12M            Plaxton C49FT           New 04
CN04 NFK    Optare Solo M850      B27F                    New 04
CN04 NFL    Optare Solo M850      B27F                    New 04
CN04 NFM    Optare Solo M850      B27F                    New 04
CN54 HFB    Optare Solo M990      B35F                    New 04
CN54 HFC    Optare Solo M990      B35F                    New 04
CN54 HFD    Optare Solo M990      B35F                    New 04
CN54 HFE    Volvo B12M            Jonckheere C49FT        New 05
CN54 HFF    Volvo B12M            Jonckheere C49FT        New 05
CN54 HFG    Volvo B12M            Jonckheere C49FT        New 05
CN54 HFH    Volvo B12M            Jonckheere C49FT        New 05
CN54 HFJ    Volvo B12M            Jonckheere C49FT        New 05
CN54 HFK    Volvo B12M            Jonckheere C49FT        New 05
CN05 ARO    Optare Solo M850SL    B ?F                    New 05
CN05 DZF    Volvo B12B            Plaxton C49FT           New 05
CN05 DZG    Volvo B12B            Plaxton C49FT           New 05
CN05 DZH    Volvo B12B            Plaxton C49FT           New 05
CN05 DZJ    Volvo B12B            Plaxton C49FT           New 05
CN05 DZK    Volvo B12B            Plaxton C49FT           New 05
CN05 JYP    Optare Solo M850SL    B ?F                    New 05
CN55 MUE    Volvo B12B            Plaxton C49FT           New 06
```

U9 DUNN-LINE HOLDINGS LTD/LAMCOTE MOTORS (RADCLIFFE) LTD

Depots:Pearson Industrial Estate,Colliery Lane,HETTON-LE-HOLE,Durham,
         Unit 5,George Street,LINCOLN,Lincolnshire(*) &
         The Coach Station,Park Lane,Basford,NOTTINGHAM &
         c/o Walker,Ollerton Road,TUXFORD,Nottinghamshire(ex *).

```
0203    FE02 LZA    Scania K114EB4        Irizar C49FT          New 02
0301    YN03 DFZ    Scania K114EB4        Irizar C49FT          New 03
0302    YN03 DGE    Scania K114EB4        Irizar C49FT          New 03
0303    YJ03 GXZ    Volvo B12B            Van Hool C49FT        New 03
0304    YJ03 GXW    Volvo B12B            Van Hool C49FT        New 03
0401    FA04 LJK    Volvo B12B            Plaxton C49FT         New 04
0402    FA04 LJL    Volvo B12B            Plaxton C49FT         New 04
0403*   YN04 LWP    Optare Solo M920      B33F                  MAS,Lincoln 05
0404*   YN04 LWR    Optare Solo M920      B33F                  MAS,Lincoln 05
0405*   YN04 LWS    Optare Solo M920      B33F                  MAS,Lincoln 05
0406*   YN04 LWT    Optare Solo M920      B33F                  MAS,Lincoln 05
0407*   YN04 LWU    Optare Solo M920      B33F                  MAS,Lincoln 05
0501*   MX05 FOJ    MB 616CDI             Mellor B18F           New 05
0502*   MX05 FOK    MB 616CDI             Mellor B18F           New 05
0503*   MX05 FPL    MB 616CDI             Mellor B18F           New 05
0504*   MX05 SMO    MB 616CDI             Mellor B18F           New 05
0505    AE05 EVB    MAN 14.220            MCV B40F              New 05
5102    FE51 RCX    Volvo B7L             EL H47/29F            New 01
5103    FE51 RCY    Volvo B7L             EL H47/29F            New 01
5104    FE51 RCZ    Volvo B7L             EL H47/29F            New 01
5105    FE51 RBV    Volvo B6BLE           East Lancs B41F       New 01
5106    FE51 RBX    Volvo B6BLE           East Lancs B41F       New 01
5110    YL51 ZTS    Scania K114EB4        Irizar C49FT          New 02
5111    YL51 ZTU    Scania K114EB4        Irizar C49FT          New 02
5112    NK51 ORJ    Scania K124IB4        Van Hool C49FT        Durham,Hetton-le-Hole 02
5114    NK51 ORN    Scania K124IB4        Van Hool C49FT        Durham,Hetton-le-Hole 02
5115    NK51 ORO    Scania K124IB4        Van Hool C49FT        Durham,Hetton-le-Hole 02
5201    YR52 VFA    Scania K114IB4        Van Hool C49FT        New 02
5202    YR52 VFB    Scania K114IB4        Van Hool C49FT        New 02
5203    YR52 VFC    Scania K114IB4        Irizar C49FT          New 03
5206    FM52 GKX    Dennis Dart SLF       Plaxton B29F          New 03
5207    FM52 GKF    Dennis Dart SLF       Plaxton B29F          New 03
5208    FM52 GKV    Dennis Dart SLF       Plaxton B29F          New 03
5401    FJ54 ZDD    Volvo B12B            Plaxton C49FT         New 04
```

5402	FJ54 ZDE	Volvo B12B	Plaxton C49FT	New 04
5403	FJ54 ZDF	Volvo B12B	Plaxton C49FT	New 04
5404	FJ54 ZDG	Volvo B12B	Plaxton C49FT	New 04
5405	FJ54 ZDH	Volvo B12B	Plaxton C49FT	New 04
5406	FJ54 ZDK	Volvo B12B	Plaxton C49FT	New 04
5407	FD54 FGE	Dennis Dart SLF	Plaxton B39F	New 04
5408	FD54 FGF	Dennis Dart SLF	Plaxton B39F	New 04
5409	FD54 FGG	Dennis Dart SLF	Plaxton B39F	New 04
5410	FD54 DHN	Volvo B12B	Plaxton C49FT	New 04
5411	FD54 DHO	Volvo B12B	Plaxton C49FT	New 04
5412	AE54 NUC	MAN 14.220	MCV B39F	New 05
5413	AE54 NUF	MAN 14.220	MCV B39F	New 05
5414	AE54 MVZ	MAN 14.220	MCV B39F	New 05
5501	FJ55 BXO	MAN 14.280	Caetano C24FT	New 05
5502	FJ55 YCE	Volvo B12B	SUN C53F	New 05
5503	FJ55 YCF	Volvo B12B	SUN C53F	New 05
5504	FJ55 YCG	Volvo B12B	SUN C53F	New 05
5505	FJ55 YCH	Volvo B12B	SUN C53F	New 05
5506	FJ55 YCK	Volvo B12B	SUN C53F	New 05
5507	FJ55 YCL	Volvo B12B	SUN C53F	New 05
5508	FJ55 YCM	Volvo B12B	SUN C53F	New 05
5509	FJ55 YCN	Volvo B12B	SUN C53F	New 05
5510	FJ55 YCO	Volvo B12B	SUN C53F	New 05
5511	FJ55 YCP	Volvo B12B	SUN C53F	New 05
5512	FJ55 XBA	Volvo B12B	Plaxton C49FT	New 05
5513	FJ55 XBB	Volvo B12B	Plaxton C49FT	New 05
5514	FJ55 XBC	Volvo B12B	Plaxton C49FT	New 05
5515	FJ55 XBD	Volvo B12B	Plaxton C49FT	New 05
	ECZ 9139	Volvo B10M-62	Plaxton C49FT	New 99
	GLZ 3140	Volvo B10M-61	East Lancs B53F	Hutchison,Overtown 92
	KSK 932	Volvo B10M-61	MMCI C55F	Hodge,Sandhurst 99
	LAZ 4364	Ford Transit	Mellor C12F	Buffalo,Flitwick 39 02
*	LXI 2743	MCW DR102	H43/30F	Buffalo,Flitwick 65 02
	MIL 8330	Volvo B10M-60	Plaxton C53F	Westbus,Hounslow 98
	MIL 8341	Volvo B10M-56	EL CH45/35F	Tillingbourne,Cranlgh 97
	SIL 8752	Volvo B10M-61	MMCI C55F	Hutchison,Overtown 99
	WJI 9361	Volvo B10M-61	East Lancs B53F	Hutchison,Overtown 95
*	WJI 9362	Volvo B10M-61	East Lancs B53F	S South T757 98
	7178 KP	MCW DR102	H43/30F	Buffalo,Flitwick 66 02
	KKH 372N	Leyland AN68/1R	PR O43/31F	Durham,Hetton-le-Hole 02
	BOK 76V	MCW DR102	H43/30F	West Midlands 2076 01
	BOK 83V	MCW DR102	H43/30F	West Midlands 2083 01
	GOG 119W	MCW DR102	H43/30F	West Midlands 2119 01
	GOG 127W	MCW DR102	H43/30F	West Midlands 2127 02
	GOG 216W	MCW DR102	O43/30F	West Midlands 2216 02
	GOG 248W	MCW DR102	H43/30F	West Midlands 2248 02
	KJW 312W	MCW DR102	H43/30F	West Midlands 2312 01
	LOA 357X	MCW DR102	H43/30F	West Midlands 2357 02
*	LOA 369X	MCW DR102	H43/30F	West Midlands 2369 02
	POG 476Y	MCW DR102	H43/30F	West Midlands 2476 02
	POG 566Y	MCW DR102	H43/30F	West Midlands 2566 02
*	POG 569Y	MCW DR102	H43/30F	West Midlands 2569 02
	ROX 611Y	MCW DR102	H43/30F	West Midlands 2611 03
	A398 CRA	Volvo B10M-50	EL H49/37D	Nottingham 346 00
*	A399 CRA	Volvo B10M-50	EL H49/37D	Nottingham 347 00
	A690 UOE	MCW DR102	H43/30F	West Midlands 2690 02
	B306 KVO	Volvo B10M-50	EL H51/35D	Nottingham 306 00
	C308 NRC	Volvo B10M-50	NC H49/35D	Nottingham 308 02
	C309 NRC	Volvo B10M-50	NC H49/35D	Nottingham 309 02
	D234 FYM	Leyland ONLXB/1RH	ECW H42/26D	A Southern 5388 05
	E935 CDS	Leyland LDTL11/1R	AR CH49/37F	Nottingham 395 01
*	E200 WHS	Scania N112DRB	EL H47/33F	Nottingham 361 00
*	F992 XOE	MCW DR102	H43/30F	West Midlands 2992 05
*	F993 XOE	MCW DR102	H43/30F	D & G,Kingstone 67 05
*	F 38 XOF	MCW DR102	H43/30F	West Midlands 3038 05
*	F 48 XOF	MCW DR102	H43/30F	West Midlands 3048 05
*	F 59 XOF	MCW DR102	H43/30F	West Midlands 3059 05
*	F 79 XOF	MCW DR102	H43/30F	West Midlands 3079 05
*	F 81 XOF	MCW DR102	H43/30F	West Midlands 3081 05

```
  * F104 XOF    MCW DR102          H43/30F           West Midlands 3104 05
  * F304 XOF    MCW DR102          H43/30F           West Midlands 3004 05
  * F306 XOF    MCW DR102          H43/30F           West Midlands 3006 05
  * F310 XOF    MCW DR102          H43/30F           West Midlands 3010 05
    G 50 BEL    MB 811D            WS B31F           Buffalo,Flitwick 50 02
    G533 LWU    Volvo B10M-60      MMCI C55F         Risk,Plymouth 00
  * K586 MGT    Dennis Dart        Plaxton B32F      MAS,Lincoln 05
    L950 MBH    MB 811D            Plaxton B31F      J Line,Smethwick 04
    L773 RWW    MB 811D            Plaxton B31F      A Midlands 1253 04
    M452 EDH    MB 811D            Marshall B31F     A Midlands 1232 03
    M456 EDH    MB 811D            Marshall B31F     A Midlands North 456 03
    M457 EDH    MB 811D            Marshall B31F     A Midlands North 457 03
    M461 EDH    MB 811D            Marshall B31F     A Midlands North 461 03
    M156 LNC    MB 811D            ARB B31F          A North West 168 04
    M157 LNC    MB 811D            ARB B31F          A North West 169 04
  * N156 BOF    Optare MR15        B31F              MAS,Lincoln 05
  * N157 BOF    Optare MR15        B31F              MAS,Lincoln 05
    N464 EHA    MB 811D            Alexander B33F    A Midlands 1244 04
    N465 EHA    MB 811D            Alexander B33F    A Midlands 1245 04
    N784 EUA    MB 811D            Plaxton B31F      A North West 194 04
    N 67 MDW    MB 811D            ACL B33F          Bebb,Llantwit Fardre 98
    N 69 MDW    MB 811D            ACL B33F          Bebb,Llantwit Fardre 98
  * N 91 WOM    Optare MR15        B31F              MAS,Lincoln 05
  * N 93 WOM    Optare MR15        B31F              MAS,Lincoln 05
    N269 XOJ    Optare MR15        B31F              MAS,Lincoln 05
  * N270 XOJ    Optare MR15        B31F              MAS,Lincoln 05
  * P539 PNE    MB O810D           Plaxton B27F      S GM Buses Sth 42539 05
  * P547 PNE    MB O810D           Plaxton B27F      S GM Buses Sth 42547 05
    R127 LNR    MB O814D           Plaxton B27F      A Midlands 1127 05
    R128 LNR    MB O814D           Plaxton B27F      A Midlands 1128 05
    R138 LNR    MB O814D           Plaxton B27F      A Midlands 1138 05
  * S782 FFW    MB O814D           Plaxton B29F      MAS,Lincoln 05
    T 39 CNN    Volvo B10M-62      Plaxton C49FT     New 99
    T758 JYB    Bova FHD12-340     C49FT             Cowdrey,Gosport 01
  * V457 JTO    Volvo B10M-62      JE C51FT          New 00
    V464 YVL    MB O814D           Plaxton B33F      ITG,South Anston 01
    W381 PRC    Volvo B10M-62      Plaxton C49FT     New 00
    W382 PRC    Volvo B10M-62      Plaxton C49FT     New 00
    W384 PRC    Volvo B10M-62      Plaxton C49FT     New 00
    W385 PRC    Volvo B10M-62      Plaxton C49FT     New 00
    W386 PRC    Volvo B10M-62      Plaxton C49FT     New 00
    W387 PRC    Volvo B10M-62      Plaxton C49FT     New 00
    W388 PRC    Volvo B10M-62      Plaxton C49FT     New 00
    W389 PRC    Volvo B10M-62      Plaxton C49FT     New 00
    Y336 AUT    Volvo B10M-62      Plaxton C53F      New 01
    Y337 AUT    Volvo B10M-62      Plaxton C53F      New 01
    Y338 AUT    Volvo B10M-62      Plaxton C53F      New 01
    Y 61 HHE    Scania L94IB       Irizar C49FT      New 01
    Y 64 HHE    Scania L94IB       Irizar C49FT      New 01
~~~~~~~~~~~~~~~~~~~~~~~~~~~~~~~~~~~~~~~~~~~~~~~~~~~~~~~~~~~~~~~~~~~~~~~~~~~~~
ECZ 9139*T38 CNN(11/02), GLZ 3140*D498 PYS(12/02reb),
KSK 932*E153 XHS(11/91reb), LAZ 4364*N539 DNW(4/02),
LXI 2743*GOG 213W(12/01), MIL 8330*H933 DRJ(4/98),
MIL 8341*FGD 827X(3/98reb),
SIL 8752*E648 CHS(10/02reb) & KSK 933(3/96) & E154 XHS(11/91),
WJI 9361*D391 PYS(12/98reb),
WJI 9362*TOS 757X(12/98reb) & GSU 950(3/95) & GGE 131X(4/88),
7178 KP*KJW 314W(11/01), KKH 372N*RCN 111N(6/01),
E935 CDS*VLT 204(6/94) & E164 YGB(12/92) & V457 JTO*H5 BOB(1/05)
~~~~~~~~~~~~~~~~~~~~~~~~~~~~~~~~~~~~~~~~~~~~~~~~~~~~~~~~~~~~~~~~~~~~~~~~~~~~~
```

V1   S. WALLIS.t/a WALLIS COACHWAYS

Depot:Brailwood Road,Bilsthorpe IE,BILSTHORPE,Nottinghamshire.

```
    L 64 YJF    Toyota HZB50R      Caetano C21F      Gregory,Netherton 01
    M976 NFU    Kassbohrer S250    C48FT             Q Drive,Battersea 98
    M691 ROM    Mercedes-Benz 609D TBP B15FL         WMSNT,Birmingham 98
    N593 GBW    Dennis Javelin     Caetano C53F      Forsyth,Glasgow 97
```

V2   R. & S. WATERSON.t/a WATERSONs

Depot:68 Highfield Road,HEMSWORTH,West Yorkshire.

```
B357 UCW   Leyland TRCTL11/3R      Duple C55F        Abbott,Blackpool 01
C101 LUS   Volvo B10M-61           Plaxton C52F      Doig,Glasgow 101 91
H 14 CHN   Volvo B10M-60           Ikarus C53F       Cherrybriar,Bow 96
H538 ENX   Ford Transit            Dormobile B16FL   Coventry City Council 04
H519 YCX   DAF SB2305DHTD585       Duple C57F        Kenyon,Clifton 03
J593 BWW   Leyland ST2R            RB C37F           Cropper,Kirkstall 96
J417 HDS   Volvo B10M-60           Plaxton C53F      S Cambus 98
L 42 CNY   Volvo B10M-60           Plaxton C47FT     Heyfordian,Upr Heyford 98
L992 CRY   Toyota HZB50R           Caetano C18F      Clarke,Ecclesfield 02
L 25 FNC   Mercedes-Benz 410D      DC B14FL          GM Accessible Tpt 02
M 50 RSW   Mercedes-Benz 1223L     Ferqui C35F       New 03
N115 RJF   Volvo B10M-62           Jonckheere C49FT  Moseley(Hire Fleet) 02
N116 RJF   Volvo B10M-62           Jonckheere C49FT  Johnsons,Henley-Arden 02
```
H14 CHN*H301 VWJ(12/91)

V3   WELSHs COACHES LTD

Depot:Field Lane,UPTON,West Yorkshire.

```
W  6 HOL   Kassbohrer S415HD       C49FT             New 03
W  7 HOL   Kassbohrer S415HD       C49FT             New 04
W 10 HOL   Kassbohrer S415HD       C49FT             New 05
X846 HEE   Mercedes-Benz 412D      ACL C16F          New 00
Y751 DDA   Kassbohrer S315GTHD     C49FT             New 01
BU51 FXF   Kassbohrer S315GTHD     C49FT             New 02
YN05 CPZ   Mercedes-Benz 313CDI    ? C16F            New 05
```

V4   R. WESTON & PARTNERS.t/a TOTAL TRAVEL

Depot:Unit 9,The Garage,Thurmaston IE,Melton Rd,THURMASTON,Leicestershire.

```
LLZ 4067   Duple 425               C53FT             Morrin,Glasgow 06
MIL 9577   Dennis Javelin          Duple C53FT       Weston,Grosby 05
YIL 7182   Dennis Javelin          Duple C57F        Weston,Grosby 05
MVO 422W   Leyland AN68A/1R        NC H47/31D        Nottingham 922 99
RNU 434X   Leyland AN68C/1R        NC H47/31D        Nottingham 434 99
POG 540Y   MCW Metrobus DR102      H43/30F           NE West Midlands 2540 05
ROX 625Y   MCW Metrobus DR102      H43/30F           NE West Midlands 2625 05
ROX 640Y   MCW Metrobus DR102      H43/30F           NE West Midlands 2640 04
ROX 647Y   MCW Metrobus DR102      H43/30F           NE West Midlands 2647 04
ROX 664Y   MCW Metrobus DR102      H43/30F           NE West Midlands 2664 04
A738 WVP   MCW Metrobus DR102      H43/30F           UK Coaches,Countesthrpe 05
B781 AOC   MCW Metrobus DR102      H43/30F           NE West Midlands 2781 05
C 16 ACT   Scania K112TRS          PN CH55/20CT      Williams,Ancaster 05
L865 CKE   LDV 400                 Dormobile B16FL   Non-PSV(Skegness) 05
```
LLZ 4067*F365 MUT(8/03), MIL 9577*G507 SAP(10/96),
YIL 7182*E696 CRC(11/04) & A6 BCG(12/99) & E696 CRC(11/97),
A738 WVP*YIL 1197(9/05) & A738 WVP(5/05) &
C16 ACT*C369 KER(5/00) & LIB 1745(10/99) & C953 UEW(12/95) &
       299 SAE(12/95) & C861 MGB(10/92) & VLT 37(12/90) & C352 DWR(12/89)

V5   E.E. WHITEHEAD & SONS (COACHES) LTD

Depot:The Garage,Burcroft Hill,CONISBROUGH,South Yorkshire.

```
DSU  751    Volvo B58-56            Plaxton C53F    Shaw,Worsborough 94
EIW  578    Leyland TRCTL11/3R      Plaxton C53F    Dewhirst,Bradford 92
NIW 2399    Leyland TRCTL11/3RH     Duple C57F      Tresize,Wigan 00
TIL 8275    Duple 425               C53FT           Bovington,Margate 03
EHB 546V    Bedford YMT             Plaxton C53F    Hawthorn,Barry 84
C 38 CWT    Leyland TRCTL11/2RH     Plaxton C53F    A North East 1331 01
D 65 BSC    Leyland TRCTL11/3RH     Duple C55F      Lothian 65 00
```
~~~~~~
DSU 751*HFH 202(6/90) & HUH 769N(9/86reb), EIW 578*B100 UWR(1/93),
NIW 2399*C309 ENA(6/92) &
TIL 8275*G631 CRL(5/01) & YSV 994(10/00) & G631 CRL(6/98)
~~~~~~

V6   WIDE HORIZON COACHES LTD

Depot:17 Jacknells Road,Dodwells Bridge IE,HINCKLEY,Leicestershire.

```
SIB 3272    Leyland ONLXCT/2R       EL CH47/29F     Gretton,Peterborough 03
VIL 1606    Kassbohrer S215H        C53F            Evobus(Hire Fleet) 02
VIL 2971    DAF SB2005DHU605        Plaxton C46F    IPH,Sapcote 04
YIL 3960    Iveco 391E              Beulas C51FT    Buchanan,Strettn Sugwas 04
YIL 3961    Bova FHD12-340          C49F            New 96
YIL 3962    Auwaerter N516SHD       C48FT           MCH,Uxbridge 05
YIL 3963    DAF DE33WSSB3000        Berkhof C51FT   Ferris,Nantgarw 03
YIL 3964    Volvo B10M-62           Plaxton C49FT   Harrison,Morecambe 02
YIL 3965    Dennis Dart             Carlyle B35F    Warrington 217 01
MVO 425W    Leyland AN68A/1R        NC H47/31D      PC Coaches,Lincoln 04
L685 CDD    Mercedes-Benz 709D      ARB B25F        S Devon 40685 05
```
~~~~~~
SIB 3272*C287 BBP(8/92),
VIL 1606*NTH 291X(7/02) & TSU 607(2/00) & GVV 127X(10/90) &
        405 MDV(9/89) & ENH 90X(12/84), VIL 2971*A128 MFL(11/02),
YIL 3960*R503 RCH(7/04) & 942 AYA(8/03) & R503 RCH(3/03),
YIL 3961*N196 DYB(7/04), YIL 3962*YN51 XMT(7/05), YIL 3963*N615 BCF(7/04),
YIL 3964*M664 GJF(7/04) & 7121 RU(3/02) & M664 GJF(8/96) &
YIL 3965*H845 NOC(7/04)
~~~~~~

V7 P.J. WILDE & D.T. & A.S. WARD.t/a ALBERT WILDE COACHES

Depot:121 Parkside,HEAGE,Derbyshire.

```
  4   A737 HFP    Bova EL29/581           C53F                Jennings,Southend 92
  5   F437 UOT    MAN 16.290              Jonckheere C53F     Coliseum,West End 01
  7   K120 LSR    DAF SB3000DKVF601       Van Hool C49FT      Eales,Ecclesfield 05
      A206 LPP    Bova EL26/581           C53F                Graham,Gilsland 95
      F609 HGO    DAF SB2305DHS585        Van Hool C55F       Lawman &,Pytchley 20 03
```
~~~~~~
F609 HGO*WUT 866(3/03) & F609 HGO(4/96), F437 UOT*MIB 649(2/99) &
K120 LSR*A5 PMX(3/05) & K120 LSR(7/01) & YSU 990(4/01) & K120 LSR(1/00) &
WFE 36(3/99) & K120 LSR(3/95)
~~~~~~

WILFREDA LUXURY COACHES LTD/E.A. HART LTD/ROEVILLE TOURS LTD

Depot:Apex Garage,Church Street,ADWICK-LE-STREET,South Yorkshire.

```
200   YJ54 UBR    Optare Solo M850        B28F            New 04
202   YJ54 UBW    Optare M780SL           B24F            New 04
204   YJ54 UBV    Optare M780SL           B24F            New 04
207   Y337 HWT    Optare Solo M850        B27F            New 01
410   V330 EAK    Scania N113DRB          EL CH47/31F     New 99
411   V320 EAK    Scania N113DRB          EL CH47/31F     New 99
413   YR02 ZMX    MB O814D                Plaxton C33F    New 02
```

```
414      Y334 HWT    Optare Solo M850  B27F              New 01
418      Y338 HWT    Optare Solo M850  B27F              New 01
613      R202 XKU    Dennis Javelin    Plaxton C57F      New 97
614      R203 XKU    Dennis Javelin    Plaxton C57F      New 97
615      Y747 OBE    MB 413CDI         Ferqui C16F       New 01
         CUV 280C    AEC Routemaster   PR H40/32R        A London RML2280 06
         JWL 993N    BL VRT/SL2/6G     ECW H43/34F       Johnson,Hodthorpe 04
         JWL 997N    BL VRT/SL2/6G     ECW H43/34F       Johnson,Hodthorpe 04
         PFE 544V    BL VRT/SL3/6LXB   ECW H43/31F       Johnson,Hodthorpe 04
         A541 HAC    Leyland ONLXB/1R  ECW H45/32F       Stringer,Pontefract 01
         T410 OWA    Scania L94IB      Irizar C49FT      New 99
         V310 EAK    Scania L94IB      Irizar C49FT      New 99
         FY02 WHR    MB 1223L          Ferqui C36F       New 02
         YS02 XPB    MB O814D          Plaxton C33F      New 02
         YN04 AXC    AU N316SHD        C49FT             New 04
         YJ54 UBP    Optare Solo M850  B28F              New 04
         YJ54 UBT    Optare Solo M850  B28F              New 04
         YJ54 UBU    Optare Solo M850  B28F              New 04
         YN54 DCE    MB O814D          Plaxton B33F      New 04
         YN54 OAO    Scania K94IB4     Irizar C70F       New 05
         YN54 OAP    Scania K94IB4     Irizar C70F       New 05
         YN54 OAU    Scania K94IB4     Irizar C70F       New 04
         YN54 OAV    Scania K94IB4     Irizar C70F       New 04
         YN54 OAW    Scania K94IB4     Irizar C70F       New 05
         YN54 VVP    BMC 1100FE        B60F              New 04
         YN54 VVR    BMC 1100FE        B60F              New 04
         YN54 XBM    BMC 1100FE        B60F              New 04
         YN54 XBO    BMC 1100FE        B60F              New 04
         YJ05 XOO    Optare X1200      B36F              New 05
```

OTHER VEHICLES OWNED BY THE COMPANY
* * * * * * *

```
         RDU 903     AEC Reliance      Burlingham C41C   Preserved(1955)
         304 VHN     Daimler CCG5DD    Roe H33/28R       Preserved(1964)
```

V9   M.D. WILKINSON.t/a WILKINSONs

Depot:Barbot Hall IE,Mangham Road,Parkgate,ROTHERHAM,South Yorkshire.

```
J404 KBV    DAF 400              Cunliffe B10FL    Thomas,Plymouth 01
J932 MKC    DAF 400              Cunliffe B16F     Sefton Borough Council 01
J 98 SDH    Mercedes-Benz 709D   Carlyle C25FL     Patterson,Birmingham 03
L944 AYS    Volvo B6             Caetano C35F      King,Stickney 05
M848 PEF    LDV 400              Cunliffe B12FL    North Yorkshire Council 03
R754 AOE    LDV Convoy           LDV B16F          Non-PSV(Redhill) 03
T789 LNT    LDV Convoy           LDV B16F          Non-PSV 03
Y167 HWA    LDV Convoy           ? C16F            Non-PSV(Van) 04
```
J98 SDH*J15 MCK(10/02) &
L944 AYS*7132 ET(3/02) & L944 AYS(9/00) & 7921 AT(2/96) & L37 DBC(12/94)

W1   A.C. WILLIAMS LTD

Depot:139 Ermine Street,ANCASTER,Lincolnshire.

```
BHZ 9541    Leyland ONLXB/1R     EL H43/31F        Rennie,Dunfermline 05
IIL 6243    Kassbohrer S215HD    C49FT             Goodwin,Stockport 95
KSK  957    Van Hool T815        C49FT             Wright,Newark 03
NIL 4860    Van Hool T815        C49FT             Gordon,Easton Bridge 03
TIL 6722    Volvo B10M-61        Berkhof C49FT     Martin,Midsomer Norton 05
TJI 6707    Scania K112CRB       Berkhof C53F      Gretton,Peterborough 03
WAC  828    Scania K113TRB       Irizar C49FT      Dawes,Kneesworth 03
115  CLT    Kassbohrer S228DT    CH54/20CT         X Country,Castle Eaton 02
ACW   1R    Scania K113CRB       Irizar C49FT      Belle Vue,Wakefield 99
NNN 471W    Leyland AN68A/1R     Roe H46/34F       Marshall,Sutton-o-Trent 03
AEF 226Y    Leyland ONLXB/1R     ECW H45/32F       Rennie,Dunfermline 05
```

```
OHV 688Y   Leyland TNLXB/2RR     Leyland H44/27F   Rennie,Dunfermline 05
A462 HJF   DAF SB2300DHS585      Plaxton C53F      Marshall,Sutton-o-Trent 02
B554 ATX   Leyland ONLXB/1R      EL H43/31F        Rennie,Dunfermline 05
B558 ATX   Leyland ONLXB/1R      EL H43/31F        Rennie,Dunfermline 05
C 6  ACW   Scania K113TRB        Irizar C51FT      Silver,East Kilbride 00
C 9  ACW   Scania K113TRB        Irizar C51FT      Kings Ferry,Gillingham 01
C 12 ACW   Scania K113TRB        Irizar C51FT      Kings Ferry,Gillingham 01
E497 CHS   Volvo B10M-61         Duple C55F        Anderson,Lower Largo 03
J707 MBC   Toyota HDB30R         Caetano C21F      Smith,Corby Glen 00
```
~~~~~~
BHZ 9541*B555 ATX(9/01),
IIL 6243*CBA 1L(11/93) & AVG 568X(1/89) & 21 CWP(11/88) & UPH 628X(5/82),
KSK 957*B925 OFP(3/04) & 7179 TW(11/03) & B925 OFP(10/85),
NIL 4860*C924 PFL(4/97) & TIL 6722*780 VHW(11/00) & A573 RVW(1/87),
TJI 6707*C775 KWL(7/96) & 9467 MU(12/95) & C829 LJN(3/92),
WAC 828*M985 LAG(1/99), 115 CLT*SWH 67(2/91) & B149 NPE(2/88),
ACW 1R*M251 TAK(3/00), OHV 688Y*BHZ 9543(7/05) & OHV 688Y(9/01),
A462 HJF*A15 DAF(3/02) & A462 HJF(2/92),
B554 ATX*BHZ 9542(4/05) & B554 ATX(9/01),
B558 ATX*BHZ 9548(4/05) & B558 ATX(9/01), C6 ACW*M17 KFC(7/01),
C9 ACW*N996 XNT(5/02), C12 ACW*P986 LKL(9/01) &
E497 CHS*KSK 934(11/95) & E155 XHS(11/91)
~~~~~~

W2   E. & J.A. WILSON

Depot:Plot 5,Bankwood Lane Industrial Estate,ROSSINGTON,South Yorkshire.

```
GIJ 9093   Volvo B10M-61         Van Hool C49FT     Bannister,Owston Ferry 02
HIL 6813   Volvo B10M-61         Jonckheere C49FT   Cantabrica,St Albans 92
PIW 5010   Volvo B10M-61         Ikarus C53F        Simpson,Rosehearty 98
SJI 4780   Volvo B10M-61         Duple C51FT        Morris,Pentrefelin 95
H 6  HJC   Volvo B10M-60         Van Hool C50F      Lopes &,Corfe Mullen 04
```
~~~~~~
GIJ 9093*A195 MNE(11/89),
HIL 6813*DGS 682X(3/92) & 310 CCH(10/90) & BNK 854X(12/88),
PIW 5010*E315 NWK(2/98) & 4012 VC(10/97) & E315 NWK(12/96) &
         6267 AC(2/96) & E422 KAC(12/93),
SJI 4780*ADU 388X(6/94) & 755 ABL(2/94) & FHS 732X(10/85) &
H6 HJC*J408 AWF(11/98)
~~~~~~

W3   PAUL S. WINSON LTD

Depots:The Coach Station,Royal Way &
       c/o Kinch,Unit 3,Sullivan Way,LOUGHBOROUGH,Leicestershire.

```
43  N  3   PSW   DAF DE33WSSB3000  Van Hool C53F    New 95
50  2968   PW    Bova FHD12-340    C53F             New 97
54  NNN 479W     Leyland AN68A/1R  Roe H46/34F      Nottingham 79 98
55  R  5   PSW   Dennis Javelin    Plaxton C53F     New 98
56  R  6   PSW   Dennis Javelin    Plaxton C53F     New 98
57  T  7   PSW   Bova FHD12-340    C53F             New 99
58  T  8   PSW   Bova FHD12-340    C53F             New 99
59  T  9   PSW   MB O814D          Plaxton DP29F    New 99
63  V 10   PSW   MB O814D          Plaxton DP29F    New 99
67  W  9   PSW   Bova FHD12-370    C53FT            New 00
68  A 95   KWW   Leyland ONLXB/1R  ECW H45/32F      B Keighley & D. 367 01
70  Y 70   PSW   MB O814D          Plaxton C33F     New 01
74  P 60   PSW   Volvo B10M-62     Jonckheere C53F  Wallace Arnold 01
80  P 80   PSW   Volvo B10M-62     Plaxton C50F     Volvo(Hire Fleet) 02
81  CWR 525Y     Leyland ONLXB/1R  ECW H45/32F      B Lancashire 02
82  R 80   PSW   MB O810D          Plaxton B29F     James,Tetbury 02
83  G129   NRC   LD ONCL10/2RZ     NC H49/34F       Nottingham 699 02
84  P 40   PSW   Volvo B10M-62     Plaxton C50F     Wallace Arnold 03
86  W 10   PSW   Volvo B10M-62     Jonckheere C49FT Skills,Nottingham 91 03
88  C651   VMX   LD ONLXB/1RH      ECW H42/30F      Isle of Man Tpt 12 03
89  AW53   PSW   MB 614D           Crest C19F       New 03
90  BW04   PSW   Volvo B12B        Jonckheere C53F  New 04
```

```
 93   R279 RAU   MB O810D          Plaxton B31F      Trent 279 04
 94   R282 RAU   MB O810D          Plaxton B31F      Trent 282 04
 95   G333 NRC   Volvo B10M-50     AR H47/35F        Nottingham 333 04
 96   G335 PAL   Volvo B10M-50     AR H47/37F        Nottingham 335 04
 98   CW05 PSW   Dennis Dart SLF   Plaxton B29F      New 05
 99   DW05 PSW   Dennis Dart SLF   Plaxton B29F      New 05
100   06         Volvo B12B        Jonckheere C53FT  on order 06
101   06         Volvo B12B        Jonckheere C53FT  on order 06
```

OTHER VEHICLE OWNED BY THE COMPANY
* * * * * * *

```
  1   EBC 567T   Bedford YMT       Unicar C53F       Preserved(1979)
```

```
2968 PW*P50 PSW(3/04),
C651 VMX*C72 CHM(8/03) & EMN 212U(8/03) & C72 CHM(3/00),
P40 PSW*P348 VWR(2/03), P60 PSW*P357 VWR(3/02), P80 PSW*P336 VWR(2/02),
R80 PSW*R252 SDT(6/02) & W10 PSW*W191 SNR(3/03)
```

W4   WISDOM (COACHES) LTD

Depot:Site 19,Manor Street IE,Enfield Avenue,LEEDS,West Yorkshire.

```
DAZ 5465    Leyland TRCTL11/3RZ   Jonckheere C50FT  Thorn,Rayleigh 93
DAZ 6071    Leyland TRCTL11/3R    Plaxton C49FT     Cooper,Gilesgate Moor 97
DHZ 3207    Mercedes-Benz 609D    Crystals C24F     Hetherington,Stocksfld 97
GIL 9489    Van Hool T815         C49FT             GJ Travel,Eccles 04
NAT 860A    Leyland TRCTL11/3RZ   Duple C49F        Lewis,Maenclochog 02
```

```
DAZ 5465*D101 XRY(12/94),
DAZ 6071*LAG 533Y(9/98) & 32 CHY(2/96) & DFP 495Y(5/88) & 9975 VT(12/87) &
         BAJ 639Y(5/87),
DHZ 3207*F39 GAW(9/04) & 3408 NT(2/94) & F201 LPD(2/92),
GIL 9489*UDM 38(6/91) & FLG 776X(4/88) & NAT 860A*C136 CFB(11/89)
```

W5   WOMBWELL COACH TOURS LTD

Depot:The Bus Garage,6 Clayton Lane,THURNSCOE,South Yorkshire.

```
R  2   WCT   Volvo B10M-62    Berkhof C49FT      Shamrock,Pontypridd 05
R  3   WCT   Volvo B10M-62    Berkhof C49FT      Cantabrica,St Albans 04
T  4   WCT   Volvo B10M-62    Berkhof C49FT      Shaw Hadwin,Carnforth 04
PG02 YVY     Volvo B12M       Jonckheere C53F    Park,Hamilton 05
PG02 YWJ     Volvo B12M       Jonckheere C53F    Park,Hamilton 05
```

```
R2 WCT*R921 ULA(7/05), R3 WCT*R908 ULA(8/04), T4 WCT*T74 JKG(5/04),
PG02 YVY*LSK 824(10/04) & PG02 YWJ*LSK 821(10/04)
```

W6   C.E. WOOD.t/a WOODs COACHES

Depot:Wakefield Road,New Lodge,BARNSLEY,South Yorkshire.

```
T 65 AUA    DAF DE33WSSB3000    Van Hool C51FT    Hughes-DAF(Hire Fleet) 00
YJ51 ELW    DAF DE33WSSB3000    Van Hool C49FT    New 02
YG52 CJX    DAF DE33WSSB3000    Van Hool C49FT    New 03
YJ04 BHW    DAF DE40XSSB4000    Van Hool C49FT    New 04
```

W7   **WOODs COACHES LTD**

Depot:Bedford Road,WIGSTON,Leicestershire.

```
AHZ 5195    Mercedes-Benz 709D    RB B25F             Dart,Paisley M62 00
CHZ 4743    Mercedes-Benz 709D    Alexander B25F      A Midlands 1371 02
CHZ 4744    Volvo B10M-62         Plaxton C49FT       Charlton &,Maidstone 02
CHZ 4745    Volvo B10M-62         Plaxton C51FT       Minsterley,Stiperstones 02
CHZ 4746    Volvo B10M-62         Plaxton C51FT       Wallace Arnold 02
CHZ 5982    Mercedes-Benz 709D    ARB B25F            A Midlands 1319 02
CHZ 5983    Mercedes-Benz 709D    ARB B25F            A Midlands 1320 02
CHZ 7466    Volvo B10M-62         Plaxton C51FT       Wallace Arnold 03
GNZ 8153    Mercedes-Benz 709D    ARB B25F            A Midlands 1286 04
GNZ 8154    Mercedes-Benz 709D    ARB B25F            A Midlands 1289 04
GNZ 8155    Mercedes-Benz 709D    ARB B25F            A Midlands 1290 04
GNZ 8156    Mercedes-Benz 709D    ARB B25F            A Midlands 1292 04
LKZ 3613    Mercedes-Benz O814D   Alexander B29F      A Midlands 1104 03
LKZ 3614    Mercedes-Benz O814D   Alexander B29F      A Midlands 1118 03
LKZ 3623    Mercedes-Benz 709D    Alexander B25F      A North West 53 03
LKZ 3624    Mercedes-Benz 709D    Alexander B25F      A North West 54 03
NIL 8649    Volvo B10M-60         Plaxton C49FT       Anslow,Pontypool 00
RIL 4537    Mercedes-Benz 709D    Alexander B29F      McColl,Gartocharn 99
RIL 5884    Mercedes-Benz 709D    ARB B25F            GA North East 471 99
RIL 5885    Mercedes-Benz 709D    ARB B25F            GA North East 479 99
TIL 4048    Mercedes-Benz 811D    Plaxton B29F        New 96
TIL 4051    Mercedes-Benz 811D    Plaxton B29F        New 96
TJI 1700    Volvo B10M-61         Plaxton C49F        Emblings,Guyhirn 00
WDZ 2826    Volvo B10M-62         Plaxton C49FT       Wallace Arnold 05
WDZ 6259    Volvo B10M-62         Plaxton C53F        Harrison,Morecambe 04
WDZ 6570    Volvo B10M-62         Plaxton C49FT       Options,Middleton 03
WDZ 7683    Volvo B10M-62         Plaxton C49FT       Wallace Arnold 05
XIL 1447    Mercedes-Benz 709D    Alexander B29F      A Midlands North 371 03
XIL 1448    Mercedes-Benz 709D    Alexander B29F      A Midlands North 373 03
2557 NU     Volvo B10M-60         Plaxton C53FT       Martindale,Ferryhill 99
4687 NU     Volvo B10M-60         Plaxton C53FT       Martindale,Ferryhill 99
6844 WF     Mercedes-Benz 709D    Marshall B25F       Docklands,Sth Woodford 00
6962 WF     Optare Solo M850      B29F                New 03
782 EUL     Volvo B10M-62         Plaxton C46FT       Wallace Arnold 03
T501 EUB    Volvo B10M-62         Plaxton C46FT       TM Travel,Staveley 06
W992 JNF    Mercedes-Benz O814D   Plaxton B28FL       Mistral(Hire Fleet) 06
YN54 WCO    Mercedes-Benz O814D   Plaxton B29F        New 04
YN54 WCP    Mercedes-Benz O814D   Plaxton B29F        New 04
YN54 WCY    Mercedes-Benz O814D   Plaxton B29F        New 04
YN54 WCZ    Mercedes-Benz O814D   Plaxton B29F        New 04
YN55 YSG    Mercedes-Benz O814D   Plaxton B ?FL       New 06
YN55 YSH    Mercedes-Benz O814D   Plaxton B ?FL       New 06
```
~~~~~~
AHZ 5195*J215 KTT(8/00), CHZ 4743*M67 WKA(2/02), CHZ 4744*M291 SBT(3/02),
CHZ 4745*N574 ACP(3/02) & 8980 WA(1/00) & N206 HWX(2/99),
CHZ 4746*N210 HWX(3/02), CHZ 5982*L319 AUT(6/02), CHZ 5983*L320 AUT(6/02),
CHZ 7466*R421 FWT(4/03), GNZ 8153*P386 FEA(6/05), GNZ 8154*P389 FEA(6/05),
GNZ 8155*P390 FEA(6/05), GNZ 8156*P392 FEA(6/05), LKZ 3613*P104 HCH(3/04),
LKZ 3614*P118 HCH(3/04), LKZ 3623*L153 UEM(2/04), LKZ 3624*L154 UEM(2/04),
NIL 8649*J405 NJT(10/97) & A9 XEL(11/96), RIL 4537*M570 VSF(7/99),
RIL 5884*M671 RAJ(7/99), RIL 5885*M679 RAJ(7/99), TIL 4048*P37 CBC(11/00),
TIL 4051*N957 SAY(11/00), TJI 1700*F471 WAD(1/95),
WDZ 2826*W658 FUM(11/05),
WDZ 6259*N891 AEO(4/04) & 4360 WF(10/03) & N891 AEO(9/97),
WDZ 6570*N285 OYE(12/03), WDZ 7683*W654 FUM(1/06),
XIL 1447*M371 EFD(8/03), XIL 1448*M373 EFD(6/03), 2557 NU*K17 FTG(7/99),
4687 NU*K18 FTG(7/99), 6844 WF*M231 SGS(11/00), 6962 WF*MX03 YCT(1/05) &
782 EUL*R419 FWT(1/03)
~~~~~~

W8 WOODSIDE MOTORS TRAVEL LTD

Depots:35 Catley Road,Darnall &
         64 Pollard Avenue,Southey Green,SHEFFIELD,South Yorkshire.

WMT	2	Volvo B10M-60	Plaxton C57F	Kent Coach,Ashford 05
KNP	5X	Volvo B10M-56	Plaxton C51F	Wright,Nenthead 05
M	2 WMT	Dennis Javelin	UVG C ?F	MOD 05
M	4 WMT	Dennis Javelin	UVG C70F	MOD 05
X174	BNH	Mercedes-Benz O814D	Plaxton B26FL	on loan Dawson
HX54	CEV	Autosan Scamp	B ?F	New 05

WMT 2*H938 DRJ(10/05), KNP 5X*MJI 6406(9/05) & KNP 5X(3/90) &
M4 WMT*P109 WJO(7/05)

W9 WOODWARDs COACHES LTD

Depot:100 High Street East,GLOSSOP,Derbyshire.

HUN	940	Dennis Javelin	Plaxton C53F	New 98
WVH	794	Dennis Javelin	Plaxton C53F	New 96
511	PVX	Volvo B10M-60	Plaxton C55F	New 89
221	WPH	Dennis Javelin	Plaxton C35F	New 89
R785	YVU	LDV Convoy	Concept C16F	New 97
T859	JVR	LDV Convoy	Concept C16F	New 99

HUN 940*R182 TKU(9/03), WVH 794*N885 BNA(3/03), 511 PVX*F712 MNA(5/97) &
221 WPH*F740 MVR(3/97)

X1 R. WRAGG.t/a BRIDGE TRAVEL

Depot:Clay Wheels Lane,Wadsley Bridge,SHEFFIELD,South Yorkshire.

RIJ	139	Volvo B10M-61	Van Hool C49FT	Woodside,Southey Green 03
SJI	5407	Volvo B10M-61	Van Hool C46FT	Clarck,Wickersley 05
WJI	7691	Volvo B58-56	Plaxton C53F	Woodside,Southey Green 05
K106	UFP	Toyota HDB30R	Caetano C21F	Llink,Crossgates 05
P407	MDT	Volvo B10M-62	Plaxton C49FT	Gordon,Rotherham 03

RIJ 139*ESK 908(11/00) & CIW 290(12/99) & A604 UGD(3/89),
SJI 5407*3402 FM(9/94) & PGC 522Y(4/86), WJI 7691*NFH 529W(4/99) &
K106 UFP*7074 DK(10/04) & K106 UFP(7/02)

X2 WRIGHTs (KEYWORTH) LTD

Depot:32 Selby Lane,KEYWORTH,Nottinghamshire.

HIL 6854	Bedford YNT	Plaxton C51F	Spencer,New Ollerton 93
IIL 2496	Leyland TRCTL11/3RZ	Plaxton C53F	Watts,Old Tupton 99
SIB 6723	DAF MB200DKFL600	Plaxton C53F	Renton,Kirknewton 00
VIB 6181	Leyland TRCTL11/3RZ	Plaxton C48FT	Dale,South Mimms 98
VIL 2968	Volvo B10M-60	Plaxton C49FT	National Holidays 78 02
XIB 1908	Volvo B10M-60	Plaxton C53F	Smith,Tring 03
D164 VNN	Bedford YNT	Plaxton C53F	Spencer,New Ollerton 99

HIL 6854*A641 ETV(11/93), IIL 2496*E964 NMK(12/92),
SIB 6723*SIB 6724(12/93) & XJF 386(12/93) & B70 CVH(9/87),
VIB 6181*C316 MWJ(11/94) & 166 YHK(11/91) & C66 BEL(3/87),
VIL 2968*G550 LWU(7/02) & 271 CLT(5/02) & G550 LWU(10/98) &
XIB 1908*G146 TUR(8/95)

X3   XPRESSAIR LTD/A. PENNOCK & F. IVORY

Depot:The Gang,Town Street,ARMLEY,West Yorkshire.

```
W861 SKH   Mercedes-Benz 311CDI  Alphatec C16F    New 00
Y371 HJX   Mercedes-Benz 311CDI  Alphatec C16F    New 01
Y139 XKH   Mercedes-Benz 311CDI  Alphatec C16F    Non-PSV(Van) 02
YK03 JVH   Mercedes-Benz 311CDI  Alphatec C15F    New 03
YK03 JVJ   Mercedes-Benz 311CDI  Alphatec C15F    New 03
YJ05 VWK   Mercedes-Benz 311CDI  Alphatec C15F    New 05
```

X4   E. YOOSOOF.t/a EXPRESS OF BATLEY

Depot:6 Crossley Terrace,Upper Mount Street,BATLEY,West Yorkshire.

```
X984 SHH   Mercedes-Benz 412D    ACL C16F         Routledge,Brigham 05
FY52 GUJ   Mercedes-Benz O814D   ACL C29F         Goldrack,Luton 05
MV04 KUW   Mercedes-Benz 413CDI  Olympus C16F     New 04
YX55 ADU   Mercedes-Benz 413CDI  Ferqui C16F      New 05
```

X5   R.T. YOUNG.t/a ROUND ROBIN COACHES

Depot:24 Strathmore Avenue,ALVASTON,Derbyshire.

```
DCZ 3324   LDV Convoy            LDV B16F         Non-PSV 04
P244 DCE   LDV Convoy            LDV B16F         Mann,Spondon 04
P719 EBL   LDV Convoy            LDV B16F         Non-PSV 02
P928 ONC   LDV Convoy            LDV B16F         Spondon Mini Travel 04
```

OD   OTHER PSV VEHICLES IN DERBYSHIRE

```
ATS  408   Bedford OB            Duple C29F        Simpson & Smith,Killamarsh
IIL 2482   DAF SB2005DHU605      Plaxton C48F      Derby Mini Bus,Alvaston
JIL 7664   Leyland LBM6T/2RS     RB C37F           Durose,Horsley Woodhouse
LAZ 6578   DAF SB2300DHS585      Jonckheere C53F   Barratt,Swanwick
LIW 4867   Volvo B10M-60         Van Hool C53F     Brockbank,Brimington
RIL 4333   LAG Panoramic         C49FT             Beakey,Chaddesden
TAZ 5288   Kassbohrer S215HD     C49FT             Denton & Bagnall,Linton
TJI 8702   Leyland RT            Van Hool C53F     JD Coaches,Buxton
WJI 7687   Bedford YNV           Plaxton C52FT     Derby Mini Bus,Alvaston
WXH  612   Auwaerter N216H       C49FT             Durose,Horsley Woodhouse
798  UXA   AEC Routemaster       PR H36/28R        Midland Classic,Church G.
799  UXA   AEC Routemaster       PR H36/28R        Midland Classic,Church G.
A 20 BNG   Mercedes-Benz 413CDI  ? C16F            Armett,Chapel-en-le-Frith
A  4 CAV   Bedford YMP           Plaxton C35F      JD Coaches,Buxton
F 24 HGG   Volvo B10M-60         Plaxton C53F      Warden,Clay Cross
G452 OWA   Mercedes-Benz 609D    RB C16F           Cowlishaw,Killamarsh
H423 DVM   Mercedes-Benz 609D    MM C24F           Hancox,Cotmanhay
H166 POJ   Toyota HDB30R         Caetano C18F      Snelson,Swadlincote
H 20 SUP   MAN 16.290            Jonckheere C51FT  Denton & Bagnall,Linton
J443 GFM   Iveco 49-10           WW B23FL          Holgate,Chinley
J791 KHD   DAF SB3000DKV601      Van Hool C51FT    Tpt Direct,Swadlincote
J851 KHD   DAF SB2305DHTD585     Van Hool C49FT    Tpt Direct,Swadlincote
L429 FOJ   Mercedes-Benz 410D    ? C15F            Kingston,Barlow
L270 HJD   Volvo B10M-62         Plaxton C50FT     Mycock,Monyash
L820 LRB   DAF 400               Cunliffe B12FL    Snelson,Swadlincote
M  6 CLS   Toyota HZB50R         Caetano C16F      Lefley,Chesterfield
M648 RCP   DAF DE33WSSB3000      Van Hool C51FT    Royston,Eckington
M823 RCP   EOS E180Z             C48FT             Tpt Direct,Swadlincote
M140 RKO   Ford Transit          Dormobile B8FL    Snelson,Swadlincote
M 64 RRA   Mercedes-Benz 609D    Onyx C21F         Hancox,Cotmanhay
N 16 BUS   Iveco 49-10           Nuova C16F        Allen,Alfreton
```

N552 DME	Renault Master	DC B13FL	Holgate,Chinley
N239 VAO	Mercedes-Benz 609D	Mellor B16FL	Whitworth,Kirk Hallam
N687 WNU	Ford Transit	G & M B14F	Duckmanton Minibus
N519 YNB	LDV 400	Concept C16F	Allwood,Hadfield
P320 BVN	Iveco 49-10	Crystals B16FL	Allen,Alfreton
P354 DCN	LDV Convoy	LDV B16F	Pilkington,Killamarsh
P590 HHF	Mercedes-Benz 412D	Concept C16F	Cowlishaw,Killamarsh
P527 KWJ	LDV Convoy	Cunliffe B16FL	Pemberton,Somercotes
P 37 RWR	Mercedes-Benz 609D	? C ?F	Hancox,Cotmanhay
P684 TEW	LDV Convoy	LDV B16F	Laverty,Ashbourne
P242 WWX	Mercedes-Benz 611D	Mellor DP16FL	Vernon,Chapel-en-le-Frith
R266 AKY	Ford Transit	CD B ?FL	Duckmanton Minibus
R248 DWY	Mercedes-Benz 410D	UVG B15FL	Reddy,Harpur Hill
R998 GHS	LDV Convoy	LDV B ?FL	Taxicover,Winsick
R124 GYG	Mercedes-Benz O814D	Plaxton C33F	Senad,Mickleover
R100 MCH	LDV Convoy	LDV B16F	Holmes,Morton
R247 TEW	LDV Convoy	LDV B16F	Davies,Midway
R622 VVP	LDV Convoy	LDV B16F	JD Coaches,Buxton
R140 XAW	LDV Convoy	LDV B16F	Krystal Limousine,Derby
S 14 AKT	Mercedes-Benz 412D	Olympus C16F	Ashraf,Derby
S 49 BAF	Mercedes-Benz 410D	G & M C16F	Kingston,Barlow
S959 FTN	LDV Convoy	LDV B16F	Lyle & Roe,Sandiacre
S248 UAO	Mercedes-Benz 410D	Crystals B15FL	Mehrban,Derby
S551 UAW	LDV Convoy	LDV B16F	Jones,Eckington
S532 UOO	Renault Master	Constable B10FL	Lyle & Roe,Sandiacre
T787 EJB	LDV Convoy	LDV B16F	Wheatley,Borrowash
T239 EWR	LDV Convoy	LDV B16F	Brown,Temple Normanton
T866 GFP	LDV Convoy	LDV B16F	Ashley,Shirebrook
T 68 HAP	LDV Convoy	LDV B16F	Lyle & Roe,Sandiacre
T400 LCT	Mercedes-Benz 614D	Crest C24F	Ashley,Shirebrook
T499 OCL	LDV Convoy	LDV B16F	Wheatley,Borrowash
T772 RDV	LDV Convoy	LDV B16F	Reynolds,Hollingwood
T389 VKE	LDV Convoy	LDV B16F	Brown,Temple Normanton
T223 WGK	LDV Convoy	LDV B16F	Wheatley,Borrowash
V367 DFT	LDV Convoy	LDV B16F	Allwood,Hadfield
V650 ERA	LDV Convoy	WJW C16F	Young,South Normanton
V 64 EWE	Mercedes-Benz 412D	Onyx C16F	Kingston,Barlow
V203 FAL	LDV Convoy	? C16F	Senad,Mickleover
V 58 JTO	LDV Convoy	LDV B16F	Krystal Limousine,Derby
V 21 MJB	Mercedes-Benz 410D	Frank Guy C16F	Shaws Taxis,Clay Cross
W 10 ALN	Kassbohrer S315GTHD	C49FT	Barks,Bakewell
W 61 EON	LDV Convoy	LDV B16F	McCartin,Doveridge
X254 AHL	LDV Convoy	LDV B16F	P Agar,Shuttlewood E
X951 ANC	Mercedes-Benz 411CDI	Advanced C16F	Simpson,Dronfield
X665 KUT	LDV Convoy	LDV B16F	Shaws Taxis,Clay Cross
X991 OJX	Renault Master	Excel C16F	R Agar,Shuttlewood D
Y656 LCK	Renault Master	Mellor C16F	Watson,Earl Sterndale
Y746 NAY	Toyota BB50R	Caetano C18F	Hutchinson &,Buxton
Y878 RVR	Mercedes-Benz 614D	Olympus C16FL	Holgate,Chinley
FE51 WVB	Volkswagen LT46	Advanced C16F	Naylor,Ashgate
FX51 KCZ	Renault Master	Excel C16F	G Agar,Shuttlewood C
KY51 ZTL	Volkswagen LT35	? C14F	Coase,Whaley Bridge
MF51 UPZ	Mercedes-Benz 414	Olympus C16F	Coase,Whaley Bridge
YN51 MKL	Scania K124IB4	Irizar C49FT	Barks,Bakewell
GX02 LLK	Volkswagen LT46	? C16F	Ahmed,Derby
LR02 YCS	Mercedes-Benz 413CDI	Advanced C16F	Taxicover,Winsick
NO02 VAS	Bova FHD12-340	C49FT	Sheriff,Chesterfield
SA02 BRV	Mercedes-Benz 413CDI	Essbee C16F	Bott,South Normanton
YR02 WDC	LDV Convoy	Crest C16F	Allen,Alfreton
FX52 KXO	Renault Master	Excel C16F	G Agar,Shuttlewood B
FY52 LFV	Mercedes-Benz 416	Ferqui C16F	Hutchinson &,Buxton
NO52 VAS	Bova FHD12-340	C49FT	Sheriff,Chesterfield
SA52 AXB	Mercedes-Benz 413CDI	Essbee C15F	Vaughan,Tibshelf
YR52 OGC	Mercedes-Benz 413CDI	Excel C16F	Wilson,Hasland
FY03 WNG	Renault Master	Excel C16F	P Agar,Shuttlewood A
FP53 GWN	LDV Convoy	LDV B16F	Rafi,Findern
YJ53 WMV	LDV Convoy	LDV B16F	P Agar,Shuttlewood F
DK04 TOH	Mercedes-Benz 311CDI	? C16F	Hutchinson &,Buxton
FJ04 VBV	LDV Convoy	LDV B16F	Rafi,Findern

```
MX04 YYC   Renault Master         Driveline B16FL   Senad,Mickleover
FJ54 HJN   LDV Convoy             LDV B16F          Shenton,Ashbourne
DK55 BOH   Mercedes-Benz 413CDI   ? C16F            Armett,Chapel-en-le-Frith
```

IIL 2482*VJT 604X(9/92),
JIL 7664*F606 WAD(8/03) & WDR 145(11/00) & F606 WAD(11/91),
LAZ 6578*ONV 640Y(11/96), LIW 4867*H183 DVM(6/97),
RIL 4333*E396 MVV(4/99) & NSU 572(3/99) & E396 MVV(2/94),
TAZ 5288*A253 TAG(6/98) & OTK 802(11/97) & A32 KBA(3/85),
TJI 8702*D127 HML(8/96),
WJI 7687*OIL 4571(12/98) & D785 UGA(2/98) & A1 KRT(5/96) & D439 BCJ(2/95),
WXH 612*MVL 606Y(11/86), 798 UXA*168 CLT(11/04), 799 UXA*305 CLT(10/04),
A20 BNG*MF52 ULL(9/04), A4 CAV*B875 MLN(2/99),
H423 DVM*H3 PSW(4/04) & H423 DVM(2/92),
H166 POJ*DJI 1060(10/04) & H166 POJ(6/03) & A11 BHX(9/00) & H2 FTG(5/98),
N16 BUS*N601 HPP(4/05), S14 AKT*R4 AJS(4/05) & V683 FVO(4/00) &
W10 ALN*W234 TRX(12/05) & 6963 MW(4/03)

OL OTHER PSV VEHICLES IN LEICESTERSHIRE

```
HD   8755   Dennis Javelin         Duple C53F        Hylton,Glenfield
HD   9923   Bedford YNT            Duple C53F        Hylton,Glenfield
FSU  386    Scania K112CRS         Jonckheere C51FT  Asmal,Leicester
MIL  7902   Toyota HB31R           Caetano C21F      Garratt,Thurmaston
PIB  6667   Leyland AN68C/1R       AR H45/32F        Patel,Leicester
TCZ  6162   Volvo B10M-62          Caetano C49FT     Tudor,Great Casterton
VIL  6684   Volvo B10M-60          Van Hool C53FT    Collinson,Burbage
241  GOU    Leyland TRCTL11/3R     Plaxton C49F      Patrick,Ibstock
ALJ  942A   MB O303/15RHP          C53F              Tudor,Great Casterton
OHE  283X   Leyland TRCTL11/3R     Plaxton C53F      Patel,Leicester
OTL  138Y   Auwaerter N907         C25F              Garratt,Thurmaston
B963 WRN    Leyland ONLXB/1R       ECW H45/32F       Morgan,Bourton-on-t-Wolds
C787 RJU    DAF SB2300DHS585       Plaxton C53F      Betteridge,Moira
D 21 XPF    LAG Panoramic          C49FT             Palmers,Leicester
E 11 BUS    DAF DE33WSSB3000       Ikarus C53F       Elliotts,Shepshed
E795 CCA    Mercedes-Benz 709D     PMT C25F          R Garratt,Thurmaston
E130 NFH    Kassbohrer S215HR      C53F              Spencer,Ellistown
F807 LBM    Ford Transit           CD C16F           Raicha,Leicester
F299 RMH    Mercedes-Benz 609D     RB B23F           Raicha,Leicester
G906 RHH    LAG Panoramic          C49FT             Coaching,Whitwick
H744 LHN    CVE Omni               B21F              Patrick,Ibstock
J911 VFS    Mercedes-Benz 609D     Crystals C24F     Chapman,Leicester
J725 WWK    Mercedes-Benz O303     Plaxton C49FT     Spencer,Ellistown
L  6 TBS    Mercedes-Benz 412D     Crystals C14F     Sands,Shepshed
M 38 GRY    Mercedes-Benz 709D     Danescroft C24F   Sands,Shepshed
M810 RCP    DAF SB3000WS601        Van Hool C51FT    Betteridge,Moira
N761 AOV    Renault Master         Jubilee B15FL     Hovell,Markfield
N142 CVP    Dennis Javelin         Auwaerter C49FT   Coaching,Whitwick
N 66 MCL    EOS E180Z              C49FT             Spencer,Ellistown
P741 KOL    LDV Convoy             LDV B16F          Chapman,Leicester
R  7 BRT    Renault Master         Cymric C16F       Mansouri,Leicester
R709 TRV    Dennis Javelin         UVG C53F          Coaching,Whitwick
T895 HBF    Dennis Javelin         Plaxton C53F      Lesters,Long Whatton
V684 JFM    Mercedes-Benz 412D     Crest C16F        Pickard,Leicester
W193 SJF    LDV Convoy             LDV B16F          County,Leicester
Y543 HWE    Mercedes-Benz 413CDI   Excel C16F        Henry,Leicester
Y798 OFE    Mercedes-Benz 413CDI   Ferqui C16F       Henry,Leicester
FL02 ZXE    Volvo B12M             Jonckheere C49FT  Tudor,Great Casterton
FP02 ZNN    LDV Convoy             LDV B16F          Chapman,Leicester
HN02 EOH    Renault Master         ? C16F            S & A Minibuses,Leicester
HX53 HKZ    Renault Master         ? C16F            Variava,Leicester
WX04 XYN    Mercedes-Benz 416      ? C16F            Mansouri,Leicester
CN05 KWB    Renault Master         ? C16F            Variava,Leicester
DX05 GEJ    Renault Master         Tawe C16F         Mistry,Leicester
CN55 LTJ    Renault Master         ? C12F            S & A Minibuses,Leicester
YN55 KLU    Mercedes-Benz O814D    Plaxton C33F      Raicha,Leicester
```

HD 8755*G424 YAY(11/96), HD 9923*A705 TEW(4/84),

```
     FSU 386*B528 FFM(8/93) & 8214 VC(8/93) & B704 EOF(3/89),
     MIL 7902*E703 HKV(9/00), PIB 6667*GSC 625X(1/03), TCZ 6162*R192 LBC(3/04),
     VIL 6684*G789 URY(4/04) & A5 FWS(11/03) & G789 URY(4/93),
     241 GOU*BAJ 638Y(4/87), ALJ 942A*PUL 99Y(3/87),
     OHE 283X*YRT 240(10/04) & 6037 PP(7/98) & OHE 283X(10/94),
     OTL 138Y*2160 RE(3/03) & UJI 1764(8/01) & HIL 8224(3/01) & DYB 736(1/95) &
              GVL 934Y(1/88) & AFE 80A(8/87) & GVL 934Y(8/87),
     D21 XPF*RIL 5090(8/01) & LIL 9713(5/99) & D21 XPF(1/96),
     E11 BUS*N7 ARL(3/05),
     E130 NFH*XLC 1S(7/04) & E130 NFH(5/02) & TJF 757(1/01) & E130 NFH(10/95),
     G906 RHH*368 SHX(1/99) & G39 ORM(2/97),
     J725 WWK*9346 PL(9/97) & J725 WWK(10/96) & 1 KOV(4/95) & J38 WVC(5/93),
     L6 TBS*S110 KNR(10/03) &
     N142 CVP*KBZ 3617(12/05) & N142 CVP(4/02) & 96MN 982(12/01)
     ~~~~~~~~~~~~~~~~~~~~~~~~~~~~~~~~~~~~~~~~~~~~~~~~~~~~~~~~~~~~~~~~~~~~~~~~~

     OM              OTHER PSV VEHICLES IN LINCOLNSHIRE

     RV   3412    Leyland TD2              RV                 Dorey,Old Bolingbroke
     FDL   842    Bedford OB               Duple C29F         Dorey,Old Bolingbroke
     GLZ  6555    Bova FHD12-290           C49FT              Gill,Immingham
     NIL  9936    Toyota HDB30R            Caetano C16F       Jibb,Deeping St James
     PIL  3564    Leyland TRCL10/3ARZM     Plaxton C49F       MG Coaches,Waltham
     TAZ  5004    Scania K112CRB           Plaxton C49FT      Burlinson,Scunthorpe
     TSU   613    Kassbohrer S228DT        CH16/12CT          Sautier Drexler,Lincoln
     WIL  3634    Scania K112CRB           Van Hool C49F      Smith,Corby Glen
     8205   EL    Kassbohrer S228DT        CH5/20CT           Sautier Drexler,Lincoln
     137   DAF    Bova FHD12-290           C49FT              MG Coaches,Waltham
     DDT 292V     Bedford YMT              Duple C53F         Burlinson,Scunthorpe
     BUA 711X     Leyland TRCTL11/3R       Plaxton C51F       Scutt,Owston Ferry
     KWS 297X     DAF MB200DKTL600         Plaxton C53F       Stephenson,Glentham
     A530 LPP     Leyland TRCTL11/3R       Plaxton C57F       Scutt,Owston Ferry
     B 88 FVL     Bedford YNT              Plaxton C53F       Fisher,Skegness
     B674 GWJ     Dennis Dorchester        Plaxton C49F       Ben George,Broughton
     C352 ALJ     Bedford YNV              Plaxton C53F       Stephenson,Glentham
     D317 DFH     Scania K112CRS           Van Hool C53F      Smith,Corby Glen
     D448 PGH     Bedford YNV              Duple C55F         Hodgkinson,Gainsborough
     H488 VSH     Leyland TRCL10/3ARZM     Plaxton C53F       Dorey,Old Bolingbroke
     J505 LRY     DAF SB3000DKV601         Caetano C53F       MG Coaches,Waltham
     K 15 BCS     Mercedes-Benz 412D       Whitacre C14F      Stabler,North Somercoates
     K219 PPV     Optare MR05              B31F               Williams,Cranwell
     M 61 DBX     Renault Master           Cymric C16F        TC Mini,South Elkington
     M127 UWY     Volvo B10M-62            Plaxton C49FT      Huxmanor,Scartho
     N553 SJF     Volvo B10M-62            Jonckheere C49FT   Stephenson,Glentham
     P549 OET     Mercedes-Benz 412D       ACL C16F           Howe,Lincoln
     P100 PSC     Renault Master           Tawe C16F          Swaby,Stow
     P200 PSC     Renault Master           Cymric C16F        Swaby,Stow
     R958 FYS     Mercedes-Benz O810D      Plaxton B31F       LJ Travel,Lincoln
     T 45 CNN     Scania L94IB             Irizar C49FT       Robbins,Pointon
     T 20 DGE     Scania K124IB4           Van Hool C49F      Cartwright,Osbournby
     T101 KNW     LDV Convoy               LDV B16F           Ace Travel,Lutton
     T  2 TCC     Renault Master           ? C16F             TC Mini,South Elkington
     W733 WBK     Mercedes-Benz O814D      Robin Hood C25F    Simpson,Skegness
     X167 FGU     Mercedes-Benz 311CDI     ? C8F              Walts Travel,Scunthorpe
     X395 NAV     Mercedes-Benz 311CDI     CVC C16F           Cockram,Gosberton Clough
     Y216 JNK     LDV Convoy               LDV B16F           White,Kirton-in-Lindsey
     BP51 LOD     Iveco 40C13              Crest C16F         Cockram,Gosberton Clough
     FX51 DUS     Mercedes-Benz 311CDI     ? C16F             Walts Travel,Scunthorpe
     BU02 WVS     Mercedes-Benz 413CDI     Excel C16F         Cockram,Gosberton Clough
     YR52 VFF     Scania K114IB4           Irizar C49FT       Radley,Barton-upon-Humber
     YR52 VFG     Scania K114IB4           Irizar C49FT       Radley,Barton-upon-Humber
     YN03 PVT     Volkswagen LT46          Excel C16F         TC Mini,South Elkington
     MX53 NTK     Mercedes-Benz 413CDI     ? C16F             Heath,Horncastle
     MX53 ZVZ     Mercedes-Benz 413CDI     ? C16F             LJ Travel,Lincoln
     YX53 FYC     LDV Convoy               Excel C16F         Stones,Haltham
     FX04 XFB     LDV Convoy               LDV B16F           Stones,Haltham
     PN04 UWD     LDV Convoy               Olympus C16F       Huxmanor,Scartho
     FX54 GZY     Mercedes-Benz 313CDI     ? C16F             Simpson,Skegness
     FX54 GZZ     Mercedes-Benz 311CDI     ? C16F             Simpson,Skegness
```

```
GLZ 6555*H619 FUT(12/00), NIL 9936*K429 JDT(3/98) & K4 HCR(12/97),
PIL 3564*G720 OKH(6/98), TAZ 5004*F947 NER(3/98), TSU 613*A411 GPY(3/91),
WIL 3634*JIL 8323(2/04) & E664 YDT(12/94), 137 DAF*G826 YJF(9/99),
BUA 711X*HSV 126(9/92) & TRN 91X(10/91),
KWS 297X*227 DAF(5/88) & TND 400X(4/87),
B674 GWJ*7958 NU(8/02) & B674 GWJ(1/98) & 476 HDT(4/96) & B976 DWG(4/86),
D317 DFH*74 DRH(3/99) & D317 DFH(4/88),
H488 VSH*LSK 475(7/98) & H154 DJU(7/92),
J505 LRY*A14 EBD(11/03) & J505 LRY(4/03),
K15 BCS*L88 SLW(8/05) & R952 KCD(2/04),
M127 UWY*TDY 388(9/00) & M127 UWY(12/96), P549 OET*P3 HOD(4/05) &
P200 PSC*CV02 LSC(4/05)
~~~~~~~~~~~~~~~~~~~~~~~~~~~~~~~~~~~~~~~~~~~~~~~~~~~~~~~~~~~~~~~~~~~~~~~~~~~
```

ON   OTHER PSV VEHICLES IN NOTTINGHAMSHIRE

```
DEZ 6134    Auwaerter N212H          C35FT              Kings,Arnold
DEZ 6135    Mercedes-Benz O814D      Mellor C33F        Kings,Arnold
GNZ 3564    Iveco 49-10              Frank Guy DP16FL   Allen,Radcliffe-on-Trent
JSV  488    Volvo B10M-61            Caetano C50FT      Tiger European,Nottingham
MIL 9766    Van Hool T815            C53F               Hunt,Jacksdale
NIL 2997    Volvo B10M-60            Jonckheere C48FT   Seagrave,Bulwell
NUI 1584    Mercedes-Benz 609D       Olympus C24F       Bettison,Jacksdale
OIL 4201    MCW Metrobus DR115       H63/44F            Todd,Flintham
PLZ 6552    Volkswagen LT46          Advanced B16F      Clarke,Arnold
PSV  392    Volvo B10M-62            Jonckheere C50F    Todd,Flintham
RJT  671    Volvo B7R                Jonckheere C53F    Todd,Flintham
RXI 7831    Volvo B58-61             Van Hool C51FT     Havercroft,Carlton
XIL 8061    Mercedes-Benz 609D       North West C21F    Rawlinson,Mansfield
YXI 7380    Volvo B10M-61            Van Hool C53F      Seagrave,Bulwell
ALM  33B    AEC Routemaster          PR H36/28R         Exclusive Cars,Netherfield
A382 NNK    Leyland RT               Plaxton C53F       Havercroft,Carlton
D160 EAD    Toyota HDB30R            Caetano C18F       M & S,Cotgrave
D771 YAU    Leyland TRCTL11/3RH      Duple C55F         Nuthall Methodist Church
H391 SYG    Mercedes-Benz 811D       Optare C29F        Kings,Arnold
J134 CEX    Mercedes-Benz 709D       Plaxton DP24F      Bettison,Jacksdale
J250 FSP    DAF 400                  Olympus C16F       Bettison,Jacksdale
J  4 FTH    Volvo B10M-60            Van Hool C51FT     Jones,Arnold
L959 NRS    Van Hool T815            C49F               Derbyshire,Sutton-Ashfield
M 99 MAT    Mercedes-Benz 411CDI     ? C16F             Graham,Edwinstowe
M244 TAK    Scania K113CRB           Irizar C49FT       Derbyshire,Sutton-Ashfield
M503 XWC    DAF SB3000WS601          Van Hool C49FT     Derbyshire,Sutton-Ashfield
M612 YGH    Iveco 49-10              PG B15F            Mays,Jacksdale
N241 NBV    MAN 18.370               Caetano C53F       White,Huthwaite
N435 WKL    Ford Transit             DC B16F            Hannah,Mansfield
N161 WOA    Mercedes-Benz 308D       Advanced B14F      P Burnside,Mansfield
R577 LDE    Renault Master           Cymric C16F        Watson,Colston Bassett
R  4 OAT    Auwaerter N212H          C32FT              Oates,New Ollerton
R357 URM    LDV Convoy               LDV B16F           Mathews,Worksop
R870 VEC    LDV Convoy               Olympus C16F       Belton,Carlton
S 61 MEF    LDV Convoy               Crest C16F         Norton,Selston
T371 ABV    LDV Convoy               LDV B16F           Sankey,Kirkby-in-Ashfield
T325 ADY    Renault Master           Crest C16F         Hinman,Sutton-in-Ashfield
T 46 JOF    LDV Convoy               LDV B16F           Baines,Rampton
T622 NMJ    LDV Convoy               LDV B16F           Starbuck,Mansfield Wood.
T168 UEB    LDV Convoy               LDV B16F           Round,Mansfield
V572 DHH    LDV Convoy               Crest C16F         Burton,Calverton
X527 ARP    Mercedes-Benz 311CDI     ? C16F             Ghafoor,Nottingham
X779 ARP    Mercedes-Benz 311CDI     ? C16F             Baig,Beeston
X839 AWS    LDV Convoy               LDV B16F           Sly,Clarborough
X 68 ENV    Mercedes-Benz 313CDI     ? C16F             Sughra,Nottingham
X647 ERB    Mercedes-Benz 614D       ? C25F             K Burnside,Mansfield
X532 ETO    Volkswagen LT46          Advanced B16F      Woodley House,Ruddington
X551 HJM    LDV Convoy               LDV B16F           Wix,Mansfield
X789 OOH    Mercedes-Benz 311CDI     ? C16F             Ghafoor,Nottingham
Y463 HPL    LDV Convoy               LDV B16F           Rawlinson,Mansfield
FX51 JWV    Renault Master           Excel C16F         Harrison,Mansfield
FX51 TEO    Mercedes-Benz 412D       Ferqui C16F        Oates,New Ollerton
MF51 OBN    Mercedes-Benz 413CDI     Crest C16F         Morris,Warsop
```

```
BX02 NFZ   Renault Master          O & H C16F        Harrison,Sutton-in-Ashfld
FT02 FUE   LDV Convoy              LDV B16F          Sly,Clarborough
LF02 UJU   LDV Convoy              LDV B16F          Richards &,Mansfield Wood.
LG02 ZTB   LDV Convoy              LDV B16F          Hutchinson,Huthwaite
YS02 AUR   Renault Master          Onyx C16F         J A Travel,Mansfield
AD52 VUS   LDV Convoy              LDV B16F          Whitehouse,Sutton-Ashfield
GJ52 EYH   Mercedes-Benz 313CDI    ? C16F            Riley,Kirkby-in-Ashfield
YP52 JXA   Optare Alero            B13F              Arnold,Bleasby
CN03 CBY   Renault Master          Cymric C16F       J A Travel,Mansfield
YX03 LKM   LDV Convoy              LDV B16F          K Burnside,Mansfield
BU53 AOA   Iveco 45C13             Crest C16F        Morris,Warsop
CN04 XER   Renault Master          ? C16F            J A Travel,Mansfield
NK04 HCN   LDV Convoy              ? C16F            Norton,Selston
YN04 HJG   Mercedes-Benz O814D     Plaxton C ?F      Tiger European,Nottingham
NK54 ANR   Mercedes-Benz 311CDI    ? C16F            Graham,Edwinstowe
FJ05 YKP   Iveco 40C13             ? C16F            Clifton Cars
TT55 GER   Volvo B12M              Caetano C53F      Tiger European,Nottingham
```
~~~~~~
```
DEZ 6134*N601 EEV(8/05), DEZ 6135*T974 OGA(8/05),
GNZ 3564*P502 PMA(12/04), JSV 488*C198 RVV(4/87),
MIL 9766*1716 WW(1/97) & D297 HMT(11/92) & D166 HML(6/87),
NIL 2997*23 PTA(4/97) & F418 EWR(5/91), NUI 1584*N112 SPB(8/04),
OIL 4201*E817 JAR(9/02), PLZ 6552*X897 WRB(10/05),
PSV 392*R937 YNF(10/05), RJT 671*FL02 ZXH(7/05), RXI 7831*CNS 541X(11/90),
XIL 8061*E239 WMB(6/04) & DYA 69A(4/04) & E239 WMB(4/96),
YXI 7380*F742 ENE(12/93), A382 NNK*WUV 417(11/97) & A382 NNK(1/91),
D160 EAD*NIL 6071(10/02) & J293 KFP(11/97),
D771 YAU*MSU 462(6/93) & D322 RNS(7/90), J134 CEX*M571 SRE(1/04),
J4 FTH*L972 KDT(2/06) & JIL 7900(1/01) & L972 KDT(6/98),
M99 MAT*NX03 JYJ(2/04), N241 NBV*N3 JJC(3/01),
R4 OAT*JCZ 8391(6/04) & R857 BLF(5/02) & 3 MCH(3/02) & R9 HAT(2/00) &
T622 NMJ*A3 EBT(7/05) & T622 NMJ(3/04)
```
~~~~~~

OS   **OTHER PSV VEHICLES IN SOUTH YORKSHIRE**

```
CEZ 1884   Mercedes-Benz 412D      Olympus C16F      Burley,Oughtibridge
CJZ 8971   Renault Master          ? B12F            Dalton,Swinton
EDZ 4023   Bedford YNT             Duple C53F        Saccomando,Birkendale
EIL 1104   Volvo B10M-60           Jonckheere C51FT  Ellender,Gleadless
FXG  249   Bova FHD12-290          C49FT             Owen,Stairfoot
GIL 4258   Bova FHD12-290          C49FT             Goodfellows,Wadsley Bridge
GIL 5173   Volvo B10M-61           Van Hool C48FT    Hoare,Shiregreen
HIL 5837   Volvo B10M-61           Van Hool C49FT    Sleight,Swinton
IAZ 2339   LAG Panoramic           C49FT             Kinsley,Stocksbridge
JFM  541   Volvo B10M-60           Van Hool C53F     Martin,Sheffield
JIL 2075   DAF MB200DKFL600        Van Hool C48FT    McMaster,Firth Park
JUI 1718   Kassbohrer S210HD       C35FT             Byran,Sheffield
MKZ 6301   Volvo B10M-60           Plaxton C48FT     Shaw,Swallownest
PIJ  667   Volvo B10M-62           Plaxton C49FT     Wizard,Blackburn
PSK  619   Volvo B10M-60           Van Hool C49FT    Stevenson,Mexborough
PSU  378   Volvo B10M-61           Plaxton C49F      Kinsley,Stocksbridge
RBZ 5495   Mercedes-Benz L608D     Sparshatt B20F    Sheldon,North Anston
RIJ  579   Mercedes-Benz 709D      RB C19F           Holbrook,Thorpe Hesley
SIB 2633   Volvo B10M-62           Plaxton C49FT     Wizard,Blackburn
SIL 1531   DAF MB230LT615          Van Hool C51FT    Swift,Blaxton
SIL 4243   Mercedes-Benz 609D      RB C19F           Parkinson,Lindrick Common
TAZ 8070   Bova FHD12-290          C51FT             Goodfellows,Wadsley Bridge
TJI 4026   Van Hool T815           C49FT             Corbett,Firth Park
VHE  946   Volvo B10M-62           Van Hool C49FT    Stevenson,Mexborough
WAL  895   Volvo B10M-62           Plaxton C53F      Martin,Sheffield
7345  FM   Volvo B10M-62           Van Hool C46FT    Spencer,Arbourthorne
4672  NT   Mercedes-Benz 413CDI    Cymric C16F       Hussain,Firvale
 880 JVO   Volvo B10M-61           Van Hool C49FT    Millward,Sheffield Park
 326 WAL   Volvo B10M-62           Van Hool C53F     Martin,Sheffield
LER 666P   Bedford YLQ             Duple C41F        Robson,Wheatley Hills
VOY 182X   Leyland TRCTL11/2R      Plaxton C53F      Lewis,Rotherham
A316 DUX   DAF SB2300DHS585        Plaxton C53F      Millns,Rockingham
A  2 PMX   Iveco 391E              Beulas C48FT      Eales,Ecclesfield
```

A 5 PMX	Bova FHD12-340	C49FT	Eales,Ecclesfield	
A197 PPU	AEC Reliance	Berkhof C49F	Corbett,Firth Park	
B 10 GWW	Mercedes-Benz 410D	North West C15F	Wyatt,Wombwell	
B 11 GWW	Mercedes-Benz 413CDI	Onyx C16F	Wyatt,Wombwell	
B188 VPP	Scania K112CRS	Van Hool C49FT	Robson,Wheatley Hills	
C 98 RVV	Kassbohrer S215HR	C53F	White,Bramley	
C262 UAJ	Leyland ONLXB/1R	ECW H45/32F	Kinsley,Stocksbridge	
D601 HPO	Kassbohrer S215HR	C53F	White,Bramley	
D106 TWF	Dodge G	WS B ?F	Lewis,Rotherham	
E942 HVH	Mercedes-Benz 709D	Concept C27F	Fielding,Thurcroft	
F479 FUA	Mercedes-Benz 811D	Optare B29F	Harrison,Sheffield	
F 69 HWJ	Volvo B10M-60	Van Hool C53F	Hoare,Shiregreen	
F600 MDN	DAF SB3000DKV601	Van Hool C55F	Swift,Blaxton	
F920 ONL	Mercedes-Benz 811D	RB C33F	White,Bramley	
F891 TOY	Kassbohrer S210HI	C28FT	Owen,Stairfoot	
F919 XOE	Mercedes-Benz 507D	AMC C21F	Holbrook,Thorpe Hesley	
F846 YJX	DAF SB2305DHTD585	Duple C57F	McDonald,Denaby Main	
H748 CBP	Mercedes-Benz 811D	Phoenix B28F	Denny,Cudworth	
H 53 HAY	DAF 400	Jubilee C16F	Millward,Sheffield Park	
H228 SKW	DAF 400	Crystals C10FL	Williamson,Smithies	
J646 AHK	DAF 400	Concept C16F	Gell,Tickhill	
J 30 BUS	Mercedes-Benz 311CDI	? C16F	Harrison,Walkley	
J 44 GGE	Bova FHD12-340	C49FT	Owen,Stairfoot	
J178 GGG	DAF 400	MM C16F	McMaster,Sheffield	
K876 ODY	Mercedes-Benz 709D	ARB B25F	Denny,Cudworth	
K982 XND	Mercedes-Benz 410D	MM C16F	Holbrook,Thorpe Hesley	
K986 XND	Mercedes-Benz 709D	MM C26F	Sheldon,North Anston	
L 30 BUS	LDV Convoy	? C16F	Leonard,Southey Green	
L255 JBA	Renault Master	MinO B13FL	Dale,Parson Cross	
L257 UCV	Volvo B10M-60	Plaxton C46FT	Walker,Balby	
M662 FBJ	Toyota HZB50R	Caetano C21F	Hoare,Shiregreen	
M506 TVH	LDV 400	Concept C16F	Briggs,Ecclesfield	
M 16 WSL	Mercedes-Benz 410D	Crystals C14F	Stubley,Wilthorpe	
N478 AWB	Mercedes-Benz 312D	Onyx C12F	Hodkin,Parson Cross	
N761 BWF	LDV 400	Crystals C16F	Cherryholme,New Lodge	
N395 LHU	Iveco 40-10	Euromotive B14FL	H & L Travel,Woodlands	
N517 WKL	Ford Transit	DC C16F	SB Travel,Walkley	
P832 GBA	Volvo B10M-62	Van Hool C46FT	Mills,Barnsley	
P571 HKM	Mercedes-Benz 811D	Robin Hood C18F	Miller,Goldthorpe	
P583 MKL	Renault Master	Crystals B12FL	Khaliq,Whiston	
P152 NBP	LDV Convoy	LDV B14F	Rodgers,Wadsley Bridge	
R841 OFX	LDV Convoy	LDV B16F	Neale,Hellaby	
R847 UOP	LDV Convoy	LDV B9F	Doyle,Parson Cross	
R350 UOR	LDV Convoy	LDV B16F	Codman,Birley Carr	
R569 VLD	Mercedes-Benz 412D	Frank Guy C16F	Wetton,Thulstone	
R841 XWC	Mercedes-Benz 310D	Concept C12F	Auckland,Barnsley	
S231 HGU	Iveco 391E	Beulas C49FT	Hodgson,Worsborough Common	
S235 HGU	Iveco 391E	Beulas C49FT	Hodgson,Worsborough Common	
S 20 SHT	Mercedes-Benz 412D	Olympus C16F	Viles,Chapeltown	
S553 UAW	LDV Convoy	LDV B16F	Sharpe,Woodhouse	
T731 ALR	Mercedes-Benz 412D	? C14F	H & L Travel,Woodlands	
T448 KPP	LDV Convoy	LDV B16F	Sheffield Taxi Services	
T584 LAG	LDV Convoy	Concept C16F	Wilson,Edlington	
T138 SGA	Mercedes-Benz 614D	Crest C24F	H & L Travel,Woodlands	
W912 MDT	Auwaerter N212H	C35FT	Shaw,Swallownest	
W249 PBR	Mercedes-Benz 614D	Crest C24F	Byran,Sheffield	
W268 PBR	Mercedes-Benz 614D	Crest C24F	Byran,Sheffield	
W301 SBC	Volvo B10M-62	Caetano C49FT	Shaw,Swallownest	
W707 TJU	Iveco 391E	Beulas C49FT	Hodgson,Worsborough Common	
W497 UCF	LDV Convoy	LDV B16F	Harrison,Sheffield	
X 61 GBB	Mercedes-Benz 413CDI	Crest C16F	Yeomans,Wadsley Bridge	
X299 UOK	LDV Convoy	LDV B16F	Lemons,Arbourthorne	
Y182 HWA	LDV Convoy	LDV B16F	Littlewood &,Frecheville	
Y242 HWA	LDV Convoy	LDV B16F	Littlewood &,Frecheville	
Y498 HWE	Mercedes-Benz 411CDI	Excel C16F	Eales,Crookes	
FE51 RCO	Volvo B10M-62	Plaxton C49FT	Spencer,Arbourthorne	
KY51 ZDR	Volkswagen LT35	? C16F	Glaves,Pitsmoor	
WY51 ATT	Mercedes-Benz 413CDI	Crest C16F	Wyatt,Wombwell	
YN51 KLM	Mercedes-Benz 413CDI	Excel C16F	Walker,Balby	

```
DY02 BKJ   LDV Convoy              LDV B16F           Blow,Dinnington
HM02 GSM   Bova FHD12-340          C51FT              Mills,Barnsley
HN02 ETJ   Renault Master          ? C16F             Raine,Harworth
ML02 JBE   Mercedes-Benz 413CDI    Onyx C16F          Scrafield,Fulwood
YR02 PYH   Mercedes-Benz 413CDI    Excel C16F         Kemp,Oxspring
BL52 OVB   LDV Convoy              LDV B16F           Fletcher,High Green
DS52 AXO   Mercedes-Benz 413CDI    KVC C16F           Yeomans,Wadsley Bridge
FY52 GOE   Mercedes-Benz 1223L     Ferqui C35F        Barden &,Blacker Hill
LX03 KPA   Mercedes-Benz 1836RL    C49FT              Andrews,Thurcroft
LX03 KPJ   Mercedes-Benz 1836RL    C49FT              Andrews,Thurcroft
MW03 GWM   Mercedes-Benz 413CDI    Crest C16F         Hickling,Stocksbridge
YX03 HRZ   LDV Convoy              ? C16F             Price,Warmsworth
BU53 ZXZ   Mercedes-Benz 1836RL    C43FT              Littlewood,Firth Park
FX53 DZH   Renault Master          Excel C16F         Harding,Shafton
FX53 EGJ   Mercedes-Benz 413CDI    Ferqui C16F        Travelgreen,Skellow
FX53 LHG   Mercedes-Benz O814D     ACL C ?F           Barden &,Blacker Hill
YN53 EXC   Auwaerter N316SHD       C51FT              Buckley,Auckley
YN53 EXL   Auwaerter N316SHD       C51FT              Buckley,Auckley
YX53 CYT   Mercedes-Benz 413CDI    Olympus C16F       Hill,Birley Carr
BU54 KZO   Mercedes-Benz 413CDI    Excel C16F         Lee,Chapeltown
PO54 MHJ   LDV Convoy              ? C16F             Newell,Chapeltown
YN54 XSO   Mercedes-Benz 413CDI    KVC C16F           Jubb,Barnsley
BX05 VNM   Mercedes-Benz 413CDI    Excel C16F         Aydon,Campsall
YJ05 XXB   Volvo B12B              Van Hool C53FT     Mills,Barnsley
YN55 WPP   Mercedes-Benz 1523L     Unvi C33F          Travelgreen,Skellow
~~~~~~~~~~~~~~~~~~~~~~~~~~~~~~~~~~~~~~~~~~~~~~~~~~~~~~~~~~~~~~~~~~~~~~~~~~~
CEZ 1884*R703 FWU(5/05), CJZ 8971*G152 RBD(4/03),
EDZ 4023*555 JWB(2/02) & B590 XUG(6/95),
EIL 1104*HIL 8221(2/01) & A10 APT(11/95) & G654 ONH(4/94),
FXG 249*G102 VFP(10/05), GIL 4258*E221 FUT(12/91),
GIL 5173*9899 PL(9/93) & A21 PEG(5/91),
HIL 5837*F372 DLS(11/99) & CSU 253(7/98) & GSV 351(2/97) & F761 ENE(2/93),
IAZ 2339*G954 GRP(4/01), JFM 541*H531 WGH(8/98),
JIL 2075*A802 WSU(9/94) & NIB 6694(11/93) & A542 HRY(5/90),
JUI 1718*B829 GWJ(11/98) & TOK 65(4/98),
MKZ 6301*F407 DUG(12/04) & VIL 9336(3/04) & F407 DUG(9/03),
PIJ 667*N388 DRW(12/04) & FTG 9(9/99),
PSK 619*K288 GDT(4/01) & H4 GBD(1/01) & K288 GDT(3/00) & A8 HRR(10/99) &
        K288 GDT(10/96) & K289 GDT(3/94),
PSU 378*FVT 91Y(7/97) & 5888 EH(11/96) & XUJ 435Y(8/93) & 1398 NT(2/90) &
        FDH 294Y(2/87), RBZ 5495*D83 UFV(6/97), RIJ 579*D305 JJD(9/96),
SIB 2633*M739 YNW(5/01), SIL 1531*F226 YHG(4/00),
SIL 4243*D123 DPM(8/00) & HIL 8405(3/99) & D123 DPM(4/98) &
        MCH 384(10/95) & D144 HML(9/91),
TAZ 8070*G425 PWW(3/98) & WSP 462(6/97) & G787 URY(12/94),
TJI 4026*C907 YUE(3/95), VHE 946*P10 CAE(6/01), WAL 895*VTY 226(4/05),
7345 FM*M683 KVU(6/01), 4672 NT*BU03 UJR(10/05),
880 JVO*JEO 860X(4/01) & HJY 297(1/01) & JEO 860X(2/88) & 1359 UP(9/86) &
        FGB 741X(1/85),
326 WAL*M593 DSJ(5/02) & YSU 196(3/02) & M593 DSJ(11/99) & HSK 643(12/95),
A316 DUX*TIW 2363(8/02) & A482 DCU(10/96) & XUP 295(7/96) &
        A271 KEL(5/88), A2 PMX*T10 BCL(8/02),
A5 PMX*T734 ASR(5/05) & WFE 36(4/05) & T734 ASR(6/01),
A197 PPU*HFN 28L(11/83reb), B10 GWW*M654 YJC(12/02),
B188 VPP*RYX 492(2/02) & B188 VPP(4/90),
C98 RVV*TVY 659(4/04) & C98 RVV(9/89),
D601 HPO*YWH 978(7/99) & D601 HPO(9/98) & 636 VHX(10/97) &
        D994 HOW(6/95) & 67 DNR(3/95) & D821 APF(5/87),
E942 HVH*PIB 5460(3/00) & E942 HVH(11/91),
F69 HWJ*RJT 671(6/03) & KEC 439(3/02) & 804 DYE(12/99) & F967 GMW(3/95),
F600 MDN*JAZ 6795(3/99) & F631 OHD(4/96),
F920 ONL*SSV 799(6/04) & F920 ONL(6/01),
F891 TOY*WET 880(1/99) & RIB 6198(9/97) & F82 GGC(10/92),
J30 BUS*W748 RKV(12/04),
J44 GGE*M275 UYD(8/05) & 916 VBH(5/05) & M275 UYD(5/03),
J178 GGG*A2 PSV(8/02) & J178 GGG(6/98),
L257 UCV*NDO 856(1/04) & L257 UCV(7/00),
M662 FBJ*B2 WMT(9/04) & M662 FBJ(10/99), M16 WSL*T58 BGX(6/05),
R569 VLD*BAG 698S(8/03) & R569 VLD(8/01),
```

```
S20 SHT*MUI 4093(12/04) & S198 JUB(11/02),
T731 ALR*A7 CCH(12/03) & T707 KVW(4/00), W707 TJU*W6 HOL(4/03),
FE51 RCO*M2 WMT(10/04) & FE51 RCO(4/04),
WY51 ATT*RX51 DDA(7/05) & P4 EXL(3/04) & RX51 DDA(3/03),
FY52 GOE*P3 EXL(1/06) & FY52 GOE(6/03) &
FX53 LHG*P5 EXL(1/06) & FX53 LHG(2/04)
```

OW   OTHER PSV VEHICLES IN WEST YORKSHIRE

```
EIW 7434   Volvo B10M-61         Jonckheere C53F    Grace,Gomersal
FSU  357   Volvo B10M-61         Van Hool C49FT     Bendle,Middlestown
FSU  359   EOS E180Z             C48FT              Key,Netherton
IIB 7460   DAF MB200DKTL600      Jonckheere C57F    Williams,Wibsey
IIL 1719   Scania K113CRB        Irizar C49FT       Belle Vue,Wakefield
JBZ 7219   Volvo B10M-61         Plaxton C49FT      Whitefield,Horsforth
LJI 8156   DAF MB200DKFL600      Van Hool C49FT     Lettice & Hudson,Gawthorpe
RIL 5713   Volvo B10M-60         Plaxton C49FT      Tower,Cleckheaton
SJI 1972   Van Hool T815         C49FT              Grace,Gomersal
UJI  470   Volvo B10M-62         Van Hool C46FT     Allan,Castleford
UOI  880   Kassbohrer S315GTHD   C49FT              Allan,Castleford
VIL 5517   Mercedes-Benz 814D    ACL C33F           Clafton,Hall Green
VIL 5530   Bova FHD12-340        C48FT              Brayshaw,Birstall
XIL 3641   Scania K113CRB        Berkhof C50FT      Crooke &,Swarcliffe
XIL 9825   Volvo B10M-60         Jonckheere C51FT   Williams,Wibsey
XIL 9826   DAF MB230LT615        Van Hool C51FT     Williams,Wibsey
XSU  913   Leyland ONTL11/2R     ECW CH43/18FT      Saltaire,Shipley
 540  U    Van Hool T815         C21FT              Hartley,Knottingley
6884  YG   Kassbohrer S250       C48FT              Jackson,Menston
CAS 347A   LDV Convoy            Concept C16F       Langstaff,Methley
BFD 335Y   Bedford VAS5          Plaxton C29F       Bamforth,Moldgreen
A 20 KHA   Mercedes-Benz 412D    ACL C16F           Hussain,Dewsbury
B  3 HOD   LDV Convoy            ? C16F             Hodgson &,Oxenhope
B  4 HOD   LDV Convoy            ? C16F             Hodgson &,Oxenhope
B549 WVG   Scania K112CRS        Van Hool C48FT     Lettice & Hudson,Gawthorpe
B187 XJD   Volvo B58-56          Plaxton C40F       Grace,Gomersal
C481 HAK   Volvo B10M-61         Plaxton C53F       Tower,Cleckheaton
E621 CDS   Volvo B10M-61         Van Hool C53F      Boulton,Walsden
E210 GNV   Volvo B10M-61         Jonckheere C57F    Gordon & Parkinson,Kippax
E985 JSX   Renault S56           Wright B ?FL       Dean,Batley
F129 COE   Mercedes-Benz 609D    Crystals B16FL     Shaikh,Dewsbury
F 67 GTU   Mercedes-Benz 609D    North West C26F    Heaton,Stanley
F477 KDB   Mercedes-Benz 609D    MM C24F            Smith & Gordon,Allerton
F220 RJX   DAF SB3000DKV601      Van Hool C55F      Bingley Travel,Guiseley
G937 APU   Ford Transit          Asquith C11F       Frost,Scholes
G488 HFV   Renault S56           Dormobile B16FL    Dean,Batley
G138 KKW   Toyota HB31R          Caetano C18F       Johnson,Stanley
G793 UHU   Leyland LBM6T/1RS     RB C29F            Bingley Travel,Guiseley
H267 GRY   Leyland TR2R          Plaxton C57F       Bingley Travel,Guiseley
H  9 UDD   LDV Convoy            LDV B16F           Mann,Crosland Moor
H136 YJV   Mercedes-Benz 609D    MM C24F            Smith & Gordon,Allerton
J298 NNB   Mercedes-Benz 709D    Plaxton B27F       Anderson,Castleford
K310 EDT   Ford Transit          Dormobile B ?F     Pryde,Overtown
K 14 ENN   LDV Convoy            LDV B16F           Mann,Crosland Moor
K967 GWR   Mercedes-Benz 609D    ACL C24F           Hillams Garage,Wibsey
K 70 SAT   Volvo B10M-60         Plaxton C49FT      Saltaire Travel,Shipley
K525 SAY   Toyota HDB30R         Caetano C21F       Frost,Scholes
K593 VBC   MAN 11.190            Caetano C35F       Bamforth,Moldgreen
K277 YPY   DAF 400               Cunliffe B ?FL     Owens,Castleford
L 55 DCT   Scania K113CRB        Van Hool C49FT     Goulding,Knottingley
L718 LWA   DAF 400               Crest C16FL        Owens,Castleford
L889 MWB   Mercedes-Benz 609D    Cunliffe DP15FL    Martin,Normanton
L515 NNW   DAF 400               Onyx C16F          Favell & Tanner,Morley
L447 OSC   Iveco 49-10           Jubilee C19F       Smith & Gordon,Allerton
L207 PGU   Mercedes-Benz 711D    Plaxton C25F       Boulton,Walsden
L741 YGE   Volvo B10M-62         Jonckheere C49FT   Tower,Cleckheaton
M871 ATC   Mercedes-Benz 709D    Plaxton B22F       Guest,Todmorden
M980 EAV   Ford Transit          SEM B12FL          Tebbett,South Kirkby
M151 KJF   Toyota HZB50R         Caetano C16F       Pollard,Mirfield
```

M663	KVU	Volvo B10M-62	Van Hool C46FT	Evans, Normanton
M 6	PAC	Mercedes-Benz 410D	ACL C16F	Heptinstall, Allerton Byw.
M464	PHN	Mercedes-Benz 711D	ACL C25F	Nebards, Middlestown
M690	ROM	Mercedes-Benz 609D	TBP B15FL	Creswell, Castleford
M237	SOJ	Scania K113CRB	Van Hool C49FT	Firth, Ackworth
M 20	TGC	Mercedes-Benz 711D	Onyx C19F	Barton, Kippax
M115	UCX	Mercedes-Benz 410D	Olympus C16F	Atkinson & Hillam, Shelf
M 73	UWB	LDV 400	Crystals C16F	Owens, Castleford
M940	XKA	Mercedes-Benz 609D	DC B16FL	Martin, Normanton
N545	BFY	Mercedes-Benz 609D	Concept C ?F	Heaton, Stanley
N995	BWJ	Volvo B10M-62	Van Hool C44FT	Jackson, Castleford
N 16	EGL	Mercedes-Benz 411CDI	? C16F	Bruce & Wild, Crosshills
N639	GLO	LDV 400	WJW C16F	Crabtree, Queensbury
N207	XNA	LDV 400	? C16F	Beaumont, Birkby
N832	YOM	Mercedes-Benz 312D	Concept C13F	Clafton, Hall Green
P762	CDV	Ford Transit	Crest C16F	Easy Travel, Stanningley
P920	HNA	Dennis Javelin	Auwaerter C49FT	Gordon & Parkinson, Kippax
P706	LKL	LDV Convoy	LDV B16F	Mann, Waterloo
P165	ORJ	LDV Convoy	Concept C16F	Qureshi, Thornhill Lees
R148	HSF	LDV Convoy	A Line C16FL	Beaumont, Birkby
R922	NPR	LDV Convoy	LDV B16F	Easy Travel, Stanningley
R 95	PBW	Volkswagen LT35	Kirkham C14F	Kelly, Keighley
R 3	PER	Bova FHD12-340	C49FT	Roper, Bradford
R285	PNK	Mercedes-Benz 814D	ACL C24F	Pryde, Overton
R963	RCH	Volvo B10M-62	Plaxton C53F	Windmill CT, Morley
R 10	TLY	Iveco 391E	Beulas C49FT	Broome & Eastwood, Otley
R846	WRM	Iveco 49-10	Mellor B16FL	Sambrook, Dewsbury
R460	YDT	Scania K124IB4	Irizar C49FT	Firth, Ackworth
S 3	DWA	Iveco 391E	Beulas C49FT	Saltaire Travel, Shipley
S827	JOB	LDV Convoy	LDV B16F	St Leger, Meanwood
S727	LEF	Mercedes-Benz 412D	Crest C16F	Austin, Alverthorpe
S483	MFR	LDV Convoy	LDV B16F	Taylor, Kinsley
S 7	PND	LDV Convoy	Jaycas C16F	Dransfield, Skelmanthorpe
S 54	SND	LDV Convoy	? B16F	Holden, Marsden
S571	SND	Iveco 49-10	Mellor B16FL	Reach 2000, Shipley
S586	UUG	LDV Convoy	Concept C16F	Dad, Dewsbury
T369	LEF	Iveco 49-10	Mellor B16FL	Riley, Methley
T776	LNT	LDV Convoy	LDV B16F	Priestley, Castleford
T611	NMJ	LDV Convoy	LDV B16F	Mears & Kaney, Halifax
T875	SSF	Mercedes-Benz 412D	Onyx C16F	Hebblethwaite, Pontefract
T284	UUG	LDV Convoy	LDV B16F	Mears & Kaney, Halifax
V718	LDA	Renault Master	Jubilee C14F	Mannion, Gildersome
V757	LUM	LDV Convoy	LDV B16F	Saltaire Travel, Shipley
V 46	MJW	LDV Convoy	LDV B16F	Tebbett, South Kirkby
V 5	TAG	Mercedes-Benz 614D	Olympus C24F	Hillams Garage, Wibsey
W234	CDN	EOS E180Z	C48FT	Gain Travel, Wibsey
W 5	FTG	Volvo B10M-62	Plaxton C49FT	Smith, Leeds
W404	HOB	Kassbohrer S315GTHD	C48FT	Anderson, Castleford
W211	JND	Mercedes-Benz 412D	Concept C16F	Guest, Todmorden
W497	LAJ	Volkswagen LT46	Whitacre B14FL	Sambrook, Dewsbury
W538	WRV	LDV Convoy	LDV B16F	St Leger, Meanwood
W818	XBA	LDV Convoy	Concept C16F	Crabtree, Queensbury
W541	XJX	Renault Master	Crest C16F	Pidgeon, Upton
X645	AKW	Mercedes-Benz O814D	Plaxton C33F	Crooke &, Swarcliffe
X176	APY	Iveco 50C11	Mellor B16FL	Tebbett, South Kirkby
X606	ATE	LDV Convoy	Concept C16F	Dargan Child Care, Bingley
X635	KNA	Iveco 50C11	Mellor B16FL	Dransfield, Skelmanthorpe
X821	MFL	LDV Convoy	LDV B16F	Bradshaw, Illingworth
X678	WCG	Mercedes-Benz 413CDI	Crest C16F	Mann, Crosland Moor
X138	WTN	Renault Master	Crest C16F	Scaife, Rothwell
Y797	BJT	Renault Master	Mellor B16F	McConnell, Illingworth
Y798	GFM	Mercedes-Benz 413CDI	Onyx C16F	Hussain, Staincliffe
Y677	RVM	Mercedes-Benz 413CDI	Onyx C16F	Akbar, Manningham
Y319	SNB	LDV Convoy	LDV B16F	Crowther, Liversedge
Y 5	TAG	Mercedes-Benz 413CDI	Onyx C16F	Hillams Garage, Wibsey
Y657	URP	Mercedes-Benz 311CDI	? C16F	Hussain, Gomersal
Y415	XRY	LDV Convoy	LDV B16F	Martin, Normanton
BD51	YMJ	Kassbohrer S315GTHD	C48FT	Anderson, Castleford
YK51	ADU	LDV Convoy	Crest C16F	Heaton, Stanley

```
YK51 KOW   Bova FHD12-370           C49FT            Evans,Normanton
EO02 EOV   LDV Convoy               LDV B16F         Leeming,Altofts
FM02 KUP   Iveco 50C13              ? C16F           Limalia,Batley
RA02 DKY   LDV Convoy               LDV B16F         Easy Travel,Stanningley
YR02 UNG   Auwaerter N316SHD        C53F             Boulton,Walsden
AF52 ORY   LDV Convoy               LDV B16F         Pass the Parcel,Brighouse
BF52 RZZ   Iveco 50C13              Crest C19F       Wardman,Ossett
CE52 TNK   Renault Master           ? C16F           C Riggott,Kinsley
CL52 GAZ   Scania K114IB4           Irizar C49FT     Belle Vue,Wakefield
YD52 UWJ   LDV Convoy               Crest C16F       Diamond Cars,Wakefield
YD52 VZB   LDV Convoy               Crest C16F       Pryde,Overtown
YJ03 PKC   DAF DE40XSSB4000         Van Hool C49FT   Gain Travel,Wibsey
YN03 LPK   Mercedes-Benz 614D       Onyx C24F        Scaife,Rothwell
AF04 EEF   LDV Convoy               Crest C16F       Patel,Batley
MV04 GOC   LDV Convoy               Concept C16F     Hadfield,Cleckheaton
YJ04 GYU   Mercedes-Benz O815D      Sitcar C ?F      Heptinstall,Allerton Byw.
YJ04 VUB   Mercedes-Benz 313CDI     ? C16F           Wheels,Cross Green
YN04 CZD   Mercedes-Benz O814D      Excel B26FL      Diamond Cars,Wakefield
MX54 YSL   Mercedes-Benz 614D       EES C24F         Clarkson,East Hardwick
MX54 ZVP   Mercedes-Benz 614D       Crest C24F       Hawkins,Dewsbury
SF54 CXD   Mercedes-Benz O814D      Plaxton C33F     Jackson,Castleford
YJ54 ZPY   Renault Master           ? C16F           Newdall & Morrey,Alwoodley
YN54 WFE   Mercedes-Benz 413CDI     KVC C16F         Heptinstall,Allerton Byw.
YN54 WFJ   Mercedes-Benz 413CDI     KVC C16F         Goulding,Knottingley
BU05 UGM   Mercedes-Benz 614D       Excel C24F       Diamond Cars,Wakefield
DX05 GDK   Renault Master           Tawe C16F        Crooke &,Swarcliffe
MX05 YTD   Mercedes-Benz 413CDI     EE C16F          Clarkson,East Hardwick
WX05 HKP   Renault Master           Tawe C16F        Rushworth,Scholes
YN05 BVB   Auwaerter N316SHD        C43FT            Gain Travel,Wibsey
YN05 RXV   Mercedes-Benz 413CDI     KVC C16F         Pemberton,Upton
~~~~~~~~~~~~~~~~~~~~~~~~~~~~~~~~~~~~~~~~~~~~~~~~~~~~~~~~~~~~~~~~~~~~~~~~~~~~~~
EIW 7434*C401 EWU(6/90),
FSU 357*NXI 784(1/00) & E633 SEL(1/99) & XEL 158(10/92) & E305 OPR(3/89),
FSU 359*L58 TEW(8/04) & FIL 7997(6/04) & L58 TEW(4/99),
IIB 7460*OHR 450X(10/90) & UWV 129(8/90) & WRK 10X(12/85),
IIL 1719*R889 SDT(3/04),
JBZ 7219*F885 RFP(4/98) & YXI 2749(3/96) & F885 RFP(3/93),
LJI 8156*B310 CRP(12/89), RIL 5713*G21 CEH(11/00),
SJI 1972*E276 MMM(6/95), UJI 470*P313 VWR(2/02),
UOI 880*BP02 GWV(7/04) & 02WX 4317(11/03), VIL 5517*M708 DHR(3/03),
VIL 5530*L44 FTG(5/03),
XIL 3641*H951 RKG(9/03) & WIL 8274(5/03) & UIL 5172(11/02) &
        H15 MNM(11/01), XIL 9825*J64 PDE(4/04),
XIL 9826*F223 YHG(4/04) & 9210 AD(4/04) & F223 YHG(7/99) &
        3672 AD(10/97) & F223 YHG(2/97),
XSU 913*C101 OTW(8/03) & 823 NMC(7/97) & 253 DAF(4/96) & C259 MWJ(9/92) &
        4465 WE(4/91), 540 U*E84 SWW(4/89), 6884 YG*N117 FHK(9/02),
CAS 347A*R69 MEW(6/03),
A20 KHA*R760 ECT(1/04) & P3 EXL(6/03) & R760 ECT(3/03),
B3 HOD*Y223 SNC(8/03), B4 HOD*BU02 FGG(1/05),
B549 WVG*TIB 8576(6/05) & WSV 551(4/98) & B109 PEY(3/96) & 1760 VC(3/96) &
        B246 AMH(4/89), B187 XJD*GYT 144N(4/85reb),
C481 HAK*C482 HAK(1/95), E621 CDS*LSK 827(11/93) & E637 UNE(4/92),
E210 GNV*MIB 653(2/00) & E210 GNV(3/89),
G138 KKW*PJI 4713(9/99) & G138 KKW(12/92), G793 UHU*F720 SML(8/89),
H267 GRY*VJI 2779(3/01) & H267 GRY(6/97), H9 UDD*T881 EAN(10/04),
K14 ENN*P198 CUJ(10/04),
K70 SAT*MUI 5491(6/05) & K36 OUY(5/03) & 6137 RU(3/03) & K36 OUY(2/97),
L55 DCT*YJI 7319(12/05) & L957 RHE(4/03) & L3 JBT(8/02),
L741 YGE*XSV 234(1/03) & L741 YGE(7/02),
N639 GLO*TXI 1555(10/02) & N639 GLO(7/01), R148 HSF*R19 THO(3/99),
R460 YDT*P88 LUE(2/05) & R460 YDT(3/00), S7 PND*S59 JFV(5/01),
T875 SSF*RAY 933G(6/04) & T875 SSF(11/01),
X645 AKW*BIB 1186(1/04) & X645 AKW(8/02) &
YK51 KOW*74 YKP(5/04) & YK51 KOW(10/03)
~~~~~~~~~~~~~~~~~~~~~~~~~~~~~~~~~~~~~~~~~~~~~~~~~~~~~~~~~~~~~~~~~~~~~~~~~~~~~~
```

OPERATOR LOCATION INDEX

DERBYSHIRE:

ALDERWASLEY	11	KILLAMARSH	45
ALFRETON	32,60	LONG EATON	L7
ALVASTON	X5	MATLOCK	P8
ASHBOURNE	H6	NEW WHITTINGTON	13
BASLOW	A2	NORTH WINGFIELD	K6
BELPER	22	PINXTON	71
BOLSOVER	45	RENISHAW	7
CHAPEL-EN-LE-FRITH	26	ROSTON COMMON	H6
CLAY CROSS	97,F4	STANLEY	68
DERBY	54,86,88,U1	STAVELEY	27,T8(x2)
ELVASTON	R4	SWADLINCOTE	12,L9
GLOSSOP	85,W9	TIBSHELF	61
HEAGE	V7	TIDESWELL	4
HODTHORPE	C6	WIRKSWORTH	66,T8
ILKESTON	87,D9,E4		

LEICESTERSHIRE:

BARROW-UPON-SOAR	T3(x2)	MARKET HARBOROUGH	R2
BLABY	1	MELTON MOWBRAY	C3,F8,N2
COALVILLE	C3	MOIRA	48
COSBY	8	QUENIBOROUGH	D8
COSSINGTON	8	QUORN	U3
DONISTHORPE	F7	RYHALL	24
ELLISTOWN	R8	SHEPSHED	J2
HEATHER	M3	SOMERBY	J6
HINCKLEY	90,V6	STONEY STANTON	M8,U4
HUGGLESCOTE	M7	THEDDINGWORTH	57,L5,R3
IBSTOCK	47	THURMASTON	38,A9,L4(x2),V4
LEICESTER	8,38,43,57,C9,N7(x2)	WALCOTE	41,J7
		WHETSTONE	F5
LOUGHBOROUGH	W3(x2)	WIGSTON	43,W7
LUTTERWORTH	F1		

LINCOLNSHIRE:

ALFORD	A4	LONG SUTTON	37
ANCASTER	W1	LOUTH	U1
BARROWBY	U1	MABLETHORPE	82
BARTON-ON-HUMBER	P4	MARKET RASEN	53
BELTON	58	MARTON	U1
BOSTON	29,U1	MORTON	62(x2)
BOURNE	52,U1	NAVENBY	95
BRIGG	C4	NEW YORK	U1
CONINGSBY	29	NORTH HYKEHAM	D6
CROWLAND	T9	NORTH SOMERCOATES	2
FOLKINGHAM	D3	NORTH WITHAM	44
FOSDYKE	49	OWSTON FERRY	17
FRAMPTON WEST	83	QUARRINGTON	U1
GAINSBOROUGH	U1	RUSKINGTON	K8
GOXHILL	C7	SCOTTER	U1
GRANTHAM	38	SCUNTHORPE	2, 5,96(x2),98,J9
GRIMSBY	2(x2),45,U1		
HOLBEACH DROVE	70	SKEGNESS	29,U1
HOLTON-LE-MOOR	53	SLEAFORD	R1
HORNCASTLE	45,U1(x2)	SPALDING	U1(x2)
HUMBERSTON	J1	STAMFORD	U1
IMMINGHAM	65,K3	STICKNEY	D4,E2,U1
KIRTON-IN-LINDSEY	2,18	SUTTON BRIDGE	36
LEADENHAM	E7	WINTHORPE	H3
LINCOLN	K5(x2),U1(x2),U9	WRACGBY	U1
		WRANGLE	56
LONG BENNINGTON	L8	YOUNGWOOD	U1

NOTTINGHAMSHIRE:

ANNESLEY WOODHOUSE	U6	MANSFIELD	C6
ARNOLD	6	MANSFIELD WOODHOUSE	F6
ASLOCKTON	K9	NEWARK	K1,U2
BESTWOOD	9	NEWTON	A3
BILSTHORPE	69,V1	NOTTINGHAM	21,J3,J5,K1(x2),
BOUGHTON	35		K2,L6,M9,P5,P7,U9
CLAYWORTH	H2	NUTHALL	89
CROPWELL BISHOP	P1	OLDCOTES	J4
EASTWOOD	80	RETFORD	D2,H1
EDWINSTOWE	N5	STANTON HILL	25
GOTHAM	K1	STAPLEFORD	15
HUCKNALL	C5,E9	SUTTON-ON-TRENT	H4
JACKSDALE	93	TUXFORD	U9
KEYWORTH	X2	WATNALL	C5
KIRKBY-IN-ASHFIELD	16,33		

SOUTH YORKSHIRE:

ADWICK-LE-STREET	V8	MAPPLEWELL	78
ANSTON	A7	MEXBOROUGH	E1(x2)
AUGHTON	H7	MOSBOROUGH	30
BARNSLEY	19,40,N3,P3,R5,	RAWMARSH	77
	W6	ROSSINGTON	W2
CARLTON	10,J8	ROTHERHAM	39,79,C8,H5,P3,
CONISBROUGH	V5		U5,V9
DODWORTH	F9	SHEFFIELD	3,72,91,94,E3,
DONCASTER	59,92,D5		M6,P2,P3,W8(x2),
ELSECAR	81		X1
FINNINGLEY	A7	STAINFORTH	N8
HELLABY	L3	STOCKSBRIDGE	F9
HOYLAND COMMON	81	THURNSCOE	W5
LUNDWOOD	D7	WATH-UPON-DEARNE	34,M2

WEST YORKSHIRE:

ACKWORTH	A1	HUNSLET	T5
ALLERTON BYWATER	T6	KEIGHLEY	C2,N9
ARMLEY	X3	KINSLEY	E5,M5
BATLEY	E8,F2,F3,M4	LEEDS	75,76,D1,N1,W4
	N6(x3),R6,X4	MILNSBRIDGE	99,R9
BRADFORD	55,74(x2),A6,	MIRFIELD	E6
	H9(x2),N9,T7	MORLEY	51
BRIGHOUSE	A8	NORMANTON	63,K4
DEWSBURY	73	OSSETT	R7
FEATHERSTONE	N4	PONTEFRACT	L2,T1
FERRYBRIDGE	P9	SILSDEN	C1
GLASSHOUGHTON	H8	SOUTH ELMSALL	42
GUISELEY	14,50,K7	SOUTH HIENDLEY	46
HALIFAX	23,84,A8	SOUTH KIRKBY	28
HEMSWORTH	E5,V2	SOWERBY BRIDGE	L1
HONLEY	T4	THORNTON	64
HORSFORTH	A5	UNDERCLIFFE	31
HUDDERSFIELD	20(x3),67,M1,	UPTON	V3
	P6	WOODLESFORD	T2

Depots outside the area of this publication are at:-
BRIDLINGTON(51), BUCKDEN(N9), CLAPHAM(N9), DUNSTABLE(38),
HETTON-LE-HOLE(U9), HYDE(85), KINGSTON-UPON-HULL(2 & U7),
LLANTWIT FARDRE(U8), LUTON(38), NORTH ACTON(P5), ST ALBANS(38) &
SOULBURY(38).

REGISTRATION INDEX

FW	5696	H4	CSV	219	R9	GIL	5173	OS	IIL	2482	OD	KUI	6564	T4
HD	8755	OL	DAZ	4300	D3	GIL	7259	40	IIL	2496	X2	KUI	8147	47
HD	9923	OL	DAZ	5465	W4	GIL	7549	4	IIL	2636	F7	KUI	8148	38
RV	3412	OM	DAZ	6071	W4	GIL	9489	W4	IIL	6243	W1	KUI	9266	T4
			DCZ	1673	82	GLZ	3140	U9	IIL	7074	A9	KUI	9267	T8
			DCZ	2317	43	GLZ	6555	OM	IIL	7076	T5	KUI	9268	T4
			DCZ	2319	43	GNZ	3564	ON	IIL	7077	T5	KVL	261	R1
ACZ	103	P1	DCZ	3324	X5	GNZ	8153	W7	IIL	8585	8	KWU	942	C1
AHZ	5195	W7	DDZ	236	A9	GNZ	8154	W7	IUI	2128	R3	LAX	333	F7
AIG	1450	H6	DEZ	6134	ON	GNZ	8155	W7	IUI	9031	P4	LAZ	130	P1
AIG	1452	H6	DEZ	6135	ON	GNZ	8156	W7	JAZ	3338	7	LAZ	4364	U9
AIG	8358	H6	DHZ	3207	W4	GSU	340	F3	JAZ	4886	N8	LAZ	6578	OD
AJZ	9202	L4	DIB	8484	32	GVA	635	F7	JAZ	6795	K4	LAZ	6728	N3
ALZ	3260	K6	DIW	1386	C1	HBL	68	70	JBZ	7219	OW	LBZ	2305	C5
ATS	408	OD	DJZ	8677	86	HBZ	651	P1	JDZ	2361	L3	LBZ	2940	F3
AYA	199	C3	DSU	110	C7	HBZ	1974	P9	JDZ	2363	L3	LCZ	5692	U7
BAZ	2561	30	DSU	751	V5	HBZ	4674	F9	JDZ	2364	L3	LDO	170	K8
BAZ	2562	30	EAZ	4709	49	HBZ	4675	C4	JFM	541	OS	LIB	3626	18
BAZ	2564	30	EAZ	5347	49	HBZ	4680	D7	JIL	2075	OS	LIL	2174	5
BAZ	7917	D5	ECZ	4087	83	HCT	990	R1	JIL	2156	24	LIL	2175	51
BBZ	6818	F5	ECZ	9120	66	HDZ	8349	67	JIL	2158	24	LIL	2289	48
BCP	671	23	ECZ	9121	66	HIL	2156	51	JIL	3581	D7	LIL	2512	C4
BHZ	122	P1	ECZ	9122	66	HIL	2366	7	JIL	3964	36	LIL	3068	26
BHZ	1880	49	ECZ	9136	E9	HIL	2367	7	JIL	7639	18	LIL	5296	67
BHZ	9541	W1	ECZ	9139	U9	HIL	3476	J4	JIL	7664	OD	LIL	7769	L3
BJV	787	2	EDZ	4023	OS	HIL	4211	7	JIL	7889	J4	LIL	7814	M9
BKZ	8592	C8	EIL	1104	OS	HIL	4619	D2	JIL	7899	D2	LIL	8540	U6
BLZ	2294	J8	EIW	578	V5	HIL	5698	T1	JIW	3694	M4	LIL	8541	16
BLZ	5449	5	EIW	7434	OW	HIL	5837	OS	JIW	3696	C5	LIL	8542	16
BUI	471	A5	EUA	366	4	HIL	6457	J4	JJL	945	E6	LIL	8543	C5
BUI	4646	L4	EXI	2455	76	HIL	6811	A3	JKV	441	H4	LIL	9476	51
BXI	805	L9	FAZ	2784	24	HIL	6813	W2	JKZ	5003	78	LIL	9842	U2
CAZ	2046	P7	FDL	842	OM	HIL	6854	X2	JLZ	3124	J3	LIL	9974	F9
CAZ	3190	T1	FDO	802	21	HIL	6975	F9	JLZ	3125	J3	LIW	3636	78
CAZ	5866	7	FDZ	4730	46	HIL	7198	18	JRA	635	T8	LIW	4867	OD
CAZ	6832	8	FDZ	4731	36	HIL	7644	N4	JSV	488	ON	LIW	4871	78
CAZ	6835	77	FDZ	5348	C3	HIL	7896	83	JUI	1718	OS	LJI	3521	48
CAZ	6836	H2	FIL	7285	A3	HIL	8063	7	JUI	7461	T3	LJI	8156	OW
CCZ	6058	45	FIL	7997	J4	HIL	8405	7	JUI	9063	T3	LJX	198	23
CEZ	1884	OS	FIL	8156	83	HIL	8516	N3	KAL	578	C6	LKZ	3613	W7
CHZ	4743	W7	FNZ	1048	U7	HIL	8984	E7	KAZ	4523	8	LKZ	3614	W7
CHZ	4744	W7	FNZ	1049	T3	HIL	9490	K3	KAZ	4524	8	LKZ	3623	W7
CHZ	4745	W7	FNZ	1052	U7	HJI	6633	D5	KAZ	7305	P1	LKZ	3624	W7
CHZ	4746	W7	FNZ	4065	K9	HJZ	113	P1	KBZ	801	P1	LKZ	3693	P5
CHZ	5982	W7	FSU	357	OW	HJZ	4034	U7	KBZ	3628	F9	LLZ	4067	V4
CHZ	5983	W7	FSU	359	OW	HJZ	4035	U7	KBZ	8726	8	LNN	353	H4
CHZ	7466	W7	FSU	386	OL	HKZ	1330	A7	KCX	304	83	LSK	435	91
CHZ	9056	L4	FSU	661	L9	HSK	845	K5	KET	6	D2	LSK	436	91
CIB	2652	U7	FXG	249	OS	HSU	323	91	KIB	3214	R2	LSU	949	R8
CIB	8566	F2	GAL	967	C6	HSU	332	91	KIW	3766	K9	LUI	1748	H3
CIB	9152	95	GAZ	4501	8	HSV	126	58	KIW	8923	24	LUI	2598	A4
CJZ	1432	3	GAZ	4502	8	HTC	661	47	KLY	399	D1	LUI	3787	L3
CJZ	8971	OS	GAZ	4503	8	HUI	4891	26	KNN	959	H4	LUI	3788	L3
CLZ	208	P1	GCC	3	82	HUN	940	W9	KNU	446	32	LUI	3986	A4
CLZ	1842	37	GHZ	8751	73	HXI	733	J3	KRO	718	A7	LUI	5603	F5
CLZ	1860	49	GHZ	8752	73	IAZ	2339	OS	KSK	932	U9	LUI	6233	L6
CLZ	8308	66	GHZ	8753	73	IAZ	6387	C8	KSK	957	W1	LUI	7627	L6
CLZ	8309	C8	GHZ	8754	73	IIB	847	P5	KSU	478	66	LUI	7664	L6
CLZ	8319	89	GIJ	9093	W2	IIB	7460	OW	KTL	780	52	LUI	7665	L6
CNZ	1507	T	GIL	3122	8	IIL	1252	L4	KTL	982	R1	LUI	7668	L6
CNZ	3828	8	GIL	4258	OS	IIL	1719	OW	KUI	1044	C9	LUI	7863	J2
CNZ	8300	8	GIL	4276	H7	IIL	2269	13	KUI	2760	J8	LUI	8478	L6

LUI	8481	A4	NIL	8649	W7	PBZ	9203	67	RIJ	139	X1	SIL	7027	P7
LUI	8482	A4	NIL	8992	8	PBZ	9252	67	RIJ	579	OS	SIL	7028	P7
LUI	9981	F3	NIL	8993	8	PBZ	9986	67	RIJ	8861	H2	SIL	7029	P7
LXI	2743	U9	NIL	9017	L6	PCW	946	L9	RIL	516	P1	SIL	7030	P7
MAZ	6507	40	NIL	9773	18	PIB	2095	15	RIL	1018	82	SIL	7032	P7
MAZ	7093	73	NIL	9936	OM	PIB	2274	15	RIL	1019	45	SIL	7044	N5
MCT	612	P5	NIW	2399	V5	PIB	3364	15	RIL	1021	L9	SIL	7485	67
MIB	118	18	NIW	4406	2	PIB	5768	15	RIL	1258	L4	SIL	7764	45
MIB	658	P1	NIW	6508	A1	PIB	5769	15	RIL	1599	L4	SIL	7765	T3
MIB	986	D5	NJI	1253	J4	PIB	6556	A8	RIL	1680	82	SIL	7947	P7
MIL	2397	66	NKZ	4023	L4	PIB	6667	OL	RIL	1756	T5	SIL	7948	P7
MIL	3088	65	NLZ	1681	82	PIB	8450	15	RIL	3166	T5	SIL	7949	21
MIL	3957	H6	NLZ	708	P1	PIB	8868	15	RIL	3707	71	SIL	8663	E4
MIL	5383	J1	NLZ	1692	U7	PIJ	667	OS	RIL	3746	45	SIL	8752	U9
MIL	5574	A7	NLZ	1718	U7	PIJ	5751	88	RIL	4333	OD	SIL	9126	P7
MIL	6794	J1	NSU	180	53	PIL	2693	45	RIL	4372	T5	SIL	9540	P7
MIL	7902	OL	NSU	717	R8	PIL	3564	OM	RIL	4537	W7	SIL	9541	P7
MIL	8330	U9	NSU	994	R8	PIL	4291	U6	RIL	5084	86	SIL	9543	P7
MIL	8341	U9	NSV	894	R9	PIL	5258	C9	RIL	5713	OW	SIL	9556	C1
MIL	9409	J1	NTL	939	R1	PIL	6648	4	RIL	5884	W7	SIL	9744	P7
MIL	9577	V4	NUI	1584	ON	PIL	7752	18	RIL	5885	W7	SIW	2778	45
MIL	9766	ON	NUI	2382	33	PIL	7831	57	RIL	6572	74	SIW	6251	J1
MIW	2422	C6	NUI	6043	U7	PIL	7972	N2	RIL	6574	74	SIW	9154	39
MIW	4849	C9	NUI	6102	K5	PIL	8578	4	RIL	8132	D9	SJI	1972	OW
MIW	4890	8	NVL	195	K8	PIL	9724	67	RIL	8182	E9	SJI	2582	J1
MJI	5762	93	OAZ	9330	7	PIW	2633	49	RIL	9739	F2	SJI	2584	J1
MJI	5764	86	OCZ	1119	49	PIW	5010	W2	RIW	9473	C9	SJI	4780	W2
MJI	7846	43	ODO	798	70	PJI	2457	45	RJI	1653	82	SJI	5407	X1
MKZ	1562	U7	OFE	486	R1	PJI	3746	4	RJI	1654	82	SJI	6306	C1
MKZ	1849	U7	OGL	518	L9	PJI	5528	4	RJI	1655	82	SJI	8101	F9
MKZ	6301	OS	OIJ	201	U5	PJI	6075	8	RJI	4793	R1	SJI	8129	64
MLZ	9623	1	OIL	4201	ON	PJI	7727	H5	RJI	8608	98	SJI	9334	D6
MLZ	9624	1	OIL	5838	31	PJI	7754	C3	RJT	671	ON	SXI	3630	E3
MSU	499	93	OIW	5198	94	PLZ	6552	ON	RSV	611	15	SXI	4579	67
MUI	5490	31	OIW	7023	J5	PSK	619	OS	RUA	226	R7	TAZ	4061	D3
MWB	310	58	OJI	9451	J4	PSU	378	OS	RVL	445	2	TAZ	4062	D3
MXI	221	H7	OKZ	7928	P1	PSV	259	P8	RXI	7831	ON	TAZ	4063	D3
MXI	1503	H7	OKZ	9769	T3	PSV	323	L9	SBZ	3908	T5	TAZ	4064	D3
MXI	2269	H7	OSU	567	R8	PSV	392	ON	SCT	330	R1	TAZ	5004	OM
MXI	2709	H7	OTW	833	96	PSV	436	96	SGU	633	U5	TAZ	5288	OD
MXI	3319	H7	OUI	6274	E3	PSV	503	P8	SIB	2633	OS	TAZ	8070	OS
MXI	5431	H7	OUI	6275	E3	PSV	592	P8	SIB	3266	P9	TCZ	6162	OL
MXI	7168	H7	OUI	6276	E3	PUA	917	4	SIB	3272	V6	TDZ	1804	35
MXI	7708	H7	OUI	6299	T3	PUJ	925	J3	SIB	6723	X2	TDZ	3592	35
MXI	8433	H7	OUI	6375	E4	RBZ	565	M7	SIB	7517	L4	TDZ	6674	51
NBZ	301	P1	OUI	6376	E4	RBZ	913	M7	SIB	7689	9	TIB	2057	45
NBZ	1670	82	OUI	6377	E4	RBZ	3430	M7	SIB	8349	E9	TIB	4873	E3
NBZ	1671	82	OUI	6378	E4	RBZ	5495	OS	SIL	1324	E4	TIB	5901	86
NBZ	1680	K3	OUI	6433	E3	RBZ	5544	M7	SIL	1531	OS	TIB	8567	8
NBZ	4127	88	PAH	39	96	RBZ	9595	M7	SIL	2954	N3	TIB	8569	1
NCZ	1913	20	PAH	524	96	RCK	938	13	SIL	3431	P7	TIL	1017	H3
NDZ	7920	A4	PAH	984	96	RCT	3	52	SIL	4243	OS	TIL	1397	L3
NDZ	7923	U5	PAZ	3184	D3	RDU	903	V8	SIL	4471	R3	TIL	2269	H3
NDZ	7934	A4	PAZ	3185	D3	RDZ	4275	36	SIL	5309	20	TIL	2405	48
NEE	496	2	PAZ	3878	4	RED	210	M1	SIL	5864	E4	TIL	2510	51
NIB	6064	4	PAZ	3882	4	RED	448	M1	SIL	5976	R6	TIL	3230	48
NIB	8179	8	PAZ	7315	L4	RED	830	M1	SIL	5977	N8	TIL	4048	W7
NIB	8272	8	PAZ	9319	D3	REL	283	M3	SIL	6434	P7	TIL	4051	W7
NIJ	8067	57	PAZ	9346	D3	REL	520	M3	SIL	6435	P7	TIL	4230	J8
NIL	1595	T5	PBZ	9126	67	REL	527	M3	SIL	6436	P7	TIL	6046	L3
NIL	2983	C9	PBZ	9135	67	RIB	1795	73	SIL	6437	P7	TIL	6570	A7
NIL	2997	ON	PBZ	9195	67	RIB	2901	73	SIL	6438	P7	TIL	6571	A7
NIL	4860	W1	PBZ	9196	67	RIB	4311	60	SIL	7024	P7	TIL	6572	A7
NIL	7252	24	PBZ	9202	67	RIB	7017	T8	SIL	7025	P7	TIL	6573	A7

TIL	6722	W1	VIL 3382	4	XAZ 1310	29	YIL 1745	44	2968	PW	W3
TIL	8251	8	VIL 4685	4	XAZ 1311	29	YIL 2179	H6	1642	RH	98
TIL	8252	8	VIL 4686	4	XAZ 1312	29	YIL 3960	V6	2732	RH	98
TIL	8275	V5	VIL 4784	4	XAZ 1313	29	YIL 3961	V6	7455	RH	98
TIL	8747	8	VIL 5517	OW	XAZ 1314	29	YIL 3962	V6	8955	RH	98
TIL	8748	8	VIL 5530	OW	XAZ 1316	29	YIL 3963	V6	1294	RU	T8
TIL	9654	8	VIL 6684	OL	XAZ 1320	29	YIL 3964	V6	5188	RU	C6
TIW	112	P1	VIL 6771	4	XAZ 1321	29	YIL 3965	V6	6791	RU	8
TIW	2654	4	VIL 7119	4	XAZ 1346	29	YIL 4058	T8	7179	TW	U2
TIW	5645	U2	VIL 7179	4	XAZ 1399	29	YIL 4066	71	4506	UB	49
TJI	1329	A1	VIL 7441	U4	XAZ 1403	F2	YIL 4067	71	7586	VM	F2
TJI	1676	82	VIL 8246	K5	XAZ 1408	29	YIL 4412	U7	2522	VU	N3
TJI	1677	82	VIL 9334	E4	XAZ 1409	29	YIL 4448	3	6844	WF	W7
TJI	1678	82	VIL 9335	E4	XAZ 1410	29	YIL 5542	71	6962	WF	W7
TJI	1679	82	VIL 9336	E4	XAZ 1413	29	YIL 5543	71	8181	WF	67
TJI	1687	C9	VIL 9741	R2	XAZ 1414	29	YIL 7182	V4	149	WX	18
TJI	1700	W7	VIW 7423	L6	XBZ 1674	82	YIL 7842	20	6884	YG	OW
TJI	3131	93	VJI 625	P1	XBZ 1675	82	YIL 9634	R2			
TJI	4026	OS	VJI 1999	36	XCZ 7781	L5	YIW 1652	82			
TJI	4688	N3	VJI 6960	21	XDO 515	70	YIW 1725	P9			
TJI	4689	N3	VJI 8686	65	XFK 173	65	YJI 5231	U6	412	ANK	P9
TJI	4695	N3	VLT 166	L9	XHE 211	72	YJI 7372	1	228	ASV	J2
TJI	4703	48	VSK 207	49	XIB 1494	73	YJI 8763	1	345	BLA	4
TJI	4927	2	VTL 627	R1	XIB 1908	X2	YJV 178	2	476	BTO	4
TJI	4929	76	WAC 828	W1	XIB 3916	73	YSL 975	9	68	BUT	33
TJI	5401	M3	WAL 895	OS	XIL 1447	W7	YSV 563	T5	83	BUT	33
TJI	6329	61	WAZ 4434	3	XIL 1448	W7	YXI 3054	C8	179	BUT	33
TJI	6707	W1	WAZ 8276	D3	XIL 3641	OW	YXI 3396	N6	983	CBY	R6
TJI	8702	OD	WAZ 8277	D3	XIL 5456	T3	YXI 4381	13	115	CLT	W1
TJI	8784	21	WAZ 8278	D3	XIL 5932	8	YXI 7380	ON	214	CLT	23
TJI	9142	84	WCT 502	K8	XIL 6081	38	YYR 832	96	522	CTF	L2
TJI	9143	84	WDT 433	64	XIL 6082	38			137	DAF	OM
TJI	9144	84	WDZ 2826	W7	XIL 6083	38			513	ERH	P9
TJI	9147	84	WDZ 6259	W7	XIL 7877	A6			782	EUL	W7
TJI	9148	84	WDZ 6570	W7	XIL 8061	ON	540	U	OW	329	FBH	N7
TOU	962	K9	WDZ 7683	W7	XIL 8418	38	8205	EL	OM	844	FKX	58
TSU	610	F2	WIB 7189	F2	XIL 8419	38	100	FH	96	146	FLD	J1
TSU	613	OM	WIL 3615	L4	XIL 9825	OW	3272	FH	A4	520	FUM	45
TXI	1656	94	WIL 3619	F3	XIL 9826	OW	3275	FH	A4	856	GKH	E7
TXI	2426	45	WIL 3620	L4	XJI 2601	72	3553	FH	F6	241	GOU	OL
TXI	3750	H7	WIL 3625	L4	XJI 2602	72	3613	FH	A4	82	HBC	L9
TXI	6342	94	WIL 3630	L4	XJI 2604	72	4066	FH	A4	807	HEA	73
UCT	105	K8	WIL 3634	OM	XJI 2605	72	5611	FH	A4	240	HYU	L3
UIB	2948	R1	WIL 3640	L4	XJI 3831	8	6815	FH	A4	880	JVO	OS
UIW	2285	21	WIW 1672	82	XJI 9611	22	7683	FH	A4	618	KRA	70
UJI	470	OW	WJI 5277	8	XNO 784	70	9882	FH	A4	886	KTU	A3
UJI	5789	L9	WJI 6896	8	XOI 105	C9	7345	FM	OS	173	LYB	65
UJI	6312	J3	WJI 7687	OD	XOK 933	T5	6540	FN	78	610	LYB	49
UJI	8661	48	WJI 7691	X1	XPA 110	24	3796	HL	51	662	NKR	M7
UMO	58	48	WJI 9361	U9	XSU 913	OW	893	KM	D7	687	PTO	T5
UOI	880	OW	WJI 9362	U9	XSV 839	49	1516	KM	D7	511	PVX	W9
USU	638	E3	WLT 655	43	YAZ 4111	8	4465	KM	D7	784	RBF	L9
UXI	476	P1	WMT 2	W8	YAZ 4142	D3	7178	KP	U9	3	RED	M1
UXI	8633	H2	WRC 419	21	YAZ 4143	D3	4239	KR	M4	966	RVO	70
VBT	191	70	WRC 751	73	YAZ 8744	D3	7842	KR	F6	129	SDV	36
VBZ	1450	P9	WSU 368	F2	YAZ 8773	D3	7715	KV	J4	333	SXU	70
VDO	929	70	WSU 317	2	YAZ 8774	D3	8302	NF	49	841	TPU	2
VHE	946	OS	WSV 491	K3	YCT 463	R1	7128	NK	J6	222	UPD	31
VIB	6181	X2	WUK 155	98	YCZ 2347	U7	9190	NK	2	784	URT	T5
VIB	9375	2	WUY 713	49	YCZ 2348	U7	4672	NT	OS	103	UTW	1
VIL	1606	V6	WVH 794	W9	YCZ 4814	M1	2557	NU	W7	798	UXA	OD
VIL	2968	X2	WXH 612	OD	YDO 823	70	4687	NU	W7	799	UXA	OD
VIL	2971	V6	XAF 759	L9	YIB 827	P1	8488	NU	C6	304	VHN	V8
VIL	2983	4	XAZ 1293	29	YIL 1197	U4	3476	PJ	C3	20	VWC	61

326	WAL	OS	DSX	87L	C9				GYE	264W	A7	KYV 541X	A7
221	WPH	W9	FRA	521L	70				GYE	268W	A7	KYV 543X	A7
63	XMD	T1							GYE	272W	A7	KYV 643X	23
957	XYB	45				AWE	113T	36	GYE	415W	U7	KYV 647X	88
878	YTE	P8				BCS	867T	47	GYE	532W	L4	KYV 662X	75
			OTO	562M	T3	EBC	567T	W3	GYE	538W	L3	KYV 716X	M7
			PKE	810M	C6	FDE	371T	A3	GYE	565W	L4	KYV 730X	23
						WYV	53T	C5	GYE	605W	L3	KYV 749X	88
ALJ	885A	44				XSJ	647T	47	HWJ	925W	C6	KYV 792X	L3
ALJ	942A	OL				XSJ	658T	47	JDO	241W	70	KYV 795X	L4
CAS	347A	OW	GBV	110N	R3	YDL	676T	C6	JFR	5W	43	KYV 800X	T8
NAT	860A	W4	GOG	535N	C9				JFR	12W	47	LFV 205X	R2
YAF	151A	86	HTU	155N	C6				KJW	284W	36	LOA 337X	A3
			HTU	159N	C6				KJW	312W	U9	LOA 342X	L4
			HVD	733N	45	BOK	53V	L4	LHE	254W	R3	LOA 346X	L4
			HWE	826N	C6	BOK	76V	U9	LHE	601W	C6	LOA 357X	U9
ALM	33B	OS	JRR	566N	P8	BOK	80V	U5	LRR	689W	L4	LOA 369X	U9
BUT	2B	33	JWL	993N	V8	BOK	83V	U9	LRR	691W	L4	LOA 400X	C9
BYC	766B	H7	JWL	997N	V8	BYX	170V	71	MNU	694W	E4	LOA 424X	36
			KKH	372N	U9	BYX	175V	36	MTV	310W	M7	MWG 940X	C6
						BYX	200V	L3	MVO	422W	V4	NHL 303X	33
						BYX	217V	23	MVO	425W	V6	NOA 466X	C9
CJN	441C	70				BYX	248V	23	MWE	53W	72	OFV 18X	96
CUV	280C	V8	KKY	835P	C6	COX	637V	22	NNN	471W	W1	OFV 20X	47
			KMW	176P	45	CUL	81V	E4	NNN	477W	E7	OHE 270X	36
			LER	666P	OS	CUL	140V	A7	NNN	478W	D6	OHE 283X	OL
			LYH	148P	45	CUL	163V	A7	NNN	479W	W3	OWG 607X	C6
FCD	286D	70				CUL	175V	A7	ORJ	95W	36	PEF 6X	70
HPN	487D	F6				CUL	186V	A7	SVL	177W	C6	PTV 591X	43
						CUL	193V	A7	SVL	178W	C6	RCW 649X	K6
			ACW	1R	W1	DDT	292V	OM	SVL	179W	C6	RHE 969X	45
			MVK	544R	P2	EHB	546V	V5	SVL	180W	C6	RNU 434X	V4
NEL	1F	N2	ODL	661R	C6	FDL	677V	C6	VVV	958W	A9	RNU 435X	61
SMK	702F	75	ODL	662R	C6	FDL	679V	C6				RTV 437X	D6
			ODL	663R	C6	FDL	680V	C6				RTV 438X	C6
			ODL	664R	C6	FRA	526V	26				ULS 615X	U7
			OJD	138R	58	FRA	530V	26	ARP	610X	45	UWW 8X	43
JAR	621G	M5	OWE	854R	C6	FRA	531V	26	ARP	611X	45	UWW 9X	43
NGM	168G	C6	OWE	857R	C6	FRA	534V	26	BAR	103X	70	UWW 10X	43
OSF	305G	C6	OWE	858R	C6	FRA	535V	26	BUA	711X	OM	VJO 205X	43
PBC	98G	47	PHL	454R	U5	GHL	172V	7	BWT	199X	43	VOY 182X	OS
URR	198G	J4	PTT	98R	C6	GTO	708V	L6	CHF	351X	T3	VUT 1X	N2
			RAU	624R	H4	KAU	564V	43	CKS	390X	U7	XWY 476X	43
			RWT	544R	C6	KBH	845V	L6	CLV	42X	R2		
			TAJ	557R	C4	LVL	804V	C6	FHS	758X	P4		
BPJ	77H	N4				LVL	807V	C6	FTL	728X	P4		
MPR	534H	45				NEH	103V	86	JDE	972X	R3	AEF 224Y	43
SNR	1H	N2				PFE	541V	C6	JTY	371X	57	AEF 226Y	W1
VUB	396H	N2	BAG	537S	12	PFE	544V	V8	JTY	384X	T3	ANA 7Y	52
			BAG	547S	12	YFB	973V	75	JTY	388X	4	ANA 8Y	52
			BAG	562S	12				KNP	5X	W8	ANA 9Y	52
			BAG	563S	12				KSX	104X	L6	BFD 335Y	OW
AUA	435J	58	BAG	564S	12	ATK	161W	M7	KWS	297X	OM	CUD 221Y	43
FRR	194J	J4	BAG	592S	12	FTH	992W	R7	KYN	310X	A7	CWR 525Y	W3
XJF	130J	C9	BAG	622S	12	GFV	156W	R2	KYO	624X	23	DWW 928Y	A5
			BAG	631S	13	GOG	104W	U5	KYV	318X	A7	DWW 929Y	37
			BAG	708S	12	GOG	119W	U9	KYV	327X	A7	DWW 931Y	45
			JBT	16S	C6	GOG	127W	U9	KYV	328X	R1	EEH 903Y	43
NEC	237K	C6	TAE	638S	E4	GOG	216W	U9	KYV	378X	A7	EEH 904Y	43
WET	1K	N2	TDT	864S	C6	GOG	248W	U9	KYV	381X	R1	EWW 543Y	T3
			UDL	668S	C6	GOG	263W	A9	KYV	428X	A7	FAH 275Y	70
			VKE	565S	E4	GOG	270W	U5	KYV	514X	A7	FEW 224Y	70
			XLC	1S	N2	GTG	779W	51	KYV	535X	A7	FNM 864Y	C7
ACT	540L	52	XRR	831S	P8				KYV	539X	A7	FUM 490Y	43

GKE	442Y	7				A197	PPU	OS	B791	AOC	M7	B	87	SJA	A1
GSB	146Y	T3				A132	SMA	43	B794	AOC	38	B	95	SJA	A1
JWR	170Y	C9				A133	SMA	C6	B799	AOP	38	B	2	TGW	84
MHS	665Y	24	A	8	AAX	E7	A139	SMA	43	B808	AOP	86	B	3	TGW	84
MSU	591Y	C3	A	14	ABU	N7	A800	SMB	70	B809	AOP	86	B	4	TGW	84
NUW	608Y	A7	A	17	ABU	N7	A847	SUL	A7	B831	AOP	38	B	5	TGW	84
OFS	680Y	L3	A807	ASE	1	A859	SUL	17	B834	AOP	38	B	6	TGW	84
OFS	682Y	L3	A625	BCN	U7	A929	SUL	T8	B846	AOP	38	B	16	TGW	84
OFS	683Y	L3	A497	BHL	P4	A893	SYE	A7	B554	ATX	W1	B	9	TJW	84
OHV	688Y	W1	A	20	BNG	OD	A903	SYE	A7	B558	ATX	W1	B	11	TJW	84
OHV	711Y	R1	A	4	CAV	OD	A904	SYE	A7	B530	BML	H7	B	12	TJW	84
OHV	740Y	A7	A	15	CCG	48	A925	SYE	A7	B661	CET	J4	B	14	TJW	84
OHV	806Y	85	A	16	CCG	48	A945	SYE	L2	B662	CET	A1	B	15	TJW	84
OJD	814Y	T8	A	17	CCG	48	A951	SYE	A7	B554	COX	22	B	17	TJW	84
OJD	822Y	T8	A398	CRA	U9	A960	SYE	A7	B863	DOM	88	B	18	TJW	84
OJD	828Y	85	A399	CRA	U9	A965	SYE	A7	B870	DOM	38	B	19	TJW	84
OJD	834Y	75	A	15	DAF	89	A984	SYF	85	B877	DOM	H8	B	20	TJW	84
OJD	835Y	L3	A697	DDL	C6	A985	SYE	A7	B322	EWA	81	B150	TRN	24
OJD	873Y	75	A133	DTO	70	A189	TAG	P4	B266	FMB	H5	B919	TVR	L8
OTL	138Y	OL	A207	DTO	L8	A636	THV	A7	B	88	FVL	OM	B124	TVU	A1
POG	476Y	U9	A316	DUX	OS	A	65	THX	A7	B157	FWJ	F6	B894	UAS	80
POG	484Y	M7	A502	EJF	43	A953	TJN	66	B134	GAU	70	B897	UAS	96
POG	496Y	H8	A504	EJF	98	A111	TRP	T8	B735	GCN	C6	B898	UAS	37
POG	497Y	H8	A	12	ESS	R9	A	8	UKC	U4	B736	GCN	C6	B357	UCW	V2
POG	498Y	38	A	14	ESS	R9	A	9	UKC	U4	B738	GCN	C6	B501	UNB	24
POG	522Y	38	A295	FDL	C6	A682	UOE	H8	B741	GCN	C6	B123	UUD	43
POG	533Y	L4	A	63	FNU	46	A683	UOE	38	B742	GCN	C6	B124	UUD	43
POG	540Y	V4	A506	FSS	H6	A687	UOE	M7	B744	GCN	C6	B188	VPP	OS
POG	548Y	38	A126	GSA	66	A688	UOE	P7	B112	GRR	T4	B	5	WER	26
POG	562Y	88	A	14	GTA	86	A690	UOE	U9	B113	GRR	T4	B	7	WER	26
POG	563Y	P7	A541	HAC	V8	A692	UOE	H8	B942	GWJ	A7	B	10	WGS	79
POG	566Y	U9	A546	HAC	45	A702	UOE	98	B953	GWJ	A7	B	11	WGS	79
POG	569Y	U9	A737	HFP	V7	A708	UOE	38	B957	GWJ	A7	B	12	WGS	79
POG	575Y	38	A462	HJF	W1	A719	UOE	38	B674	GWJ	OM	B	13	WGS	79
POG	607Y	H8	A	7	HLC	L5	A723	UOE	98	B	10	GWW	OS	B	14	WGS	79
RBO	507Y	D6	A678	HNB	7	A733	UOE	M7	B	11	GWW	OS	B	15	WGS	79
RBO	510Y	43	A	17	KDT	37	A	7	UTO	T6	B	3	HOD	OW	B	18	WGS	79
ROX	611Y	U9	A	20	KHA	OW	A	8	UTO	T6	B	4	HOD	OW	B143	WNB	A1
ROX	625Y	V4	A	95	KWW	W3	A	12	UTO	T6	B784	JAU	A8	B154	WRN	F2
ROX	629Y	H8	A	96	KWW	37	A	44	UVV	A8	B623	JRC	C7	B963	WRN	OL
ROX	636Y	C9	A	10	LLT	D9	A511	VKG	43	B252	KTO	OL	B161	WUL	T8
ROX	639Y	H8	A206	LPP	V7	A513	VKG	D6	B306	KVO	U9	B162	WUL	23
ROX	640Y	V4	A530	LPP	OM	A534	WAV	F7	B713	LAL	21	B192	WUL	85
ROX	647Y	V4	A142	MRN	96	A630	WDT	J4	B714	LAL	21	B196	WUL	23
ROX	664Y	V4	A143	MRN	96	A631	WDT	J4	B	11	LCR	48	B203	WUL	23
RYK	822Y	A7	A112	MUD	43	A641	WDT	J4	B	10	LNE	25	B204	WUL	86
SGF	599Y	F5	A751	NNA	F6	A105	WVP	H8	B261	LPH	37	B217	WUL	23
SKY	31Y	46	A382	NNK	ON	A106	WVP	F5	B264	LPH	37	B230	WUL	85
UDW	427Y	L9	A592	NWX	57	A109	WVP	H8	B265	LPH	37	B250	WUL	U7
VRC	611Y	43	A898	OFC	P4	A112	WVP	M7	B266	LPH	F6	B280	WUL	U7
VRN	827Y	96	A145	OFR	96	A113	WVP	38	B268	LPH	37	B284	WUL	61
WDL	694Y	C6	A156	OFR	37	A734	WVP	V4	B	3	MAU	33	B290	WUL	23
XEF	11Y	51	A159	OFR	96	A739	WVP	M7	B	52	NNP	24	B549	WVG	OW
YAU	126Y	70	A202	OKJ	A5	A766	WVP	37	B250	NVN	R1	B187	XJD	OW
YAU	127Y	70	A203	OKJ	A5	A770	WVP	38	B214	OAJ	M9	B	23	XKX	2
YAU	128Y	70	A204	OKJ	A5	A310	XHE	L9	B	10	OVV	25	B147	XNA	A1
YNN	396Y	H6	A207	OKJ	A5	A	3	YRR	H4	B	10	OWW	25	B290	YSL	C3
YPD	121Y	36	A210	OKJ	A5				B	82	PJA	F6			
YSO	33Y	E4	A978	OST	37				B	11	PSV	71			
YSO	36Y	T3	A979	OST	96				B	10	PTL	L6			
YSO	37Y	T3	A	18	OVA	N8	B	29	ABH	F7	B	12	PTL	L6	C	16	ACT	V4
YSO	41Y	T3	A118	PBW	43	B	4	AGY	12	B208	REL	24	C	6	ACW	W1
YSO	42Y	T3	A	2	PMX	OS	B152	ALG	A5	B	12	RFC	M1	C	9	ACW	W1
YTO	861Y	U2	A	5	PMX	OS	B781	AOC	V4	B	6	RMT	D8	C	12	ACW	W1

C352	ALJ	OM	C 12	TBT	16	E710	EFG	K5	F609	HGO	V7	F806	YLV	21
C282	BBP	21	C262	UAJ	OS	E333	EVH	U1	F 69	HWJ	OS	F809	YLV	75
C284	BBP	21	C 58	USS	18	E219	FLD	K5	F477	KDB	OW	F810	YLV	58
C317	BUV	86	C651	VMX	W3	E696	FNU	F1	F807	LBM	OL	F811	YLV	71
C330	BUV	85	C337	VRY	D9	E210	GNV	OW	F713	LFG	K5	F814	YLV	75
C331	BUV	T8	C221	WAJ	A9	E 46	HBV	J8	F714	LFG	K5	F818	YLV	71
C359	BUV	L3	C 14	WAY	50	E942	HVH	OS	F715	LFG	K5	F824	YLV	75
C373	BUV	86	C479	YWY	37	E 66	JJU	N5	F717	LFG	K5	F825	YLV	75
C398	BUV	U7				E985	JSX	OW	F718	LFG	K5	F234	YTJ	23
C424	BUV	23				E104	JYV	17	F720	LFG	K5	F235	YTJ	29
C113	CAT	M9				E107	JYV	K5	F730	LRG	H6			
C131	CAT	21	D426	BCJ	T9	E632	KCX	14	F823	LRS	75			
C 5	CBG	77	D 65	BSC	V5	E633	KCX	14	F409	LTW	21			
C 38	CHM	37	D 29	CAC	K5	E634	KCX	14	F682	MCA	C3	G937	APU	OW
C 60	CHM	37	D513	CJU	F4	E667	KCX	81	F600	MDN	OS	G 50	BEL	U9
C 71	CHM	55	D317	DFH	OM	E288	KLD	27	F324	MGB	77	G324	BHN	44
C 84	CHM	80	D673	DVV	53	E176	KNH	18	F372	MUT	32	G645	BPH	M1
C 98	CHM	37	D160	EAD	ON	E112	KYN	K5	F 29	NLE	L2	G310	DPA	A1
C248	CKH	43	D143	FYM	T8	E915	KYR	T8	F920	ONL	OS	G388	EKA	A1
C 38	CWT	V5	D147	FYM	T8	E122	LEW	89	F692	PAY	U2	G138	EOG	36
C 40	CWT	21	D161	FYM	T8	E447	MMM	J3	F701	PAY	65	G178	EOG	P1
C537	DAT	R1	D181	FYM	37	E130	NFH	OL	F703	PAY	65	G181	EOG	P1
C 28	ETG	8	D186	FYM	T8	E152	OMD	T8	F312	PEV	D3	G193	EOG	L6
C 35	FEC	53	D188	FYM	T8	E157	OMD	43	F123	PHM	75	G197	EOG	36
C808	FMC	H6	D191	FYM	T8	E293	OMG	A3	F127	PHM	H4	G110	FJW	75
C896	FON	38	D192	FYM	T8	E171	OMU	C7	F129	PHM	75	G133	FRF	L1
C898	FON	38	D215	FYM	37	E689	PJS	R6	F130	PHM	75	G746	FTW	45
C671	GET	J4	D234	FYM	U9	E750	SKR	75	F131	PHM	75	G548	GBD	H5
C481	HAK	OW	D230	HMT	A4	E258	TUB	R9	F132	PHM	70	G438	GJC	L3
C 42	HHJ	P5	D601	HPO	OS	E260	TUB	68	F138	PHM	70	G572	GSC	53
C332	HWJ	C6	D924	NDA	88	E261	TUB	68	F209	PNR	E7	G488	HFV	OW
C334	HWJ	98	D944	NDA	18	E263	TUB	68	F404	PUR	E9	G 32	HKY	D7
C366	LFF	N2	D956	NDA	U7	E558	UHS	24	F220	RJX	OW	G704	HPW	D2
C656	LJR	C6	D102	NDW	R9	E814	UKW	N6	F249	RJX	D9	G945	JPW	A2
C101	LUS	V2	D448	PGH	OM	E695	UNE	C3	F259	RJX	A6	G991	KJX	81
C103	LWA	81	D106	TWF	OS	E215	WBG	75	F270	RJX	39	G138	KKW	OW
C435	MAK	A7	D164	VNN	X2	E200	WHS	U9	F299	RMH	OL	G293	KWY	R9
C439	MAK	A7	D643	WNU	K5	E271	WUB	H6	F896	SMU	77	G353	LDT	R7
C440	MAK	A7	D776	WVO	H6	E116	XWF	K5	F105	TML	17	G165	LWN	86
C445	MAK	A7	D 35	XNV	35	E434	YHL	U2	F 25	TMP	N5	G533	LWU	U9
C720	MRC	21	D 21	XPF	OL	E830	YHL	5	F891	TOY	OS	G547	LWU	53
C721	MRC	P5	D137	XVW	T9				F973	UGM	32	G549	LWU	37
C722	MRC	P5	D771	YAU	ON				F437	UOT	V7	G 8	MCT	F6
C723	MRC	P5							F606	UVN	E9	G 13	MCT	F6
C724	MRC	21				F129	AEL	E2	F603	VEW	52	G 77	MWJ	45
C239	MVH	81				F270	ASJ	88	F919	XOE	OS	G546	NKJ	53
C 7	NJT	A9	E478	AFJ	C3	F275	AWW	21	F992	XOE	U9	G129	NRC	W3
C 83	NNV	53	E100	AFW	52	F289	AWW	L6	F993	XOE	U9	G331	NRC	17
C308	NRC	U9	E 11	BUS	OL	F290	AWW	R9	F 38	XOF	U9	G332	NRC	17
C309	NRC	U9	E318	BVO	E4	F638	BKD	86	F 48	XOF	U9	G333	NRC	W3
C310	NRC	P5	E320	BVO	U7	F456	BKF	17	F 59	XOF	U9	G374	NRC	38
C311	NRC	P5	E321	BVO	U7	F129	COE	OW	F 79	XOF	U9	G377	NRC	38
C756	OCN	86	E323	BVO	U7	F977	DEY	80	F 81	XOF	U9	G378	NRC	U2
C757	OCN	U7	E728	BVO	L6	F701	ECC	H8	F104	XOF	U9	G690	OHE	38
C764	OCN	75	E795	CCA	OL	F702	ECC	H8	F304	XOF	U9	G452	OWA	OD
C 12	PCC	K5	E621	CDS	OW	F479	FUA	OS	F306	XOF	U9	G335	PAL	W3
C884	RFE	A7	E925	CDS	H4	F682	FWX	55	F310	XOF	U9	G191	PAO	38
C886	RFE	A7	E935	CDS	U9	F438	GAT	E5	F181	YDA	75	G199	PAO	60
C887	RFE	A7	E497	CHS	W1	F439	GAT	E5	F846	YJX	OS	G104	PES	A4
C787	RJU	OL	E652	DPD	40	F 84	GGC	D8	F801	YLV	21	G370	REG	37
C 98	RVV	OS	E701	EFG	K5	F488	GGG	N6	F802	YLV	21	G379	REG	86
C 6	TBT	16	E702	EFG	K5	F792	GNA	L2	F803	YLV	21	G 53	RGG	K6
C 8	TBT	16	E707	EFG	K5	F 67	GTU	OW	F804	YLV	21	G906	RHH	OL
C 9	TBT	16	E708	EFG	K5	F 24	HGG	OD	F805	YLV	21	G 59	RND	36

G861	RNX	F4	H151	GGS	37	J860	COO	37	J 8	PJC	C3	K828	NKH	38
G722	RYJ	8	H152	GGS	37	J722	CUM	T1	J972	PJF	77	K658	NLV	K2
G 65	SNN	67	H264	GRY	K8	J 1	DCT	59	J 98	SDH	V9	K950	OAT	J9
G363	SRB	21	H267	GRY	OW	J103	DUV	38	J462	SOH	61	K101	OCT	56
G364	SRB	21	H 53	HAY	OS	J125	DUV	38	J 47	UFL	72	K120	OCT	U1
G365	SRB	21	H 6	HJC	W2	J126	DUV	38	J920	UNA	38	K876	ODY	OS
G366	SRB	21	H 5	JBT	C6	J134	DUV	38	J564	URW	68	K206	OHS	57
G367	SRB	21	H197	JVT	60	J213	DYL	F7	J911	VFS	OL	K429	OKH	L3
G 4	THS	73	H198	JVT	60	J723	EUA	86	J 9	VOL	F6	K432	OKH	67
G694	THX	F4	H744	LHN	OL	J250	FSP	ON	J 7	WET	N2	K434	OKH	38
G114	TND	H3	H206	LOM	8	J 4	FTH	ON	J611	WHJ	H3	K 37	OUY	A5
G116	TND	H3	H211	LOM	8	J506	GCD	H6	J725	WWK	OL	K856	PCN	F9
G116	TNL	C7	H212	LOM	8	J 25	GCX	L2	J648	XHL	38	K863	PCN	38
G 8	TRU	F6	H221	LOM	8	J 26	GCX	T8	J214	XKY	94	K790	PLM	67
G255	TSL	24	H227	LOM	38	J 53	GCX	T8	J219	XKY	8	K219	PPV	OM
G879	TVS	K1	H231	LOM	38	J443	GFM	OD	J 3	YES	30	K101	PVK	N3
G147	TYT	75	H233	LOM	38	J 44	GGE	OS	J366	YWX	E9	K519	RJX	U1
G793	UHU	OW	H242	LOM	38	J178	GGG	OS				K520	RJX	18
G 73	UYV	L6	H982	LVN	87	J370	GKH	38				K534	RJX	75
G 77	UYV	L6	H352	MLJ	J6	J374	GKH	38				K702	RNR	36
G865	VAY	C7	H138	MOB	23	J417	HDS	V2	K 18	AMB	31	K708	RNR	J8
G523	VBB	T8	H 18	OVA	N8	J967	HKH	J9	K 15	BCS	OM	K367	RTY	L3
G524	VBB	T8	H166	POJ	OD	J811	HMC	75	K221	CBD	H5	K 77	SAS	U4
G531	VBB	T8	H479	PVW	98	J815	HMC	75	K985	CBO	23	K 70	SAT	OW
G532	VBB	T8	H 84	RUX	36	J816	HMC	75	K993	CBO	23	K525	SAY	OW
G535	VBB	T8	H831	RWJ	K5	J817	HMC	75	K995	CBO	23	K336	SKH	J9
G702	VJV	P4	H228	SKW	OS	J819	HMC	8	K310	EDT	OW	K401	STL	F7
G760	VRT	75	H 20	SUP	OD	J820	HMC	8	K529	EHE	U1	K 32	TDL	9
G503	VYE	23	H526	SWE	N6	J161	HMY	L9	K530	EHE	71	K106	UFP	X1
G407	XMK	35	H390	SYG	D8	J203	HWS	T9	K535	EHE	5	K593	VBC	OW
G406	YAY	81	H391	SYG	ON	J204	HWS	T9	K 14	ENN	OW	K453	VKP	65
G430	YAY	U2	H 5	TCC	N3	J655	JMD	2	K 19	FTG	31	K403	VPK	9
G365	YUR	75	H220	TCP	98	J626	JNP	33	K916	FVC	37	K355	VRU	88
G370	YUR	T8	H227	TCP	N3	J202	JRP	38	K918	FVC	37	K504	WNR	31
			H 9	UDD	OW	J404	KBV	V9	K801	FWE	K5	K506	WNR	31
			H749	UTV	U1	J602	KCU	23	K803	FWE	K5	K818	WVH	46
			H139	UUA	E5	J604	KCU	2	K510	FYN	38	K977	XND	8
H114	ABV	H4	H621	UWR	N5	J607	KCU	23	K482	GNN	T8	K982	XND	OS
H812	AHS	L9	H488	VSH	OM	J292	KFP	U1	K561	GSA	43	K986	XND	OS
H830	AHS	J6	H650	VVV	37	J861	KFP	L4	K562	GSA	43	K433	XRF	63
H564	AMT	53	H651	VVV	37	J604	KGB	D5	K570	GSA	86	K449	YCW	T1
H565	AMT	53	H652	VVV	37	J609	KGB	N2	K500	GSM	8	K628	YPL	38
H194	BTC	L3	H653	VVV	37	J791	KHD	OD	K632	GVX	K3	K277	YPY	OW
H195	BTC	K6	H 1	WET	N2	J851	KHD	OD	K636	GVX	48	K295	YPY	67
H679	BTP	38	H810	WKH	56	J 10	KMT	D7	K967	GWR	OW			
H748	CBP	OS	H687	XBV	J5	J 4	KYS	30	K359	HAO	8			
H887	CCU	E5	H519	YCX	V2	J 8	LOG	30	K379	HEG	44			
H 14	CHN	V2	H539	YCX	17	J505	LRY	OM	K185	HTV	M1	L 99	ABC	H2
H393	CJF	U1	H136	YJV	OW	J509	LRY	U1	K188	HTV	K3	L999	ABC	H2
H917	DFG	36	H 3	YRR	H4	J707	MBC	W1	K832	HUM	T9	L323	AUT	60
H160	DJU	U2				J 33	MCL	F7	K254	JNV	38	L326	AUT	67
H423	DVM	OD				J942	MFT	E3	K 4	KMT	D7	L328	AUT	67
H225	EDX	48				J 35	MKB	K8	K120	LSR	V7	L649	AYS	C5
H 24	EFE	5	J213	AET	K7	J932	MKC	V9	K 3	MCT	11	L944	AYS	V9
H179	EJF	A2	J646	AHK	OS	J610	NLH	67	K414	MGN	23	L525	BDH	60
H538	ENX	V2	J 30	BUS	OS	J611	NLH	67	K223	MGT	10	L526	BDH	60
H539	ENX	F4	J321	BVO	F5	J615	NLH	67	K586	MGT	U9	L210	BPL	35
H920	FGS	R9	J593	BWW	V2	J617	NLH	67	K588	MGT	38	L 15	BUS	44
H926	FGS	R9	J 10	CCG	48	J298	NNB	OW	K409	MSL	67	L 30	BUS	OS
H930	FGS	R9	J 20	CCG	48	J212	NNC	L9	K390	NGG	R3	L 29	CAY	U2
H139	GGS	37	J 30	CCG	48	J273	NNC	81	K823	NKH	67	L 32	CAY	J8
H140	GGS	37	J134	CEX	ON	J 8	ODY	30	K825	NKH	67	L685	CDD	V6
H149	GGS	37	J706	CGK	10	J764	ONK	A6	K826	NKH	L3	L865	CKE	V4
H150	GGS	37	J708	CGK	10	J 8	OVA	63	K827	NKH	67	L 41	CNY	M3

L 42	CNY	V2	L894	MWG	H6	M111	DPC	K4	M737	RCJ	F9	M 3	WGT	8
L430	CPJ	60	L 81	MWJ	P2	M222	DPC	K4	M571	RCP	61	M 2	WMT	W8
L992	CRY	V2	L831	MWT	D8	M333	DPC	K4	M641	RCP	P8	M 4	WMT	W8
L 55	DCT	OW	L727	MWW	L1	M444	DPC	K4	M642	RCP	P8	M 16	WSL	OS
L188	DDW	10	L731	MWW	T4	M582	DSJ	T1	M644	RCP	14	M 59	WUG	P3
L191	DDW	10	L663	MYG	38	M146	EAH	J8	M648	RCP	OD	M 46	WUR	37
L197	DDW	N4	L664	MYG	38	M980	EAV	OW	M810	RCP	OL	M 71	WYG	17
L 56	DNY	M3	L 8	NCP	T8	M452	EDH	U9	M821	RCP	38	M940	XKA	OW
L534	EHD	F1	L962	NFA	98	M455	EDH	60	M823	RCP	OD	M647	XKF	J8
L539	EHD	M4	L515	NNW	OW	M456	EDH	U9	M829	RCP	38	M115	XLV	85
L540	EHD	38	L959	NRS	ON	M457	EDH	U9	M 6	REL	M3	M 9	XON	J4
L543	EHD	38	L911	NWW	L9	M460	EDH	60	M329	RKG	8	M 90	XON	J4
L265	EPD	37	L447	OSC	OW	M461	EDH	U9	M140	RKO	OD	M908	XWA	A5
L289	ETG	N4	L118	OWF	L5	M204	EGF	38	M690	ROM	OW	M113	XWB	79
L 25	FNC	V2	L207	PGU	OW	M210	EGF	38	M691	ROM	V1	M503	XWC	ON
L563	FND	J3	L706	PHE	J6	M214	EGF	38	M 64	RRA	OD	M612	YGH	ON
L429	FOJ	OD	L710	PHE	J6	M662	FBJ	OS	M935	RRC	39	M277	YKF	J5
L 92	GAX	88	L196	PWB	19	M961	FFE	U1	M 50	RSW	V2			
L829	HEF	17	L668	PWT	D8	M966	FFE	U1	M655	SBL	41			
L106	HHV	96	L930	PWX	H9	M101	FGC	J8	M870	SKP	17			
L114	HHV	96	L773	RWW	U9	M669	FJF	K2	M123	SKY	E6	N901	ABL	97
L270	HJD	OD	L816	SAE	J3	M410	FTL	U1	M237	SOJ	OW	N644	AHP	86
L299	HKM	41	L100	SCS	L5	M271	FVC	59	M553	SSA	U2	N763	AHP	H6
L255	JBA	OS	L104	SDY	38	M 4	GPL	E2	M763	SVO	K1	N858	AHP	J6
L 3	JBT	C6	L873	SLV	59	M100	GRC	N5	M244	TAK	ON	N 18	ALS	17
L922	JFU	E8	L 6	TBS	OL	M 38	GRY	OL	M246	TAK	8	N701	AOJ	H6
L923	JFU	67	L976	UBR	L3	M424	GUS	C3	M233	TBF	83	N761	AOV	OL
L581	JSA	78	L257	UCV	OS	M665	GVL	U1	M 20	TGC	OW	N362	AVN	78
L586	JSA	86	L929	UGA	22	M955	HRY	76	M 70	TGM	38	N464	AWB	P2
L710	JUD	38	L 54	UNS	17	M 2	JBT	C6	M 80	TGM	R9	N465	AWB	P2
L712	JUD	38	L436	VGP	41	M 70	JJL	E6	M 90	TGM	R9	N466	AWB	P2
L713	JUD	38	L754	VNL	67	M939	JJU	P5	M967	TKL	K2	N467	AWB	P2
L511	KJX	17	L266	VUS	8	M 41	KAX	90	M970	TKL	87	N468	AWB	P2
L512	KJX	L2	L850	WDS	H1	M664	KHP	T8	M972	TKL	87	N469	AWB	P2
L513	KJX	L2	L941	XLK	L1	M151	KJF	OW	M 11	TLC	U1	N478	AWB	OS
L299	KKW	L3	L 81	YBB	F9	M301	KRY	68	M603	TTV	K1	N496	AWB	59
L 2	LCT	J1	L 8	YCL	75	M389	KVR	38	M604	TTV	K1	N551	AWB	67
L666	LMT	R5	L 9	YCL	75	M663	KVU	OW	M506	TVH	OS	N582	AWJ	89
L777	LMT	R5	L741	YGE	OW	M366	LFX	M3	M527	TWX	67	N545	BFY	OW
L888	LMT	R5	L 64	YJF	V1	M156	LNC	U9	M927	TYG	A7	N503	BNU	N2
L820	LRB	OD	L843	YRH	J9	M157	LNC	U9	M346	UBM	87	N152	BOF	A7
L 37	LRC	N6				M465	LPG	N2	M115	UCX	OW	N156	BOF	U9
L329	LSC	H3				M 99	MAT	ON	M 83	UHD	H1	N157	BOF	U9
L 27	LSG	60				M 50	MCT	F6	M850	UHL	59	N 16	BUS	OD
L718	LWA	OW	M900	ABC	H2	M905	MOF	25	M979	USC	38	N761	BWF	OS
L206	MAV	38	M 18	ABU	N7	M919	MRW	T8	M609	UTV	K1	N995	BWJ	OW
L950	MBH	U9	M472	ACA	M8	M786	NBA	CF	M457	UUR	60	N985	CKM	H2
L951	MBH	38	M 12	AOT	M9	M976	NFU	V1	M458	UUR	38	N209	CKP	26
L953	MBH	60	M871	ATC	OW	M 1	OCT	52	M 73	UWB	OW	N142	CVP	OL
L954	MBH	38	M652	BBV	8	M 2	OCT	52	M127	UWY	OM	N602	CVP	F6
L 9	MCT	L7	M694	BLT	K5	M 6	PAC	OW	M129	UWY	T8	N604	CWG	P2
L 50	MCT	F6	M429	BNV	37	M 7	PCC	K5	M497	VAK	P2	N866	CWG	P2
L663	MFL	L2	M430	BNV	37	M 99	PCC	K5	M303	VET	A5	N867	CWG	P2
L354	MKU	8	M 6	BUT	33	M848	PEF	V9	M 61	VKW	P2	N868	CWG	P2
L349	MRR	56	M395	CBP	D8	M464	PHN	OW	M731	VKW	P2	N480	DKH	K1
L351	MRR	T8	M106	CCD	9	M 8	PJC	C3	M732	VKW	P2	N552	DME	OD
L352	MRR	T8	M 6	CLS	OD	M800	PJC	C3	M737	VNN	M3	N779	DRH	T8
L353	MRR	T8	M643	CTL	39	M900	PJC	C3	M384	VWX	37	N272	DWY	38
L879	MWB	54	M744	CVL	U1	M271	POS	T9	M385	VWX	37	N277	DWY	N3
L883	MWB	54	M753	CVL	U1	M801	PRA	60	M 63	WEB	2	N598	DWY	A7
L884	MWB	54	M989	CYS	H3	M802	PRA	A2	M884	WEB	K2	N382	EAK	H6
L886	MWB	54	M993	CYS	E8	M803	PRA	A2	M818	WEO	F1	N 16	EGL	OW
L887	MWB	54	M 61	DBX	OM	M 13	PSV	H5	M 1	WET	N2	N464	EHA	U9
L889	MWB	OW	M222	DDY	A2	M437	PUY	A2	M987	WET	M2	N465	EHA	U9

131

N784	EUA	U9	N471	MFE	U1	N 91	WOM	U9	P944	EBB	71	P877	JKY	P2
N 37	EUG	76	N473	MFE	U1	N 93	WOM	U9	P719	EBL	X5	P 7	JMJ	40
N973	EUG	76	N743	NAY	M4	N767	WRC	K1	P640	ENN	K1	P389	JOM	37
N625	EWD	M4	N241	NBV	ON	N768	WRC	K1	P641	ENN	K1	P452	JRA	89
N935	EWG	76	N811	NHS	T8	N769	WRC	K1	P642	ENN	K1	P836	KAK	P2
N713	FLN	A8	N240	NNR	U2	N770	WRC	K1	P999	ERS	19	P837	KAK	P2
N703	FSM	84	N247	NNR	C9	N771	WRC	K1	P384	FEA	26	P838	KAK	P2
N705	FSM	84	N306	NTG	J3	N 96	WVC	C7	P391	FEA	26	P839	KAK	P2
N981	FWT	U1	N875	NUA	H9	N630	XBU	K1	P474	FJF	U2	P840	KAK	P2
N 43	FWU	72	N 3	OCT	52	N632	XBU	T8	P475	FJF	H1	P 6	KET	D2
N 53	FWU	N4	N801	OFW	U1	N633	XBU	K1	P492	FRR	K1	P 66	KET	D2
N 73	FWU	76	N802	OFW	U1	N867	XMO	19	P493	FRR	K1	P 82	KOH	E2
N 75	FWU	P8	N803	OFW	U1	N868	XMO	N3	P 17	FUG	60	P741	KOL	OL
N 85	FWU	55	N775	OGA	87	N207	XNA	OW	P542	GAU	K1	P 26	KOP	38
N126	GAG	J9	N786	ORY	76	N132	XND	38	P543	GAU	K1	P122	KOV	P3
N128	GAG	J9	N571	OUH	84	N269	XOJ	U9	P544	GAU	K1	P836	KOX	P2
N129	GAG	J3	N291	OYE	J6	N270	XOJ	U9	P801	GBA	J6	P837	KOX	R9
N130	GAG	J9	N293	OYE	J6	N523	XRR	K1	P832	GBA	OS	P669	KRD	J8
N131	GAG	J3	N 40	PAC	8	N524	XRR	K1	P106	GHE	D2	P 5	KTC	71
N593	GBW	V1	N 10	PCC	K5	N525	XRR	K1	P133	GHE	8	P396	KWB	P2
N 2	GHW	C9	N 11	PCC	K5	N298	XUJ	J3	P 2	GHW	C9	P397	KWB	P2
N 3	GHW	C9	N 12	PCC	K5	N611	XVO	K1	P120	GSR	A2	P398	KWB	P2
N333	GLO	C2	N795	PDS	U2	N211	YJE	T8	P 1	GVT	40	P399	KWB	P2
N639	GLO	OW	N714	PFU	79	N519	YNB	OD	P 2	GVT	40	P401	KWB	P2
N999	GSM	U1	N874	PFW	A4	N832	YOM	OW	P150	HBG	M6	P402	KWB	P2
N795	GVS	M6	N 13	PSV	H6				P120	HCH	26	P403	KWB	P2
N 2	GVT	40	N 3	PSW	W3				P123	HCH	26	P404	KWB	P2
N261	HBX	F4	N202	PUL	F7				P956	HEG	P2	P405	KWB	P2
N264	HBX	75	N204	PUL	F7	P 15	ABU	N7	P578	HHF	T6	P406	KWB	P2
N371	HBX	P2	N206	PUL	F7	P598	ACG	F3	P590	HHF	OD	P407	KWB	P2
N372	HBX	P2	N199	PYJ	37	P411	ACT	N6	P591	HHF	27	P477	KWB	P2
N 9	HMC	83	N115	RJF	V2	P856	ACU	19	P571	HKM	OS	P478	KWB	P2
N671	HSC	48	N116	RJF	V2	P825	ADO	N6	P 22	HMC	2	P482	KWB	P2
N645	HSX	85	N127	RJF	P5	P622	AJL	9	P918	HNA	U2	P485	KWB	P2
N320	HUM	P6	N474	RNR	T7	P169	ANR	M8	P920	HNA	OW	P527	KWJ	OD
N657	HWC	M3	N478	RNR	T7	P179	ANR	U2	P975	HNT	8	P673	LHE	84
N 1	JBT	C6	N553	SJF	OM	P679	APC	F9	P971	HWF	36	P218	LKK	26
N376	JGS	37	N333	SLE	R1	P322	ARU	L6	P992	HWF	90	P706	LKL	OW
N382	JGS	37	N 50	SLK	T5	P688	AUG	79	P984	JBC	E8	P810	LVT	N4
N268	KAM	27	N 60	SLK	T5	P473	AYJ	H5	P 1	JBT	C6	P454	LWE	F9
N730	KHS	H9	N 1	SMC	P7	P551	BAY	J2	P427	JDT	83	P455	LWE	F9
N100	KJB	D6	N400	TCC	L5	P570	BAY	N3	P440	JDT	97	P476	MBY	75
N448	KTL	U1	N668	THO	32	P775	BJF	M4	P547	JHE	P3	P478	MBY	75
N458	KTL	U1	N 30	TTS	L6	P778	BJU	P3	P 2	JJL	E6	P393	MDT	31
N459	KTL	U1	N617	UEW	98	P779	BJU	59	P382	JJU	M5	P394	MDT	M3
N465	KTL	U1	N712	UVR	J6	P780	BJU	19	P432	JJU	M5	P407	MDT	X1
N466	KTL	U1	N713	UVR	J6	P781	BJU	59	P182	JKE	20	P408	MDT	79
N996	KUS	60	N714	UVR	T9	P782	BJU	P3	P157	JKK	M6	P583	MKL	OS
N 76	KVS	K3	N721	UVR	9	P659	BUB	A2	P213	JKL	H1	P 27	MLE	38
N203	LCK	38	N239	VAO	OD	P311	BVN	59	P862	JKY	P2	P 28	MLE	38
N395	LHU	OS	N358	VRC	26	P320	BVN	OD	P863	JKY	P2	P 29	MLE	38
N 66	MCL	OL	N359	VRC	26	P321	BVN	59	P864	JKY	P2	P 31	MLE	38
N 6	MCT	L7	N360	VRC	A2	P 99	CCH	45	P865	JKY	P2	P 32	MLE	38
N 52	MDW	L9	N361	VRC	A2	P762	CDV	OW	P866	JKY	P2	P 35	MLE	38
N 67	MDW	U9	N362	VRC	A2	P540	CTO	K1	P867	JKY	P2	P158	MLE	38
N 69	MDW	U9	N250	WDO	51	P541	CTO	K1	P868	JKY	P2	P160	MLE	38
N457	MFE	U1	N986	WGR	F9	P567	CUJ	69	P869	JKY	P2	P149	MNB	19
N458	MFE	U1	N435	WKL	ON	P 39	CUX	K7	P870	JKY	P2	P644	MSC	C4
N459	MFE	U1	N517	WKL	OS	P490	CVO	K1	P871	JKY	P2	P881	MTR	K9
N461	MFE	U1	N168	WNF	84	P491	CVO	K1	P872	JKY	P2	P186	NAK	C2
N466	MFE	U1	N170	WNF	M1	P514	CVO	K1	P873	JKY	P2	P152	NBP	P2
N467	MFE	U1	N687	WNU	OD	P244	DCE	X5	P874	JKY	P2	P 25	NKW	P8
N469	MFE	U1	N161	WOA	ON	P354	DCN	OD	P875	JKY	P2	P273	NRH	A2
N470	MFE	U1	N 32	WOC	P3	P100	DJD	56	P876	JKY	P2	P274	NRH	C6

P549	OET	OM		P162	TWX	N1		R626	FCT	42		R434	MHC	N1		R 51	SWR	T1
P679	OET	19		P163	TWX	N1		R412	FHS	66		R435	MHC	N1		R542	TAV	C6
P928	ONC	X5		P164	TWX	N1		R199	FJV	E1		R823	MJU	38		R247	TEW	OD
P165	ORJ	OW		P165	TWX	N1		R991	FNW	66		R189	NFE	98		R185	TKU	79
P 1	OTL	52		P586	TYG	6		R424	FWT	L3		R762	NFW	95		R 10	TLY	OW
P 2	OTL	52		P 34	UFE	69		R830	FWW	P5		R922	NPR	OW		R 7	TMT	T8
P100	PAW	U3		P 35	UFE	69		R841	FWW	F7		R398	NRR	C5		R709	TRV	OL
P 14	PCC	K5		P501	VRO	38		R958	FYS	OM		R791	NRW	37		R145	TWF	19
P 15	PCC	K5		P 4	VTC	D9		R791	GDX	L9		R 4	OAT	ON		R497	UFP	P5
P535	PLB	H4		P215	VTY	C9		R998	GHS	OD		R 4	OCT	52		R498	UFP	P5
P980	PLN	K3		P457	VVL	69		R 2	GHW	C9		R183	OCW	60		R916	ULA	J8
P539	PNE	U9		P458	VVL	69		R480	GLG	R9		R841	OFX	OS		R812	UOK	84
P547	PNE	U9		P459	VVL	69		R481	GLG	R9		R 95	PBW	OW		R847	UOP	OS
P568	PRE	60		P302	VWR	T9		R 23	GNW	29		R 16	PCC	K5		R350	UOR	OS
P100	PSC	OM		P852	VYJ	H6		R 42	GNW	F7		R 3	PER	OW		R552	UOT	T4
P200	PSC	OM		P 3	WGT	8		R 43	GNW	F7		R113	PMO	C9		R554	UOT	T8
P 40	PSW	W3		P460	WKH	L7		R 83	GNW	T8		R285	PNK	OW		R559	UOT	T4
P 60	PSW	W3		P692	WUB	A5		R107	GNW	T8		R 5	PSW	W3		R560	UOT	L3
P 80	PSW	W3		P584	WWO	89		R160	GNW	14		R 6	PSW	W3		R561	UOT	T8
P910	PUA	N1		P242	WWX	OD		R161	GNW	75		R 80	PSW	W3		R562	UOT	T8
P911	PUA	N1		P816	XWR	N1		R178	GNW	75		R308	PTF	8		R565	UOT	L3
P867	PWW	75		P744	YUG	L6		R 1	GVT	40		R277	RAU	T8		R566	UOT	37
P872	PWW	D9						R469	GWW	N9		R279	RAU	W3		R357	URM	ON
P877	PWW	A7						R477	GWW	N9		R280	RAU	A2		R705	VAO	92
P881	PWW	A2						R478	GWW	N9		R281	RAU	A2		R870	VEC	ON
P 83	RFB	59		Q723	GHG	2		R124	GYG	OD		R282	RAU	W3		R201	VJF	67
P502	RFW	U1						R295	HFS	H9		R283	RAU	T8		R569	VLD	OS
P503	RFW	U1						R145	HGC	69		R963	RCH	OW		R 61	VOM	10
P505	RFW	U1						R 5	HMC	79		R946	RHL	19		R622	VVP	OD
P506	RFW	U1		R266	AKY	OD		R120	HNK	37		R947	RHL	59		R 11	WAL	T4
P508	RFW	U1		R933	AMB	T8		R121	HNK	37		R948	RHL	19		R 61	WAW	M9
P509	RFW	U1		R938	AMB	T8		R122	HNK	37		R336	RRA	J2		R 2	WCT	W5
P510	RFW	U1		R944	AMB	85		R123	HNK	37		R337	RRA	J2		R 3	WCT	W5
P511	RFW	U1		R754	AOE	V9		R124	HNK	37		R338	RRA	P5		R127	WNT	8
P512	RFW	U1		R 66	APS	J7		R125	HNK	37		R341	RRA	K1		R770	WOB	56
P513	RFW	U1		R 3	AUK	C1		R126	HNK	37		R342	RRA	K1		R839	WOH	98
P514	RFW	U1		R378	AWP	P5		R148	HSF	OW		R343	RRA	K1		R841	WOH	98
P112	RGS	52		R 10	BLO	25		R 96	HUA	28		R344	RRA	K1		R846	WRM	OW
P993	RNW	N8		R 7	BRT	OL		R381	HWU	R6		R345	RRA	K1		R140	XAW	OD
P337	ROO	T8		R 59	BUB	N1		R300	JAV	L4		R466	RRA	K1		R202	XKU	V8
P353	ROO	H4		R122	BUB	H9		R 2	JBT	C6		R467	RRA	K1		R203	XKU	V8
P628	ROU	84		R126	BUB	H9		R 70	JCS	45		R468	RRA	K1		R358	XVX	H4
P 82	RTC	41		R127	BUB	H9		R 80	JCS	45		R471	RRA	P5		R841	XWC	OS
P201	RUM	29		R 66	CCH	80		R 90	JCS	45		R472	RRA	K1		R140	XWF	A2
P205	RUM	29		R912	CMB	67		R954	KCD	74		R473	RRA	K1		R761	XWG	2
P220	RUM	H9		R100	DJD	56		R 3	KET	D2		R474	RRA	P5		R762	XWG	2
P260	RUM	48		R990	DTU	P6		R 66	KET	D2		R475	RRA	K1		R901	YBA	J6
P 37	RWR	OD		R304	DUA	20		R107	KGA	F1		R476	RRA	K1		R928	YBA	96
P128	RWR	29		R248	DWY	OD		R187	LBC	M8		R478	RRA	K1		R933	YBA	F6
P129	RWR	29		R 33	EBC	28		R200	LCT	8		R479	RRA	K1		R460	YDT	OW
P144	RWR	A7		R741	ECT	8		R300	LCT	8		R480	RRA	K1		R468	YDT	K3
P206	RWR	50		R755	EEH	A6		R577	LDE	ON		R232	SCH	E4		R470	YDT	H2
P207	RWR	50		R487	EEW	P6		R981	LFE	U1		R869	SDT	K5		R611	YJV	69
P720	RYL	67		R726	EGD	U2		R987	LFE	U1		R804	SRH	J9		R626	YJV	69
P 87	SAF	52		R767	EJV	69		R668	LFV	T8		R805	SRH	J9		R268	YMB	J5
P222	TCC	36		R768	EJV	69		R669	LFV	T8		R807	SRH	J9		R192	YNE	69
P684	TEW	OD		R201	EMV	65		R671	LFV	T8		R808	SRH	J9		R 3	YRR	H4
P929	TFE	U1		R255	EMV	M3		R773	LHP	37		R809	SRH	J9		R785	YVU	W9
P932	TFE	U1		R951	ETL	U1		R127	LNR	U9		R810	SRH	J9		R410	YWJ	P8
P940	TFE	U1		R952	ETL	U1		R128	LNR	U9		R812	SRH	J9		R411	YWJ	P8
P948	TFE	U1		R954	ETL	U1		R138	LNR	U9		R813	SRH	J9				
P159	TWX	N1		R962	ETL	U1		R100	MCH	OD		R814	SRH	J9				
P160	TWX	N1		R963	ETL	U1		R241	MDM	R5		R817	SRH	J9				
P161	TWX	N1		R240	EWW	99		R179	MDY	P3		R819	SRH	J9		S566	ACT	D4

S586	ACT	N6	S490	EWY	51	S754	RKU	P3	T295	BNN	K1	T101	KNW	OM
S602	ACT	P8	S577	FFE	U2	S755	RKU	59	T296	BNN	K1	T448	KPP	OS
S260	AHC	6	S 32	FFW	U1	S750	RNE	60	T297	BNN	K1	T449	KPP	E8
S 14	AKT	OD	S 34	FFW	U1	S779	RNE	T8	T298	BNN	K1	T503	KWA	H9
S502	APP	38	S 35	FFW	U1	S684	RWG	J6	T299	BNN	K1	T584	LAG	OS
S778	ATO	69	S 36	FFW	U1	S370	SET	8	T405	BNN	K1	T400	LCT	OD
S450	ATV	K1	S 37	FFW	U1	S 20	SHT	OS	T406	BNN	K1	T 2	LEC	40
S451	ATV	K1	S 38	FFW	U1	S128	SJV	51	T407	BNN	K1	T369	LEF	OW
S452	ATV	K1	S 41	FFW	U1	S129	SJV	K4	T408	BNN	K1	T411	LGP	38
S453	ATV	K1	S782	FFW	U9	S751	SKM	67	T409	BNN	K1	T419	LGP	38
S454	ATV	K1	S959	FTN	OD	S 54	SND	OW	T410	BNN	K1	T774	LNT	16
S455	ATV	K1	S382	FVL	U1	S571	SND	OW	T411	BNN	K1	T776	LNT	OW
S456	ATV	K1	S231	HGU	OS	S 66	TLC	U1	T412	BNN	K1	T789	LNT	V9
S457	ATV	K1	S235	HGU	OS	S154	UAL	A7	T413	BNN	K1	T780	MBV	F9
S458	ATV	K1	S993	HUB	E8	S166	UAL	U2	T414	BNN	K1	T 8	MDC	18
S459	ATV	K1	S994	HUB	E8	S287	UAL	60	T415	BNN	K1	T 9	MDC	18
S460	ATV	K1	S827	JOB	OW	S248	UAO	OD	T416	BNN	K1	T875	MKL	A3
S461	ATV	K1	S261	JRH	2	S551	UAW	OD	T292	CGU	R2	T419	MNH	37
S462	ATV	K1	S401	JUA	29	S553	UAW	OS	T 39	CNN	U9	T 58	MOA	R1
S463	ATV	K1	S262	JUG	N4	S165	UBU	69	T 45	CNN	OM	T 59	MOA	R1
S464	ATV	K1	S264	JUG	E5	S166	UBU	P6	T 20	DGE	OM	T611	NMJ	OW
S465	ATV	K1	S 8	KET	D2	S532	UOO	OD	T787	EJB	OD	T622	NMJ	ON
S259	AVL	U1	S114	KJF	J8	S586	UUG	OW	T 25	ERS	E4	T499	OCL	OD
S260	AVL	U1	S596	KJF	J8	S941	VAT	69	T501	EUB	W7	T 6	OCT	52
S261	AVL	U1	S105	KNR	T7	S601	VAY	61	T513	EUB	2	T829	OKH	69
S262	AVL	U1	S106	KNR	T7	S582	VOB	F5	T514	EUB	2	T830	OKH	69
S263	AVL	U1	S346	KNR	89	S 14	WAY	50	T550	EUB	79	T831	OKH	69
S264	AVL	U1	S719	KNV	37	S632	XAN	81	T239	EWR	OD	T835	OKH	69
S 49	BAF	OD	S587	KRV	C4	S512	XCR	U7	T243	EWR	3	T397	OKY	79
S224	BDE	M3	S 45	KSM	21	S577	XOM	R9	T618	FPY	92	T408	OWA	A5
S533	BTL	U1	S990	KSR	D4	S578	XOM	R9	T726	FPY	92	T410	OWA	V8
S535	BTL	U1	S209	KUB	H9	S579	XOM	R9	T344	FWR	60	T983	OWA	L3
S536	BTL	U1	S605	KUT	M8	S791	XUG	A7	T868	FWW	N4	T984	OWA	L3
S537	BTL	U1	S200	LCT	8	S468	YNP	11	T866	GFP	OD	T200	OWT	63
S538	BTL	U1	S727	LEF	OW	S 3	YRR	H4	T303	GRC	H2	T 7	PCC	K5
S542	BTL	U1	S276	LGA	T8	S 4	YRR	H4	T 68	HAP	OD	T 7	PSW	W3
S761	BTO	H6	S277	LGA	N4				T895	HBF	OL	T 8	PSW	W3
S 7	BUS	92	S279	LGA	60				T292	HBK	2	T 9	PSW	W3
S515	CFC	19	S462	LGN	38				T455	HNV	37	T772	RDV	OD
S 7	CTT	R9	S466	LGN	38	T371	ABV	ON	T 32	JBA	U2	T380	RFW	U1
S562	CUA	51	S931	MBT	L1	T 10	ACL	8	T 35	JBA	85	T381	RFW	U1
S100	DJD	56	S 61	MEF	ON	T325	ADY	ON	T 36	JBA	85	T382	RFW	U1
S311	DLG	48	S483	MFR	OW	T361	AJF	P5	T101	JBC	2	T383	RFW	U1
S936	DUB	N9	S157	MRB	H6	T362	AJF	P5	T859	JBC	P8	T384	RFW	U1
S937	DUB	N9	S258	NDN	55	T363	AJF	P5	T885	JBC	P5	T289	RGA	99
S938	DUB	N9	S955	NRA	38	T364	AJF	P5	T196	JBE	98	T 53	RJL	F8
S979	DUB	N9	S282	NRB	K1	T365	AJF	P5	T 3	JBT	C6	T 54	RJL	H5
S980	DUB	N9	S283	NRB	K1	T366	AJF	P5	T 4	JBT	C6	T293	ROF	R9
S981	DUB	N9	S284	NRB	K1	T731	ALR	OS	T744	JHE	M7	T183	SFW	U1
S982	DUB	N9	S285	NRB	K1	T100	ANN	62	T 45	JKU	L7	T184	SFW	U1
S983	DUB	N9	S286	NRB	K1	T 57	AUA	75	T 52	JKU	P3	T185	SFW	U1
S984	DUB	N9	S287	NRB	K1	T 65	AUA	W6	T439	JLD	59	T187	SFW	U1
S985	DUB	N9	S288	NRB	K1	T126	AUA	37	T792	JNT	J7	T138	SGA	OS
S986	DUB	N9	S289	NRB	K1	T128	AUA	37	T 46	JOF	ON	T875	SSF	OW
S987	DUB	N9	S290	NRB	K1	T129	AUA	37	T354	JRH	69	T 2	TCC	OW
S988	DUB	N9	S291	NRB	K1	T156	AUA	F7	T356	JRH	2	T907	THJ	M3
S989	DUB	N9	S 5	OCT	52	T161	AUA	50	T357	JRH	69	T 6	TJN	P9
S990	DUB	N9	S 17	PCC	K5	T162	AUA	50	T 73	JUX	M3	T322	UCH	21
S991	DUB	N9	S 20	PJC	C3	T180	AUA	P5	T827	JVR	45	T448	UCH	21
S992	DUB	N9	S 7	PND	OW	T181	AUA	55	T859	JVR	W9	T168	UEB	OW
S993	DUB	N9	S582	RGA	T8	T405	BGB	37	T366	JWA	P8	T284	UUG	OW
S 3	DWA	OW	S404	RJU	83	T292	BNN	K1	T774	JWA	R1	T389	VKE	OD
S 55	ECH	A3	S858	RJV	J9	T293	BNN	K1	T758	JYB	U9	T 4	WCT	W5
S453	ETV	E5	S753	RKU	P3	T294	BNN	K1	T208	KJV	98	T223	WGK	OD

T445	WWT	85	V280	DRC	K1	V250	NAY	19	W 7	HOL	V3	W389	PRC	U9
T446	WWT	85	V281	DRC	K1	V453	NGA	E5	W 10	HOL	V3	W 9	PSW	W3
T417	XVO	K1	V423	DRC	K1	V383	NOA	37	W611	JAT	69	W 10	PSW	W3
T418	XVO	K1	V424	DRC	K1	V493	NOH	E5	W904	JBA	65	W599	PTO	K1
T419	XVO	K1	V425	DRC	K1	V734	OGU	P3	W361	JBV	E8	W601	PTO	K1
T420	XVO	K1	V426	DRC	K1	V100	OJW	U3	W 4	JJL	E6	W602	PTO	K1
T421	XVO	K1	V301	EAK	D2	V980	OOE	A5	W211	JND	OW	W603	PTO	K1
T422	XVO	K1	V310	EAK	V8	V 7	PCC	K5	W231	JND	97	W604	PTO	K1
T934	YRR	41	V320	EAK	V8	V 20	PJC	C3	W922	JNF	38	W605	PTO	K1
			V330	EAK	V8	V 10	PSW	W3	W923	JNF	T8	W606	PTO	K1
			V332	EAK	26	V967	RCX	N4	W966	JNF	98	W607	PTO	K1
			V334	EAK	D2	V 5	TAG	OW	W967	JNF	29	W608	PTO	K1
V100	ACL	8	V369	EAY	J8	V144	UVY	42	W992	JNF	W7	W609	PTO	K1
V270	BNV	K7	V904	ECB	54	V621	XFE	U1	W948	KBE	6	W709	PTO	68
V 10	BUT	33	V721	EHE	19	V622	XFE	U1	W 5	KET	D2	W648	RCG	U2
V972	DAU	22	V799	EHE	M2	V623	XFE	U1	W 66	KET	D2	W898	RFA	98
V 73	DBB	J7	V741	EJF	U1	V624	XFE	U1	W411	KFE	U1	W301	SBC	OS
V954	DCH	L7	V742	EJF	U1	V625	XFE	U1	W414	KFE	U1	W315	SBC	41
V661	DFA	H6	V745	EJF	U1	V626	XFE	U1	W396	KVL	U1	W322	SBC	U2
V367	DFT	OD	V749	EJF	U1	V630	XFE	U1	W397	KVL	U1	W193	SJF	OL
V572	DHH	ON	V 85	ENN	H6	V485	XJV	K3	W398	KVL	U1	W861	SKH	X3
V674	DHH	9	V707	ENN	68	V153	XTL	U1	W399	KVL	U1	W647	SNN	K1
V424	DJF	H6	V650	ERA	OD	V154	XTL	U1	W403	KVL	U1	W648	SNN	K1
V983	DNB	85	V691	EWB	28	V155	XTL	U1	W497	LAJ	OW	W649	SNN	K1
V994	DNB	85	V 64	EWE	OD	V156	XTL	U1	W222	LAY	U2	W651	SNN	K1
V418	DPY	54	V203	FAL	OD	V273	YFW	L8	W 24	LFS	72	W652	SNN	K1
V420	DPY	54	V969	FAU	K2	V464	YVL	U9	W889	MDT	U2	W653	SNN	K1
V425	DPY	54	V675	FPO	37				W912	MDT	OS	W654	SNN	K1
V427	DRA	K1	V116	FRH	69				W476	MKY	R2	W656	SNN	K1
V428	DRA	K1	V909	GAG	69				W635	MKY	P8	W657	SNN	K1
V429	DRA	K1	V708	GRY	68	W772	AAY	M3	W109	MTL	98	W658	SNN	K1
V430	DRA	K1	V602	HET	A6	W808	AAY	63	W 82	NDW	K7	W659	SNN	K1
V431	DRA	K1	V760	HHE	E1	W867	AAY	R2	W242	OGU	P3	W941	SNR	K1
V432	DRA	K1	V563	JBH	38	W 10	ALN	OD	W242	PAU	K1	W942	SNR	K1
V433	DRA	K1	V564	JBH	38	W 50	ANN	62	W243	PAU	K1	W943	SNR	K1
V434	DRA	K1	V565	JBH	38	W482	ASB	R9	W244	PAU	K1	W707	TJU	OS
V435	DRA	K1	V684	JFM	OL	W483	ASB	R9	W246	PAU	K1	W 44	TLC	U1
V436	DRA	K1	V 3	JJL	E6	W551	BHG	T8	W247	PAU	K1	W 55	TLC	U1
V257	DRB	K1	V 4	JON	12	W342	BOF	R4	W248	PAU	K1	W 44	TMT	T8
V258	DRB	K1	V252	JRR	K1	W343	BOF	R4	W249	PAU	K1	W444	TMT	T8
V259	DRB	K1	V253	JRR	K1	W382	BOF	86	W251	PAU	K1	W508	TUJ	R4
V260	DRB	K1	V254	JRR	K1	W188	CDN	55	W958	PAU	K1	W813	UAG	U7
V261	DRB	K1	V255	JRR	K1	W197	CDN	50	W959	PAU	K1	W817	UAG	U7
V196	DRC	E5	V256	JRR	K1	W203	CDN	50	W248	PBR	81	W497	UCF	OS
V197	DRC	E5	V 58	JTO	OD	W209	CDN	98	W249	PBR	OS	W324	UEL	N3
V198	DRC	A4	V289	JTO	C5	W234	CDN	OW	W268	PBR	OS	W214	UGX	88
V262	DRC	K1	V457	JTO	U9	W748	DDN	C2	W 6	PCC	K5	W221	UGX	U2
V263	DRC	K1	V240	KWR	N9	W222	DJD	56	W 7	PCC	K5	W392	UGY	P3
V264	DRC	K1	V241	KWR	N9	W504	DNW	N9	W 1	PJC	C3	W248	VUG	N1
V265	DRC	K1	V637	LDA	54	W521	EOL	F6	W 2	PJC	C3	W733	WBK	OM
V266	DRC	K1	V718	LDA	OW	W529	EOL	M4	W 10	PJC	C3	W985	WDS	38
V267	DRC	K1	V757	LUM	OW	W 57	EON	H6	W 20	PJC	C3	W673	WGG	E5
V268	DRC	K1	V110	LVH	26	W 61	EON	OD	W 30	PJC	C3	W538	WRV	OW
V269	DRC	K1	V120	LVH	26	W511	FON	90	W 40	PJC	C3	W818	XBA	OW
V270	DRC	K1	V231	LWU	T7	W 5	FTG	OW	W 50	PJC	C3	W794	XCE	R4
V271	DRC	K1	V232	LWU	T7	W622	FUM	76	W 60	PJC	C3	W541	XJX	OW
V272	DRC	K1	V233	LWU	T7	W424	FWL	M5	W202	PPF	R4	W566	XRO	38
V273	DRC	K1	V234	LWU	T7	W648	GBX	J7	W381	PRC	U9	W567	XRO	38
V274	DRC	K1	V 21	MJB	OD	W598	GCW	A7	W382	PRC	U9	W568	XRO	38
V275	DRC	K1	V 46	MJW	OW	W599	GCW	A7	W384	PRC	U9	W569	XRO	38
V276	DRC	K1	V560	MOE	54	W603	GUG	93	W385	PRC	U9	W571	XRO	38
V277	DRC	K1	V575	MOE	54	W404	HOB	OW	W386	PRC	U9	W572	XRO	38
V278	DRC	K1	V581	MOE	54	W 4	HOD	95	W387	PRC	U9	W573	XRO	38
V279	DRC	K1	V283	MVH	T5	W 6	HOL	V3	W388	PRC	U9	W574	XRO	38

W575	XRO	38	X551	HJM	ON	Y751	DDA	V3	Y337	HWT	V8	Y592	TOV	F7
W576	XRO	38	X 94	HTL	98	Y667	DRA	K1	Y338	HWT	V8	Y593	TOV	F7
W577	XRO	38	X954	JVP	F7	Y668	DRA	K1	Y749	HWT	M2	Y831	UOG	11
W578	XRO	38	X635	KNA	OW	Y789	DRA	J2	Y499	JAW	R4	Y368	UOM	76
W204	YAP	U7	X665	KUT	OD	Y791	DRA	J2	Y 2	JBT	C6	Y506	UOP	67
W207	YAP	U7	X 56	LRY	H4	Y373	DRB	H6	Y 3	JBT	C6	Y745	UOP	M6
W617	YNB	38	X 50	MAY	48	Y966	DRC	K1	Y216	JNK	OM	Y785	UOS	P8
W618	YNB	38	X821	MFL	OW	Y 2	DRM	38	Y425	KBU	H6	Y657	URP	OW
W 3	YRR	H4	X395	NAV	OM	Y957	DRR	K1	Y972	KDK	P3	Y 2	UTO	T6
W169	YUB	N1	X938	NUB	26	Y546	DTO	K1	Y973	KDK	P3	Y 5	WDT	64
W183	YUB	N1	X942	NUB	26	Y152	EAY	70	Y974	KDK	P3	Y 2	WGT	U7
W202	YUB	N1	X944	NUB	26	Y158	EAY	P5	Y975	KDK	P3	Y193	WRH	2
W204	YUB	N1	X698	NUG	A6	Y159	EAY	P5	Y197	KNB	P3	Y229	WRH	M7
			X176	NWR	T7	Y604	EBB	14	Y198	KNB	T8	Y239	WRH	2
			X177	NWR	T7	Y758	ENL	9	Y656	LCK	OD	Y739	WSM	N4
			X181	NWR	T7	Y826	GDV	E9	Y547	LRB	K1	Y 39	WVL	98
X233	AAG	N1	X182	NWR	T7	Y798	GFM	OW	Y548	LRB	K1	Y861	XBU	19
X251	AAG	N1	X791	NWX	67	Y137	HBT	N9	Y701	LRB	K1	Y202	XFV	M8
X252	AAG	N1	X674	OBA	98	Y138	HBT	N9	Y953	LRC	54	Y104	XJU	M3
X271	AAG	N1	X 7	OCT	52	Y168	HBT	N9	Y954	LRC	54	Y139	XKH	X3
X276	AAG	N1	X991	OJX	OD	Y172	HBT	N9	Y961	LRC	54	Y415	XRY	OW
X277	AAG	N1	X271	OKH	N1	Y184	HBT	N9	Y962	LRC	54	Y696	YBC	69
X278	AAG	N1	X272	OKH	N1	Y185	HBT	N9	Y963	LRC	54	Y803	YBC	P8
X574	AAK	51	X671	OKH	2	Y885	HBT	N9	Y965	LRC	54			
X591	AAK	51	X789	OOH	ON	Y886	HBT	N9	Y967	LRC	54			
X501	AHE	M7	X 2	PCC	K5	Y887	HBT	N9	Y968	LRC	54			
X254	AHL	OD	X966	RCC	M2	Y889	HBT	N9	Y984	LRC	54	AE51	VFU	37
X645	AKW	OW	X984	SHH	X4	Y891	HBT	N9	Y236	LRR	K1	AE51	VFV	37
X951	ANC	OD	X299	UOK	OS	Y892	HBT	N9	Y237	LRR	K1	AE51	VFW	37
X176	APY	OW	X 94	USC	K1	Y893	HBT	N9	Y238	LRR	K1	AE51	VFX	37
X721	ARJ	59	X119	VBK	65	Y894	HBT	N9	Y756	MRR	L6	AE51	VJD	37
X527	ARP	ON	X621	VDN	N9	Y895	HBT	N9	Y744	NAY	P5	AV51	AVA	N2
X779	ARP	ON	X622	VDN	N9	Y896	HBT	N9	Y746	NAY	OD	BD51	YMJ	OW
X601	ATE	57	X623	VDN	N9	Y331	HDN	N9	Y837	NAY	90	BJ51	HLN	99
X606	ATE	OW	X624	VDN	N9	Y332	HDN	N9	Y246	NHJ	H6	BP51	LOD	OM
X635	AVR	96	X704	VDN	N9	Y334	HDN	N9	Y747	OBE	V8	BU51	FXF	V3
X224	AWB	U1	X429	VWR	N9	Y335	HDN	N9	Y 8	OCT	52	BU51	MCL	F7
X566	AWE	19	X991	WAU	37	Y336	HDN	N9	Y297	OCT	42	BX51	VLR	54
X839	AWS	ON	X678	WCG	OW	Y 57	HHE	18	Y788	OFE	U7	FD51	EYR	K1
X856	BNE	74	X661	WCH	K1	Y 58	HHE	18	Y798	OFE	OL	FD51	EYS	K1
X166	BNH	37	X662	WCH	K1	Y 61	HHE	U9	Y148	OTL	U1	FD51	EYT	K1
X168	BNH	37	X663	WCH	K1	Y 64	HHE	U9	Y149	OTL	U1	FD51	EYU	K1
X174	BNH	W8	X664	WCH	K1	Y371	HJX	X3	Y151	OTL	U1	FD51	EYV	K1
X611	DJA	99	X665	WCH	K1	Y676	HKU	E1	Y152	OTL	U1	FD51	EYW	K1
X 68	ENV	ON	X 5	WDT	64	Y 2	HOD	95	Y153	OTL	37	FD51	EYX	K1
X943	ERA	P2	X 82	WRH	2	Y424	HPK	19	Y161	OTL	U1	FD51	EYY	K1
X944	ERA	P2	X 83	WRH	2	Y463	HPL	ON	Y 2	PCC	K5	FE51	RBV	U9
X647	ERB	ON	X138	WTN	OW	Y293	HUA	T4	Y 8	PJC	C3	FE51	RBX	U9
X 52	ERR	P2	X399	WVO	M7	Y294	HUA	T4	Y 13	PSV	H6	FE51	RCO	OS
X 58	ERR	P2	X424	WVO	8	Y466	HUA	98	Y 70	PSW	W3	FE51	RCX	U9
X 59	ERR	P2	X261	XBX	25	Y478	HUA	T5	Y 63	RDO	99	FE51	RCY	U9
X532	ETO	ON				Y751	HVY	N4	Y112	RDO	C4	FE51	RCZ	U9
X167	FGU	OM				Y753	HVY	N4	Y677	RVM	OW	FE51	RGV	R7
X 61	GBB	OS				Y167	HWA	V9	Y878	RVR	OD	FE51	WVB	OD
X721	GGX	P3	Y248	AKV	E5	Y182	HWA	OS	Y319	SNB	OW	FJ51	JYL	U1
X711	GJU	68	Y 60	ANN	62	Y231	HWA	19	Y 5	TAG	OW	FP51	AOH	K1
X 4	GVT	40	Y336	AUT	U9	Y242	HWA	OS	Y129	TBF	38	FP51	AOJ	K1
X239	HBC	K1	Y337	AUT	U9	Y157	HWE	42	Y131	TBF	38	FP51	EXN	K1
X241	HBC	K1	Y338	AUT	U9	Y166	HWE	U2	Y451	TBF	38	FP51	EXO	K1
X947	HBC	K1	Y924	BEL	P9	Y498	HWE	OS	Y771	TKK	28	FX51	DFC	U1
X373	HCT	H5	Y377	BFS	P8	Y543	HWE	OL	Y 77	TLC	U1	FX51	DUS	OM
X331	HEE	J9	Y797	BJT	OW	Y161	HWJ	T8	Y 88	TLC	U1	FX51	JWV	ON
X332	HEE	J9	Y511	DCH	P2	Y162	HWJ	T8	Y 99	TLC	U1	FX51	KCZ	OD
X846	HEE	V3	Y512	DCH	P2	Y334	HWT	V8	Y995	TOJ	A8	FX51	MYZ	U1

FX51	MZD	U1	BD02	PFV	D1	LF02	UJU	ON	BF52	KHX	50	MX52	RLZ	P3
FX51	TEO	ON	BL02	XJU	88	LG02	ZTB	ON	BF52	KHY	50	NO52	VAS	OD
JD51	DJD	56	BU02	KUO	R7	LG02	ZTF	69	BF52	RZZ	OW	SA52	AXB	OD
KV51	KZM	U2	BU02	WVL	D1	LR02	YCS	OD	BF52	SZL	42	SK52	SRZ	97
KY51	ZDR	OS	BU02	WVS	OM	LV02	LKG	28	BK52	YJZ	99	SL52	BBX	N7
KY51	ZTL	OD	BX02	NFZ	ON	LV02	LKM	28	BL52	OVB	OS	TM52	BUS	T8
MF51	BDU	73	CE02	YRV	N2	MK02	AXG	N1	BN52	BBK	D4	TW52	BUS	U3
MF51	OBN	ON	CE02	YRX	M5	MK02	FKN	E8	CE52	TNK	OW	VU52	UEF	K7
MF51	OPA	28	CE02	YRZ	M5	MK02	GBE	28	CE52	UWP	U8	YD52	UWJ	OW
MF51	UPZ	OD	CV02	KFU	93	ML02	JBE	OS	CE52	UWR	U8	YD52	VZB	OW
MX51	NHY	K3	DG02	WTR	U1	ML02	PLX	M6	CE52	UWS	U8	YE52	LJY	N9
MX51	TDV	74	DY02	BKJ	OS	NO02	VAS	OD	CE52	UWT	U8	YE52	LJZ	N9
ND51	DJD	56	EO02	EOV	OW	NU02	ORX	69	CE52	UWU	U8	YE52	LKA	N9
NJ51	KKL	M3	EO02	EOX	U6	PC02	PCC	K5	CE52	UWV	U8	YE52	LKC	N9
NK51	ORJ	U9	EO02	UGN	27	PG02	YVY	W5	CE52	UWW	U8	YE52	LKD	N9
NK51	ORN	U9	EO02	UHA	69	PG02	YWJ	W5	CE52	UWX	U8	YE52	LKF	N9
NK51	ORO	U9	FD02	SEO	K1	PJ02	AAA	C3	CE52	UWY	U8	YE52	MPZ	P3
NV51	YFT	N4	FD02	SFE	K1	RA02	DKY	OW	CE52	UWZ	U8	YE52	MTF	P3
PU51	BUS	M7	FD02	SFF	K1	RE02	ANN	62	CE52	UXA	U8	YE52	MTJ	19
RK51	ACF	19	FD02	SFJ	K1	RY02	XMW	69	CE52	UXB	U8	YG52	BSY	51
SC51	HOD	95	FD02	SFK	K1	SA02	BRV	OD	CE52	UXC	U8	YG52	CGE	75
SF51	PVV	H2	FD02	SFN	K1	SK02	OZL	M5	CE52	UXD	U8	YG52	CGY	98
WY51	ATT	OS	FE02	AKV	K1	SK02	OZM	M5	CE52	UXF	U8	YG52	CGZ	98
YJ51	ELO	T4	FE02	LWD	68	TC02	PCC	K5	CL52	GAZ	OW	YG52	CJX	W6
YJ51	ELU	50	FE02	LZA	U9	VU02	TSZ	29	DS52	AXO	OS	YG52	DHA	C3
YJ51	ELW	W6	FL02	YLZ	P2	VU02	TTE	T1	FE52	HFP	F6	YG52	LGA	N9
YJ51	ENO	50	FL02	ZXE	OL	VU02	TTK	T1	FE52	KNS	N2	YG52	LGE	N9
YJ51	ENU	50	FM02	KUP	OW	WJ02	KDU	A5	FG52	WRN	41	YG52	SVW	N9
YJ51	OGO	N1	FM02	LHR	P5	WJ02	KDV	A5	FG52	WUC	68	YM52	RYB	K2
YJ51	VSK	19	FN02	RXS	44	WU02	YJX	T2	FH52	ETO	U1	YM52	RYC	K2
YJ51	VSO	19	FN02	VBL	P5	WU02	YJY	T2	FH52	EXM	U1	YM52	RYD	K2
YJ51	VST	P3	FN02	VBM	P5	YD02	PXG	40	FM52	GEY	38	YM52	RYF	K2
YJ51	XSP	P3	FN02	VBP	P5	YD02	RJX	76	FM52	GFA	38	YM52	RYG	K2
YJ51	XSR	K1	FN02	VBT	P5	YF02	XEV	E4	FM52	GKF	U9	YM52	SMU	P9
YJ51	XST	K1	FN02	VBZ	L5	YG02	FWL	H4	FM52	GKV	U9	YM52	SMV	P9
YJ51	XSU	K1	FN02	VCL	C6	YG02	NUO	E8	FM52	GKX	U9	YP52	BSU	59
YJ51	ZTH	P3	FN02	VCM	C6	YP02	AAN	K1	FN52	MZT	U2	YP52	BSV	59
YJ51	ZVV	K1	FP02	XMA	K1	YR02	PXP	M2	FX52	KXO	OD	YP52	JXA	ON
YJ51	ZVW	K1	FP02	XMB	K1	YR02	PYH	OS	FY52	GOE	OS	YP52	KAE	E1
YJ51	ZVX	K1	FP02	XMC	K1	YR02	UMJ	P8	FY52	GUJ	X4	YP52	KRV	C6
YJ51	ZVY	K1	FP02	YDJ	J2	YR02	UMX	M2	FY52	KXV	6	YR52	MDE	M2
YJ51	ZVZ	K1	FP02	YDK	J2	YR02	UNG	OW	FY52	LFV	OD	YR52	MEV	C6
YK51	AAX	51	FP02	YDM	J2	YR02	UNZ	C6	FY52	LNU	U1	YR52	OBO	T2
YK51	ADU	OW	FP02	YDN	J2	YR02	UOC	42	FY52	NCJ	U1	YR52	OCO	N1
YK51	ADX	F9	FP02	ZNN	OL	YR02	UOD	42	FY52	NCN	U1	YR52	OCY	R6
YK51	KOW	OW	FT02	FUE	ON	YR02	UOF	42	FY52	SJU	51	YR52	OEC	M2
YL51	ZTS	U9	FY02	LRO	37	YR02	WDC	OD	FY52	UCF	U1	YR52	OGC	OD
YL51	ZTU	U9	FY02	LSC	U1	YR02	ZMX	V8	GJ52	EYH	ON	YR52	VFA	U9
YN51	KLM	OS	FY02	LSD	U1	YS02	AUR	ON	GK52	OKG	19	YR52	VFB	U9
YN51	LPY	P3	FY02	OXG	U1	YS02	UGY	T8	GK52	OLB	19	YR52	VFC	U9
YN51	MHF	26	FY02	OXH	U1	YS02	VKT	U1	KU52	YJS	60	YR52	VFF	OM
YN51	MJE	D3	FY02	OXJ	U1	YS02	XED	C6	KU52	YJT	60	YR52	VFG	OM
YN51	MKL	OD	FY02	PYT	T2	YS02	XPB	V8	LT52	OTB	K2	YR52	WNE	P3
YN51	PJO	E1	FY02	VHF	29	YS02	YYF	E8	LX52	LHR	H2	YR52	WNF	P3
YN51	WHA	J7	FY02	VHG	29	YU02	GPZ	P3	MF52	CFX	50	YR52	ZKC	U2
YN51	XMO	42	FY02	WHR	V8	YU02	GRF	P3	MF52	FUG	83	YR52	ZKL	42
YN51	YTM	51	GX02	LLK	OD	YX02	DVJ	H1	MF52	PNE	C1	YY52	LXH	2
YN51	YTS	51	HM02	GSM	OS				MF52	UKD	D2			
YR51	DXU	K2	HN02	EOH	OL				MF52	YDA	P3			
YT51	DUY	51	HN02	ETJ	OS				MK52	OLA	N1			
YX51	DWY	2	JC02	HOD	95	AD52	VUS	ON	MK52	SWW	28	AC03	HOD	95
			KF02	ZWJ	T7	AF52	ORY	OW	MW52	PZD	T8	AD03	OCT	52
			KP02	PUY	U2	AO52	HMY	N2	MX52	PXA	P3	AE03	AUU	83
			LC02	PCC	K5	BF52	KHW	50	MX52	RLY	P3	BJ03	OUB	P5

BJ03	OUF	76	YN03	NDV	K5	FX53	FRK	R2	YN53	CFZ	K1	FX04	XFB	OM
CN03	CBY	ON	YN03	NDX	K7	FX53	GRZ	U1	YN53	CHF	K1	GT04	GVT	40
DN03	WTW	83	YN03	NHH	50	FX53	JWE	E2	YN53	CMV	M2	JD04	DJD	56
DN03	YZS	61	YN03	NJU	C6	FX53	LHG	OS	YN53	EJK	97	JN04	HOD	95
FD03	XGU	P5	YN03	NJV	C6	HF53	BWC	54	YN53	EJO	C6	KX04	HRR	R1
FD03	YNZ	L5	YN03	NJX	C6	HX53	HKZ	OL	YN53	EJX	T8	LD04	MCT	F6
FG03	JDJ	M8	YN03	PVT	OM	HX53	ODJ	U1	YN53	EXC	OS	LX04	GVD	L7
FG03	KLL	M3	YN03	WRA	68	HX53	ODK	U1	YN53	EXL	OS	MV04	CTU	U1
FJ03	AAK	C6	YN03	WXS	T8	KE53	HGZ	59	YN53	SSZ	T8	MV04	CTX	U1
FJ03	ABK	21	YN03	WXT	T8	LC53	TLC	U1	YN53	SUA	P3	MV04	CTY	U1
FJ03	VNG	H4	YN03	WXX	28	MV53	CXO	F8	YN53	VBG	E8	MV04	CTZ	U1
FX03	ECN	42	YN03	WYA	R6	MX53	CAA	51	YN53	VBP	97	MV04	CUA	U1
FY03	WNG	OD	YN03	WYG	E8	MX53	CAE	51	YN53	VCE	U1	MV04	CUC	U1
HX03	MHK	U1	YN03	ZVZ	J9	MX53	CAU	51	YN53	VCF	U1	MV04	CUG	U1
KC03	PGK	38	YN03	ZXA	C3	MX53	CDY	N1	YN53	YCR	45	MV04	CUH	U1
KC03	PGU	38	YN03	ZXB	C3	MX53	CDZ	N1	YN53	YHF	P3	MV04	CUJ	U1
KX03	HYZ	59	YN03	ZXC	C3	MX53	CFD	N1	YN53	ZFM	P9	MV04	CUK	U1
KX03	HZA	59	YN03	ZXD	C3	MX53	CKU	N1	YN53	ZWE	K7	MV04	GOC	OW
KX03	HZB	59	YS03	ZHL	K1	MX53	CKV	N1	YT53	BUJ	42	MV04	KUW	X4
LX03	KPA	OS	YS03	ZHM	K1	MX53	CKY	N1	YX53	AEN	U7	MV04	WJU	U1
LX03	KPG	93	YS03	ZHN	K1	MX53	CSY	N1	YX53	CYT	OS	MV04	WJV	U1
LX03	KPJ	OS	YS03	ZHP	K1	MX53	FDD	T8	YX53	FYC	OM	MX04	NLU	51
MW03	FUH	D4	YS03	ZKZ	28	MX53	FDE	T4				MX04	UCD	50
MW03	GWM	OS	YS03	ZLN	K1	MX53	FDG	85				MX04	VLM	T8
MX03	CCY	N1	YS03	ZLU	K1	MX53	FDZ	85				MX04	VLY	85
MX03	CCZ	N1	YS03	ZLV	K1	MX53	NTK	OM	AD04	OCT	52	MX04	VLZ	85
MX03	OYU	K4	YS03	ZLX	K1	MX53	UXY	D4	AE04	NXP	D4	MX04	VMC	T1
MX03	PPY	A5	YS03	ZLY	K1	MX53	UZG	50	AF04	EEF	OW	MX04	VME	59
MX03	YCN	T8	YX03	BXU	U1	MX53	ZVZ	OM	BU04	EZJ	N4	MX04	VMF	59
MX03	YCP	T8	YX03	BXV	U1	NK53	KGG	L8	BU04	MFP	D4	MX04	VMG	T4
MX03	YDF	T8	YX03	BXW	U1	PM53	BAG	12	BU04	WFL	54	MX04	VMH	T4
RE03	ANN	62	YX03	BXY	U1	SN53	JUU	22	BW04	PSW	W3	MX04	VMJ	85
RX03	AOC	19	YX03	BXZ	U1	SN53	MWW	E1	BX04	CSF	U7	MX04	VMK	85
RY03	FRZ	R4	YX03	BYA	U1	SN53	RXF	D2	BX04	LZA	50	MX04	WCE	51
SG03	ZCH	M7	YX03	HRZ	OS	TC53	TLC	U1	BX04	MZT	U7	MX04	YYC	OD
SG03	ZCR	M7	YX03	LKM	ON	YA53	ZFF	M1	BX04	SOH	11	NK04	HCN	ON
SJ03	APZ	A5	YX03	MWG	U7	YA53	ZFG	M1	CN04	NFD	U8	PN04	UWD	OM
SN03	LGA	98	YX03	MWJ	U7	YJ53	KFC	28	CN04	NFE	U8	RE04	ANN	62
SN03	TLV	E8	YX03	MWK	U7	YJ53	KWM	N9	CN04	NFF	U8	TC04	TLC	U1
TC03	TLC	U1	YX03	OUY	2	YJ53	VBM	T8	CN04	NFG	U8	WX04	XYN	OL
TW03	BUS	U3	YX03	OVA	2	YJ53	WMV	OD	CN04	NFK	U8	YJ04	BHW	W6
YE03	VSK	J2	YX03	OVB	2	YK53	HMY	T1	CN04	NFL	U8	YJ04	BKG	75
YE03	VTG	40	YX03	OVC	2	YM53	HHA	6	CN04	NFM	U8	YJ04	BKK	75
YJ03	GXT	D7	YX03	OVD	2	YN53	CEA	K1	CN04	XER	ON	YJ04	BMV	D3
YJ03	GXV	40	YX03	OVE	2	YN53	CEF	K1	DK04	TOH	OD	YJ04	GDM	P3
YJ03	GXW	U9	YX03	OVF	2	YN53	CEJ	K1	FA04	LHX	N6	YJ04	GDN	P3
YJ03	GXZ	U9	YX03	OVG	2	YN53	CEK	K1	FA04	LJK	U9	YJ04	GDP	P3
YJ03	PDY	T4				YN53	CEL	K1	FA04	LJL	U9	YJ04	GXZ	30
YJ03	PKC	OW				YN53	CEO	K1	FJ04	ETT	C6	YJ04	GYU	OW
YJ03	XGN	F8				YN53	CEU	K1	FJ04	SNK	P5	YJ04	GYY	30
YK03	FWN	28	AW53	PSW	W3	YN53	CEV	K1	FJ04	SNU	P5	YJ04	HSD	55
YK03	JVH	X3	BU53	AOA	ON	YN53	CFA	K1	FJ04	SNV	P5	YJ04	HUP	T4
YK03	JVJ	X3	BU53	AXB	N2	YN53	CFD	K1	FJ04	SNX	P5	YJ04	HXU	T2
YL03	JJL	E6	BU53	MVY	50	YN53	CFE	K1	FJ04	SNY	P5	YJ04	VUB	OW
YM03	EOK	5D	BU53	ZXZ	OS	YN53	CFF	K1	FJ04	SNZ	P5	YK04	ENN	N4
YN03	AVE	C6	CN53	NWB	U8	YN53	CFG	K1	FJ04	VBV	OD	YK04	FWH	A4
YN03	AVR	65	FJ53	VDD	M3	YN53	CFJ	K1	FN04	CZZ	E4	YK04	PRG	U1
YN03	DFZ	U9	FJ53	VDK	L1	YN53	CFK	K1	FN04	DHC	N1	YK04	PRJ	U1
YN03	DGE	U9	FJ53	VDN	M3	YN53	CFO	K1	FN04	FSG	L6	YK04	PWB	U1
YN03	LPK	OW	FP53	GWN	OD	YN53	CFP	K1	FN04	FSV	76	YK04	RZC	N1
YN03	LPL	M2	FX53	BTY	28	YN53	CFU	K1	FN04	JZP	P7	YK04	RZD	N1
YN03	LRV	T2	FX53	DXC	6	YN53	CFV	K1	FX04	CYJ	U1	YK04	RZG	N1
YN03	LRY	P7	FX53	DZH	OS	YN53	CFX	K1	FX04	EWH	U1	YK04	RZN	N1
YN03	NCZ	K5	FX53	EGJ	OS	YN53	CFY	K1	FX04	TJY	D3	YN04	AGY	68

YN04	AJY	8				SF54	PFV	N9	YN54	WWV	T8	MX05	CPE	P3
YN04	AKY	8				SF54	WAY	N6	YN54	XBM	V8	MX05	CWM	M2
YN04	AMK	K1				YJ54	BVA	K7	YN54	XBO	V8	MX05	FOJ	U9
YN04	AMU	K1	AB54	CUS	44	YJ54	BVB	K7	YN54	XSE	A5	MX05	FOK	U9
YN04	AMV	K1	AE54	MVZ	U9	YJ54	BVC	K7	YN54	XSO	OS	MX05	FPL	U9
YN04	AMX	K1	AE54	NUC	U9	YJ54	LOH	67	YN54	XXP	97	MX05	LKK	U1
YN04	ANF	K1	AE54	NUF	U9	YJ54	UBH	26	YN54	ZHX	R2	MX05	LKL	U1
YN04	ANP	K1	BU54	KZO	OS	YJ54	UBP	V8	YX54	AFU	50	MX05	LKM	U1
YN04	ANR	K1	BX54	FOA	37	YJ54	UBR	V8	YX54	ATY	50	MX05	LKN	U1
YN04	AUX	C6	BX54	FOP	U1	YJ54	UBT	V8	YX54	BJY	C1	MX05	LKO	U1
YN04	AXA	C6	BX54	FOT	U1	YJ54	UBU	V8	YX54	DJO	U1	MX05	NPG	50
YN04	AXB	N6	CN54	HFB	U8	YJ54	UBV	V8	YX54	DJU	U1	MX05	OSY	T7
YN04	AXC	V8	CN54	HFC	U8	YJ54	UBW	V8	YX54	DJV	U1	MX05	OSZ	T7
YN04	CWR	51	CN54	HFD	U8	YJ54	UXN	P3	YX54	DJY	U1	MX05	OTA	T7
YN04	CZD	OW	CN54	HFE	U8	YJ54	UXO	P3	YX54	DJZ	U1	MX05	OTM	85
YN04	GMU	K1	CN54	HFF	U8	YJ54	UXP	P3	YX54	DKA	U1	MX05	OTS	P3
YN04	GMV	K1	CN54	HFG	U8	YJ54	XGE	N4				MX05	SMO	U9
YN04	GMX	K1	CN54	HFH	U8	YJ54	XJK	U1				MX05	WGA	U1
YN04	GMY	K1	CN54	HFJ	U8	YJ54	XZY	U1				MX05	WGC	U1
YN04	GMZ	K1	CN54	HFK	U8	YJ54	ZPY	OW	AC05	PCC	K5	MX05	WGD	U1
YN04	HHW	T8	FD54	DHN	U9	YN54	AEG	M8	AD05	OCT	52	MX05	WGJ	U1
YN04	HJC	C6	FD54	DHO	U9	YN54	AHA	K1	AE05	EUY	A2	MX05	WGK	U1
YN04	HJG	ON	FD54	EKX	J9	YN54	AHC	K1	AE05	EVB	U9	MX05	YLF	U1
YN04	HJJ	C6	FD54	EKY	J9	YN54	AHD	K1	BU05	EEO	29	MX05	YLG	U1
YN04	HJV	H4	FD54	FGE	U9	YN54	AHE	K1	BU05	EEP	29	MX05	YTD	OW
YN04	LWP	U9	FD54	FGF	U9	YN54	AHF	K1	BU05	EER	29	NK05	AVT	N9
YN04	LWR	U9	FD54	FGG	U9	YN54	AHG	K1	BU05	EHB	67	OX05	HOD	95
YN04	LWS	U9	FJ54	HJN	OD	YN54	AHJ	K1	BU05	EKO	67	PC05	PCC	K5
YN04	LWT	U9	FJ54	ZCU	42	YN54	AHK	K1	BU05	SYX	U1	PM05	JAM	H4
YN04	LWU	U9	FJ54	ZDD	U9	YN54	AHL	K1	BU05	SYY	U1	RE05	ANN	62
YN04	LXA	P3	FJ54	ZDE	U9	YN54	AHO	K1	BU05	UGM	OW	SN05	FEG	E1
YN04	LXB	P3	FJ54	ZDF	U9	YN54	AHP	K1	BX05	VNM	OS	SN05	MFY	8
YN04	LXC	P3	FJ54	ZDG	U9	YN54	AHU	K1	CN05	ARO	U8	WH05	HOD	95
YN04	PNL	T8	FJ54	ZDH	U9	YN54	AHV	K1	CN05	DZF	U8	WX05	HKP	OW
YN04	UJF	K1	FJ54	ZDK	U9	YN54	DCE	V8	CN05	DZG	U8	YJ05	BYX	N7
YN04	UJG	K1	FX54	GZY	OM	YN54	DDZ	2	CN05	DZH	U8	YJ05	FXM	J4
YN04	UJH	K1	FX54	GZZ	OM	YN54	JPU	34	CN05	DZJ	U8	YJ05	FXO	J4
YN04	UJJ	K1	FX54	LLE	98	YN54	JPV	34	CN05	DZK	U8	YJ05	JWP	R1
YN04	UJK	K1	GB54	PCC	K5	YN54	JPX	34	CN05	JYP	U8	YJ05	JWU	R1
YN04	UJL	K1	HP54	WET	N2	YN54	JPY	34	CN05	KWB	OL	YJ05	JWV	P3
YN04	UJP	K1	HX54	CEV	W8	YN54	LLC	K1	CN05	KWO	74	YJ05	JWW	P3
YN04	UJR	K1	JB54	BAG	12	YN54	LLD	K1	CW05	PSW	W3	YJ05	JXD	29
YN04	UJS	K1	KX54	NKC	59	YN54	LLE	J9	DW05	PSW	W3	YJ05	JXE	29
YN04	UJT	K1	KX54	NKD	59	YN54	LLF	J9	DX05	GDK	OW	YJ05	JXF	29
YN04	UJU	K1	LP54	WET	N2	YN54	NXK	K1	DX05	GEJ	OL	YJ05	JXG	29
YN04	UJV	K1	LX54	AXH	N1	YN54	NXL	K1	FJ05	HYG	P5	YJ05	JXH	29
YN04	UJW	K1	LX54	AXJ	N1	YN54	OAO	V8	FJ05	HYH	P5	YJ05	JXK	29
YN04	UJY	K1	LX54	AXK	N1	YN54	OAP	V8	FJ05	YKP	ON	YJ05	JXL	29
YN04	UJZ	K1	MX54	KKY	28	YN54	OAU	V8	FP05	FNC	P2	YJ05	JXM	P3
YN04	WLK	M2	MX54	KXN	P3	YN54	OAV	V8	FX05	JKZ	U1	YJ05	JXN	P3
YN04	WSU	F6	MX54	KXV	T7	YN54	OAW	V8	GT05	GVT	40	YJ05	JXO	P3
YN04	XZV	K1	MX54	KXW	T7	YN54	SYG	T8	LX05	BFJ	N1	YJ05	LUW	19
YU04	XHX	C3	MX54	KYH	85	YN54	SZC	16	LX05	BFK	N1	YJ05	LUY	19
YU04	XHY	C3	MX54	KYK	T7	YN54	VVP	V8	LX05	BFL	N1	YJ05	PVO	T4
YU04	XJG	76	MX54	WMJ	85	YN54	VVR	V8	LX05	BFM	N1	YJ05	PYG	K4
YX04	ANV	U7	MX54	WMK	85	YN54	WCO	W7	LX05	BFN	N1	YJ05	VWK	X3
YX04	DLU	14	MX54	YSL	OW	YN54	WCP	W7	LX05	BFO	N1	YJ05	WCP	N4
YX04	DLV	14	MX54	ZVP	OW	YN54	WCR	50	LX05	BFP	N1	YJ05	WCR	N4
YX04	DLY	14	NK54	ANR	ON	YN54	WCT	50	MV05	CTE	U1	YJ05	WDA	26
YX04	FYD	14	PO54	MHJ	OS	YN54	WCY	W7	MV05	CVB	U1	YJ05	XMU	26
YX04	GSZ	U7	PO54	MJV	51	YN54	WCZ	W7	MV05	CVC	U1	YJ05	XNB	38
YX04	HKK	U7	SC54	PCC	K5	YN54	WFE	OW	MV05	CVD	U1	YJ05	XOO	V8
YX04	JFZ	U7	SF54	CXD	OW	YN54	WFJ	OW	MV05	EJE	D1	YJ05	XXB	OS
YX04	KTU	T4	SF54	PFU	N9	YN54	WWU	T8	MX05	COU	P3	YJ05	XXC	C6

139

YK05	BAA	75+	YN05	VTE	C2	AE55	EHL	A2	FJ55	YCN	U9	YN55	KWX	J2
YK05	BAO	75	YN05	VVU	A6	BX55	FZA	42	FJ55	YCO	U9	YN55	NGE	K1
YK05	BAU	75+	YN05	WFB	K1	BX55	JYU	U1	FJ55	YCP	U9	YN55	NGF	K1
YK05	BAV	75	YN05	WFC	K1	BX55	LLJ	54	FX55	BFK	U1	YN55	NGG	K1
YK05	BBE	75+	YN05	WFD	K1	BX55	LLM	54	JP55	WET	N2	YN55	NGJ	K1
YK05	BBF	75	YN05	WFE	K1	BX55	NYC	L3	LD55	RFC	50	YN55	NGU	K1
YK05	CCY	38	YN05	WFF	K1	BX55	NZS	67	MX55	BYK	T4	YN55	NGV	K1
YN05	BUO	R7	YN05	WFG	K1	BX55	NZT	67	MX55	LNW	U1	YN55	NGX	K1
YN05	BVB	OW	YN05	WFK	K1	BX55	NZU	T4	MX55	LPA	U1	YN55	NGY	K1
YN05	BVZ	M2	YN05	WFO	K1	BX55	UCT	50	MX55	LPC	U1	YN55	NGZ	K1
YN05	BWW	E1	YN05	WFP	K1	CN55	LTJ	OL	MX55	LPE	U1	YN55	WPP	OS
YN05	CPZ	V3	YN05	WFR	K1	CN55	MUE	U8	MX55	WYA	U1	YN55	YSC	T8
YN05	CRK	R7	YN05	WFS	K1	DK55	BOH	OD	PO55	GFJ	50	YN55	YSE	68
YN05	GWX	K1	YN05	WFT	K1	FD55	RZJ	M5	PO55	GGA	D4	YN55	YSF	68
YN05	GWY	K1	YN05	WFU	K1	FJ55	BXO	U9	PO55	GGY	50	YN55	YSG	W7
YN05	GXY	8	YN05	WFV	K1	FJ55	DYW	P5	SN55	DVC	38	YN55	YSH	W7
YN05	GZB	68	YN05	WFW	K1	FJ55	DZK	P5	TT55	GER	ON	YT55	TMT	T8
YN05	HBB	C6	YN05	WFX	K1	FJ55	DZL	P5	YJ55	CKX	F3	YX55	ACV	51
YN05	HEV	26	YN05	WGC	K1	FJ55	DZM	P5	YJ55	EYW	E1	YX55	ACZ	42
YN05	HFS	8	YN05	WGD	K1	FJ55	DZN	P5	YJ55	KZO	P5	YX55	ADU	X4
YN05	HVT	T8	YN05	WGG	K1	FJ55	DZO	P5	YJ55	KZZ	D3	YX55	DKA	P3
YN05	RXV	OW	YN05	XZB	50	FJ55	HWG	61	YJ55	WTD	T4	YX55	DKV	P3
YN05	RXW	27	YN05	XZE	U1	FJ55	XBA	U9	YJ55	YGX	97			
YN05	SXR	U1	YN05	XZF	U1	FJ55	XBB	U9	YJ55	YGY	97			
YN05	SXS	U1	YN05	XZM	U1	FJ55	XBC	U9	YJ55	YGZ	97			
YN05	SXT	U1	YX05	AVU	F8	FJ55	XBD	U9	YJ55	YJU	T6	AD06	OCT	52
YN05	UGO	H4	YX05	BBE	11	FJ55	YCE	U9	YK55	JCN	T4	CC06	HOD	95
YN05	UUJ	C6	YX05	BBF	11	FJ55	YCF	U9	YN55	KLU	OL	MX06	ACV	A2
YN05	UUP	50	YX05	DXJ	D1	FJ55	YCG	U9	YN55	KMA	50	PC06	PCC	K5
YN05	UVC	U1	YX05	FCD	C1	FJ55	YCH	U9	YN55	KMF	50	RE06	ANN	62
YN05	UVH	14				FJ55	YCK	U9	YN55	KMV	T8	YJ06	LFO	T4
YN05	VRR	L6				FJ55	YCL	U9	YN55	KWV	J2	YN06	CYP	T8
YN05	VRY	76				FJ55	YCM	U9	YN55	KWW	J2			

TRADING NAMES OF INDEPENDENT OPERATORS

ABACUS	44	GRANT & McALLIN COACHES	7
ABBEYWAYS	A8	GRAYs LUXURY COACHES	81
ABU & SONs	N7	HAIL & RIDE	H3
ACCESSBUS	T7	PHIL HAINES COACHES	83
AIRLINE CONNECTIONS	N1	HALIFAX JOINT COMMITTEE	23
ALANs MINI COACHES	H5	E.A. HART LTD	V8*
ALPHA BUS & COACH LTD	U7*	HAWKES COACHES	88
ANDERSONs	T5	HAWKES TOURS	88
ANDYs HANDI-BUSES	87	HEARSONS GARAGE LTD	89
AOT TRAVEL	M9	HEARSONs MAXI TAXIS	89
ARTERIAL	U1	DEREK HEMSTOCK TAXI	92
ASHLEY TRAVEL	7	DON HENSHAW COACHES	93
BAGNALLs	12	GEORGE HOBSON & SON	94
DENNIS BAGSHAW	13	HULLEYS OF BASLOW	A2
I. BAGSHAW	13*	A. HUNTER	A5
BARNARD COACHES	18	IK ONGAR TAXIS	20
BARNSLEY BUS COMPANY LTD	N3*	ISLE COACHES	17
B.S. BASSI	20*	J & B TRAVEL LTD	A5*
BEAVERBUS	F5	JC COACHES	35
BEBB TRAVEL PLC	U8*	JM COACHES	46
BELLAMY HOLIDAYS LTD	21*	JOHNSONs TOURS	C6
BILLIES COACHES LTD	79*	K-LINE	T4
BL TRAVEL	E5	P. KEATS	C8*
BLACK & WHITE COACHES	5	STEVE KEATS OF SHEFFIELD	C8
MARK BLAND TRAVEL	24	KEE TRAVEL	63
BOBs PRIVATE HIRE	F4	KIMEs COACHES	D3
BRECKS INTERNATIONAL	U5	KINGs	D4
BRIDGE TRAVEL	X1	KIRKHAMs COACHES	D5
BUTLER BROTHERS	33	KS TRAVEL	P6
C & N TRAVEL	T3	A.D. LADBROOK & C.J. BOOR	37*
CAVALIER TRAVEL	J7	LADYLINE	77
CENTRAL COACH TOURS	39	LAMCOTE MOTORS (RADCLIFFE)	U9*
CENTRAL TRAVEL (WOODVILLE)	12	LAVENDER LINE TRAVEL	D9
COACH TECH	78	LAWTONs EXECUTIVE COACHES	E2
COACHMASTER (LEICS) LTD	L4*	LEGER BUS	59
COMPANY COACHES	P9	LITTLE TRANSPORT LTD	E4*
COOPERs TOURS LTD	45*	LITTLEBUS	E4
COUNTRY HOPPER	47	LL TRAVEL	E1
COXs OF BELPER	22	LM TRAVEL	R5
DALESMAN	14	LOONAT COACHES	E8
DENROY COACHES	L1	LOVENDEN TRAVEL	E7
J.R. DENT COACHES	53	LOWEs COACHES	E9
P.C. DIXON	57*	LQT LTD	38*
DIXONs TRAVEL	57	LUTONIAN BUSES LTD	38*
K. & H. DOYLE COACHES	60	A. LYLES & SONS	F3
TIM DRAPER GOLDEN HOLIDAYS	61	RON LYLES & SON	F2
DUNN-LINE HOLDINGS LTD	U9*	M TRAVEL	H8
E COACHES	11	M & K TRAVEL	74
ECH	A3	McEWEN TRAVEL	F6
EXPRESS OF BATLEY	X4	MARKET HARBOROUGH TRAVEL	L5
EXPRESS TRANSPORT	2	MARRIOTTs TRAVEL	H1
EXPRESS TRAVEL	A6	MARSHALLs OF SUTTON	H4
EXPRESSWAY OF ROTHERHAM	M2	MASS TRANSIT	A7
FASTWAY	64	MC TRAVEL OF LONG EATON	L7
FOUR SQUARE BUS & COACH	M5	MICKs MINIBUSES	D8
FOURWAY COACHES	50	MILLMANs COACHES	J1
L. FURNESS & SON	72	MOTORVATION MIDI COACHES	J3
GARYs	9	MOUNT TAXIS	99
GEE VEE TRAVEL	40	MYBUS	K2
GLENWAY TOURS	73	NJ TRAVEL SERVICES	A9
GLOBE COACHES	N3	NOTTINGHAM CITY COACHES	J2
GLOVERs COACHES LTD	H6*	OAKLEAF COACHES	J8
J.M. GODSON	76*	PAULs TRAVEL	67
GODSONs COACHES	76	PEGASUS COACHWAYS LTD	D2*
GOLDSTAR TRAVEL	15	A. PENNOCK & F. IVORY	X3*
GOODYEAR TRAVEL	78	ROY PHILLIPS COACHES	K8
W. GORDON & SONS	79	PK MINI TRAVEL	C8

141

PONTEFRACT MOTORWAYS	T1	T LINE TRAVEL	F8
POPPLETONs	L2	TANDEM TAXIS	P6
JOHN POWELL TRAVEL	L3	TATEs TRAVEL GROUP	F9
POWELLs BUS CO LTD	L3*	TD TRAVEL	51
C.W. PULFREY & SON	L8	THURMASTON BUS	L4
RINGWOOD COACHES	27	TJs COACHES	C4
ROEVILLE TOURS LTD	V8*	TMS	T5
ROUND ROBIN COACHES	X4	TORDOFF TRANSPORT LTD	50*
RSL	N1	TOTAL TRAVEL	V4
RUTLAND TRAVEL	N2	TWIN VALLEY	L1
GLENN RYDER TOURS	N5	UNITY COACHES	H2
SHARPEs OF NOTTINGHAM	P1	UTOPIA MINI COACHES	T6
D. SHELLEY	38*	VALE TRAVEL	K9
SHERWOOD TRAVEL	K3	VALLANCEs COACHES	U6
SILVERDALE LONDON LTD	P5*	VIKING TOURS & TRAVEL	L9
N. SINGH	P6*	WALLIS COACHWAYS	V1
SKILLs LEISURE LTD	P7*	WATERSONs	V2
SLACKs COACHES	P8	G.H. WATTS COACHES	C9
SLEAFORDIAN COACHES	R1	J.M. & T.J. WATTS	T8*
ALAN SMITH & SON COACHES	R2	WEST END TRAVEL	N2
SOUTH YORKSHIRE MOTORS	A1	ALBERT WILDE COACHES	V7
SPEEDWELL TRAVEL SERVICES	85	WILKINSONs	V9
SPENCERs PASSENGER	R3	WOODs COACHES	W6
PAUL STEWART COACH TRAVEL	J5	WROSE TRAVEL	31
SWIFT VALLEY COACHES	41	WYTS	N9

INDEX OF ABBREVIATIONS USED IN THIS PUBLICATION

ACL	Autobus Classique	MCV	MCV Bus & Coach
ADV	Advanced	MCW	Metro-Cammell Weymann
AMC	AMC (Wednesbury)	MinO	Minibus Options
AR	Alexander	MM	Made 2 Measure
ARB	Alexander Belfast	MMCI	Macedonian Motor Coach Industries
BF	Berkhof	NC	Northern Counties
CD	Chassis Developments	O&H	Oughtred & Harrison
CO	Caetano	PG	Pilcher Greene
CU	Cunliffe	PN	Plaxton
CVC	Corporate Vehicle Conversions	PR	Park Royal
DC	Devon Conversions	PSV	PSV Products
DMC	Duple Metsec	RB	Reeve Burgess
ECW	Eastern Coach Works	RV	"Recovery Vehicle"
EES	Enterprise Engineering Serv.	SCC	SC Coachbuilders (Caetano UK)
EL	East Lancs	SND	Sanderson
FGY	Frank Guy	SUN	Sunsundegui
JE	Jonckheere	TRC	Translinc
KVC	Kilbeggan Vehicle Conversions	VH	Van Hool
LCB	Leicester Carriage Builders	WEY	Weymann
LD	Leyland	WJW	Conversions
LN	Leyland National	WK	Willowbrook
LVD	Leinster Vehicle Distributors	WS	Wadham Stringer
MB	Mercedes-Benz	WW	Wright Wishaw

OTHER BOOKS FROM THE PUBLISHERS

MAJOR BUS & COACH FLEETS SERIES:

```
 1:LONDON: 14375+ Vehicles                               £15.00
 2:SOUTHERN ENGLAND: 7750+ Vehicles                      £12.00
 3:SOUTH WEST ENGLAND: 7600+ Vehicles                    £12.00
 4:EAST ANGLIA: 8700+ Vehicles                           £14.00
 5:WEST MIDLANDS: 9400+ Vehicles                         £14.00
 6:WALES: 5700+ Vehicles                                 £10.00
 7:EAST MIDLANDS: 7750+ Vehicles                         £   *
 8:NORTH WEST ENGLAND: 11875+ Vehicles                   £14.00
 9:NORTH EAST ENGLAND: 8800+ Vehicles                    £14.00
10:SCOTLAND: 9500+ Vehicles                              £15.00
```

INDEPENDENT OPERATORS SERIES:

```
 5:EAST MIDLANDS: 5100+ Vehicles                         £14.00
 6:NORTH MIDLANDS & NORTH WALES: 5900+ Vehicles          £14.00
```

MAJOR OPERATORS SERIES:

```
 1:A-E: 9650+ Vehicles                                   £10.00
 2:F-M: 15200+ Vehicles                                  £13.00
 3:N-Z: 13275+ Vehicles                                  £   *
```

The above books with prices are available from us, those marked * being sold out.
Please add £1 postage on one volume, two or more post free, orders to:

TAG PUBLICATIONS
36 Poole Road
West Ewell
Surrey
KT19 9SH

POST FREE STANDING ORDERS are also available from us if you wish to receive our titles as soon as we get them back from the printers, we'll send them to you and invoice you for the cost.